한국문학의 근대와 근대 극복

문학과사상연구회
김영민 연세대학교 교수
양문규 강릉대학교 교수
하정일 원광대학교 교수
김재용 원광대학교 교수
한수영 동아대학교 교수
김재영 연세대학교 강사
유성호 한양대학교 교수
김신정 인천대학교 교수
최현식 경상대학교 교수

한국문학의 근대와 근대 극복

초판 인쇄 2010년 12월 10일 **초판 발행** 2010년 12월 20일
지은이 문학과사상연구회 **펴낸이** 박성모 **펴낸곳** 소명출판 **출판등록** 제13-522호
주소 서울시 서초구 서초동 1621-18 란빌딩 1층
전화 02-585-7840 **팩스** 02-585-7848 **전자우편** somyong@korea.com **홈페이지** http://www.somyong.co.kr

값 28,000원
ISBN 978-89-5626-539-1 93810

한국문학의 근대와 근대 극복

Modernity and Postmodernity of Korean Literature

문학과사상연구회

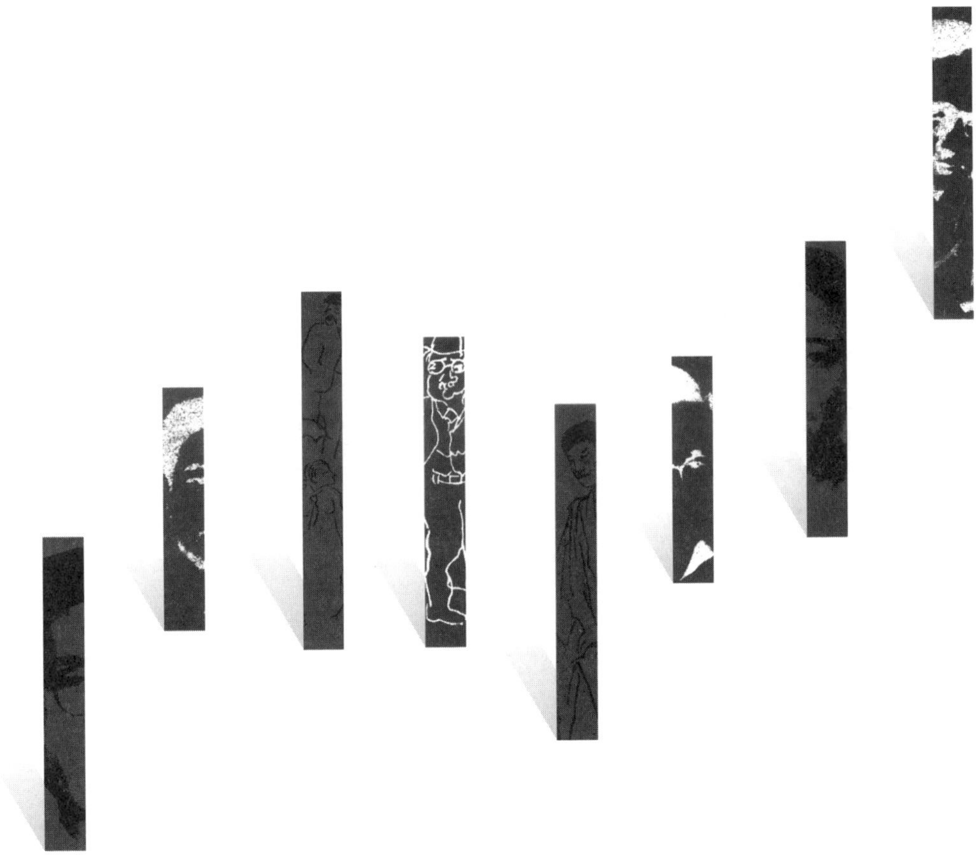

소명출판

책을 내면서

최근 한국 근대문학 연구가 집중한 분야는 단연 계몽기와 일제 말 시기이다. 그 동안 너무나 자명한 것으로 취급되어 더 이상의 특별한 연구가 필요치 않을 것 같았던 이 두 시기의 문학이 이렇게 갑자기 가장 주목받는 대상이 된 것은 근대성에 대한 고민이 새롭게 대두한 데 있다. 구미의 근대를 추종하는 것이 한국 근대문학의 모습이라는 것에 대한 자성이 일기 시작하면서 구미의 근대 자체에 대한 반성적 질문과 더불어 구미와는 다른 한국의 근대를 천착하게 되었다. 국민국가의 형성이란 틀 내에서 접근되었던 계몽기 문학에 대한 연구는 국민국가에 대한 반성적 성찰에 입각한 새로운 해석으로 옮겨가게 되었다. 또한 일본 근대문학의 진로와는 다른 방향으로 나아간 한국문학의 암중모색을 새로운 시각에서 읽어내는 성과로 이어졌다. 암흑기로 불리면서 연구자의 시선에서 멀리 떨어져 있던 일제 말 문학은 한국 근대문학의 복합성이 가장 민감하게 드러나는 대목으로 부각되면서 근대성의 조명을 받았다. 서구 근대를 넘어서려고 하던 당대의 일련의 노력들에 대한 세심한 관찰은 이전에는 생각하기 어려웠던 다양한 논의를 가능하게 해주었다. 그리하여 1930년대 후반의 문학과 일제 말 문학은 최근 한국문학 연구에서 가장 각광받는 분야로 떠올랐다.

이 책의 1부는 계몽기 문학에 대한 이러한 최근의 성과를 담고 있고, 2부는 1930년대 후반과 일제 말 문학에 대한 최근의 성과를 반영하고 있다. 일관된 입장에서 작성된 것은 아니지만 한 달에 한 번씩 만나는 문학과사상연구회 모임에서 열띤 토론을 통하여 어느 정도 다듬어진 것이라 할 수 있다. 현재 여러 지역의 대학에서 한국 근대문학을 가르치면서 연구하고 있는 연구자들의 모임인 문학과사상연구회는 15년 넘게 한 번도 거르지 않고 매달 만나서 연구 모임을 가졌기에 이러한 작업도 가능할 수 있었다. 구성원들의 진지한 노력이 결코 덧없이 흘러간 것이 아님을 이 책은 잘 말해주고 있다.

특히 이 책은 문학과사상연구회의 좌장이면서 구성원들의 은사인 회강 이선영 선생님이 팔순을 맞이하는 해에 발간되어 그 뜻이 더욱 깊다. 퇴임 이후에도 매번 이 모임에서 제자들의 연구를 독려했던 선생님의 노고에 조금이라도 보답이 되었으면 한다. 선생님의 건강을 마음 깊이 기원하면서.

2010년 겨울 초입에

필자 일동

차례

1부

한국문학과 근대

근대매체의 탄생과 시 언어의 분화 | 최현식
『대한매일신보』 독자투고시의 경우

『대한매일신보』의 이중판본 정책과 근대어 형성 | 최현식
계몽가사(歌辭)를 중심으로

『만세보』와 부속국문체 연구 | 김영민

『혈의 누』와 『모란봉』의 거리 | 김재용
이인직의 개작의식과 정치적 입장의 상관성

『대한민보』의 문체상황과 독자층에 대한 연구 | 김재영

근대 유학생 잡지의 문체와 한글체 소설의 형성 과정 | 김영민
『여자계』를 중심으로

1910년대 『매일신보』 소설 문체의 변화와 독자의 형성과정 | 양문규

1910년대 이광수와 나혜석 문학의 대비적 고찰 | 양문규

근대매체의 탄생과 시 언어의 분화

『대한매일신보』 독자투고시의 경우

최현식

1. 대중매체와 독자투고시의 탄생

신문과 잡지를 핵심으로 하는 대중매체의 출현이 조선의 언어생활에 가한 변화와 충격은 가공할 만한 것이었다. 이제는 상식이 된 듯하지만, 이 시기에 출현한, 그리고 치열한 경쟁을 거쳐 한국어의 근간으로 자리잡아간 국한문과 국문은 기존의 한문 및 언문과는 뚜렷이 구별되는 근대적 에크리튀르였다.[1] 언어(표기)체계의 변이는 읽기와 쓰기로 대표되는 문자생활의 변화 정도가 아니라 세계를 인식하고 표현하는 방법의 변혁을 초래했다는 점에서 조선에 기이한 '신인류'의 내습을 초래한 사태로 이해되어도 좋다.[2]

글쓰기의 맹주 한문은 이제 제국의 권위를 벗고 일종의 지방어였던 조선어와 경쟁하는 처지로 밀려났으며, 국한문과 국문은 민족의 자명성과 정체성을 증거하는 유력한 존재가 되었다. 물론 일본어와 영어 등이 번역의 힘을 빌려 근대 조선어의 형성과 진화에 간섭하기 시작한 것도 이즈음부터이다. 이 한자 제국의 분열과 퇴조, 힘센 외국어의 틈입은 이후 조선이 겪게 될 탈식민(중국)과 재식민(일본 / 미국)의 우울한 풍경을 비쳐주는 환등기에 방불한 것이었다. 신인류는 이 언어의 사변을 겪으면서 자아와 민족, 민족어의 정체성을 새롭게 구축하고 단련해야 된다는 점에서 행복했고 또 불행했다.

우리는 언어의 사변에 내던져진 신인류의 표본 가운데 하나로 대중매체의 독자를 지목할 수 있을 것이다. 무릇 대중매체란 무엇을 의도하고 목적하건 간에 그것의 최초와 최후에 독자를 상정할 수밖에 없다. 이것은 그때나 지금이나 계몽 대상 또는 소비자로 간주되기 마련인 독자의 수동성을 걷어내고, 매체에 대해 의미 있는 역할을 수행하는 독자상(像)을 떠올리게 한다. 과연 대중매체, 특히 신문들은 독자를 매체의

---

1 근대계몽기 국한문과 국문의 출현과 진화, 경쟁과 퇴조의 의미를 이전에 보지 못한 근대적 사태로 이해하는 연구로는 임형택, 「근대계몽기 국한문체의 발전과 한문의 위상」(민족문학사학회, 『민족문학사연구』 14, 1999)과 임상석, 『20세기 국한문체의 형성과정』(지식산업사, 2008)을 주목할 만하다.

2 이 '신인류'는 대중매체에서 국민 혹은 민족이라는 새로운 정체성을 부여받으며, 문명과 독립의 주체로 상상되고 계몽되었다. 이것이 세계적 보편성에 대한 뒤늦은 참여임은 B. 앤더슨의 『상상의 공동체』(나남, 2002)를 참고하는 것으로 충분하다.

의식 내 존재로 견인하기 위해 여러 장치를 두었다. 국한문과 국문의 매체별 선택과 경쟁이 그렇고, 다양한 독자투고란의 설치와 투고 유도가 그렇다.[3] 그 제한성을 인정하더라도, 범속한 독자가 읽기와 쓰기의 주체로 전면 등장한 것이다. 이제 독자는 독해(讀解)의 길만 가는 수동적 언중이 아니라 새로운 언어체계를 선택하고 또 그것의 진화에 참여하는 능동적 발화자가 되었다.

국한문과 국문으로 대변되는 표기체계의 선택을 흔히 독자를 계몽하거나 획득하기 위한 장치로 이해하지만, 이런 매체 중심의 이해는 독자의 선택을 염두에 두었을 때 그 의미가 반감될 수밖에 없다. 그런 점에서 표기체계의 선택은, 그리고 그것의 점차적 완성은 결국은 독자의 검증과 그를 통한 대중화를 통해서 실현된 것이라 할 수 있다.[4] 이 과정에서 창출되는 글쓰기의 의미를 주목한다면, 각종 독자투고는 가장 생생하고 의식적이며 객관적인 표상체가 될 것이다. 물론 신문에 게재된 독자투고물은 그것을 선택하는 편집진의 이해와 목적을 알게 모르게 대변하는 경우가 많기 때문에, 그 자체로 자율적이거나 자기목적적인

---

3 대다수의 신문이 독자투고란을 설치했지만, 이것을 가장 전략적이고 효과적으로 활용한 신문은 아마도 『독립신문』과 『대한매일신보』일 것이다. 두 신문은 독자투고 장르로 산문과 시가 모두를 개방했는바, 이것이 한국 근대문학의 성립에 의미 있는 역할을 수행했음은 주지의 사실이다. 『독립신문』의 독자투고에 대해서는 배정상, 「근대계몽기 『독립신문』의 「독자투고」 연구」(연세대 석사논문, 2004)가, 『대한매일신보』의 경우에는 김영민, 『한국의 근대신문과 근대소설－『대한매일신보』』(소명출판, 2006)의 '3. 『대한매일신보』와 국문에 대한 관심'과 김영희, 「『대한매일신보』 독자의 신문 인식과 신문 접촉 양상」(한국언론사연구회 편, 『대한매일신보 연구』, 커뮤니케이션북스, 2004)이 좋은 참고가 된다.

4 본고에서는 국한문체와 국문체를 일컬을 때 어떤 때는 표기체계를 어떤 때는 언어체계를 사용하고 있다. 전자는 단순한 문자 쓰기 방식을, 후자는 국한문체와 국문체의 발명과 사용이 조선어 및 언중들에 미치는 다각적인 사태와 영향 등의 복합적 국면을 염두에 두면서 적절하게 구분하여 사용했음을 밝혀둔다.

글은 아니다. 하지만 매체는 독자의 목소리를 통해 자칫 일방적일 수 있는 주의주장의 보편성과 현실성을 획득하며, 궁극적으로 계몽의 목적과 가치를 실현한다. 역으로 독자는 투고를 통해 각성된 국민의식의 표현, 나아가 고유한 개성의 실현을 제도적으로 인증받는 것이다.

신문의 역사에서 본다면, 매체와 독자의 상호 인증 또는 독자=작가의 병존 현상이 가장 두드러진 시기는 아무래도 근대계몽기일 것이다.[5] 우선 제도화된 민족어의 모범과 모형이 채 성립되기 전이었다는 점, 다음으로 국한문과 국문의 새로운 출현이 그것들에 대한 편집진과 투고자의 능력 차이를 얼마간 상쇄했다는 점 따위가 글쓰기의 개방성을 촉진했을 가능성이 크다. 물론 머지않아(1920년대) 조선어의 근대화와 작가의 탄생이 제도화되면서, 대중은 오로지 "'독자'라는 새로운 신분을 얻은 반면 창조하는 주체로서의 가능성을 대부분 박탈당"하는 처지에 놓이게 되지만. 그래도 근대계몽기 신문들은 글쓰기 또는 "근대의 문학어가 소수의 전문가에 독점되지 않을 수 있다는 사실"[6]을 구체적 실례를 통해 보여준 특이한 시대로 기억되고 재조명되기에 충분한 조건을 갖추고 있다.

독자투고 문제를 고려할 때 신채호 등이 참여한 『대한매일신보』(이하

---

5 여기서의 '작가'라는 의미는 일정한 기준과 장치를 통과한 전업작가를 뜻하지 않는다. 그보다는 글쓰기가 개방되어 있는 시대의 특수한 현상, 그러니까 "독자가 곧 작자가 되고 또 작자가 독자가 되는"(김영철, 『한국 개화기 시가의 장르 연구』, 학문사, 1990, 104면) 공존관계를 드러내는 말이다. 이런 현상은 산문이나 소설보다는 시에서 훨씬 도드라졌다. 홍정선의 「근대시 형성과정에 있어서의 독자층의 역할 연구」(서울대 박사논문, 1991)는 '3. 1900년대 독자층과 노래하는 시의 관계'에서 이런 사실을 구체적인 텍스트의 제시와 분석을 통해 입증해낸 바 있다.

6 이상의 인용은 한기형, 「근대시가의 '불온성'과 식민지 검열」, 상허학회, 『상허학보』 25, 2009, 126~127쪽.

『신보』) 3기는 가장 흥미진진하며 또 문제적이다. 1907년 5월에 출발된 3기 『신보』는 국한문판과 국문판을 동시에 발간했으며, '긔셔(寄書)'와 '편편긔담(片片奇談)', '투서', '시ᄉᆞ평론'과 '사조(詞藻)' 등[7]이 독자투고란 또는 독자에게 개방된 공간으로 배치되었다. 표기체계의 분할과 독자란의 상설은 『신보』가 독자의 계몽과 획득에 누구보다 열정적이었으며 방법적으로도 남달랐음을 의미한다. 이것은 독자=작가의 역할과 이전에 경험하지 못한 언어적 사변의 출현과 증대를 예고하는 장면이기도 하다.

이 글은 편집자와 독자 모두에게 근대적 획기이자 문제적 사태였을 이런 현상의 본질과 성격을 『신보』에 투고된 계몽가사를 중심으로 살펴본다. 창가와 시조, 민요 등도 투고되지만, 이것들은 의도와 목적, 내용과 형식 등 여러 면에서 계몽가사와 비할 바 못 된다. 국한문이라 해도 한문적 교양과 세계인식이 압도적이며, 국문의 경우 피상적 현실인식과 표현의 단순성이 먼저 눈에 띠지만, 그러나 새로 창안된 언어체계의 꾸준한 실험과 시가(詩歌)에의 적용은 이미 근대의 형식이다. 따라서 국한문과 국문 사이에서, 편집진과 독자 사이에서 벌어지는 시 언어의 번역과 분화 또는 분열 역시 근대를 향해 자신을 드러낼 목소리가 많을 것이다. 이 말은 본고의 영역이 시 언어의 심미성과 수사학 등에만 제한되기 보다는 국한문과 국문이 경합하고 서로 침투하며 일으키는 여

7 이것들의 지면 배치를 보면, '긔셔', '시ᄉᆞ평론', '사조'(시조)는 국한문판과 국문판 모두에, '편편긔담'과 '투서'는 국문판에만 실렸다. 그런데 '시ᄉᆞ평론'의 경우, 국한문판은 '시ᄉᆞ평론' 대신 각 작품에 한자 제목을 다는 경우가 대부분이었다. 그러다가 1909년 11월 16일 '사회등'이란 명칭을 쓰지만 기껏 4개월여 정도 사용되었을 뿐, 이전의 체계로 다시 복귀한다. 따라서 이전처럼 국한문판의 가사를 '사회등' 가사로 부르는 것은 적절치 않다.

러 언어적 사태와, 거기서 빚어지는 정치(계몽)적인 것과 시적인 것의 결합 혹은 어긋남 등도 함께 살피겠다는 뜻이다.

2. 『대한매일신보』 독자투고시의 현황과 특질

1 『신보』 최초의 계몽가사로는 흔히 「문일지십(聞一知十)」(1907.12.18)이 지목된다. 처음으로 "정확한 표지(예컨대 ▲와 같은)에 의한 분단 구분과 각 분단 간의 대등한 연결, 그리고 공통어구의 반복(예컨대 "됴흘시고") 등 『신보』체 가사의 전형적인 양식을"[8] 보이고 있기 때문이다. 이런 형식적 요소는 국문(「문일지십가」)[9]으로 번역되면서도 그대로 유지된다. 그러나 이 과정에서 유의미한 변화가 일어나니, 그것은 여전히 한문의 자장에 강하게 긴박되어 있는 국한문이 보다 자연스런 국문체로 변이된다는 것이다.

이 변이는 단순히 번역의 문제가 아니라 국한문과 국문에 내재된 세계인식과 문해력(literacy)의 차이와 밀접하게 상관된다. 이를테면 "七條約을成立ᄒᆞ니 靑邱一幅浮沉ᄒᆞᆫ다"와 "칠됴약을셩립ᄒᆞ니 대한강산ᄒᆞᆫ

---

8 강명관, 「해제」, 강명관 외편, 『근대계몽기시가자료집』 ③, 성균관대 출판부, 2000, 436쪽.

9 이후 국문판은 다음 작품부터 한문 제목을 국문으로 옮겨 쓰는 대신 '시ᄉᆞ평론'이란 난(欄) 명칭을 제목 대신 쓰기 시작한다. 이런 관행은 몇 회를 제외하고는 폐간 시까지 지속된다.

번쩟다"를 보자. 구문의 변화는 없다는 점에서 이후 국한문의 국문 번역에서 일어나는 문장의 해체와 재배열보다 문체 차이의 체감은 훨씬 덜하다.[10] 그러나 한문에 익숙한 자에게는 "청구일폭부침훈다"가 "대한강산훈번쩟짜"보다 이해와 표현에서 훨씬 자연스러울 것이다. 사실 현재의 우리에게도 '훈번쩟짜'보다는 '부침훈다'가 더 익숙하다는 점에서 이 번역은 억지스러운 감마저 있다. 그러나 중국에서 조선을 가리켜 쓰던 '청구(靑丘)'의 '대한'으로의 대체는 '조선적인 것' 내지 민족혼에 대한 지향을 분명히 보여준다. 국한문과 국문은 이렇듯 서로의 체계와 사유, 표현을 주고받거나 서로의 그것들과 갈등하면서 새로운 언어체계를 세워나갔던 것이다.

물론 양 문체 모두 편집진, 그러니까 당대 언중에 비하면 누구보다 뛰어난 국한문과 국문을 구사할 줄 알았던 편집진=작가들[11]이 주도했기 때문에 이것을 독자들의 그것으로 바로 등치할 수는 없다. 그러나 투고자들은 계몽가사의 형식과 내용, 표기 방법을 편집진=작가의 것

---

10 편집진에서 제작한 국한문 계몽가사는 시간이 흐를수록 오히려 한문체를 강화시켜나가는 특이한 양상을 보여준다. 그들의 국문에 대한 열망을 생각하면 매우 의아한 현상 가운데 하나이다. 아마도 점점 위험해지는 시국 속에서 독자들을 보다 효율적으로 계몽하고 견인하기 위해 취해진 불가피한 선택이었을 것으로 짐작된다. 이것은 곧 매체나 독자 모두에게 한문의 개입력이 여전했음을, 그러니까 새 표기체계 국한문체에 대한 저항과 간섭이 심했음을 뜻한다. 이에 대해서는, 최현식, 「『대한매일신보』의 이중판본 정책과 근대어 형성－계몽가사(歌辭)를 중심으로」, 한국문학연구학회, 『현대문학의연구』 35, 2008, 462~464쪽 참조.

11 1908년 5월 통감부에서 작성한 문건에 따른다면, 국한문판 가사의 작성자는 이장훈, 국문 번역자는 유치겸으로 판단된다.(이 문건에 대한 소개와 집필진의 활동 상황은 박정규, 「『대한매일신보』의 참여인물과 언론활동」, 한국언론사연구회 편, 『대한매일신보 연구』, 72~86쪽 참조) 본고는 『신보』를 대리하는 이들이 쓰거나 번역한 계몽가사를 독자가 투고한 국한문 및 국문 가사와 비겨보는 작업도 얼마간 수행하게 될 것이다.

을 보고 익힐 수밖에 없었다. 이런 사정은 국문판에만 발표된 국문 계몽가사도 예외는 아니었을 것이다. 국문 계몽가사의 인식의 피상성과 표현의 관습성을 고려하면, 모델로서의 편집진=작가의 영향력을 거꾸로 실감할 수 있다. 달리 말하면 이즈음 표기체계로서 국한문의 우월성을 말하는 것이기도 한데, 왜냐하면 국문체는 내용과 형식 모두에서 모델을 삼을 만한 글쓰기가 아직은 대단히 생소할 때였기 때문이다.[12]

그렇다고 우리는 『신보』에 투고된 국한문 및 국문 계몽가사를 부차적이며 예외적인 것으로 간주할 수는 없다. 이 계몽가사들은 세계인식과 사유, 글쓰기의 형식과 체계 모두에서 동일성 못지않게 유의미한 차이성을 내장하고 있다고 보아야할 것이다. 매체의 지향점과 수용 현실의 간극을 가장 선명하게 보여주는 것도 독자투고시며, 따라서 재래의 한문체 혹은 새로운 국한문체나 국문체에 대한 갈증을 크게 느꼈을 것도 독자=작가들이기 때문이다.

[2] 앞서 제시한 기준을 따른다면, 독자가 처음 투고한 국한문 계몽가사로는 문재목(文在穆)의 「화구곡가(和九曲歌)」(1908.2.7)를 들어야 할 것이다.[13] 몇몇 경우를 제외하고 대부분의 투고자가 필명이나 호를 쓰는 데

12 시가 쪽에서 그 역할을 담당한 것을 뽑으라면 각종 창가와 최남선의 신체시 등을 들어야 할 것이다. 최남선의 창가와 신체시는 국한문으로 씌었지만, 한자를 한글로 바꾼다면 현대문으로 손색이 없다는 점에서 가장 새로운 언어체계였다(따라서 제일 낯선 언어체계였을 것이다). 그러나 이 당시 국문은 표기와 이해의 장점에도 불구하고 국한문체의 계몽적 시대상, 계몽주의에 대한 수용 및 확산 능력을 따라잡을 수 없었다.(이에 대해서는 임형택, 「근대계몽기 국한문체의 발전과 한문의 위상」, 25~30쪽 참조) 『신보』에서 국한문체 독자투고가 국문체의 그것을 압도하는 이유 가운데 하나일 것이다.

13 『신보』는 3기 이전에도 전형적인 계몽가사의 형식은 아니어도 독자=작가가 이전의 형식을 빌려 지은 가사를 간간히 싣고 있다. 따라서 3기에 들어 매체의 개방성이 전략적으

반해 직접 이름을 밝히고 있으며, 제목 역시 가사의 내용을 압축적으로 제시하는 여타의 작품과는 다른 특이점을 보인다. 이 말은 이후 투고된 계몽가사의 형식과 내용, 창작방법이 편집진의 그것을 향해 강하게 삼투되어갔음을 의미한다.[14] 강명관이 '범론적 익명성'[15]으로 명명한 이 현상은 계몽의식과 열정이 사적이기는커녕 매우 집단적인 것이었음을 증명하는 요소이자, 독자=작가의 현실개입을 유인하는 적절한 방어막이었을 것이다. 게재 건수는 잠시 뒤 보겠지만, 국한문판 계몽가사는 국문판에 반드시 번역되어 실린다. 따라서 국문판에 실린 가사는 독자=작가 고유의 것이 아니라 편집진의 국문을 경유한 것이다.

이에 비한다면, 국문 계몽가사는 국한문의 그것에 비해 여러모로 열세를 면치 못한다. 첫 국문 계몽가사는 빅악산인의 「시ᄉᆞ평론」(1908.2.9)으로 기록된다. 같은 달 빅악산인은 국한문판에도 가사 2편을 발표하고 있다. 그렇다면 빅악산인은 국한문과 국문에 동시에 능한 인물일 텐데, 문제는 그가 박은식으로 추정되고 있다는 사실이다.[16] 이 추정을 신뢰한다면, 한문에 귀속된 존재 박은식에 의해 씌어진 이 작품은 기획

로 확장된 것으로 이해된다.

14 『신보』는 계몽가사의 투고 독려, 계몽가사의 형식과 내용을 제안하는 광고나 글을 따로 싣지 않았다. 다만 '긔셔'하는 독자가 지킬 사항을 담은 특별광고를 통해 그 기준을 어느 정도 짐작할 따름이다. "본사에 긔셔ᄒᆞ시ᄂᆞᆫ 쳠군ᄌᆞᄂᆞᆫ 셩명과 거쥬를 분명히 써셔 증거가 잇게 ᄒᆞ시기를 바라오며", "아모죠록 ᄉᆞ의가 간단ᄒᆞ고 분명ᄒᆞᆫ 일로 긔록ᄒᆞ시되", "일반 국민의 평화홈을 어지럽게 ᄒᆞ거나 남의 사회샹을 황잡게 ᄒᆞᄂᆞᆫ 긔셔ᄂᆞᆫ 밧지 안ᄂᆞᆫ" 등이 그것이다.(「특별광고」, 『신보』(국문판), 1907.5.23, 4쪽)

15 강명관, 「해제」, 강명관 외편, 『근대계몽기시가자료집』 ③, 437쪽.

16 강명관, 위의 글, 437쪽. 이 당시 박은식의 글은 전통적인 한문 지식에 근거하여 논리의 전개와 표현 등에서도 한문 특유의 압축성을 유지한다고 평가되는 것(임상석, 『20세기 국한문체의 형성과정』, 244~249쪽 참조)을 참고하면, 그는 국한문에 비해 국문 글쓰기 역량이 더 취약했을 것이란 판단이 가능하다.

된 투고물일 것이며, 국문 역시 다른 편집진에 의해 번역되었을 수도 있다. 『신보』 편집진에게 「시ᄉᆞ평론」이 계몽기획을 수행하는 데 없어서는 안 될 전략적인 장(場)이었음이 여기서도 판명된다.

하지만 이후 국문 계몽가사는, 국한문(국문) 계몽가사가 없는 경우 「시ᄉᆞ평론」의 빈자리를 채우는 대체물로 기능했으며, 국한문으로 거꾸로 번역되지도 않았다. 이처럼 『신보』 내에서 국문 가사의 존재의미와 한계는 비교적 뚜렷하다. 다시 말해 국문을 한문 또는 국한문으로 번역하는 일의 무경험 혹은 희소성이 『신보』 국한문판의 폐쇄성과 국문판의 독자성 약화를 강화하는 형국인 것이다. 이런 특이한 언어 사태가 당대에는 오히려 보편적인 현상이었음은 국문 대신 영어로 일기를 쓴 윤치호나 일본어로 구상한 소설을 국문으로 번역했다는 김동인의 술회에서도 확인된다. 그런 의미에서 『신보』의 국문 계몽가사는, 이후 검토하겠지만, 수효와 내용의 열세에도 불구하고 에크리튀르와 관련해 매우 징후적인 국면을 내장하고 있다.

이런 이해를 바탕으로, 독자투고시(=계몽가사)의 게재 현황을 표를 통해 살펴보기로 한다.

『신보』(3기) 소재 국한문·국문 계몽가사 투고 현황

판본 \ 연도	1907.5 이후	1908	1909	1910	합계
국한문 (국문)	0	16 (14)	45 (45)	16 (16)	77 (75)
국문	0	2	4	0	6
잡보국문	0	4	7	0	11

*국한문(국문)은 국한문 → 국문으로 번역된 가사를 뜻한다.
*국문은 국문판에만 실린 국문 가사를 뜻한다.
*잡보국문은 국문판 잡보란에 실린 국문 가사 혹은 시가를 뜻한다.

먼저 3기가 출발한 1907년 5월 이후의 사정을 알아보면, 어느 판본이고 독자시가 투고되지 않은 것처럼 보인다. 이것은 그러나 전형적인 계몽가사의 출발을 「문일지십(聞一知十)」에 둔 제한적인 결과물일 따름이다. 형식에 구애됨 없이 독자투고시를 대상으로 한다면, 국한문 3편, 국한문(국문) 3편, 국문 3편이 존재한다. 이 시가들은 계몽가사의 형식과 내용, 세계관과 적잖은 거리가 있다는 점에서 주목을 끌지 못한다. 그래도 『신보』의 국문판 발간을 축하하는 「근하국문신보발간(謹賀國文申報發刊)」(春史生), 「공하국문보발ㄹ」(방한익)이나 『신보』의 지향점을 뚜렷이 드러내는 「초혼가(招魂歌)」(申采浩)와 「진보가」(리용근)는 이후 독자투고시의 방향을 지시하는 신호등 역할을 하므로 각별히 기억해 둘만하다.

이후 독자투고시를 살펴보면, 국한문(국문) 77편, 국문 7편, 잡보란 국문 11편으로 집계된다. 『신보』 소재 가사가 650여 편임을 감안하면, 도합 95편의 투고시는 결코 적은 분량이 아니다.[17] 투고시가 주목될 수밖에 없는 주요 지점이다. 실제로 투고시는 몇몇 시기에는 편집진의 그것 못지않게 집중적으로 게재된다. 물론 대부분 실명 대신 가명이나 별호로 작가가 제시되는 까닭에, 간혹 이것이 편집진의 개입 없는 독자 고유의 작품인가 하는 의문이 들기도 한다. 그러나 1908년을 제외하면, 국한문(국문)의 경우, 독자투고시의 집중적인 게재가 1909년~1910년 4월 사이[18]

---

17 이 수치는 민찬 외편, 『대한매일신보의 시가』 Ⅰ~Ⅴ, 형설출판사, 2001~2002를 토대로 작성되었다. 김영철의 『한국 개화기 시가의 장르 연구』(학문사, 1990)에 따르면, 『신보』 소재 가사의 총계는 699편으로 산정되고 있다. 1907년 5월 이전까지의 수치(30여 편)를 합산하고 연구자에 따른 기준의 차이를 고려하면, 총계의 차이는 그렇게 유의미하지 않다.

18 『신보』는 국한문(국문) 투고시를 1909.2.11~3.23:13편, 8.1~9.26:10편, 10.9~10.28:7편, 1910.3.8~4.29:9편을 집중적으로 게재한다. 이 시기에 실명을 제시한 독자=작가는 한 명도 없다.

에 이루어지기 때문에, 독자=작가에 대한 회의는 그리 유효하지 않다.

이 시기는 제국주의, 특히 일제에 의한 조선 지배가 현실화되던 시점이니만큼, 그에 따른 위기의식도 확연히 고조될 수밖에 없었다. 어떤 면에서 독자=작가의 목소리는 편집진보다 위기를 고지(告知)하고 저항의식을 독려하기에 훨씬 유용할 수 있었을 것이다. 가령 이들 시기 독자=작가들이 거의 예외 없이 필명이나 무기명을 쓰고 있는데, 이는 계몽가사의 비판적 강도가 매우 강했기 때문이다.[19] 그렇다면 이런 현상은 편집진과 독자의 이해와 목적이 가장 근접했기 때문에 발생한 사태로 이해될 수 있다.

국한문(국문)에 비한다면, 국문은 그 수치도 적거니와 내용도 현실비판적인 것보다는 황실가의 안녕과 번영을 기원하는 내용이 다수를 점한다. 내가 「잡보」란의 국문 시가를 표에 따로 정리해둔 것도 이와 관련이 깊다. 「잡보」란에는 이를테면 『신보』 창간자 배설(裵說, E. Bethell)의 죽음을 추모하는 가사 5편[20], 나라의 재정 형편을 걱정하는 가사 2편[21] 등이 실려 국문 계몽가사에서 미처 보지 못한 현실이해와 비판의 면모를 엿볼 수 있다. 국문 가사의 미진한 점을 「잡보」의 국문 가사를 통해

---

19 김영철에 따르면, 현실에 대한 비판적 성향이 약했던 『독립신문』과 『경향신문』은 독자투고의 실명화 경향이 강했고, 비판적·저항적 경향이 강했던 『신보』와 『신한민보』는 익명화 경향이 강했다.(김영철, 위의 책, 95면)

20 「비셜씨 상ᄉᆞ에 통곡」이란 동일한 제목 아래 김지호(1909.5.9), 마리연 김(5.12), 영연싱(5.13), 한국싱(5.14), 리인환(5.30)의 가사가 차례로 실리고 있다. "대한국을 위ᄒᆞ여셔 ᄌᆞ긔지산 잇ᄂᆞᆫ디로 신문샤를 창셜ᄒᆞ고 죽게되ᄂᆞᆫ 대한인죵 아모됴록 살니"(김지호)느라 애쓴 배설의 공적을 치하하는 한편, 그의 유지를 잇기 위해 지속적인 『신보』 구독과 독립의 의지를 다지는 대동소이한 내용들이다.

21 최정현의 「경고 직정가」(1908.10.20)와 류지셩의 「직정가를 권고홈」(1909.2.27)이 그것이다. 그러나 엄밀히 말해 두 작품은 동일한 것으로 판단된다. 후자가 몇몇 부분을 제외하고 전자를 그대로 베꼈기 때문이다.

엿보는 형국이랄까.(이런 사정을 고려하면, 국문 가사와 「잡보」의 국문 가사를 함께 다루는 것도 꽤나 유용한 방법일 수 있다)

하지만 이를 충분히 감안해도, 『신보』의 국한문(국문)과 국문의 차별성은, 편집진의 국문에 대한 의지와 상관없이, 매우 근원적이다. 왜냐하면 재차 지적하지만, 자주적 독립과 문명을 둘러싼 계몽담론과 시가의 중심축은 어디까지나 국한문 계몽가사에 놓이는 반면, 국문 가사는 충군과 보국이라는 당위적 차원의 송가(頌歌)나 계고가(戒告歌) 차원을 벗어나지 못하기 때문이다. 이 부분 역시 『신보』의 표기체계 선택이 편집진의 의지 못지않게 독자의 편의성에 의해 견인되고 있음을 보여주는 장면 가운데 하나일 것이다.

3. 관습의 반복과 갱신의 사이 — 국한문 투고시

『신보』의 투고시 중심은 역시 국한문 계몽가사이다. 따라서 이 텍스트들은 『신보』의 계몽기획 실현을 위한 정치적・문화적・언어적 기획들이 독자들에게 어떻게 침투, 수용되고 있으며, 또한 기획 의도에 어떻게 부합・길항・지연되고 있는가를 살펴보기 위한 주요 지표라 하겠다. 하지만 이 자리에서 77여 편 모두를 내용과 형식, 혹은 문체의 다양한 수준에 따라 분류하고 정리하는 일은 그리 적절하지 않을 듯하다. 그보다는 국한문 계몽가사의 특질과 양상을 대표할 수 있는 표본을 몇 가지 설정해, 그 사항들을 집중적으로 논하는 것이 훨씬 효과적일 것이다.

기준을 예시하자면, 첫째, 독자=작가의 열정과 관심, 글쓰기 능력을 보다 객관화하기 위해 투고편수가 많은 자, 둘째, 조선과 조선어를 타자화할 수 있는 세계인식과 공간을 점유하고 있는 시가, 셋째, 비유와 알레고리의 성격이 두드러지는 시가들이 그것이다. 이를 통해 독자 장(場)이란 새로운 지평에서 예외적 표본과 모범의 창출을 견인하는 국한문체의 모험과 함께, 오히려 그것을 지연 혹은 탈락시키는 다양한 차원의 '관습'을 구체화할 수 있을 것이다.

1 이 사항들을 살펴보기에 앞서, 『신보』 편집진이 처했을 딜레마를 상징적으로 드러내는 투고가사를 주목해보자. 박은식으로 추정되는 '빅악산인'의 가사가 그것이다. 추정을 신뢰한다면, 그의 가사는 『신보』 전문작가의 그것과 미묘한 길항을 표상하는 텍스트로 작동할 것이다. 일반 독자=작가로 규정해도 당대 독자의 쓰기 관습과 그에 따른 새 언어체계에의 지연을 선명히 예시하는 텍스트로 모자람이 없다.

▲大路通衢長席上에 병門親舊列坐ᄒᆞ야 濁酒三盃夕陽天에 橫堅說去酬酌ᄒᆞᆫ다

▲禮義東方幾千年에 太古民情淳厚ᄒᆞ다 檀箕遺風尙存ᄒᆞ야 衣冠文物分明터니 忽地長夜駸駸ᄒᆞ야 범벅 天地되엿스니 나원氣막혀

▲海上三島雲霧中에 無數魍魎舞弄ᄒᆞ니 政府大臣魂을일어 阿附情態可觀이라 祖國疆土讓與ᄒᆞ니 千古惡名何意思오 나원氣막혀

— 白岳山人, 「屛門酬酌」(1908.2.27) 부분

▲대로가샹 쟝셕우헤 로동자들 렬좌하야 횡셜슈셜 슈작ᄒᆞ니 마디마디 긔막힌다

▲오금쓰고 돈업스니 셕양텬과 돌붉을때 큰길좌우 지나가니 안쥬굽는 더넘시 애 나원 긔막혀

▲례의동방 몃쳔년에 긔ᄌᆞ유풍 젼습ᄒᆞ여 의관문물 무던터니 범벅텬디 덤벙판 국 나원 긔막혀

— 빅악산인, 「시ᄉᆞ평론」(1908.2.27) 부분

「병문수작(屛門酬酌)」은 국한문에서 국문으로 번역되면서 흥미로운 텍스트 변이가 일어난다. 수작하는 주체가 '병문(屛門)친구'에서 '로동자들'로 대체되는데, 주체의 다른 지정이 가사의 형식과 내용을 간섭하는 형국이랄까. 국한문을 국문으로 번역할 때 일어나는 자구의 첨삭을 제외하면, 변이의 핵심은 주체의 수작 내용이 재편집되거나 아예 삭제되는 것에 놓인다. 총12연 중 10연만이 국한문과 국문이 대응을 이루며(하지만 순서가 다르다), 나머지 2연은 국한문과 국문이 서로 다르다. 이를테면 「병문수작(屛門酬酌)」 3연 "海上三島雲霧中에～"는 국문판에, 「시ᄉᆞ평론」 2연 "오금쓰고 돈업스니～"는 국한문판에 존재하지 않는다. 이런 수작 내용의 차이는 '병문친구'와 '로동자' 곧 『신보』의 국한문판과 국문판이 상정하는 독자의 차이에서 발생하는 것이다.

'병문친구'는 신분과 계층을 특정할 수 없는 반면 '노동자'는 그 사유와 행동을 대체로 짐작할 수 있다. 언어의 번역은 이런 독자층을 겨냥하여 수행되는 것이며, 해당 독자층에 보다 적합한 행위와 표현이 선택, 배치되는 것이다. 이런 차이에 의해 '병문친구'와 '로동자'가 아직 한 국민으로 통합되지 못한 채 잡거하고 있음이 분명해진다. 물론 편집진

은 계몽의 수월성을 의도하여, 주체와 언어를 분리했을 것이다. 그러나 전 인민을 계몽하기 위해 취해진 국한문과 국문의 동시 채용이 오히려 타파되어 마땅한 신분과 계급 차이를 무의식 중에 드러내는 아이러니가 발생한다.

이런 아이러니는 줄기차게 국문 전용을 주장하면서도, 애초에 한문으로 출발한 편집진의 언어 귀속과 여전히 한문이 우세한 언어현실 상 국한문을 앞세울 수밖에 없는 『신보』의 딜레마와 상통한다.[22] 요컨대 국한문에서 국문으로의 번역은 궁극적으로 국민 통합을 목적하지만, 아직까지는 계급과 신분에 따라 잡거하고 있는 국민 이전의 조선 종족을 징후적으로 드러내고 있는 것이다. 이 점, 『신보』의 국한문과 국문의 병존을 외면적 통합에 못지않게 내면적 분열 또는 분화의 관점에서 살펴보아야할 주요 요인에 해당한다. 투고시는 그런 점에서 『신보』의 가장 강력한 우군이면서 『신보』의 언어 지향을 지연시키는 의외의 저항군이기도 했던 것이다.

[2] 『신보』에 국한문 가사를 가장 많이 투고한 독자=작가로는 '아속생'(啞俗生, 4편)과 '아소자'(啞笑子, 3편)를 들 수 있다. 그래봐야 서너 편이니, 과연 독자=작가를 대표할 수 있는가 하는 회의가 들 수 있다. 하지

22 『신보』는 "세계렬국이 각기 제 나라 국문과 국어(나라방언)로 제나라 정신을 완젼케 ᄒᆞ는 긔초를 삼는 것이어ᄂᆞᆯ 오직 한국은 제나라 국문을 ᄇᆞ리고 타국의 한문을 슝상홈으로 제나라 말ᄭᆞ지 일허ᄇᆞ린쟈가 만"(「국문신보발간」, 『신보』, 1907.5.23)다고 보았다. 하지만 『신보』는 국문의 당위성에 대한 강조에 비해, 그 방법의 일종으로서 국한문 혹은 국문이 어떻게 한문과 결별할 것인가 또는 관계를 재구성할 것인가에 대한 구체적인 사유와 모색은 제대로 이뤄지지 않았다.

만 이들의 투고시는 불과 며칠의 차이를 두고 연속 게재되는 특이성을 보이고 있어, 편집진의 뜨거운 관심 또는 그들과의 특수한 관계를 떠올리게 한다.[23]

▲(蠅) 可憎하다너의鼠族 좀도젹질手段나셔 虎疫倀鬼甘作ᄒᆞ여 自國人種陰害타가 撲殺令에남은목숨 苟苟亡命可怜코나 慘酷ᄒᆞᆯ사네의身世어ᄂᆡ곳에容身ᄒᆞᆯᄶᅡ[24]

▲(鼠) ᄂᆡ歷史ᄂᆞᆫ이러하니 撲殺令이싸다만은 네行事를볼작시면 責人則明可笑롭다 逐臭營營다니면서 生命機關남의食物 廉恥업시ᄲᅡ러먹고 剝割人民일삼다가 虎列剌에 揚揚ᄒᆞ여 微菌虫을引導하여 流害全國ᄒᆞ려다가 駈逐令에魂飛魄散 더럽기도ᄶᅡᆨ이업다 네罪惡을勘處차만 琉璃獄이맛당ᄒᆞ다

— 啞俗生, 「蠅鼠相話」(1909.10.23) 부분

23 전자는 「鸚鵡人物」(1909.11.28), 「團合爲上」(1909.12.1), 「魍魎世界」(1909.12.18)을, 후자는 「打租歌」(1909.10.19), 「動物觀覽」(1909.10.20), 「蠅鼠相話」(1909.10.23), 「勸酒歌」(1909.12.21)을 발표했다. 필명도 비슷한 이들이 순수한 독자=작가였는가에 대한 회의가 아주 없지는 않다. 왜냐하면 『신보』의 서사물은 순수 독자=작가일 때는 실명으로, 편집진이나 전문작가일 경우 필명이나 별호로 필자 표기를 하는 경우가 보다 일반적이기 때문이다.(김영민, 「근대 작가의 탄생: 근대매체의 필자 표기 관행과 저작의 권리」, 한국문학연구학회, 『제도로서의 '작가'』(심포지엄 자료집), 2009.6 참조) 이 암묵적인 규범은 시가에도 일정 부분 적용되었을 가능성이 크다. 또한 독자=작가가 단기간에 걸쳐 집중 투고하고 편집자가 또 그것을 집중 게재하는 양상 역시 투고 및 게재의 일반적 관습과 어긋나는 것으로 판단된다.

24 국문판 번역은 다음과 같다. "가통ᄒᆞ다 너의쥐들 좀도적질 수단나셔 괴질병의 챵귀되여 본국인죵 해ᄒᆞ다가 박살령에 남은목숨 구구하게 피란ᄒᆞ니 가련ᄒᆞ지 너의신세 어딀가면 살겟ᄂᆞ냐."

▲戶外寒풍 瑟瑟ᄒᆞ고 壁上孤燈耿耿ᄒᆞᆫᄃᆡ 一枕輾轉不寢中에 時局事ᄅᆞᆯ思量ᄒᆞ니 千頭萬緒이ᄂᆡ心算 白盤經論許多ᄒᆞ나 畢竟에ᄂᆞᆫ所用업고 團合이니 團結이니 陳談累說되엿지만 그以外ᄂᆞᆫ別數업다[25]

▲白紙張을들더ᄅᆡ도 마쥬들면가비엽고 盜賊질을ᄒᆞ더ᄅᆡ도 손마져야되리로다 二人同心ᄒᆞ더ᄅᆡ도 其利斷金ᄒᆞᆯ터인ᄃᆡ 千萬人이同心ᄒᆞ면 그利益이엇덜소냐 無論무숨일이던지 團合ᄒᆡ야되리로다

—啞笑子, 「團合爲上」(1909.12.1) 부분

「승서상화(蠅鼠相話)」는 각각 인천과 서울에서 세력을 구가하다 쫓겨나기에 이른 쥐와 파리가 우연히 만나 서로의 처지를 비웃다가 종국에는 "諸般惡事다버리고 將功贖罪ᄒᆞ"기를 다짐하는 내용의 가사이다. 이즈음의 서사양식에서 곧잘 취해지던 토론 및 우화 양식을 끌어들인 것이 눈에 띈다. 독자=작가가 당대에 유행하던 시가와 서사에 비교적 능숙했다는 인상을 주는 대목이다. 「단합위상(團合爲上)」은 위기에 처한 시국을 걱정하다, 단결과 단합 같은 진부한 말이 대안일 수밖에 없음을 역설하고 있다. 당대 현실과 지배계급, 제국주의를 풍자하고 힐난하던 『신보』 특유의 내용과 형식에서 일탈하여, 주체들의 반성과 단결을 강조하는 점이 새롭다.

그러나 이를 제외하면, 현토체에 대단히 긴박된 국한문체라는 점, 상황과 행위가 사자성어 중심의 구태의연한 표현에 매몰되어 있다는 점,

---

25 국문판 번역은 다음과 같다. "젹막공방 치운밤에 뎐젼반측 잠못자고 일뎜고등 벗을삼아 시국ᄉᆞ를 ᄉᆡᆼ각ᄒᆞ니 슬픈회포 ᄲᅮᆫ이로다 쳔만경륜 허다ᄒᆞ나 필경에ᄂᆞᆫ 쓸ᄃᆡ업고 단합이나 단결이니 진담루셜되엿지만 그이외ᄂᆞᆫ 별노업네."

현실 인식이 추상적이라는 점에서 그 한계가 분명하다. 주석 24)와 25)에서 보듯이, 번역된 국문 역시 여기서 크게 벗어나지 못하고 있다. 이런 국한문과 국문의 유사성은 독자=작가의 개성을 존중하고 살려주려는 의도와는 거의 무관하다. 번역진이 익숙한 언어 관습과 타협하면서 번역의 편의성을 취한 결과물일 것이다.

이런 상황에서 '빅악산인'의 가사에서 보았던 독자=작가의 텍스트에 대한 적극적 번역과 개입, 즉 판본별 독자에 부합하지 않는 상황과 행위의 삭제나 추가가 수행될 리 없다. 물론 거의 매일에 걸친 국한문 시가의 번역이 끼치는 중압감과 여전히 모범적인 국문체의 상(象)이 부재했다는 악조건은 편집진의 '관습' 준용에 대한 알리바이가 될 수 있다. 그러나 이 시기에 확연히 근대적인 최남선의 국한문체가 장편창가들과 『소년』 따위에서 활발하게 구축(構築)되어 갔음을 생각하면,[26] 그 알리바이는 여러모로 불충분하고 제한적이다. 우리는 이런 관습의 힘과 그에 따른 언어 지연의 현실을 육당처럼 일본어의 근대화 현장을 체험했을 한 유학생의 투고가사에서 거꾸로 재확인하게 된다.

3 근대계몽기 조선어의 근대를 사유할 때, 이 복잡다단한 과정을 앞서 경험한 일본어의 근대는 많은 참조점이 된다. 일본어의 근대의 핵심

26 임상석은 『소년』 문체의 획기적 성과로 "국문의 비중을 확대하고 문장구조에 일관성을 세워서 국문체의 가능성을 향상시킨 것"을 든다. 그러나 동시에 고유한 한문전통에서 지나치게 이탈함으로써 "획기적인 문체를 가지고도 시대 현안과 사상의 모색이 부진한 결과를 낳았다"(임상석, 『20세기 국한문체의 형성과정』, 지식산업사, 2008, 300쪽)고 본다. 『신보』 편집진의 국한문체 진화가 더딜 수밖에 없던 까닭을 설명해주는 주요 근거 가운데 하나일 텐데, 그러나 이런 사정은 독자=작가와는 비교적 거리가 멀어 보인다.

은 한문 또는 일본고유어로 번역 불가능한 구미어(歐美語)를 효과적으로 이입하기 위해 이자(二字)중심의 한자숙어를 새롭게 만드는 한편, 그것을 바탕으로 구문(歐文)을 직역한 것에 있다.[27] 이 신생의 한자숙어는 전래의 한문훈독체를 무너뜨리며 일본어의 근대를 실현하는 '문명'과 '진보'의 매개체이자 증거물로 간주되었다. 하지만 이 과정은 고유의 일본어로는 서구 문명을 번역할 수 없었다는 점, 결국 번역을 위해 또 다시 한자의 새로운 조합이나 의미 갱신에 의존할 수밖에 없었다는 점에서 중층적인 자기식민화를 초래하는 아이러닉한 길이기도 했다.

사실 이것은 조선어가 처한 현실이기도 했다. 한자의 압도적 지배를 벗어나기 위해 고안된 것이 국한문체와 국문체였지만, 표기 문제를 제외하더라도, 특히 개념어의 한자 지배와 영향력은 여전했다. 이런 현실 속에서 신채호는 진보와 문명으로 포장된 일본문물과 언어현상을 최대한 제어하기 위해 량치차오(梁啓超)의 저작을 집중 번역하는 한편, 차라리 구미열국, 좁혀 말해 구문(歐文)을 직접 번역할 것을 주장하기도 했다.[28] 그러나 량치차오가 일본의 근대를 거쳐 중국의 근대화를 견인한 계몽가였음은 주지의 사실이다. 조선 역시 언어에서 이중의 자기식민화를 제어하기 힘든 형편이었음이 여기서 확인된다.

---

27 코모리 요이치(小森陽一), 정선태 역, 『일본어의 근대』, 소명출판, 2003, 141~143쪽. 그는 이자 한자숙어의 예로 현재의 우리에게도 너무 익숙한 교육, 개량, 인민, 지식, 문체 등을 제시하고 있다. 최남선의 명민함은 이런 현실을 조선어에 재빨리 그리고 유효적절하게 적용시켰다는 데 있다. 『소년』, 창가, 신체시 등의 일본과의 근친성은 매체 및 장르 자체의 유사성보다 이런 언어적 현상의 유사성에서 찾아져야 될 지도 모른다.

28 「어학계의 추이」, 『신보』(국문판), 1910.4.10. 국한문판은 동일한 제목으로 1910년 4월 9일 게재.

▲읏쑥ᄒᆞ다各社會여 教育實業目的ᄒᆞ고 團合主義提唱ᄒᆞᆯ제 眞心熱性根本

숨아 其ᄃᆡ로立志하면興

▲읏쑥ᄒᆞ다青年이여 二拾世紀新舞臺ᄂᆞᆫ 知識업고못되나니 忠君愛國工夫

ᄒᆞ야 其ᄃᆡ로立規하면興

▲읏쑥ᄒᆞ다女子界여 賢母良妻造端이라 洋服치마바로잡고 女慕情熱본밧어

셔 其ᄃᆡ로立節하면興

—琢玉子, 「旅窓十興」(1908.11.28) 부분

옥을 다듬는다는 필명에 걸맞게 독자=작가는 일본 유학생이다. '여모열정' 정도를 제외하면 한문을 국문으로 바꾸어도 독해에 거의 지장이 없다.[29] 이는 일본에서 주로 배웠을 근대 한자어를 본격적으로 채택하여, 근대어 체계에 방불한 문장구조를 설립하고 있기 때문에 가능하다. 『신보』의 보편적 가사와는 상당히 이질적인 작품임이 여기서 증명된다. 어느 가사보다 새로 조립된(수입된) 한자어가 풍부하며, 조선의 근대화 가능성을 긍정적인 입장으로 조망하고 있다. 비록 『신보』에 수록되었지만, 작품의 경향은 오히려 최남선의 그것에 가깝다. 『신보』의 제한된 국면을 독자가 넓히고 있는 형국인데, 이것은 『신보』의 시야 확장과 시각 전환을 내부적으로 촉구했을 것이란 점에서 유의미한 분열 또는 분화가 아닐 수 없다.

▲世界萬國遊覽코져 飛行船을搭乘ᄒᆞ고 碧空中에소사올나 風塵世界俯視

29 '興'이 불러일으키는 리듬감과 의미의 충돌도 꽤나 재미있다. 『신보』에서 '흥'은 주로 냉소와 비난을 위해 사용되는데, 한자로 적음으로써 그 음성 효과를 뒤집는 것이다.

ᄒᆞ니 萬國都城如螻蟻오 天家豪傑醯鷄라 橫劍大笑仍呑聲은 或恐彼日警落이라 執筆隨見䩭記錄은 但爲同胞警醒이라

▲維新奮發四十年에 兩會戰爭獲勝ᄒᆞᆫ후 太平洋中뎌三島가 日中之時當ᄒᆞ엿네 上野公園뎌櫻化ᄂᆞᆫ 十日紅을자랑ᄒᆞ고 芙蓉山上噴火穴은 萬丈烟焰吐出이라 壯ᄒᆞ도다亞細亞에 日本國이뎌긔로다

▲無量頭뢰無量血노 帶羞山河洗滌ᄒᆞᆫ후 新天新地新建國에 共和福祿安享ᄒᆞ니 文明化가燦爛ᄒᆞ고 自由鍾이搖亂ᄒᆞᆫᄃᆡ 으락키山上上峰에 一幅花旗翩翩이라 아름답다北美洲에 合衆國이뎌긔로다

— 飛行客, 「世界漫遊」(1910.2.27) 부분[30]

하지만 「세계만유」는, 우리의 기대와 달리 「여창십홍」의 언어현실과 세계인식이 오히려 특수한 것일 수 있음을 반증한다. 비행기를 타고 세계를 둘러보는 일은 대단히 근대적인 경험이다. 그러나 이 경험은 대중매체를 통해 획득된 간접경험일 터, 거기서 때로는 시대착오적인 착시가 발생한다. 가령 신흥문명국을 향한 추상적인 동일화 욕망과, 조선점령과 지배를 이미 획정짓고 있던 일본에 대한 직설적인 찬탄과 부러움을 보라.

그렇다면 기껏 토씨와 동사 'ᄒᆞ다' 정도만 국문인, 다시 말해 한문적 관습에 밀착된 독자=작가의 사유와 쓰기는 이 추상성 및 착시와 아주

30 일본(2연)과 미국(4연) 사이에 이태리를 찬양한 3연이 있으나 생략했으며, 마지막 4연은 남미 열국을 다루고 있다. 영국과 프랑스 등 선진 제국이 아니라 이즈음 신흥강국 혹은 문명국으로 떠오르던 나라들을 칭송하고 있는 점이 특이하다. 문명과 반개(半開) 혹은 야만의 기로에 서 있던 조선의 미래를 향한 동일화 대상으로는 오히려 이들이 현실적이고 적절했음을 독자=작가는 인식하고 있는 것이다.

무관한 것일까? 완고한 한문투는 「여창십홍」에 제시된 근대적 개념과 경험, 그것의 번역과 표현을 얼마간 가로막고 있다고 보아야 할 것이다.[31] 새롭게 언어화되지 않은 근대적 사태들은 구체적 이해와 형태를 배정받지 못한 결여와 미달의 형식이란 점에서 '아직 아닌' 것들일 수 있다. 「세계만유」에 제시된 각국의 사정과 이미지가 전혀 고유한 개성을 획득하지 못한 채 관습적 이미지와 표현으로 일관되는 것은 이 때문이다. 근대적 경험의 부재 혹은 간접성이 『신보』 편집진에게 물질문명에 대한 공포와 정형화된 비판을 불러왔다면, '비행객'에게는 현실과 동떨어진 환상과 선망을 강화하고 있는 형국인 것이다.

하지만 근대의 발명품 국한문체(편집진)는 적어도 제국과 식민지의 서열을 체계화하는 만국공법의 차가운 힘을 꿰뚫고 있다는 점에서 현실과의 긴장 혹은 접점 형성에 거의 실패하고 있는 한문체('비행객')와 크게 구별된다. 이로써 『신보』에 '문명'을 둘러싸고 그것을 읽고 표현하는 세 가지 층위의 국한문체가 병존하고 있었음이 분명해진다. 그런 의미에서 세 가지의 국한문체는 문명과 현실을 향해 좌충우돌하고 있던 조선인들의 몇 갈래 영혼과 사유를 대변하는 것으로도 얼마든지 읽힐 수 있다.

[4] 시로서 계몽가사의 성격을 논한다는 것은 여러모로 곤혹스럽다. 장르 귀속을 따진다면 계몽가사는 시가(詩歌), 좁혀 말해 노래의 성격을

---

31 원문의 피상성이 번역의 밀도마저 제한하고 있음을 확인하기란 그리 어렵지 않다. 가령 2연은 "전국힘을 다드려서 량ᄎᆞ전징 ᄒᆞᆫ연후에 태평양에 청경도가 ᄒᆞᆫ시절을 맛낫다고 상야공원 잉도화는 십일홍을 ᄌᆞ랑ᄒᆞ고 부용산에 불구녁은 독ᄒᆞᆫ연긔 ᄂᆡ뿜는다 굉장ᄒᆞ다 아셰아에 일본국이 뎌귀로다" 일본 문명의 구체적 사정은 여기서도 전혀 드러나지 않고 있다. 아니 '유신'이란 말이 빠짐으로써 더 추상화된 느낌마저 든다.

거세당한 읽는 시가라 할 것이다. 일찍이 임화가 말했듯이, 계몽가사나 창가는 계몽기획의 순연한 추진을 위해 "낡은 운문에다 새로운 정신을 불어넣는 일로부터" 출발한 형식들이다.[32] 근대자유시의 출발과 완성에 초점을 맞춰온 근대시사의 연구관행을 생각하면, 계몽가사는 애초부터 미달의 형식으로 타자화될 수밖에 없었다. 그러나 전근대의 형식을 빌미로 근대적 의미의 '시적인 것'의 결여를 자동화하는 관점은 매우 그릇된 것이다. 당대의 관점에서 본다면, 낡은 형식의 변이(정통가사→계몽가사)와 근대에 연루된 삶의 투사, 그것의 표현체인 언어형식의 차이는 몹시 이질적이며 충격적인 '시적인 것'의 출현을 예고하는 지표였을지도 모른다.[33] 이런 현상은 과연 투고시에 얼마나 잠재되어 있는가, 혹은 발현되고 있는가.

> ▲滿城花柳繁華하고 朱樓畵閣月黃昏에 白馬郞은已去ᄒᆞ고 新佳郞이又至ᄒᆞ니 粉黛冶容美人들이 新情夫를結緣코ᄌᆞ 百般媚態다부린다
>
> (그佳郞은누구라나 官爵놉고勢力존이)
>
> ▲뎌美人을볼작시면 情夫오ᄂᆞᆫ消息듯고 中路ᄭᆞ지ᄶᅩᆺ차가셔 攜手同車올나올

---

32 계몽가사와 창가의 결정적 차이는 전자가 대중 속에서 불려지는 노래의 기능을 거의 상실한 반면, 후자는 "새로 수입된 서양음악을 토대로 하여 형성된 노래"의 기능을 수행한 종류와 "노래되지 아니한" 종류로 양분되어 존재했다는 것이다.(임화, 임규찬 외 편, 『임화 신문학사』, 한길사, 1993, 150쪽 및 154쪽) 물론 자유시의 등장과 함께 "노래되지 아니한" 창가는 급격히 소멸되어 간다.

33 이 가운데 가장 이질적인 요소를 꼽으라면, 아마도 어느 날 툭 던져진 박래품 같았을 국한문체나 국문체였을 것이다. 한시를 비롯한 재래의 시가들은 독창성보다는 전거(典據)에의 통달과 전유, 그러니까 대체에 가까운 자기화가 더 중요한 경우가 많았다. 따라서 근대에 적절한 민족어 표기체계의 발명과 갱신은 이런 시적 규범을 끊임없이 위협하고 뒤흔드는 위험인자가 아니고 그 무엇이었겠는가.

제 慇懃ᄒᆞᆯᄉᆞ뎌情誼난 膠漆인들비ᄒᆞᆯ손가 그情態가可觀이오

(그美人은누구라나 南村에다집진이)

▲딱ᄒᆞ도다우리집안 至貧且窮이時節에 婦女들이放蕩ᄒᆞ니 家道興旺ᄒᆞᆯ슈잇

나 賢妻之思간졀ᄒᆞ야 寤寐不忘ᄒᆞ건마ᄂᆞᆫ 窈窕淑女어대잇나

(남의집의婦女들은 貞淑ᄒᆞ야成家ᄒᆞ데)

— 戒蕩子, 「美人情態」(1909.6.29) 부분[34]

초대 조선통감 이토 히로부미(伊藤博文)를 이어 소네 아라스케(曾彌荒助)가 부임했을(1909.6) 때의 난맥상을 풍자한 가사다.[35] 새 통감에게 줄을 대려는 조선 관료와 모리배를 음탕한 미인(美人)으로 형상화하는 비유의 시도가 이채롭다. 물론 이것은 무엇보다 통감부의 검열을 피하기 위한 우회 전략의 산물일 것이다. 그러나 이 비유는 개성적이기는 커녕 하나의 클리셰에 불과하다. 낭군을 연모(여기서는 색정(色情)에 가깝다)하는 '미인'은 이미 송강가사의 전유물 가운데 하나였다. 송강가사를 전유하면서 생성되고 확장되어온 중세의 범론적 익명성이 「미인정태(美人情態)」를 지배하는 형국인 것이다.

물론 송강가사의 차용은 이 작품의 낭송 효과, 그러니까 "딱딱한 산문적인 문체보다는 운문적인 문체가 되기 마련이며, 내용 또한 복잡한 심리묘사보다는 줄거리나 교훈적인 메시지 중심으로 전개되기 마련"인 효과를 생산한다. 그런 의미에서 이 작품은 매체 특유의 시각적인

34 총6연의 가사인데, 편의상 3～5연을 빼고 1～2연과 6연을 제시하였다.

35 '白馬郎'(호사를 부리는 정인)은 이토를, '新佳郎'(잘난 새로운 정인)은 소네를 가리킨다. 이에 대해서는 민찬 외편, 『대한매일신보의 시가』 V, 형설출판사, 2002, 156쪽 참조.

독서법을 생소해 하며 여전히 낭송을 요구하던 대중독자의 관습[36]과 잘 맞아떨어진다.

그러나 낡은 형식과 내용, 그리고 표현의 차용은 미적 감흥을 저하시키고 여성에 대한 전근대적 인식과 편견을 더욱 공고화하는 맹점을 확산시킨다. 세계인식과 언어에 걸친 전근대성이 일상과 삶을 점점 압박하는 근대적인 것을 통과해가며 형성되고 분출되는 '시적인 것'을 가로막는다고 해야 할까.[37] 계몽기획의 열정적 실천자이기는 마찬가지였던 『소년』의 최남선이 그래도 '시적인 것'의 발견과 표현에 보다 익숙했던 것은 서투르게나마 근대적 경험과 욕망을 근대적 언어체계에 실을 줄 알았기 때문일 것이다. 과장해서 말한다면, 이런 새로운 영역들의 조합 자체가 대단히 낯선 형태의 '시적인 것'으로 비쳤을지도 모른다. 『소년』이 대대적으로 특정 형식과 새 언어를 요구하는 신체시를 공모했으나,[38] 단 한 편의 투고시도 게재할 수 없었던 사정도 관습의 편안함과 안이함이 새로운 '시적인 것'에 대한 욕망을 압도했기 때문은 아니었

36 앞의 인용과 이런 설명은 홍정선, 「근대시 형성과정에 있어서의 독자층의 역할 연구」, 서울대 박사논문, 1991, 76~77쪽.

37 국한문체를 번역한 국문체 가사는 한문체와 거리가 더욱 멀기 때문에 이런 관습에서 훨씬 자유롭다는 느낌을 주기도 한다. 그러나 통사구조를 조선어순에 맞게 해체하고 재배치하는 것으로서는 국한문체에 대한 종속성에서 벗어날 수 없으며 또한 문체혁신이라는 비약을 이루기도 어렵다.(신지연, 『글쓰기라는 거울』, 소명출판, 2007, 53쪽) 번역된 국문체에서도 관습의 구심력이 새로운 '시적인 것'의 탄생과 도약을 가로막고 있기는 마찬가지인 것이다.

38 기준을 살펴보면, "○語數와 句數와 題目은 隨意. ○아못조록 純國語로 하고 語義가 通키 어려운 것은 漢字를 傍付함도 無妨하고. ○篇中의 措辭와 構想에다 光明 純潔 剛健의 分子를 包含함을 要하고. ○技巧의 點은 別노 取치 아니함." 『소년』 2년 1권(1908.1) 참조. 시쓰기에 통용되던 전거와 차용의 금지, 그것을 언어적으로 구현하던 한문의 금지는 구세대 지식인들에게는 새로움이기에 앞서 엄청난 충격이자 억압이었을 것이다.

을까. 그런 점에서 다음 투고시는 여러모로 시사적이다.

▲訓練院을바라보니 敎鍊場이廣闊ᄒᆞᆫ데 突擊ᄒᆞᄂᆞᆫ號令소릐 귀에징징들리는
듯 行陣ᄒᆞ던諸般形像 눈에암암보히ᄂᆞᆫ듯 養成하던그軍隊가 而今에ᄂᆞᆫ安在
哉오 練兵ᄒᆞ던뎌마당이 ᄀᆡ똥밧이되엿고나 뎌風景도感慨處오

▲獨立館을바라보니 舊日顔色全無ᄒᆞ야 無情芳草쳐쳐ᄒᆞᆫ데 獨立門만前과
ᄀᆞᆺ치 웃뚝ᄒᆞ게셔잇고나 撫今懷古ᄒᆞ고보니 ᄋᆡ달을ᄉᆞ氣가막혀 綮淚滿襟ᄒᆞ
ᄂᆞᆫ도다 堂堂大韓獨立館이 日人學校되단말가
뎌風景도感慨處오[39]

—探春生,「終南行」(1910.3.20) 부분[40]

국한문체이되, 조선어법에 충실한 구절과 한문체를 준수하는 구절이 뒤섞인 모양새가 특징인데, 강요된 문명 앞에 던져진 독자(개신유학자)의 복잡한 심사를 표상하는 것처럼 느껴진다. 자못 혼란스런 문체의 행진을 보면, 근대와의 접점이 이끌어내는 '시적인 것'의 경험은 기대 밖일 듯하다.

그러나 「종남행(終南行)」은 「미인정태(美人情態)」에 비해 훨씬 시적이

39 이 부분의 국문 번역은 다음과 같다. "독립관을 ᄇᆞ라보니 녜젼모양 전혀업셔 무졍방초 쳐쳐ᄒᆞᆫᄃᆡ 독립문만 웃뚝ᄒᆞ게 젼과ᄀᆞᆺ치 셔잇도다 고금ᄉᆞ를 ᄉᆡᆼ각ᄒᆞ니 긔막히고 ᄋᆡ닯도다 당당대한 독립관이 일인학교 되단말가 뎌경형도 ᄆᆞ옴샹코" 비교해보면 알겠지만, 국한문의 정서와 감각이 보다 복합적이며 생생한 편이다.

40 논의를 보다 예각화하기 위해 총7연 가운데 4연과 6연을 취했다. 앞의 연들과 달리, 7연은 학교교육과 실력양성을 토대로 애국청년을 양성하여 자유와 행복을 쟁취하자는 계몽담론으로 구성되어 있다. 이처럼 투고시의 상당수는 절망적 상황에서 희망을 갈구하는 형식으로 귀결되는 특징을 보여준다. 문명과 현실에 대한 냉소가 앞서가는 편집진의 가사와 꽤나 대비되는 현상이다.

다. 우선 우리말과 한문의 음성상징을 자유자재로 활용함으로써 낭패감과 굴욕감, 서글픔 등이 혼재된 자아의 정서를 효과적으로 제시하고 있다. 구체적인 정조(情調)의 창출은 무엇보다 강요된 근대의 모순과 우울한 전망을 장악하는 한편, 그것을 눈앞의 현실에 가까운 이미지로 그려냈기 때문이다. 말하자면 '관습'의 구심력을 효과적으로 활용함으로써 오히려 처처한 내면에 생동감을 부여하고 있는 것이다. 대상과의 거리화에 집중하는 『신보』 편집진의 풍자가 곧잘 무력한 냉소로 변질되는 반면, 문명의 이면을 파고들어 그것의 양면성을 간파하는 「종남행(終南行)」의 리얼리티는 파토스에 방불한 근대적 격정을 단속적으로나마 허락한다는 사실. 기억해 마땅한 「종남행(終南行)」의 미적 근대성 가운데 하나일 것이다.

4. 투명한 언어의 안과 밖 – 국문 투고시

국문의 대중성과 민족성을 자명한 것으로 전제한 최초의 대중매체는 『독립신문』이었다. 그들의 주장에서 "샹하귀쳔이 다보게 홈"에 지시된 쓰기와 읽기의 민주화, "졍부에셔 너리는 명녕과 국가 문젹"의 공통적 이해가 가져올 삶의 합리화, "외국물졍과 너지 ㅅ졍"의 정확한 파악을 통한 세계와 민족에 대한 공통감각의 향상 등에 대한 의도가 분명하게 느껴진다.[41] 비록 문명의 방법과 향방을 둘러싼 계몽기획의 편차가 『독립신문』과 『신보』 사이에 가로놓여 있지만, 전자가 제시한 국문의 대의는 후자의 그것과 크게 다르지 않았다.

그러나 이들의 대의와 언어현실의 편차는 의외로 컸으며, 당시의 언어체계의 대세는 국한문이었다.[42] 『신보』의 국한문—국문 병간이 대표적인 예이지만, 국문은 국한문을 참조하며 쓰기의 편의성에 사유와 담론의 풍부성과 고도성을 결합시키기 위해 심혈을 기울였다. 하지만 고급화된 사유와 담론의 필요성은, 표기에서 국문의 지배력 확장과는 별도로, 끊임없이 근대 한자어의 창조와 차용을 강화하는 아이러니를 낳는다. 표기체계로는 가장 민족적이며 투명한 국문의 비애가 본격화되는 지점이 여기 어디쯤일 것이다.

물론 이 글의 대상인 『신보』 계몽가사의 경우, 이런 언어적 사태와는 얼마간 거리를 두고 있다. 여전히 한문 '관습'이 우월했기 때문에, 신조어의 출현과 그것을 통한 근대적 경험의 표현이 더뎠던 탓이다. 언어 '지연'의 수준과 편차가 국한문과 국문, 전문작가(편집진)와 독자=작가의 상호 조합에 따라 크게 달라지고 있음은 지금까지의 논의로도 충분히 인지된다.

그러나 문제는 현토체 국한문을 제외하면 언어 지연이 독자=작가

---

41 「논설」, 『독립신문』, 1896.4.7.

42 이와 관련해, 국한문 가사인 鼓吹生의 「國文歌」(1909.10.22)와 將川生의 「國文歌」(1910.4.5)는 여러모로 시사적이다. 제목으로 보아 국한문판 독자들에게 국문 사용을 권장하는 가사일 듯하다. 그러나 전자는 당시 유행하던 '십진가' 형식을 빌려, "可憐ᄒᆞ다우리同胞" "나라파는뎌 大官은" "다라라는뎌歲月"에서 보듯이 당대 현실을 풍자하고 비유하기 위해 '가'에서 '마'까지를 동원하고 있다. "가장貴한大韓靑年" "나라일을ᄒᆞ는ᄶᅧᆨ는"에서 보듯이 후자 역시 '가'에서 '하'까지 동일한 방법을 사용하고 있다. 다만 긍정적 현실과 미래를 조망한다는 점이 전자와 다를 뿐이다. 국문은 목적이 아니라 일종의 수단인 셈이다.

의 국문 가사에서 가장 크다는 사실이다. 이런 결과는 무엇보다 독자=작가의 아마추어리즘 때문이겠지만, 세계를 표상하고 내포하는 국문의 미성숙 역시 주요한 원인 제공자일 수밖에 없다. 바른대로 말해, 이런 한계는 오로지 계몽담론의 설파를 목적했던 『신보』 편집진에 의해 조장된 측면도 없잖다. 가령 국문 가사가 배설의 서거 추모와 황실의 안녕 기원, 그리고 재정가들에 대한 경고 등 지극히 한정된 영역에 배정되고 있음을 떠올려보라.[43] 이제 우리는 그 한계가 국문의 세계와 존재 이해, 그것들에 대한 표상 능력과도 밀접하게 연관되어 있음을 새삼 확인하게 될 것이다.

1 1905년 을사조약을 계기로 대한제국은 일제의 보호국으로 공식 편입되었다. 식민화의 효력은 고종의 강제 퇴위와 순종의 즉위(1907.7)로 외면화되었으며, 근대의 향방 역시 자주독립보다는 문명개화에 방점이 찍히기 시작하였다. 실질적인 국가 상실 시대에 제왕의 권위와 지배력은 무력한 것일 수밖에 없었다. 이를테면 메이지 천황의 전국 순행(巡幸)은 신민=국민의 획득 과정이자 일본적 정체성을 심화하는 등 일본적 공통감각의 부여 행위였지만,[44] 이토 히로부미가 동행한 순종의 전국 순행(1909)은 조선의 식민화를 공식화하는 과정에 지나지 않았다

43 이런 의례를 벗어난 가사로는 류영준의 「녀ᄌᆞ지남 찬숑」이 주목된다. 1908년 5월 여자교육회가 발간한 『女子指南』을 찬송한 것인데, 이 잡지는 한국 여성잡지의 효시로 알려져 있다. 여전히 사자성어를 많이 쓰고 있으나, 고루한 사자성어('홍몽미긔' '혁구죵신' '쳔츄만년')보다는 '문명개화' 'ᄋᆡ국ᄉᆞ샹' '학문ᄇᆡ양' '국민의무' '국권회복' '부국강병' 등 근대 지향의 한자어들이 중심을 이루고 있다.

44 이에 대한 자세한 내용은 다카시 후지타니(Takashi Fujitani), 한석정 역, 『화려한 군주—근대일본의 권력과 국가의례』(이산, 2003)의 '2장 행재소에서 제국의 수도로' 참조.

는 점에서 기만적이었고 의례적인 행위에 불과했다.

이런 곤혹스러움 때문이었을까. 『독립신문』 시가(詩歌)에서 일상에 가까웠던 제왕에 대한 충군애국의 설파가 『신보』에서는 거의 눈에 띠지 않는다. 가사의 초점이 현실의 계몽과 비판에 집중된 탓도 있겠지만, 국한문과 국문 가사를 합쳐도 6~7편에 불과한 형편이다. 그것도 신년과 개국절, 건원절(순종의 탄생일) 따위의 의례적인 행사에 집중되어 있다.[45] 선진 제국의 경우, 군주의 권위와 정통성을 강화하는 의식과 전통의 발명 및 보편화의 수행에 대중매체가 주요한 역할을 담당했음을 떠올리면, 이런 현상은 차라리 기이하게 느껴진다.[46]

▲오ᄇᆡᆨ여년 우리 황실은 인션ᄒᆞᆫ 덕화요 문명ᄒᆞᆫ 졍치라 셩ᄌᆞ신손이 계계승ᄒᆞ샤
이졔ᄭᆞ지 니르럿스니
븍악산이 숫돌ᄀᆞᆺ고 한강슈가 씌ᄀᆞᆺ도록
대한국조 무궁ᄒᆞ야 억만년을 누리소셔
▲이쳔만즁 우리 동포ᄂᆞᆫ 츙효잇ᄂᆞᆫ 사ᄅᆞᆷ이오 의리 아ᄂᆞᆫ ᄇᆡᆨ셩이라 군ᄌᆞ국에 ᄉᆡᆼ
쟝ᄒᆞ야 셩현의 유풍을 일치 아니ᄒᆞ엿스니

---

45 국문판: 심향ᄉᆡᆼ, 「시ᄉᆞ평론」(1909.8.27), 심향ᄉᆡᆼ, 「셩졀경축가」(1909.9.8), 숑은ᄉᆡᆼ, 「곤원절경축」(1909.9.10), 국한문終南行판, 「新年頌祝歌」(1908.1.1), 「開國紀元節慶祝謹頌歌」(1908.8.14), 「慶祝壹闋」(1908.8.27), 「特別慶祝」(1909.3.25), 慶祝生, 「乾元節」(1910.3.25). 흥미롭게도 국한문은 1908년에, 국문은 1909년에 집중되어 있으며, 작가 역시 편집진과 독자로 분할되어 있다. 당대 현실, 특히 제왕 및 국가와 관련된 『신보』의 시각과 태도 변화를 암암리에 드러내는 장면으로 이해해도 무방할 듯싶다.

46 『신보』는 제왕의 상징성 생산보다는 '국민적 영웅'과 '영웅적 국민'의 대망과 창출에 더욱 주력한 것으로 판단된다. 이에 대해서는 정선태, 「근대계몽기 민족·국민 서사의 정치학」, 이화여대 한국문화원 편, 『근대계몽기 지식의 굴절과 현실적 심화』, 소명출판, 2007 참조.

아교풀에 칠합ᄒᆞᆫ듯 지남셕에 바늘붓듯

변통업시 합동ᄒᆞ야 단톄사회 되옵소셔

— 심향싱, 「시ᄉᆞ평론」(1909.8.27) 부분[47]

조선 특유의 충군애국 사상이 편만한 가사로, 이미 식민지근대로 진입한 대한제국의 위상과 현실을 생각하면 퇴행적이기 짝이 없다. 황실의 안녕을 기원하는 서사와 비유 역시 관습적이고 구태의연하다. 심지어 5연에서 "독립권이 ᄌᆞ직"한 것으로 보면서, "동편으로 태평양과 셔편으로 대셔양을 폭원즁에 다녀허셔 통일텬하 ᄒᆞ"라는 허망한 염원까지 태연자약하게 발설하고 있다.

그것이 의식의 선진성이겠지만, 적어도 편집진의 「신년송축가(新年頌祝歌)」는 황제의 안녕 기원이 독립과 자유를 위한 것임을 분명하게 말하고 있다.[48] 이런 사정을 감안하면, 텍스트의 국문체는 표기를 제외하고는 근대성의 범주와 거의 무관하다. 사자성어와 한문식 문장배열을 탈피하고는 있지만, 이 국문체는 의식과 표현에서 전근대에 철저히 종속되어 있다. 다면적이기 짝이 없는 근대에 접촉된 정치적 의식과 내면의 발현 모두에 실패하고 있는, 의례적인 용비어천가의 표기도구인 것이다. 독자=작가를 빌린 『신보』 편집진의 체면치레가 국문의 근대적 진화는 커녕 구시대의 장(場)으로 역주행하는 기이한 사태를 불러온 꼴이다.

---

47 순종의 즉위 2년을 기념하여 씌어진 작품으로, 이를 알리는 서설과 총4연의 가사로 구성되어 있다. 여기서는 1연과 2연을 취했다.

48 마지막 17연은 "獨立萬歲自由萬歲 大韓帝國萬萬歲 大韓每日申報萬歲"로 되어 있다. 이 작품은 강제 퇴위당한 고종의 안녕을(七.二千萬입壽를불네 太皇帝씌進上ᄒᆞ며 八.四千萬손福을빌어 太皇帝씌奉獻ᄒᆞ며) 특히 강조하고 있다.

2 고독한 개인을 전제하는 근대적 독법, 즉 묵독(默讀)은 계몽담론의 신속한 확산에 불리할 수밖에 없다. 창가나 계몽가사는 비록 읽는 형태일지라도 일정한 정형률을 유지함으로써 독자에게 익숙한 낭송의 전통을 보장했다. 근대계몽기의 낭송은 개인을 넘어 집단의 읽기, 즉 들려주기를 통해 문맹 상태의 군상들을 매체의 의식 내로 끌어들일 수 있다는 점에서 매우 효과적인 읽기 형식이었다. 단적인 예로 근대계몽기 신문종람소의 설치와 확대는 대중에게 계몽의식을 전파하는 유의미한 제도였는바, 무식자들은 유식자의 낭송을 통해 당대 현실을 간파하는 한편 계몽담론에 집단적으로 감염되어 갔던 것이다. 요컨대 낭송은 개인적인 독서 행위 없는 독자의 탄생과 확대를 가능케 한 유쾌한 구술문화였던 것이다.[49]

이 자리에서 낭송의 전통과 그것의 집단감염 효과를 꺼내든 것은 「잡보」란에 실린 「경고 지정가」의 특이성 때문이다. 앞서 언급한 대로, 이 작품은 약 4개월 뒤 약간 변형되어 「지졍가를 권고홈」(류지셩, 1909.2.27)으로 다시 실린다. 만약 저작권이 인정되던 시대라면 표절 판정을 받았을 글이 버젓이 게재된 셈이라, 편집진의 의도가 궁금하지 않을 수 없다.

> 엇지ᄒᆞ여 이리됏나 교육업ᄂᆞᆫ 연고로다 아모동리 아모촌에 씃좀잇다 ᄒᆞᄂᆞᆫ쟈가
> 교육업시 못될줄을 싱각ᄒᆞ고 씌다려셔 발긔ᄒᆞ고 발동ᄒᆞᆫ들 직졍업시 ᄒᆞᆯ수잇나
> 이런ᄉᆞ졍 셜명ᄒᆞ야 지졍가에 통긔ᄒᆞ면 ᄒᆞᆯ수업ᄂᆞᆫ 핑계ᄒᆞ고 이마ᄅᆞᆯ 찌푸리네

49 낭독과 낭송, 구연을 포함하는 음독(音讀)의 본래적 의미와 효과, 근대 조선에서의 수행 현실에 대해서는 천정환, 『근대의 책 읽기—독자의 탄생과 한국 근대문학』, 푸른역사, 2003, 108~119쪽 참조.

학교보조 업다면셔 단셩사에 츌입ᄒᆞ고 공익샤회 보조안코 기싱집에 츌입ᄒᆞ고

고ᄋᆞ보조 ᄒᆞᆫ푼안코 싀쥬가에 츌입ᄒᆞ네 곳치시오 곳치시오 ᄆᆞ음들좀 곳치시오

— 최경현, 「경고 직졍가」(1908.10.20) 부분[50]

제목 그대로 재정은 풍부하지만 나라, 특히 교육을 위해 돈을 쓸 줄 모르는 부자들을 비판한 가사이다. 1907년 국채보상운동을 열정적으로 전개했던 『신보』이고 보면, 이 작품의 게재는 전혀 이상할 것이 없다. 그런데 왜 하필 국문판에만 실렸는가 하는 점이다. 당대의 정황상, '재정가'는 보통의 인민들보다 유식자일 가능성이 크다. 따라서 그들에 대한 비판은 국한문판에 실려야 제격일 듯싶다.

하지만 전형적인 계몽가사 형식을 벗어나 있다는 점, 재정가의 그릇된 행위를 통해 당대 현실을 거의 직핍하게 조망하고 있다는 점, 다른 가사에 비해 근대적 국문체를 비교적 능숙하게 구사하고 있다는 점 등은 국문판 게재의 당위성을 보장한다. 이런 진보성은 「경고 직졍가」가 보다 집단적인 감염 효과를 노렸음을 암암리에 시사한다. 이 작품의 핵심은 교육 및 공익 관념의 부재가 국권의 피탈을 가져왔으므로 국권회복을 위해서는 공익의 보조와 교육발달에 전념해야 한다는 것이다. 그러나 이즈음 교육의 부재는 자본 투자의 미비 탓만으로 돌리기는 어렵다. 그에 못지않게 교육의 필요성에 대한 백성의 무지와 일제가 주도하는 근대(≠식민지) 교육에 대한 의도적 거부[51]가 주요 원인이었음은 주지

50 원문은 1행 4구 형식이지만, 여기서는 편의상 원문의 2행 8구를 합쳐 1행으로 배치했다. 이 작품은 1연 33행 형식을 취하고 있는 까닭에 계몽가사 특유의 반복되는 어구가 등장하지 않는다.

의 사실이다.

근대교육의 지연과 거부는 시대착오적인 충군애국주의의 보루이자 국민국가의 가능성을 억압한다는 점에서 개화파는 물론 개신유학자들에게도 아연실색할 사태였을 것이다. 교육책임 방기의 비윤리성과 퇴행성을 재정가들에게 퍼붓는 현장을 독자=청중들에게도 보여줌으로써 일거양득의 계고 효과를 거둘 필요성이 여기서 생겨난다. 입말투에 보다 근접한, 그리고 순국문으로 씌어 이해가 편리한 가사는 낭송 효과가 더해질 경우 이런 목적의 달성에 매우 유리했을 가능성이 크다.[52] 현재의 판단이지만, 「경고 지졍가」는 당대 현실에서 국문의 진화와 그것을 통한 계몽의식의 설파를 설득력 있게 보여준 작품 가운데 하나이다.

그러나 「경고 지졍가」는 『신보』에서 예외적인 텍스트의 하나이긴 해도, 계몽담론의 보편적 발화양식을 준수함으로써 '시적인 것'의 창출을 동반하지는 못한 것으로 판단된다. 계몽담론의 관습이 예외적 국문체의 탄생과 진화를 제약한 형국이라 하겠다.[53] 이런 제약의 기저에는

---

51 특히 여전히 향리를 장악하고 있던 정통 유학자들은 섣부른 계몽운동이 근대교육 형성에 외세의 개입을 불러들였다는 판단 아래 근대교육을 거부하면서 자신들의 사상과 이념에 적합한 인재양성에 매달리는 경향이 농후했다. 이에 대해서는 손종현, 「개화기 근대교육에 대한 영남유림의 저항과 수용」, 한국교육철학회, 『교육철학』 17, 1999 참조.

52 '관습'의 구심력에 여전히 장악되어 있던 이즈음의 「시ㅅ평론」은 「경고 지졍가」가 왜 「잡보」에 실릴 수밖에 없는가를 보여주는 반면(反面) 가운데 하나일 것이다. 또한 판박이 가사 「지졍가를 권고홈」이 작가를 바꿔 버젓이 실릴 수 있었던 것도 교육진흥이 그만큼 절박한 과제였기 때문일 것이다.

53 비록 실패로 귀결되었지만, 최남선이 『소년』에서 신체시에 그치지 않고 자유시에 방불한 산문시의 창작으로까지 나아간 사실에 비추어 볼 때 더욱 그렇다. 물론 육당의 산문시는 근대적 언어체계와 가장 방불한 국한문체의 구조화에는 성공했다. 하지만 개아를 고려치 않는 집단적 자아의 추구가 근대적 포에지의 결여와 맞물리면서 유의미한 시적인 것의 창출에는 미달하고 만다.(보다 자세한 내용은 권오만, 『개화기시가연구』, 새문사, 1989, 226~232쪽 참조) 육당 역시 계몽담론의 발화 관습에서 자유롭지 못했던 것이다.

새로운 국문체의 지속적 실험과 갱신에 적극적이지 못했던 『신보』의 수동성(시대적 한계와 세대적 한계가 동시에 맞물린)이 함께 깔려 있음 역시 유념해야 한다.

5. 독자투고시의 위계화 현상, 그 이해의 실마리

지금까지 독자투고시를 국한문체와 국문체로 분류하여, 그것들이 한문체와 결합하고 또 결별하는 과정에서 일어나는 다양한 언어현상을 확인해 왔다. 그 과정에서 『신보』의 독자투고시 역시 여타 매체의 투고물과 마찬가지로 설파된 계몽담론의 이해 정도와 계몽기획의 실천자로서 독자, 넓게는 인민의 능동성을 동시에 드러내는 글쓰기임을 목도했다.

하지만 그에 못지않게 중요한 것은, 투고시의 국한문체 및 국문체에 매우 다양한 층위가 존재하고 있다는 사실과, 독자=작가가 기존의 한문체 관습과 역할모델로서 편집진의 장르 및 표현 관습에 강하게 긴박되어 있다는 것이었다. 물론 당대 현실과 문명의 향방을 직핍하게 그려낸 몇몇 예외적인 시편도 존재했으나, 근대적 경험을 통과해가며 분출되는 내면 혹은 '시적인 것'의 순간적 포착은 '아직 아닌' 것으로 판명되었다. 기존의 언어관습이란 단순한 언어 대체 이상의 무엇, 그러니까 삶과 사유의 전반적 변혁과 새로운 언어의 보충을 필요로 하는 촘촘하고도 끈적한 그물망임이 여기서도 드러난다.

언어관습의 강고함과 새로운 언어체계의 지연은 국한문체와 국문체, 그리고 편집진=작가와 독자=작가를 위계화하는 부정적 질서를 새롭게 생산하는 계기가 되고 있다는 점에서 문제적이다. 사실 나날이 급변하는 일상에 유효적절하게 대응하지 못하는 새로운 언어체계는 오히려 익숙하고 편리한, 한문현토체 중심의 관습언어에 그 역할을 넘겨주는 경우도 흔했다. 이런 전도현상은 그간의 글쓰기 관습을 고려하면 편집진의 작품에서 모델을 구할 수밖에 없었던 독자=작가들에게 보다 심각하게 발생했다. 새로운 국문체의 개발과 확장을 갈망했던 『신보』에서 언어의 위계화 현상이 해소되기는커녕 알게 모르게 강화된 형국인 것이다.

이런 의외의 형국에서 가장 문제적인 것은 국문 투고가사의 부진과 빈약함이다. 그 원인을 일목요연하게 밝히기란 몹시도 지난한 일이다. 국문 가사를 창작한 독자=작가는 일정한 문해 능력을 갖춘 유식자이자 계몽담론의 열정적 실천자라는 점에서 편집진과 거의 동일한 조건을 갖춘 존재들이다. 그럼에도 불구하고 계몽가사는 국한문 → 국문(번역) → 국문(창작)으로 뚜렷하게 위계화되고 있다. 계몽담론의 압도적 우세와 지배를 제외한 보다 보편적인 현상과 원리를 통해 이런 현상을 들여다볼 방법은 없을까. 이를테면 독서 관습의 균형과 길항, 그리고 근대의 갑작스런 내습에 의한 기존 관습의 붕괴와 새로운 재편, 그것이 조장 혹은 강제하는 글쓰기의 이런저런 변형을 살펴보는 방식 말이다.

화롯가의 매체였던, 가정적인 문자 교육 내지 문학 교육이, 부친=음독형과 모친=그림 이야기형이라는 두 가지 형태를 공존시키고 있었던 것은, 전통적인 사회가 키워준 독특한 예지였을 것이다. 한편에서는 한문체의 강한 울림을 반복함으로써 규범에 대한 순화(馴化)를 훈육하고, 다른 한편에서는 7·5조의 매끄러운 리듬에 실어 규범에서 일탈된 세계의 존재를 제시했다.[54]

근대독자가 성립되기 전 일본의 독서 관행은 조선이라고 해서 크게 다르지 않았을 것이다. 규범의 준수와 일탈로 상징되는 '한문체'와 '7·5조의 매끄러운 리듬'은, 시가의 경우, 한시와 평시조, 가사에 맞선 민요와 잡가, 사설시조의 구조로 얼마든지 치환될 수 있다. 이 경우 언어는 일종의 제국어 한문(보편성)과 민족어(특수성)가 대응을 이룰 것이다. 물론 둘을 이런 방식으로 대비시킨다고 해서 '부친'의 압도적 우위가 훼손되지는 않는다. 모친의 언어는 어디까지나 "한적의 음독으로 진행되는 빠른 사회화 과정"의 피로를 덜어주는 부차적인 완충제였으므로.

민족어의 자명성을 전제하는 근대세계라면, '부친'과 '모친'의 역할이 합리적으로 재편되거나 그 관계가 역전되는 것이 보다 타당할 듯싶다. 그러나 주어진 근대의 갑작스런 내습은 오히려 새로운 한자어의 창안과 이입, 서구 및 일본 문명의 번역에 익숙한 언어체계를 강제함으로써, 근대를 향한 '모친' 언어의 자율적 적응과 확장을 가로막는 부정적 사태를 초래한다. 근대계몽기는 '모친'의 세계조차 계몽담론의 발랄한 발화자로 징발되는, 또 다른 '부친' 과잉의 시대였던 것이다. 투명한 민족어로 기대된 국문체는, 한편으로는 근대를 수용하면서, 다른 한편으

54 마에다 아이(前田愛), 유은경 외역, 『일본 근대독자의 성립』, 이룸, 2003, 158쪽.

로는 근대 세계를 견디면서 그것을 내파하는 '모친'의 세계로 나아가야 했다. 그러나 계몽담론의 설파에 갈급했던 『신보』 가사는 '부친'의 관습에 보다 친화적이었으며, 그런 만큼 근대의 외연과 내포를 동시에 거머쥘 수 있는 국한문체 / 국문체의 지속적 실험에 주저했던 것으로 판단된다. 게다가 『신보』 편집진의 국문은 시종 번역문으로 제시된 까닭에, 자율적이며 독립적인 국문의 창안이나 모델의 제시와는 거리가 멀었다. 이 번역문을 모델 삼는 한 독자=작가의 가사 역시 '부친'의 언어에 강하게 삼투될 수밖에 없었다.[55]

본문에서 예외적 국문 가사로 제시한 작품들이 최남선의 문장에 가깝다는 말을 언뜻 한 적이 있다. 육당은 한국어의 통사구조를 자연스럽게 구사하는 한편 특히 근대와 관련된 신조어를 적절하게 채용하여 국한문체의 신기원을 열어젖힌 존재이다. 그러나 육당이 일률적인 국한문체를 구사했다는 생각은 얼마간 수정될 필요가 있다. 현재 우리의 언어관습도 그렇지만, 육당은 추상적이며 고차적인 계몽담론을 설파할 때는 일정한 능력을 요하는 신 · 구 한자어를 적절히 활용했으며, 시가나 소설에서는 일상에서 통용되는 한자어를 제외한 나머지 것들을 순우리말로 바꾸는 일에도 꽤 공을 들였다.[56] 그럼으로써 '부친'과 '모친'

55 자유시의 형성을 지시하는 관행적 도식 (계몽가사) ⇢ 창가 → 신체시 → 자유시는 각 영역 간의 영향과 단절 등을 보다 세밀화할 필요가 있으나, '부친'의 권리 감소와 국한문체 / 국문체의 근대화라는 관점에서는 여전히 타당한 것으로 인정된다. 이런 사실은 국한문체 / 국문체의 형성과 발전이 시 언어의 분화와 매우 밀접하게 관련되어 있음을 시사한다. 김소월 이래 토착어 지향의 서정시가 민족문학의 중심을 장악해가는 것도 국한문체에 비해 국문체가 보다 투명한 민족어의 체계로 인정되었기 때문일 것이다. 심미어에서 한자어의 의식적 배제는 그러나 보다 형이상적인 세계 및 존재의 인식과 표현에 일정한 제한을 가져온 것은 아닌지 차분히 음미해볼 일이다.

56 일례로 육당은 『소년』의 「巨人國漂流記」(『걸리버여행기』)에서 소인을 '알사람'으로,

은 기존 역할과 관계를 완전히 허물지 않으면서도, 근대로 비교적 안전하게 진입하는 데 성공하게 되는 것이다.

『신보』에서 계몽가사의 위계화는 '모친'의 독립성과 자율성 부여가 소극적이었기 때문에 더욱 강화되었을 가능성이 크다. 한문 관습의 지속적 개입과 새로운 관여가 "규범에서 일탈된 세계"의 창출과 개방에 제동을 걸었다고 해야 할까. 다른 한편 계몽가사라는 특이한 장르의 규율과 제약 역시 주요한 원인일 것이다. 하지만 『신보』의 경우, 거기 실린 창가(唱歌)[57] 역시 '부친'에게 복속되어 있는 형편이고 보면, "한문체의 강한 울림"이 장르의 관습보다 훨씬 근원적인 것으로 판단된다. 그런 점에서, 한일합방 후 계몽가사의 재빠른 소멸은 식민화에 따른 효용성의 상실 탓이기도 하지만, '부친'의 새로운 강화와 '모친'의 주변화로 상징되는 언어적 균형추의 급격한 불균형의 탓이기도 하다. 게다가 『신보』가 어쩔 도리 없이 이끌려 간 이 언어의 유곡에는 번역어, 그러니까 일본을 거쳐 재빠르게 전래되던 근대 개념어가 들어설 자리마저 지워져 있었다.

거인을 '큰사람'으로, 거인국을 '왕사람나라' 등으로 번역하고 있다. 같은 소설 내에서 이들 한자어와 토착어를 섞어 쓰는 경우도 많다는 점에서 토착어 사용을 매우 의지적인 것으로 판단하기는 쉽지 않다. 하지만 육당의 시도는 이즈음의 다른 매체에서는 찾아보기 어려운 독창적인 것임에는 틀림없다.

57 『신보』에는 25편의 창가가 실려 있다. 학교 창가와 운동가의 비중이 크다. 실명과 별호로 게재된 작품이 12편인데, 학교 창가와 운동가 역시 『신보』 외부에서 씌어진 것으로 판단해야 할 것이다. 이 가운데 가장 유명한 창가는, 안창호가 망명하면서 쓴 「去國行」(新島 작, 1910.5.12)이다. 이 작품은 그래도 도산의 내면이 어느 정도 고백되고 있어, "한문체의 강한 울림"은 상대적으로 미약한 편이다.

『대한매일신보』의 이중판본 정책과 근대어 형성

계몽가사(歌辭)를 중심으로

최현식

1. 근대계몽기 '글쓰기'의 상황과 조건

신문과 잡지로 대변되는 근대매체는 근대 조선문학의 형성과 제도화에서 그랬듯이 근대 조선어의 그것에도 획기적 역할을 수행했다. 매체의 담당자들은 이념과 현실로서 '글쓰기'의 선택과 배제, 집중과 분할을 실천하면서, 문명과 민족의 기획으로서 조선어의 근대를 상상하고 도모하였다. 이런 작업이 조선 특유의 사건이기는커녕 근대 보편의 사건, 곧 민족어≠국어를 통해 국민을 창출하고 획정짓는 국민국가 기획의 뒤늦은 실천이었음은 물론이다. 이런 지연은 한편으로는 앞선 자들을 뒤따르는 조급성과 종속성에 번민케 했으며, 다른 한편으로는 그를 통해 오히려 조선 현실에 가장 적합한 '글쓰기'를 고민하고 발명하게 했다는 점에서 희비의 양면성을 노정한다. 하지만 시대를 서둘러 깨우려던 저들에게 압도적인 영향력을 행사했던 것은 후자, 그러니까 근대(문명)와 민족을 감당할만한, 또 관통할만한 새로운 조선어의 창안과 보편화 욕망이었다.

근대계몽기의 핵심 사건으로 불러도 좋을 언어적 전환, 즉 조선어의 근대 기획은 "실제로 말해지는 것으로서의 비문자적 언어를 구성했던 지방이나 지역적 방언들의 조각그림 맞추기로부터 벗어나 문자적으로 그리고 현재적으로 활용될 수 있게끔 편찬되고, 표준화되고 동질화되고 근대화되"는[1] 것을 전제로 한다. 이렇게 창안된 '문어(글말)'에서 국민 모두가 동일하고 동등하게 사용하는 '표준어'가 탄생한다는 것(이른바 언문일치)은 이제 하나의 상식이다.

이런 점에서라도 조선어의 근대를 최초로, 또 대량의 물적 토대를 바탕으로 치열하게 전개해간 신문 매체는 더욱 주목되어 마땅하다. 사실 우리들은 근대어 창안의 우선권을 근대문학 텍스트 자체에서 구하는 관습에 훨씬 익숙하다. 그러나 근대문학의 기원과 성장이 스스로의 원리와 힘보다는 '매체에 의한 문학의 내부화'로 표현되는 매체 의존성에 크게 기대고 있다는 사실[2]은 꽤 기억할 만하다. 말하자면 근대문학은

1 E. 홉스봄, 김동택 역, 『제국의 시대』, 한길사, 1998, 290쪽.

2 한기형, 「매체의 언어분할과 근대문학」, 성균관대 대동문화연구원, 『근대어 형성과 한

신문 지면의 일부로 존재함으로써 근대성과 리얼리티를 혁신, 심화하는 한편, 여기서 획득된 대중적 기반을 바탕으로 문학 특유의 자율성과 고유성을 주장하고 또 그것을 굳건히 확보해 나갔던 것이다.

이와 같은 근대어의 창출과 글쓰기의 접점 및 진화를 생각할 때, 쓰기의 형식으로서 국문체와 국한문체의 경합과 대립, 상호 참조 경향은 매우 중요한 언어지평이 아닐 수 없다. 사실 독자의 선택과 분할이란 측면을 고려하면, 국문체와 국한문체는 갈등과 대립의 자장 속에 머물렀을 것처럼 느껴진다. 가령 독자의 문해 능력(literacy) 제고와 획기적 신장에 중점을 두는 국문체는 한문체의 급진적 해체와 한글 전용을 통해 문자 생활의 경제성과 민주성, 실용성을 목적하였다. 이에 비해 국한문체는 계몽의 서사가 요구하는 정론적 내용의 수용과 전파, 전통적 지식의 재현, 서구적 개념과 지식의 번역에 보다 효율적이었다.[3] 이런 언어 목적의 분기는 당연히도 상하계급, 남성과 여성, 지식인과 무식자 등으로 당대 인민을 분할하는 것처럼 보인다.

그러나 우리는 표면적 분할 현상을 강조하기에 앞서, 국문체와 국한문체 공히 민족과 문명의 내면화를 목적으로 기획된 근대적 제도임을 기억할 필요가 있다. 두 문체는 표기 방식의 선택을 지렛대로 문명국가

국문학의 언어적 정체성』(학술회의 자료집), 2007, 1~4쪽.

3 『독립신문』(1896.4.7 창간)과 『황성신문』(1898.9.5 창간)은 국문체와 국한문체의 입장 및 대립을 가장 선명히 보여준다. 이후 조선어의 근대는 두 입장의 교섭 및 절충, 수정 및 교환을 정치(精緻)화・세련화하는 방식으로 진행되었다고 해도 크게 틀리지 않는다. 두 신문의 문체 의식과 정책에 대해서는 김영민, 「근대계몽기 신문의 문체와 한글 소설의 정착 과정」(『한국 근대소설의 형성 과정』, 소명출판, 2005)이, 또 근대계몽기 서사에서 국문체와 국한문체가 민족과 문명의 내면화를 목표로 경합・상호 참조하는 경향에 대해서는 권보드래, 『한국 근대소설의 기원』(소명출판, 2000)이 자세하다.

로 진화하는 데 필요한 '한자와 한글의 민족화'[4]를 서로 다른 방식으로 수행했던 것이다. '국문'은 민족과 독립(특히 중국과 한문으로부터)의 상징적 표상이었으며, 국민 / 국민국가를 가장 효과적으로 형성할 수 있는 수월한 문체로 이해, 주장되었다. 반면에 국한문체는 여전히 한문 / 한자를 상당 부분 준용하고 있다는 점에서 기존 한문에 속박되어 있는 것처럼 느껴진다. 하지만 국한문체 역시 시대가 요구하는 민족어의 형성과 계발, '국민'의 형성에 결코 무감할 수 없었다. 그런 까닭에 국한문체 사용자들 역시 끊임없이 전통 한문을 후퇴시키는 한편 근대적으로 재편하면서 새로운 언중(言衆) '국민'에 적합한 국한문체를 고안, 구성해야만 했다.[5] 이들 역시 춘원이 느낀 글쓰기의 곤혹성, 그러니까 국문 전용을 소망하면서도, 국문으로 대체 불가한 한문의 존치와 근대적 지식의 원활한 수입을 위해 국한문을 어느 정도 병용할 필요가 있다는 이중의식[6]을 거꾸로 살았던 것이다.

한편 우리는 기존 한문의 해체와 조선화의 강조, 그리고 한글 전용이

---

4 A. 슈미드, 정여울 역, 『제국 그 사이의 한국』, 휴머니스트, 2007, 179~193쪽 참조.

5 이 시기 국한문체의 다양성과 진화 양상은 근대계몽기 잡지의 국한문체를 한주국종(漢主國從), 국주한종(國主漢從), 『소년』 이후의 국주한종으로 삼분하여 분석한 임상석, 「근대계몽기 잡지의 국한문체 연구」, 고려대 박사논문, 2007에서 자세히 엿볼 수 있다.

6 이광수, 「今日 我韓 用文에 對ᄒᆞ야」, 『황성신문』, 1910.7.27. 춘원의 이런 입장은 아마도 구문직역체(歐文直譯體)를 통해 일본어의 근대를 실험하는 한편 그 과정서 생산된 새로운 한자숙어로 문명과 진보를 내면화하려 했던 일본의 경험에 맞닿아 있을 것이다. 하지만 이광수 이전 국한문체에서의 번역은 일본 외에 중국의 량치차오(梁啓超) 등에 기대어 있는 경우도 많았다. 실제로 신채호를 비롯한 『신보』 편집진은 량치차오의 사상과 문명론 번역에 심혈을 기울이는 한편, 번역의 통로가 일본으로 한정되는 것을 비판하면서 구미열국어를 통해 문명을 직수입할 것을 강조하기도 했다. 그들의 문명 번역 의식과 전략에 대한 이해는, 정선태, 「근대계몽기의 번역론과 번역의 사상」, 한기형 외, 『근대어 · 근대매체 · 근대문학』, 성균관대 출판부, 2006, 58~60쪽 참조.

란 민족어의 이념형을 생각할 때, 문자의 자주권과 문명성이 급격히 주장된 근대계몽기부터 국문체가 국한문체를 압도하며 민족어의 지위를 형성했을 것으로 오해하기 십상이다. 그러나 국문체의 이상은 이 당시 여전히 상상의 영역이었으며 민족 이념의 일종으로 존재했다. 현실은, 일상어에 바탕을 둔 문학어를 제외한다면, 추상적 개념의 조직과 표현, 말뜻의 압축과 전달, 서구적 지식과 문물에 대한 번역의 효율성에서 장처를 발휘했던 국한문체가 훨씬 우세한 형국이었다.

이에 대한 가장 뚜렷한 물적 증좌는 일종의 글쓰기 / 문체의 실험장이자 경연장이었던 『대한매일신보』(이하 『신보』)의 판본 변화와 독자의 양태에서 찾을 수 있다. 『신보』의 판본은 국문판과 국한문판의 교체와 병용을 중심에 둘 경우 세 시기로 나뉜다. ①국문판(1904.7.18~1905.3.9) ②국한문판(1905.8.11~1907.5.22) ③국한문판과 국문판의 동시 발행(1907.5.23~1910.10.28). 이런 변화에 『신보』 편집진의 민족 / 문명 / 언어 의식과 독자의 분할 문제가 깊숙이 개입되어 있음은 물론이다. 1기에는 민족어의 자명성이라는 언어민족주의가, 2기에는 실제 구독 가능한 지식 · 유한계급에의 경사가 엿보인다. 이념과 현실의 대결 및 교체가 도드라지는 형국인데, 여기에는 당시 언어현실의 혼란과 매체 유지를 위한 상업적 고려 역시 배어 있을 터이다.

이런 전적(前績)을 고려하면 3기 『신보』는 여러모로 징후적이며 획기적이다. 신채호, 박은식 등 민족의 상무정신을 특히 강조한 개신유학파가 주요 담당자였다는 점, 국한문판에서 국문판으로의 번역이 압도적이지만 두 문체의 현실과 가능성에 맞는 고유 지면이 따로 존재한 경우도 적잖다는 점은 눈여겨 볼만하다. 문체와 독자의 분할은 일견 두 판본의 소통을 포기한 것처럼 보인다. 그러나 이후 보겠지만, 특히 신채호의 경우 민족과 국민국가 형성의 근본원리로서 국문의 사용과 조선어의 근대를 매우 중요시했다. 과격한 언어민족주의자의 혐의마저 엿보이는 그의 면모를 고려할 때, 국한문판과 국문판의 번역 및 넘나들기는 단일한 '국민'의 창출과 그들을 잇는 절대도구로서 '민족어'의 고안 및 제도화의 의지로 얼마든지 읽힐 수 있다.[7] 말하자면 문체 분리의 이면에는, 문자면에서만 보더라도, 문자생활의 이중성 극복과 보편타당한 국민 공동재산으로서 조선어 표기법의 구상과 정착이라는 통합의 원리가 숨어 있는 것이다.

따라서 우리는 『신보』의 국한문판과 국문판에 동시에 실린 논설, 기서, 잡보 기사, 시가 등을 중심으로 국한문과 국문 간의 소통과 번역, 상호 참조 경향, 이질성 따위의 실상을 꼼꼼히 살필 필요가 있다. 조선어의 근대에 드리워진 분리와 연대를 동시에 파지함으로써 우리는 당대의 언어현실과 언어의 이념적 지향을 보다 객관적으로 소환할 수 있을 것이다.

나는 이런 관심을 우선 『신보』 소재의 시가(詩歌), 그 중에서도 계몽가사를 통해 사유하고 분석할 것이다. 현재 문자 선택과 글쓰기 문제에 대한 연구는 대부분 산문 및 소설에 집중되어 있는 형편이다.[8] 이런 편

---

7 국한문판과 국문판 병용 발행은 독자의 급속한 증가를 이끌었다. 1908년 5월 7일 당시 국한문혼용판 8, 143부, 순국문판 4,650부, 영문판 463부 등 총 13, 256부에 달했다.(정진석, 『한국언론사』, 나남출판, 1992, 239쪽) 비유컨대, 이중판본 정책을 통해 계급, 지역, 성별 따위로 분열되어 있던 중세적 인간들이 하나의 국민 / 민족으로 기입되는 근대적 인간으로 서서히 진화해가는 전도 현상이 발생한 것이다.

8 근대계몽기 신문에 수록된 서사자료를 통해 글쓰기와 문체 선택, 장르 형성의 실제와 전개 과정 등을 고찰한 최근의 성과들은 김영민, 『한국의 근대신문과 근대소설』(소명출

향에는 '일상어의 조직적 파괴'를 숙명으로 하는 운문 장르가 산문에 무게가 놓이는 조선어의 근대를 해명하는 데 아주 유용하지는 않다는 판단이 암암리에 작동하고 있다.

그러나 국민의 계몽에 바쳐진 가사의 '서사충동'은 『신보』 소재 시조, 민요, 창가 등의 그것을 압도함은 물론, 여타의 산문에도 크게 뒤지지 않는다. 이를테면 그것은, 강명관이 날카롭게 지적했듯이, 과거의 이런 저런 운문 장르를 수사학적 자질로 섭취하는 한편, 당대에 유행하던 역사전기류, 심지어 근대적 법률조항까지 무차별적으로 끌어들여 자기를 구성하고 펼치는 놀라운 개방성과 융합력을 발휘한다. 이런 혼종성(hybridity)은 여전히 전근대적 운문 양식에 익숙한 대중들을 선취함과 동시에 계몽의 당위성 및 당대 현실의 리얼리티를 호소, 강화하기 위한 일종의 미학적 메카니즘에 해당한다.[9] 이런 양상은 마치 논설과 서사의 결합이 그렇듯이, 신문이 가사를 내부화하는 것인 동시에 가사가 신문을 내부화하는 상호 교섭에 해당한다. 조선어의 근대가 통과해간 리얼리티와 암중모색한 이념형 역시 이런 교섭을 통해서야 비로소 형성되고 드러날 것이었다.

판, 2006)의 제1장을 참고할 것.

9 강명관은 이념과잉과 수사학 부재로 흔히 평가되는 계몽가사에 대한 기존 평가를 유보하면서 이런 미학적 전략과 자기표상 방식에 새삼 주목했으며(「해제」, 강명관 외편, 『근대계몽기시가자료집』③, 성균관대 출판부, 2000), 한기형은 이를 적극 수용하면서 계몽가사를 신문의 서사성과 연관해 새롭게 해석할 것을 주장한 바 있다.(한기형, 「매체의 언어분할과 근대문학」, 앞의 책, 15~16쪽)

2. 『대한매일신보』의 언어이념과 의식

『신보』에서 조선어의 근대와 새로운 '글쓰기' 의식이 적극적으로 개진되고, 국한문체와 국문체의 교호가 본격화되는 장은 3기부터이다. 국문판은 일견 이미 발행 중이던 국한문체를 국문체로 번역한 단순한 언어교환의 산물처럼 보인다. 그러나 3기 담당자들의 '국문' 의식은 이념과 현실에서 남달랐다. 이것이 독자의 획득을 넘어 계몽의 확산과 심화, 궁극적으로 문명과 민족의 실현을 목적하고 있음은 다음의 사례들에서 선명하다. 여기에 『신보』가 수행한 이중판본정책의 언어적 목적과 이념적 지향이 담겨 있다 해도 크게 틀리지 않는다.

가령 신채호는 친일 신문으로 전락하거나 그 소임을 담당했던 『국민신보』와 『대한신문』을 향해 "나간魂을다시찾고 일흔魂을다시불너 萬萬歲大韓國에 大韓國民되야보게"[10]라고 말한다. 조금 넘겨짚자면, 저들 신문이 민족혼을 회복, 표현하는 가장 대중적이고 효과적인 방식 가운데 하나는 그릇된 사유와 오도된 이상을 가셔낸 '순수 조선어'로 귀환하는 일일 것이다. 특히 일상어에 바탕한 '국문'이 귀환의 앞자리를 차지할 것임은 물론인데, "한문이ᄌᆞ더져두고 국문비화긔명ᄒᆞ오 // 비고보기더욱쉽기 국문학이뎨일이오 // 사름마다긔명발달 집집마다신문보쇼"[11]라는 권유는 그래서 자연스럽다.

10 신채호, 「招魂歌」, 『대한매일신보』(국한문판), 1907.12.17.

11 리용근, 「진보가」, 『대한매일신보』(국문판), 1907.11.8. 작자는 '문명진보'를 독립의 필수조건으로 강조하면서, 문명진보 획득의 유력한 기제로 신문과 신학문, 국문과 국문학

물론 이런 주장들은 개인의 것이라는 점에서 『신보』의 공식적 견해를 대신할 수는 없다. 따라서 우리는 국문판 발행 첫날에 실린 사설(社說) 「국문신보발간」(국문판, 1907.5.23)[12]을 겹쳐 읽어야한다. 사설에는 "대저 세계렬국이 국문과 국어(나라방언)로 제나라 정신을 완전케ᄒᆞ는 긔초를 삼는"다는 데서 보듯이 근대 민족어의 자명성이 전제되어 있다. 이를 바탕으로 한문의 폐해를 집중 거론하면서 배우기 쉽고 쓰기 편한 '국문'의 학습과 보편화를 통해 '사름의 지혜'와 '나라의 힘'을 기를 것을 주장한다. '국문'의 실용성·경제성·민주성을 민족의 자주와 번영, 문명진보의 최소조건으로 자리매김하는 현장인 것이다.[13]

그렇다면 신채호와 리용근의 시가(詩歌)는, 게재일이 시사하듯이, 이 사설의 충실한 수용과 실천을 계몽하는 일종의 부연 텍스트로 보아 무방하다. 기실 국문판과 국한문판 모두에는 위와 같은 주장을 담은 텍스트가 지속적으로 여럿 실렸다. 물론 『신보』 편집진들은 「국문신보발간」의 확장, 심화판이라 할 수 있는 「국한문의 경중」(국문 / 국한문판, 1908.3.22)과 「오늘날의 교육정신」(국문판, 1909.6.30) 등 국문과 국어 사용의 강조, 그를 통한 민족의식 및 국가정신의 고양을 주장하는 글을 일방적으로 싣는 데

학습을 들고 있다.

12 국문판 첫 호의 한글전용 의지는 신문 제호와 발행호수를 제외하고는 '社사說셜' '寄긔書셔' '社사告고' 세 단어에서만 한자를 노출한 것에 뚜렷하다. 얼마 후 국문판은 국채보상운동 등에 참여한 사람의 이름이나 광고물 따위에서는 한자를 혼용하기 시작한다. 하지만 이것들은 『신보』의 국문 의식 가장 바깥에 위치한 형식들이다. 덧붙여 이 사설은 국한문판에 「국문보병간」(1907.5.14)이란 제목으로 실렸다.

13 『신보』의 국문판 발행을 축하하는 시가가 국문판과 국한문판에 각각 한편씩 실리는데, 「공하국문보발ᄀᆞᆫ」(방한익, 1907.5.23)과 「謹賀國文申報發行」(朴永鎭, 1907.5.26)이 그것이다. 축하의 내용은 사설과 대동소이하다. 시가들의 게재일이나 특히 방한익의 경우 '일본동경 청산ᄀᆡ류'란 현재 위치를 밝힌 것을 고려할 때, 두 작품은 순수 투고물이라기보다는 일종의 기획 게재물로 보는 편이 타당하다.

그치지 않았다. 어쩌면 이보다 더욱 중요한 것은 계몽 대상인 거리의 장삼이사들, 즉 미래 '국민'들의 반향 및 호응 정도를 확인하면서, 국문 / 국어 사용의 당위성을 한층 내면화하는 작업일지도 모른다. 실제로 『신보』는 독자들의 견해와 호응을 그들의 투고작을 통해 생생히 재현하는 한편, 국문의 교습 / 학습에 매진하는 선각자와 인민들의 모습을 전달하는 기사를 적극 게재한다.[14]

이런 '글쓰기'의 다양한 혼종, 이를테면 국한문과 국문의 넘나듦, 거기에 게재된 계급과 성별, 전통과 현대의 교호와 소통은, 언어적 현상으로 국한해도 "새로운 표현방식과 표기체계의 창안만이 아니라 계급, 성별, 지역으로 분열되어 있던 중세 언어의 텍스트적 고립성을 몇 장의 지면 속에 버무려 곧바로 상호 유관한 것으로 만들어 버리는"[15] 일대사건의 예로 모자람 없다. 이 현상이 국민 / 민족(nation)의 탄생과 형성에도 그대로 반복되는 사태임은 구태여 재론할 필요가 없다.

하지만 당시 국문운동은 조선어의 가능성보다 그것의 패배 또는 지연이 먼저 예상되는 슬픈 현실에 가로놓여 있었다. 『신보』가 국문을 실용성을 훨씬 초과하여 민족 또는 '국민의 혼'을 끊임없이 호출하는 이념형으로 설정하는 것은 이런 위기의식과 깊이 관련되어 있다. 그렇다면 저런 혼종의 결과, 그리고 위기의식의 고조 속에서 창안된 민족어문을

14 이런 국문을 향한 편집진과 독자들의 구체적 동향은 김영민, 『한국의 근대신문과 근대소설』, 71~83쪽에 자세 하다. 김영민은 사설과 논설, 기서 등 주로 산문에 중심을 두고 이 문제를 검토하고 있다. 헌데 이런 현상은 계몽가사에서도 동일하게 발견되는바, 국한문판 / 국문판에 동시 게재된 투고작 「국문가」(鼓吹生, 1909.10.22)와 「국문가」(將泉生, 1910.4.5) 역시 국문운동에 대한 독자의 반향과 지향을 엿보게 하는 좋은 물증이다.

15 한기형, 「매체의 언어분할과 근대문학」, 앞의 책, 9쪽.

통해 『신보』가 목적한 최후의 언어 및 민족 / 국민 지평은 무엇인가. 이 질문을 통과하기 위해서 우리는 무엇보다 먼저 '동국시계혁명'을 주창한 글로 흔히 이해되는 신채호의 「천희당시화(天喜堂詩話)」[16]를 꼼꼼히 재독할 필요가 있다.

> 1) 詩란 者는 國民言語의 精華라. 故로 强武흔 國民은 其 詩부터 强武흐며 文弱흔 國民은 其 詩부터 文弱흐나니 一國의 盛衰治亂은 大抵 其 國詩에셔 可驗홀지오 又 其國의 文弱을 回흐야 强武에 入코ᄌ 홀진ᄃ 不可不 其 文弱흔 國詩부터 改良홀지라

> 2) 詩歌는 人의 感情을 陶融홈으로 目的흐나니 宜乎 國字를 多用흐고 國語로 成句흐야 婦人 幼兒도 一讀에 皆曉흐도록 注意흐여야 國民 智識 普及에 效力이 乃有홀지어늘 近日에 各學校用歌를 聞흔즉 漢字를 雜用홈이 太大흐야 唱흐는 學童이 其 趣味를 不悟흐며 聽흐는 行人이 其 語意를 不知흐니 是가 何等 效益이 有흐리오

16 『대한매일신보』(국한문판), 1909.11.9~12.4. 시도(詩道)와 국가 관계를 중심에 놓고 시의 능력을 검토하는 신채호에게 "시란 자는 국민언어의 정화"로 먼저 이해된다. 이런 전제는 당연히도 한시의 전통적 지위를 해체하면서 '국시(國詩)'의 권위를 건축하는 시가사의 재정립을 이끈다. 그런데 흥미롭게도 '국시'는 주로 상무정신에 입각한 시조에서 찾아지는 경우가 많다. 이런 편향은 여타 시가(향가나 고려가요) 자료의 부족일 수도 있겠으나 그보다는 '민족혼'으로 대변되는 이념 반영의 결과일 것이다. '국시' 영역에서 전통 가사의 배제 역시 그것의 서사성과 이념형의 미달이란 두 조건에서 찾아야 될 듯싶다. 그렇다면 『신보』가 계몽가사를 수록하기 시작한 지 한참 뒤인 1908년 11월 29일부터 「ᄉ조」(詞藻)란을 따로 편성해 계몽시조를 폐간 때까지 지속적으로 게재하는 지체 현상은 어떤 식으로든 신채호의 '국시' 의식과 연관되어 있을 듯하다.

인용부에는 '동국시(東國詩)'가 왜 "東國語・東國文・東國音으로 製한 者"로 혁명되어야 하는가, 다시 말해 민족어문의 당위성과 우월성이 일목요연하게 설파되고 있다. 민족어문은 그 자체가 목적이기에 앞서 민족과 국가, 문명과 상호 연동된 일종의 효용적 제도이다. 따라서 '국시'의 본연과 미래는 글쓰기를 포함한 모든 언어생활의 그것으로 얼마든지 치환될 수 있다. 하여 신문 매체 역시 '국시'의 과제를 자기 이념으로 삼을 수밖에 없다. 그러므로 『신보』의 국문판 간행은 이런 자기목표의 구체적 실천 가운데 하나로 이해될 수 있다.[17]

그런데 각별히 주의할 것은 신채호가 국민・국가에 요구되는 근대어를 당시의 언어현실을 바탕으로 창안 혹은 재구성하지만은 않았다는 사실이다. 그는 민족어문의 기원성과 문명성이란 '전통'의 확립을 위해, 세종 이전의 사람으로 짐작되는 고승 요의(了義)가 '국문'을 창시했음을 힘주어 강조하고 있다. 나아가 당시 일본인이 발견한 출운족(出雲族)의 고대문자와 한글의 유사성을 근거로, '국문'을 삼국시대를 넘어 "단군시대에 기유(己有)한 자"로 상정하기까지 한다.[18] 이런 기원성의 욕망에는 국민국가 건설은커녕 식민지로 내몰리던 조선의 위기를 문명

17 이 말은 『신보』에서 표기 체계나 문법 정리 등과 연관된 근대어 정책이 수행되었다는 것을 뜻하지는 않는다. 이런 문제들은 유길준, 특히 동시대인이었던 주시경 등에 의해 연구, 정리된 바 크다.(이에 대해서는 허재영, 「근대계몽기 어문 문제와 어문 운동의 흐름」, 서울대국어교육연구소 편, 『국어교육연구』 11, 2003 참조) 다만 신채호는 국문연구회가 "인민의 지식발달에 유익흔 칙주와 주뎐이나 편찬흐딕 쉽고 균일흐게 흐여" 국민(독자)의 문해력을 높일 것을 특히 권고했다.(「국문연구회 위원졔씨에게 권고흠」, 『대한매일신보』(국한문판 / 국문판), 1908.11.14)

18 국문의 창시자로 요의를 소개하는 장면은 「천희당시화」에도 나온다. 그는 「국문의 기원」(국한문판, 1909.12.29)에 이르러 국문의 기원을 단군시대로 끌어올리고 있다. 이 기사는 국문판에는 「국문의 릭력」으로 실렸다.

과 독립의 표상으로 단군을 재정립함으로써 극복하려던 당대 지식계의 분위기가 촘촘하게 박혀 있다.

말하자면 신채호는 이른바 '국문'이란 '만들어진 전통'의 확보를 위해 '사실'보다는 주관적 욕망을 앞세우는 언어민족주의자를 자임한 셈이다. 고유한 문자문명의 발견, 다시 말해 국문 전통의 확립은 민족의 자주성과 수월성, 영속성을 보증받는 상징적 기표라는 점에서, 어쩌면 신채호의 국문의식은 개인의 것이기 전에 시대의 요청사항이었을지도 모른다.

그런데 이런 역사의 굴절 또는 참칭은 신채호와는 다른 국민주의의 길을 걸었던 최남선과 이광수에게서 반복·재현된다는 점에서 매우 아이러닉하다. 잘 아는 대로, 최남선은 1920년대 국민문학으로서 '시조'의 기원을 고조선의 '노랫가락'에서 찾았으며, 일제 말 이광수는 한글과 일본의 한 신사에서 발견된(지금은 조작된 것으로 이해된다) 신대문자(神代文字)의 유사성을 들어 내선일체의 당위성을 선전하는 논리로 삼았다. 민족이 기원을 사실로 획정하는 것이 아니라 상상된 기원이 민족을 선택하고 창출하는 전도 현상이 벌어지고 있는 것이다.

이념형으로서 국문의 욕망과 실현은 당연히도 『신보』에서 국한문체에 대한 주의·주장을 수면 아래로 끌어당기는 현상을 낳는다. 국한문판이 독자를 가장 많이 확보하고 있었고, 주요 편집진 역시 국한문체에 훨씬 능숙했음을 고려할 때, 이런 처사는 국한문체에 대한 의도적 홀대처럼 느껴진다. 하지만 이런 사태는 새로운 어문 준용의 원칙을 국문체에 두었기 때문에 발생했을 가능성이 크다. 국한문체가 국문체를 압도했을지라도, 그것 역시 '국민'의 창출과 민족의식의 고양을 위해서는 누구나 쉽게 이해하고 사용할 수 있는 언어체계를 갖추어야 했다. 요컨대 국한문체에는 끊임없이 한문체를 해체, 극복하면서 근대의 표준어로 스스로를 정립하거나 아니면 이미 표준어로 상상되던 국문체로 이행할 의무가 부과되어 있었다.[19]

「문법을 맛당히 통일홀 일」[20]은 『신보』가 취한 이런 의식의 일단을 부족한대로나마 보여준다. 논자는 국문의 무시와 한문의 숭상에 따른 어문생활의 폐해가 결국은 한문을 전폐하지 못한 채 '국한용교용'을 초래했다고 전제한다. 그러나 '국한문교용'은 일관된 문법이나 표기체계를 갖추기는커녕 사용자에 따라 서로 다른 용법을 쓰는 혼란 속에 빠져 있다. 하나가 "한문 글쓰는법에 국문으로 토만 둔쟈"라면 둘은 "국문문세로 느려가다가 별안간 한문문법을 쓰는쟈"며 셋은 "한문문법으로 느려가다가 별안간 국문문법을 쓰는쟈"다. 문체의 불일치는 "ㄱ흔수실과 ㄱ흔구절을 쓰는뒤 다섯사룸으로흐여곰 글로쓰라흐면 다섯사룸이 다다른" 혼란을 초래한다는 점에서, 지식과 문명 보급이란 실용적 목적과 '국민' 창출이란 이상 모두에 부정적이다. 이보다 더 갈급한 문법 통일의 필요성이 또 어디 있었을까.

당시의 국한문체 중 현토체(懸吐體)가 가장 빨리 퇴출되었고, 여타의 국한문체 역시 국민의 편의와 문명의 번역에 보다 적절한 형태로 스스로를 전환해간 것은 저와 같은 부정적 반응에 대한 대응이었을 것이다.

---

19 실제로 신채호는 훨씬 익숙한 '국한문교용'에 멈추지 않고 국문 글쓰기 역시 적극적으로 시도한다. 그가 1908년 한글 전용인 『가뎡잡지』의 편집 겸 발행인으로 일하면서, 여러 편의 국문 기사를 작성한 것은 대표적인 예이다. 보다 자세한 설명은, 김영민, 『한국의 근대신문과 근대소설－『대한매일신보』』, 94~104쪽 참조.

20 『대한매일신보』(국문판), 1908.11.7. 같은 날짜 국한문판에는 「文法을 宜統一」로 실림.

그러나 국한문체의 자기전환은 창안된 문체이기는 마찬가지였던 국문체의 몫이기도 했다. 왜냐하면 국문체도 비록 물질적 형식은 사라졌지만 여전히 의미와 개념 차원에서는 막강한 영향력을 행사하던 한자어의 근대에 적절히 조응해야 했기 때문이다. 여기에는 한문의 관습적 지배력을 훨씬 뛰어넘는 특수한 현실이 자리 잡고 있다. 주지하다시피, 한자는 서구문명을 번역, 습합하는 데 유능했으며, 그 과정에서 생산된 근대 한자어는 그 자체로 문명의 표상이 되어갔다. 빈약한 조어력과 의미생산력에 묶여 있던 순수 조선어는 결국 근대 한자어를 생산하거나 이입함으로써 언어능력을 갱신함과 동시에 문명을 내면화해야 했다.[21] 이 부분에서만큼은 국한문체와 국문체 공히 공동운명을 살고 있었던 것이다.

이런 점을 고려한다면, 『신보』의 국한문체와 국문체에 대해 특정 문체의 수용 우세나 글쓰기 능력의 수월성 따위를 기준으로 언어수행 능력과 역사적 가치를 판단하는 태도를 지양할 필요가 있다. 그보다는 서로가 표준어의 지위를 목적하는 가운데 어떻게 스스로를 근대어로 혁신하는가, 또 서로를 참조하거나 지양하는가 등을 먼저 살펴보아야 한다. 그 둘은 동일한 어문적 원칙들이 관류하는 관습적 제도가 아니라 막 생성되고 따라서 지속적으로 수정・보완될 수밖에 없는 '아직 아닌'

---

21 일례로, 근대계몽기 신소설을 대상으로, 동양 3국의 근대 한자어 생산과 그것들의 경합, 그리고 일본산 근대 한자어의 우세한 정착을 검토한 최경옥의 『한국개화기근대외래한자어의 수용 연구』(J&C, 2003)는 국문체의 아이러닉한 처지를 적절히 보여준다. 그런 점에서, 근대 한자어의 대량 생산과 유입은 "국문이라는 문맥=컨텍스트 안에 한문의 아우라가 좀처럼 지워질 수 없는 형태로 살아 있다는 것"(황호덕, 「한문맥의 근대와 순수언어의 꿈」, 한국 근대문학회, 『한국 근대문학연구』 16, 2007, 101쪽)을 재차 승인한 사태로 이해된다.

형식들이었다. 그래서 그것들은 지금의 눈으로 보면 서툴고 조악하며 어렵기까지 하다는 느낌을 먼저 주지만, 한편으로는 '멋진 신세계'를 엿보는 자의 두려움과 호기심, 그리고 용기까지 잊지 않고 전해주는지도 모른다.

3. 계몽가사 쓰기—창조와 번역 또는 경합과 연대

편집진이 제기한 '국한문체'의 자의적 사용은, 거듭 말하거니와 국문체에도 그대로 적용될 만한 성질의 것이었다. 둘 모두 '글쓰기'를 통어할만한 문법이 미비했으며, 그것들의 이상적 형식을 이끌만한 모델 또한 없었다. 이를 두고 언어적 근대성의 미비 / 결여를 먼저 읽을 수도 있겠다. 하지만 그런 결여의 보충 또는 수정 속에서 조선어의 근대는 실험되고 성취된 것 또한 분명하다. 따라서 우리는 문체의 자의성을 무턱대고 비판하거나 하나의 틀로 뭉뚱그리기에 앞서, 그것들이 드러내는 이질성과 다양성을 신중히 검토할 필요가 있다.

『신보』를 차분히 읽어본 이라면, 편집진의 지적이 사실은 『신보』를 향한 것일 수도 있다는 느낌을 받는다. 그렇다면 어느 대중매체보다 자양(字樣)의 간이와 음운의 균일, 문법의 통일, 사전의 편찬 등 조선어의 근대에 필요한 기초 사항들을 강조했던, 그리고 이를 기반으로 국문체의 이상을 달성하고자 했던 『신보』에서 국한문체 / 국문체의 용법이 꽤 다양했던 까닭은 무엇일까. 이것을 자기 매체의 색깔이나 공공성의 확보를 위해 언어와 문장의 통일성을 기하는 교열기자의 부재 탓으로 돌린다면 이는 시대착오일 것이다. 그렇다고 개인의 고유성을 드러내는 개별 문체의 구현으로 돌리기도 어려운 노릇이다. 다중의 계몽이 최우선인 상황에서 이런 개별성은 어쩌면 금기사항이었는지도 모른다.

그런 의미에서 『신보』가 국한문판 / 국문판 모두에서 취했던 '글쓰기'의 분할과 집중 문제는 여러모로 의논할 가치가 있다. 1908년 5월 일제의 통감부 문서에 따르면, '국한문판'의 경우, 논설 : 신채호, 편집 : 양기탁, 시사평론 : 이장훈,[22] 외보번역 : 양인택으로, '국문판'의 경우, 논설번역 : 김연창, 편집 : 양기탁, 잡보외보번역 : 유치겸으로 되어 있다.[23] 이 보고는 먼저 『신보』의 이중판본정책이 주로 국한문판을 국문판으로 번역하는 방식으로 수행되었음을 알려준다. 국문판 고유의 「편편기담」이나 국한문판과 국문판 「잡보」의 일정한 상이성을 고려해도 이런 원칙은 크게 달라지지 않는다.[24] 한편 『신보』 편집진의 '글쓰기' 분할은 현대적 의미의 전문성보다는, 열악한 매체 상황 극복과 계몽의 효율성 제고를 위한 '분업' 정도로 이해하는 편이 옳을 것이다. 국한문

22 『신보』에서 「시ᄉ평론」란을 둔 것은 국문판이었다. 1910년 6월 이후 「시ᄉ단평」란으로 바꾸어 쓰기도 한다. 국한문판은 난(欄) 이름 없이 작품 제목으로 게재했다. 1909년 12월 이후 「社會燈」이란 명칭을 빈번히 사용하지만, 이 역시 1910년 3월 이후 흐지부지되고 만다.

23 이 문건에 대한 소개와 집필진의 활동 상황에 대해서는, 박정규, 「『대한매일신보』의 참여인물과 언론활동」, 한국언론사연구회 편, 『대한매일신보 연구』, 커뮤니케이션북스, 2004, 72~86쪽 참조.

24 이 원칙은 계몽가사에서도 그대로 지켜진다. 국한문판 계몽가사는 집필작과 투고작을 막론하고 국문판 「시ᄉ평론」에 번역되어 실리지만, 국문판에 투고된 작품은 국한문판에 실리지 않았다. 그러니까 국문판 투고작은 「시ᄉ평론」을 쉬지 않고 게재하기 위한 방편이기도 했던 것이다.

체와 국문체 공히 진화의 길을 달리기보다 때로는 퇴행 현상이 느껴질 정도로 문체의 혼돈을 겪는 것은 결코 이와 무관치 않을 테다.

『신보』의 이런 상황은 국한문판과 국문판 소재의 계몽가사에도 그대로 적용된다. 에둘러 가는 느낌에도 불구하고, 『신보』의 편집 문제를 전체적으로 조감해본 것도 이 때문이다. 이 보고를 신뢰한다면, 투고작을 제외한 3기 계몽가사의 집필자는 국한문판:이장훈, 국문판:유치겸으로 볼 수 있다. 이장훈은 1910년 5월 통감부의 『신보』 매수에 깊숙이 관여하며, 결국 『매일신보』의 초대 사장을 역임한다는 점에서 계몽가사의 이념을 스스로 배반한 인물이라 할 수 있다. 잡보 / 외보 번역을 담당한 유치겸은 「시ᄉᆞ평론」과 무관할 수도 있겠다. 하지만 「잡보」와 「시ᄉᆞ평론」이 대체로 같은 지면에 실려 있는 점을 감안하면 그를 번역자로 보아도 큰 무리는 없을 것이다.[25]

물론 강명관의 지적처럼 이들의 목소리는 개인에 귀속되는 것이 아니라 이 시대를 지배한 계몽적 열정과 담론에서 분출한 것이기 때문에, 저자와 번역자 획정이 크게 의미 있지는 않을 것이다.[26] 하지만 분명한 것은 '글쓰기'나 문체가 '범론적 익명성'을 낳은 것이 아니라 '범론적 익명성'과 그것을 낳은 계몽의 열정이 '글쓰기'와 '문체'의 들쑥날쑥한 용법을 부추키고 있다는 점이다. 요컨대 조선어의 근대는 계몽담론의 주요한 핵이었지만 한편으로는 효율성에 목매다는 계몽담론에 의해 지연되는 슬픈 운명이기도 했다. 이제 그 현실을 찬찬히 살펴볼 차례이다.

---

25 유치겸의 활동은 1908년을 대상으로 한 것이다. 따라서 이 말은 그가 『신보』 폐간 가까이까지 근무했음을 전제로 한 것이다.

26 강명관, 「해제」, 강명관 외편, 『근대계몽기시가자료집』③, 437쪽.

[1] 『신보』의 국한문 / 국문 양 판본에 동일한 제목 또는 내용으로 게재된 첫 계몽가사는 「문일지십(聞一知十)」/「문일지십가」이다. 이것은 계몽가사의 형식적·내용적 특징으로 흔히 인정되는 4.4조의 율격, ▲를 통한 연의 구분, 각 연 말미의 공통어구 반복, 부패관료 및 제국주의 열강 비판, 자주의식이 결여된 문명에 대한 맹신 비판 등을 고스란히 담고 있다. 이제 하나의 상식으로 불러도 좋을 이런 미학적·이념적 특징에 대한 재론은 따라서 그리 유용하지 않다. 지금 우리의 관심은 그것들이 국한문판과 국문판에서 어떤 통사적 구조와 표기 체계, 수사법을 구사하고 있으며, 그를 통해 계몽의지와 담론이 어떻게 드러나고 있는가에 있다.

> ▲五大臣적時節부터 新條約이成立되야 國權墮落되던놀에 列國忠節멧멧친고 閔忠正公壯홀시고
>
> ▲六大部州列强國에 大韓獨立公布터니 露日講和된然後에 保護權이웬말인가 弱肉强食됴홀시고
>
> ▲七條約을成立ᄒᆞ니 靑邱一幅浮沈ᄒᆞᆫ다 婢顔奴膝這大臣아 當時에ᄂᆞᆫ舌劒이오 千秋에ᄂᆞᆫ筆鉞이라 遺臭萬年 됴흘시고
>
> —「聞一之十」(1907.12.23) 부분[27]

▲오대신쪄 시졀브터 신됴약이 셩립되야 국권타락 되던 날에 렵절ᄉᆞ의 몃몃친

---

27 작품 인용은 국한문판과 국문판 공히 『신보』 원문을 따른다. 간혹 어떤 연구자들은 4·4조 율격과 문장 단위에 맞춰 의도적으로 행갈이를 하는 경우도 있으나, 여기서는 '서사성'을 강하게 드러내는 원래의 쓰기와 편집 방식을 존중한다는 의미에서 원문 그대로 옮겨 쓴다.

고 민츙정공 쟝흘시고

▲륙대부쥬 렬강국에 대한독립 공포터니 일로강화 된 연후에 보호권이 웬말인가 약육강식 됴흘시고

▲칠됴약을 셩립ᄒᆞ니 대한강산 ᄒᆞᆫ번 써짜 노례성질 뎌 대신아 당시에는 공명이오 쳔츄에는 죄악이라 유취만년 됴흘시고

—「문일지십가」(1907.12.23) 부분[28]

우선 「문일지십(聞一知十)」을 보자. 이 국한문체는 그것의 가장 완고한 형태인 현토체, 즉 한문이나 한자에 토를 달아 문장을 구성하는 쓰기 방식과는 거리가 멀다. 오히려 문장의 가독성과 이해력을 높이기 위한 장치, 즉 "漢文體를 捨ᄒᆞ고 漢字만 取ᄒᆞ되 아못조록 難字僻句를 鏝去ᄒᆞ고 國漢文, 近易字意로 全般을 體制ᄒᆞᆷ"[29]이란 당대에 권유되던 국한문체 원칙을 잘 지키고 있는 듯이 보인다. 그러나 현재의 관점으로 본다면 3연은 다른 연에 비해 이질적이다. 단숨에 파지하기 힘든 '婢顔奴膝'(비안노슬:노비처럼 남에게 비굴한 태도를 보임)이나 "當時에는~筆鉞이라" 같은 문장 때문이다. 편집진이 지적한바 국문 문세로 가다가 갑자기 한

---

28 이 작품은 보통의 국문판 계몽가사와 달리 「시ᄉᆞ평론」 아래 "◎문일지십가"라는 제목을 따로 붙이고 있다. 「시ᄉᆞ평론」 밑에 제목을 붙인 작품은, 일부 투고작을 제외하면 거의 존재하지 않는다. 작품 제목은 작품의 내용 또는 의미를 압축적으로 제시하는 효과를 발휘한다. 국한문체의 경우 한자의 표의성이 그것을 극대화했을 것이지만, 국문체의 경우 의미 재현 기능이 훨씬 미약했기 때문에 제목의 생략이 가능했을 것이다. 이런 현상에는 국문판 독자들의 성향, 즉 근대 이전처럼 '낭독 중심으로 작품을 향유하고 심지어 필사의 방식으로 작품을 유통시키던'(신지연, 『글쓰기라는 거울』, 소명출판, 2007, 48~50쪽) 관습에 대한 고려가 작용했을 지도 모른다.

29 「報說」, 『대한학회월보』 6, 1908.7, 3쪽. 여기서는 임상석, 「근대계몽기 잡지의 국한문체 연구」, 55쪽에서 재인용. 『신보』 계몽가사의 국한문체의 형식과 수준 등을 구분하는 제 유형의 판단에도 이 논문의 "Ⅲ. 잡지에 실현된 국한문체"에서 유용한 도움을 받았다.

문 문법을 사용하는 형국인 것이다.

하지만 당시 국한문판 독자에게 이 사자성어와 한문문장은 일종의 관습적 표현이란 점에서 이해도가 훨씬 높았을 것이다. 이는 근대적 개념과 사태가 보다 촘촘한 1, 2연의 경우 국문체로 바꿔 쓸 때 한자를 국문으로 옮기는 정도의 변이가 이루어지지만, 한문 전통에 기댄 3연은 거의 새로운 문장으로 번역될 정도로 변환된다는 점을 고려한다면 더욱 뚜렷하다.

그런 점에서 「문일지십(聞一知十)」 내부의 문체적 혼돈 또는 무의식적인 섞어 쓰기는 한문의 근대적 분화와 해소가 밟아간 이중방향을 지시하는 징후적 텍스트라 할 수 있다. 근대적 사태와 사유, 감각에 다가설수록 자연스런 통사구조와 일상어법을 갖춘 글쓰기로, 그렇지 않을 경우는 비록 한문 문장은 꽤 해체되었을지라도 한문 문법이나 수사법의 관습적 활용은 여전한 글쓰기로 간다는 것이 그것이다.[30] 『신보』가 염원했던 조선어 문체의 이상은 전자로부터 길어질 것이었으나, 이후의 실상은 그렇게 간단하지 않았다.

1) 裁判所가羅列ᄒᆞ고 警察權이擴張ᄒᆞ면 道不拾遺盜賊업고 文明ᄒᆞᆯ쥴알엇더니 좀盜賊만잡아다가 懲役이니處絞이니 每日頒布ᄒᆞ것마는 全國內에 有名賊은 愈往愈甚猖獗일세

—「養賊世界」(1908.11.15) 부분

30 근대 경험의 밀도와 시각 등이 국한문체와 국문체 공히 전통 한문의 해체와 재구성, 이상적인 조선어 문장의 구현 등에 상당한 영향을 미쳤을 것이다. 가령 비록 10여 년의 연배 차이가 있지만, 「신민회」의 열성분자들이었던 신채호와 최남선의 근대적 문장 감각, 그것의 확대로서 『신보』와 『소년』의 국한문체의 이질성을 떠올려 보라.

2) 國民演說副會長은 무숨病이暴發ᄒᆞ야 뎌任名을辭免코져 請願書를提出ᄒᆞ노 國家事를着手커던 鞠躬盡瘁本을바더 죽은뒤에말터인ᄃᆡ 片時假熱등上타가 多少困難當코보면 萬般思가成灰ᄒᆞ니 巽弱之態可笑로다

—「사회등」(1910.1.13) 부분

두 작품은 『신보』의 이중판본 정책이 비교적 안착된 1908년 말과 식민지로의 전락이 가시화되던 1910년 초에 제작된 국한문체 계몽가사이다. 『신보』의 민족어에 대한 열정과 강렬한 국문 의식을 생각하면, 국한문체 역시 새로운 지평을 개척했음직하다. 그러나 조선어의 자연스런 통사 구조는 관습적 한문체의 개입에 의해 여전히 지연되고 있다. 물론 산문이나 논설보다는 현토체 구사가 미약하다는 사실은 기억해 마땅하다.[31] 하지만 비판 대상에 대한 주체의 판단과 감정을 전달하는 말미의 처리는 이 국한문체의 한계를 분명히 드러낸다. 폭풍처럼 들이닥친 근대(문명)의 현실과 폭력성을 비교적 충실하게 재현하고 있지만, 그 경험의 표상과 내면화는 전근대적 감정 표출에 유용한 한문 어구와 수사법을 빌려 수행되고 있는 것이다.[32]

주체의 감정조차 사회적 형식이라고 한다면, 이런 모순은 개인의 산

---

31 국한문판에서 현토체 또는 한문의 구사 정도를 따진다면, 논설」잡보≥시사평론 순으로 정리될 듯하다. 국한문판 내어서도 정론과 서사, 정서의 담당 여부에 따라 국한문체의 구현 양상이 사뭇 달랐던 것이다.

32 국문판에서 "全國內에有名賊은 愈往愈甚猖獗일세"는 "젼국안에 유명대젹 졈졈챵궐ᄒᆞ는고나"로, "多少困難當코보면 萬般思가成灰ᄒᆞ니 巽弱之態可笑로다"는 "조금곤난당ᄒᆞ면은 나는슬혀 간다ᄒᆞ니 그힝동이 가쇼롭다"로 번역된다. 국문판 역시 근대적 감각에 가까운 표현으로 보기는 어렵다. 그러나 일상어의 구사는 일반인들에게 저자의 현실비판에 대한 이해와 몰입을 강화하는 효과를 가진다.

물이기에 앞서, 뒤쳐진 근대를 따라 종종 걸음치던 사회 현실에서 비롯된 것이다. 근대 현실에 적합한 근대적 감정과 표현이 미처 도래하지 못한 형국이랄까. 저자는 파국적 현실을 향한 자기의 주장과 정서를 효과적으로 전파하기 위해 국한문판 독자들에게 익숙한 한문 어구를 스스럼없이 아니 의도적으로 끌어들인 것인지도 모른다. 그래서 이런 국한문체의 정체(停滯)는 이상적 국문체, 그리고 그것의 토대로서 민족과 국민국가의 꿈을 억압하고 지체시키던 위기의 현실과 밀접히 연관되어 있을 것이란 짐작이 가능해진다.

2 근대계몽기 국한문체와 국문체의 형성에 외국 문명과 사상의 '번역'이 중대한 영향을 끼쳤음은 의심할 여지가 없다. 번역은 서구적 지식과 물질문명에 대한 단어의 옮김부터, 담론의 논리 체계와 수사법, 문장 구성에 이르기까지 막강한 영향력을 발휘하고 있다.[33] 하지만 번역은 이런 차원의 언어적 재구성과 개변에 그치지 않고, 권력적으로 우월한 언어를 지배와 통제의 일차적 기술로, 그리고 사회의 형성과 교화를 위한 강력한 채널로 위치짓는다는 데[34] 핵심적 의미가 존재한다. 말하자면 번역은 지배권과 이데올로기의 선택이기도 한 것이다.

『신보』의 편집진이 번역의 본질에 민감했음은, 문명 번역(수입)의 통로를 일본보다는 구미열국(歐美列國)에서 찾을 것을 역설한 논설에 뚜렷하

33 임상석은 이 문제, 특히 번역이 국한문체에 끼친 영향을 량치차오의 글과 일본 잡지를 번역한 문장을 실례로 들어 검토하고 있다. 그는 중국 문헌은 주로 논리 전개와 사고의 전개 방식에, 일본 문헌은 한문의 탈피와 구문 방식의 변화에 더 영향을 끼쳤다고 본다. 보다 자세한 내용은, 임상석, 「근대계몽기 잡지의 국한문체 연구」, 88~95쪽 참조.

34 D. 로빈슨, 정혜욱 역, 『번역과 제국』, 동문선, 2002, 124쪽.

다.[35] 물론 단재를 비롯한 『신보』 편집진이 구미열국에까지 문명 번역의 통로를 개척한 실적은 『신보』 영문판 발간과 몇몇 역사전기소설의 번역을 제외하면 크게 다가오지 않는다. 오히려 그들이 중국 량치차오(梁啓超)의 사상과 문명 담론의 번역에 힘을 더 기울였음은 주지의 사실이다. 그러나 서구문명은 차치하고라도 량치차오의 근대 사상과 문명론 역시 서구문명의 1차 수입지인 일본의 영향에 크게 노출되어 있었다. 요컨대 『신보』 편집진은 일본을 통한 일방적인 '문명의 번역'이 몰고 올 파장을 정확히 예측하고 그 대책을 강구했지만,[36] 현실은 이미 일본의 번역에 강력히 포위되어 있었던 것이다. 그래서 다음 계몽가사에서 발산되는 문명에 대한 회의와 냉소는 이런 현실의 반영인 것처럼 느껴진다.

▲각社會가成立ᄒᆞ니 多數人士集會ᄒᆞ야 演說趣旨紛紛ᄒᆞ며 拍掌喝采爭進ᄒᆞᆯ제 各其知識發展ᄒᆞ야 團合力을養成인가 新世界가되얏고나

▲斷髮下에洋服ᄒᆞ고 人力車에兀座ᄒᆞ야 左右顧眄搖頭ᄒᆞ니 舊時威儀不跡이라 輕薄情態層生ᄒᆞ야 好時節을如逢일세 新世界가되얏고나

▲四方鐵線連亘ᄒᆞ니 鑿山通路幾十里에 指南地北雖濶ᄒᆞ나 一瞬間에왕래ᄒᆞ니 沿路邊에居生人은 汽笛聲에夢驚일세 新世界가되얏고나

—「眼目初新」(1908.7.3) 부분

▲각샤회가 셩립ᄒᆞᆫᄃᆡ 여러사ᄅᆞᆷ 모혀드러 취지연셜 분운ᄒᆞᆯ제 손벽치고 갈치ᄒᆞ

---

35 「어학계의 추이」, 『대한매일신보』(국문판), 1910.4.10. 국한문판에는 동일한 제목으로 1910년 4월 9일자에 게재.

36 정선태, 「근대계몽기의 번역론과 번역의 사상」, 앞의 책, 58~60쪽.

며 각기의견 셜명ᄒᆞ나 일심단톄 양셩ᄒᆡᆺ나 신세계가 되엿고나

▲단발밋헤 양복닙고 인력거에 놉히안져 젼고후쳠 모양내나 됴흔시졀 맛낫는지 젼일위의 젼혀업고 경박티도 슝샹ᄒᆞ니 신셰계가 되엿고나

▲ᄉᆞ방으로 텰로놋코 힝인물품 슈운홀제 착산통도 몃천리를 슌식간에 왕ᄅᆡᄒᆞ나 그근쳐에 사ᄂᆞᆫ사ᄅᆞᆷ 고동소릐 놀나겟네 신셰계가 되엿고나

—「시사평론」(1908.7.3) 부분[37]

이 가사들을 대상으로 문명과 사상의 번역이 끼친 논리 체계나 문장 구성의 변화를 논하는 것은 현재로선 능력 밖의 일이다. 따라서 국한문체와 국문체에 선택된 근대 한자어와 문명, 그리고 번역의 관계에 중점을 두면서, 그것의 시대적 의미를 짚어본다.

국한문체는 여전히 사람의 감정과 행동, 사물의 양태를 한문에 의존하고 있는 데 반해, 국문체는 현재로서는 낯선 한자어, 이를테면 분운(紛紜), 전고후첨(前顧後瞻), 위의(威儀), 수운(水運), 착산통도(鑿山通道) 따위를 빼곤 일상어와 자연스런 통사 구조에 비교적 충실하다. 그러나 국한문체에서 국문체로의 옮겨 쓰기에서 거의 변형이 없는 단어들이 있으니, 사회, 연설, 양복, 인력거, 철선(철로), 기적성과 같은 새로운 한자어가 그것이다.[38] 양쪽에 공통된, 그러니까 대체가 불가능한 이 낱말들은

37 이 작품은 순차적으로 인용되지 않았다. 논의에 집중을 기하기 위해 필요한 연(聯)을 선택하여 이어 붙였다. 뒤에 나오는 정수원(鄭秀元)의 「警告壹幅」 역시 이런 방식으로 이어 붙였다.

38 기적성 → 고동소릐만 예외이다. 한편 이 단어들은 한 연구자가 '신소설'에서 조사한 근대 한자어의 용례에 모두 포함되어 있다.(최경옥, 『한국 개화기 근대 외래한자어의 수용 연구』, J&C, 2003 참조)

벌써 언어의 경제성과 민주성을 쟁취한 '국민어(표준어)'의 반열에 올라 있는 것이다.

이런 현상은 당연히 문명의 전방위적 압박과 채용, 다시 말해 근대적 물질과 제도가 조선의 일상을 지배하기 시작한 현실의 결과물이다. 물론 문명 또는 문화의 일반적 흐름을 생각한다면, 이런 번역의 추이와 결과는 비난받을 것이 못 된다. 오히려 중요한 것은 번역된 문명을 어떻게 동일화하고 어떻게 성찰할 것인가 하는 수용 태도 및 내면화의 문제일 것이다.

'동도서기'(東道西器 : 조선) '화혼양재'(和魂洋才 : 일본) '중체서용'(中體西用 : 중국)이 상징하듯이, 동아시아 3국은 서구문명의 수용을 식민화의 위험을 경계하면서 근대적 보편으로 나아가는 통로 내지 방법으로 보았다. 하지만 3국의 결과는 판이했다. 만약 이 결과를 언어의 근대와 관련시킨다면, 번역의 능력 및 태도와 꽤 상관되어 있을지도 모른다. 물론 위기의 현실에 대한 비판적 인식과 조감이 한몫했겠지만, 『신보』의 계몽가사에서 물질문명과 연관된 것 이외의 근대한자어, 이를테면 근대사상과 개념, 지식에 관련된 말을 찾아보기 힘들다. 그에 비한다면 1908년 11월 창간된 『소년』은 창작시든 번역시든 근대적 가치들, 이를테면 자유, 평등, 인류애, 노동, 지식 등에 대한 이해와 권고를 지속적으로 적극 권면한다.[39]

---

39 『소년』에게 문명의 번역은 식민화의 덫이기 전에 오히려 그것을 극복할, 나아가 제국주의적 팽창을 꿈꾸고 합리화하는 힘으로 상상되기조차 했다. 『소년』의 밑바닥을 관통하는 이런 욕망의 현시와 굴절에 대해서는, 최현식, 「'신대한'과 '대조선'의 사이 –『소년』지 시(가)의 근대성」(1)~(2), 『신화의 저편』, 소명출판, 2007 참조.

주요 분자가 「신민회」를 통해 연결되어 있던 『신보』와 『소년』의 차이는 문명을 바라보는 태도만큼이나 문명현실의 경험과도 밀접히 연관되어 있을 것이다. 개신유학파이자 '동도서기'론의 충실한 지지자였던 신채호가 조선의 문명현실에서 먼저 본 것은 조선을 식민지로 몰아가는 광포한 힘이었다. 일방적으로 들이닥치는 문명은 기대와 달리 조선의 지체와 몰락을 강요하는 '멋진 신세계'였던 것이다. 위의 계몽가사에 담긴 문명에 대한 불편한 태도는 『신보』 편집진이 공유한 이런 시각의 반영물일 터이다.

최남선은 모종의 사태로 나라에서 보내준 일본 유학을 중도에서 그만둔다. 하지만 그가 도쿄에서 본 것은 문명이 건축하는 말 그대로의 '멋진 신세계'의 가능성이었다. 언어의 측면에만 국한해도, 당대 일본은 구문직역 숙어, 즉 서구의 물질과 문화, 사상 따위를 번역하는 새로운 한자숙어를 대량 제조했으며, 그럼으로써 서구열강만이 보유했던 문명과 진보를 자기화한 증거로 사용했다.[40] 최남선은 이 현장을 충실히 목도했을 것이다. 그리고 조선의 현실과 거리가 먼 언어의 표상을 선취함으로써 야만과 미개의 흔적을 빨리 지워내는 동시에 문명의 욕망을 더욱 불태웠을 것이다.

이처럼 근대계몽기에 이입된 새로운 한자어(번역어)는 그것이 '문명'을 표상할 지라도 누구에게나 보편적인 언어로 수용되지는 않았다. 문

---

40 코모리 요이치(小森陽一), 정선태 역, 『일본어의 근대』, 소명출판, 2003, 140~146쪽. 그는 구문직역체의 최대 강점을 신문과 잡지 등 대중매체의 문자면을 기호적으로 지배한 것에 둔다. 하지만 구문직역체는 필연적으로 일본고유어로서는 번역 불가능한 서구문명을 보편화하기 위해 새로운 한자숙어를 요구했다는 점에서, 또다시 한자에 의한 자기식민화를 초래했다고 비판한다.

명을 향한 태도 여하에 따라 선택과 수용, 배제와 거부의 강도가 결정되었다. 따라서 '번역'은 기술적인 언어전환이 아니라 주체와 타자에 대한 성찰의 행위로 간주되어 마땅하다. 하지만 조선과 조선어의 근대 공히 이런 성찰의 힘과 거기에 바탕을 둔 '신세계'의 건축에 채 이르기 전에 무소불위의 '번역'의 힘에 휩쓸려버렸다. 번역은 문명의 통로이기도 했지만 식민화 또는 근대 굴절과 지체의 또 다른 통로였다는 사실, 동시대에 발간된 『신보』와 『소년』의 시가(詩歌)들은 벌써 이것을 징후적으로 드러내고 있다.

③ 신문과 잡지의 근대성 또는 진보성을 측정하는 주요 지표 가운데 하나는 독자투고란의 설치일 것이다. 독자 투고는 자기 견해의 표방을 넘어, 궁극적으로 사상과 표현의 자유로 진화해갈 글쓰기 양식이었다. 일방적 생산과 소비의 종료는 글쓰기의 상호소통과 상호개입을 알리는 신호탄이었다. 물론 그렇다고 해서 생산자와 소비자의 역할이 완전히 평등해진 것은 아니었다. 투고작에 대한 선택권은 당연히도 매체의 편집진에게 있었으며, 따라서 독자 역시 해당 매체의 이념과 방향에 아주 어긋나는 글을 쉽사리 투고할 수는 없었다. 매체는 이처럼 제한된 자율성, 즉 독자들의 동의를 전제로 한 글쓰기를 바탕으로 자신의 권위를 강화하고 특정 이념을 확장해가는 실리를 알뜰하게 챙겼던 것이다.

『신보』는 비교적 다양한 종류의 독자투고란을 설치하여, 독자들의 계몽된 정도와 견해를 확인하는 한편, 『신보』의 계몽의식을 더욱 고취하는 전략을 능숙히 구사했다. 국문판 고유의 「투서」와 「편편긔담」, 두 판본 공통의 「긔셔」(寄書)와 「잡보」(雜報)는 『신보』가 독자에게 문호를 개방한 대표적 지면이었다. 이런 개방성은 주로 계몽가사가 실린 「시ᄉᆞ평론」, 시조가 실린 「ᄉᆞ조」(詞藻)에서도 다수 발견된다. 물론 이것들은 국한문체가 국문체로 번역되는 경우가 대부분이다. 하지만 「시ᄉᆞ평론」의 경우, 국한문판이 게재를 쉴 때도 「국문판」은 편집진의 창작물이나 투고작으로 반드시 게재했다. 이런 점에서, 투고작은 당시 대중들의 현실이해와 문명의식 등을 엿보는 창일 뿐만 아니라 국한문체와 국문체에 대한 의식 및 숙련 정도까지 파악할 수 있는 유의미한 글쓰기로 이해된다.

> ▲國勢何故萎靡ᄒᆞ며 生靈何故塗炭인고 今日時事ᄉᆡᆼ각ᄒᆞ니 太息流涕ᄲᅳᆫ이로다 世界形便ᄉᆞᆲ혀보니 此時代가何時런고 東艦西舶爭雄世에 閉門自修ᄒᆞᆯ수잇나
>
> ▲地利非不如彼ᄒᆞ고 人材非不如彼언만 人材教育未適이요 地利收用不能이라 學校非不廣設이며 社會非不多起언만 社會團體未見이요 學校卒業無幾로다
>
> — 鄭秀元, 「警告壹幅」(1908.9.5) 부분

> ▲국셰엇지 미약ᄒᆞ며 ᄉᆡᆼ령엇지 도탄인고 오ᄂᆞᆯ일을 ᄉᆡᆼ각ᄒᆞ면 한숨눈물 ᄲᅳᆫ이로다 세계형편 ᄉᆞᆲ혀보지 이시ᄃᆡ가 어ᄂᆞᆺ때뇨 동셔양이 샹통인ᄃᆡ 문을닷고 잇슬손가
>
> ▲토디쇼산 놈과ᄀᆞᆺ고 ᄇᆡᆨ셩들도 일반인ᄃᆡ 인ᄌᆡ교육 못히보고 물픔슈츌 묘연이며 학교셜립 적지안코 샤회발긔 허다컷만 샤회단톄 못보겟고 학교졸업 얼마업다
>
> — 뎡슈원, 「시ᄉᆞ평론」(1908.9.5) 부분

「경고일폭」은 전통 한문이라 해도 좋을 만큼 논리 체계와 문장 구성,

수사법에서 당대 국한문체와 멀리 떨어져 있다. 편집진은 문장과 문체의 근대성 때문이 아니라 문명개화 의식 때문에 이 작품을 실은 것이다. 이에 비한다면 국문판은 작가의 의도와 지향이 별 어려움 없이 읽힌다. 물론 「경고일폭」을 투고작의 일반적 양상으로 볼 수는 없겠으나, 대개의 투고작이 『신보』가 추구한 한문의 해체 및 근대적 재편과 멀리 떨어져 있음을 부인하기 어렵다. 한문은 여전히 의식의 핵심이며 표현의 실질인 것이다. 『신보』가 국한문판 독자들을 향해 국문의식의 고취와 계몽에 왜 그토록 매달렸는가를 암시하는 대목이 아닐 수 없다.[41] 이미 생리처럼 굳어버린 한문 사용을 외부에서 주사된 문명의식과 현실이 단숨에 끌어내릴 수는 없는 노릇이었다. 완고한 한문의 지배력은 그것이 서구문명의 완력과 국한문체 / 국문체의 일상화를 더 이상 견딜 수 없을 때야 비로소 균열될 것이었다.

◎오늘은 우리 대황뎨폐하의 즉위ᄒᆞ신 뎨이회 긔념일이라 쟝안만호에 경축ᄒᆞ는 태극긔는 바룸결에 드놀리고 구즁궁궐 진하ᄉᆞ반에 리화쟝은 톄양빗을 희롱ᄒᆞᆫ다 이를 ᄒᆞᆫ 번 구경ᄒᆞ미 ᄆᆞ옴이 졀노 감동키로 초야에 잇는 우밍이나 감히 경축ᄒᆞ는 졍셩을 표ᄒᆞ노라

(…중략…)

---

41 1910년 5월 12일 국한문판 / 국문판에는 주제와 국문의 질적 수준 모두에서 다른 투고작과 매우 대비되는 「去國行」/ 「시ᄉᆞ평론」이 게재되어 놀라움을 준다. 작자는 '신도'(新島)로 되어 있는데, 그는 바로 도산 안창호였다. "간다간다 나는간다 너를두고 나는간다"로 시작되는 이 작품은 지금도 유명한 「거국가」이다. 이 창가는 도산이 1910년 4월 망명을 결심하면서 지은 것으로 알려져 있다. 따라서 이것 역시 도산이 직접 투고했다기보다는 그가 1907년 조직한 「신민회」의 실질적 기관지였던 『신보』의 편집진이 게재한 것으로 보아야 할 것이다.

▲ᄉᆞ쳔여년 대한국은 태백산에 강싱ᄒᆞ신 단군씌셔 창립후로 이덕국에 합지안

코 오늘ᄭᆞ지 젼ᄒᆡ오며 독립권이 ᄌᆞ직ᄒᆞ니

동편으로 태평양과

셔편으로 대셔양을

폭원중에 다너허셔

통일텬하 ᄒᆞ옵소셔

—심항싱, 「시ᄉᆞ평론」(1909.8.27) 부분[42]

'국문'으로 씌었지만, 문장의 구조와 수사법, 세계이해의 방법 등은 여전히 전근대의 '언문'에 기대고 있다는 점에서 근대적 국문체로 보기 어렵다. 더군다나 국문판에 고유한 「시ᄉᆞ평론」 투고작들은 대부분 황제와 황실의 안녕과 번영을 기원하는 정도지, 당대 현실에 대한 핍진한 이해를 거의 보여주지 않는다. 이런 의식의 후진성이야말로 당시에도 심심찮게 제기되었고 지금도 그러한 국문체의 약점이 기원한 주요한 자리일 수 있다.

1900년 무렵 학부 편집국장으로 교육개혁을 주도했던 이규환은 국문만 가지고는 문견이 막히고 지혜가 열리기 어려우므로, "한문으로 근본을 삼고 국문으로 통하도록" 한다는 요지의 말을 했다.[43] 새로운 문

---

42 이즈음 국문판에는 이 작품에 이어 고종의 탄강(誕降)을 송축하는 「셩졀경축가」(심향싱, 1908.9.8)와 순종의 비인 황후 윤씨의 탄생을 축하하는 「곤원졀경축」(숑은싱, 1909.9.19) 등이 잇달아 실린다. 두 작품은 「시ᄉᆞ평론」으로가 아니라 단독 제목으로 실린다. 그러나 게재 위치가 「시ᄉᆞ평론」란과 동일하다는 점에서 「시ᄉᆞ평론」으로 보아 무방하다.

43 이규환에 대한 이해와 그의 발언은 임형택, 「근대계몽기 국한문체의 발전과 한문의 위상」, 민족문학사학회 편, 『민족문학사연구』 14, 1999, 25~26쪽에서 가져왔다.

장의 궁극적 지평을 '국한문체'에 놓은 셈인데, 국한문체의 우월성은 무엇보다 '문견'과 '지혜'로 대변되는 세계인식의 수월성에 존재한다. 현재의 국한문체 찬성자들 역시 이를 전폭적으로 지지하면서, 거기에 이른바 한문권역의 복원을 통한 정치・경제・문화적 실리의 획득 문제를 더하고 있을 따름이다.

그러나 다시 언급하거니와, 국한문체와 국문체 공히 표기문자의 차이를 제외하고는 기존 한문의 해체와 일탈, 근대한자어의 창조와 수용 등을 중심으로 표준어의 지위를 경합했다. 물론 여전히 성별, 계급에 따라 문체의 소비가 꽤 달랐지만, 국한문체와 국문체는 이처럼 서로를 참조하면서 조선어의 근대를 이끌어갔던 것이다. 따라서 『신보』의 이중판본 정책은 근대 조선어를 향한 두 문체의 경합보다는 그들이 꿈꾸던 완미한 국문체로 함께 진화하기 위한 연대 전략으로 이해될 수 있다. 우리가 살펴온 투고작의 완고하며 성근 국한문체 / 국문체는 이런 생각을 지지하는 유력한 물증 가운데 하나이다.

4. 『대한매일신보』 파국의 어떤 의미

한일병합 하루 전인 1910년 8월 28일 『신보』는 즐거움보다 고단함이 더 컸을 운명을 다했다. 하지만 『신보』의 진정한 비극은 조선총독부와 몇몇 집필진(이장훈)의 공모에 따라 자연스런 이월의 방식으로 총독부 기관지 『매일신보』로 재편되었다는 데 있다.[44] 이런 위장된 자율성은 『매일신보』의 이중적 성격, 다시 말해 조선어는 허용하되 민족이념과 국민의식의 발설과 주장은 차단하는 매체의 통속화와 조선어의 주변화를 합리화하는 주요지점이다. 이제 모어는 조선어이되 국어는 일본어라는 언어의 식민화가 공식화되었지만, 『매일신보』는 그것을 은폐하며 조선(어)의 신민화(臣民化)를 수행하는 언어 권력이 된 것이다.

그렇다면 『신보』의 파국과 함께 현실화된 조선어의 제약은 무엇인가. 먼저 민족어의 이상과 이념, 자명성이 가장 큰 규모로, 또 가장 효과적으로 전파되던 공론의 장이 대폭 축소되었다. 이것은 곧 『신보』의 민족혼과 언어의식의 핵심을 이루던 '상무정신'의 억압과 배제를 뜻한다. '상무정신'의 폐쇄는 조선어는 더 이상 이념적이거나 저항적이어서는 안 되며, 식민지 정책에 따라 교육과 소통의 정도, 경로가 결정되고 일상 및 문화의 향유 언어로 그 역할이 조정되는 일종의 실용적 · 도구적 언어로 점차 강등, 재배치되는 것과 짝을 이룬다.

둘째, 그것이 국가적 시스템이든 대중매체든 주체적 역량으로 국한문체 / 국문체를 끊임없이 실험함으로써 근대 조선어에 가장 합당한 문체를 획득, 제도화하는 작업이 지체되거나 굴절되는 왜곡 현상의 발생 역시 피할 수 없었다. 현재의 관점에서 본다면, 지금의 글쓰기와 비교적 가까운 문체를 구사한 매체는 『소년』이었다. 이를테면 『소년』은 국주한종(國主漢從)의 이념이 실제 국한문체로 실현된 가장 선구적인 형태

44 『신보』가 조선총독부의 감시와 탄압에 지속적으로 시달렸음은 주지의 사실이다. 이장훈은 1910년 6월 1일 『신보』의 사장으로 취임하는데, 이때는 안창호와 신채호 등이 해외로 망명을 시도한 직후에 해당한다.

였으며, 국문의 통사구조에 맞는 문체의 개발과 국문의 수사적 표현의 근대화에 괄목한만한 성과를 거둔 것으로 평가된다.[45] 이런 성과가 특히 일본을 주요통로로 한 근대지(知)와 문예물의 번역과 밀접히 연관되어 있음은 주지의 사실이다.(이를 고려하면, 근대계몽기 신문과 잡지 가운데서 『소년』의 조선어가 가장 이질적이었는지도 모른다).

하지만 어떤 매체보다 근대 일본어의 영향을 많이 받았다고 해서 『소년』이 조선어의 근대에 관한 모델로 세워졌다거나 조선어의 근대에 결정적 영향을 끼친 것은 아니었다. 그것의 후신 『청춘』은 근대 사상과 지식, 학문 같은 고급담론의 설파에서는 『소년』을 앞서지 못했다. 이런 영역을 조선에 본격적으로 번역·이입한 집단은 『학지광』이 상징하듯이 일본 유학생이었으며, 문학어의 근대 역시 일본어로 사유하고 조선어로 옮겨 썼다고 천연덕스럽게 고백했던 김동인 세대에 의해 본격화되었다. 요컨대 조선어는 끊임없이 주변화·식민화되면서도 근대어이자 민족어로서 자기 활로를 개척할 수밖에 없던 슬픈 운명이었다.

민족어에 빛을 쬐면 쬘수록 오히려 제국어의 그림자가 짙어지는 아이러니. 『신보』는 이런 소극(笑劇)을 끝까지 경계하다 종내는 식민화의 제물로 바쳐졌으며, 최남선의 『소년』은 이것을 문명과 민족의 욕망과 맞바꾸고자 했지만 육당의 조선학 연구가 1920년대 들어 제국 종족지의 일부로 편입됨으로써 해소되었다. 『매일신보』는 이런 매체의 해체와 굴절, 조선어의 지체와 주변화를 면밀히 지켜보며, 조선어에 대한

45 임상석, 「근대계몽기 잡지의 국한문체 연구」, 앞의 책, 167쪽. 하지만 그는 『소년』이 문체적 전환의 획기성에도 불구하고 근대 사상과 논리의 탐색에서는 이전 잡지를 뛰어넘지 못한 것으로 평가한다.

지배와 통제, 일본 제국어로의 편입을 착실히 표상해갔다. 이 세 가지 경로는 식민지 초기의 예외적 현상이기는커녕 식민지 시기 내내 다양한 형태로 재현된 보편적 현상이자 조선어의 현실이었다는 점에서 문제적이다. 따라서 『신보』의 파국과 『매일신보』로의 강제 재편, 「신민회」를 사이에 둔 『신보』와 『소년』의 연대와 차이, 이런 다중의 관계 속에서 벌어지는 근대를 향한 조선어의 행보는 식민지 전반을 관통하는 징후적 현상으로서 모자람이 없다. 이후 세 매체의 언어이념과 언어수행에 대한 착실한 비교와 분석이 더욱 요구되는 까닭이 여기에 있다.

『만세보』와 부속국문체 연구

김영민

1. 머리말

『만세보』의 부속국문체(附屬國文體) 사용은 근대계몽기 매체들이 안고 있던 문체 선택에 대한 고민을 집약적으로 보여준다. 부속국문체는 국한문혼용체(國漢文混用體)와 함께 근대계몽기의 특징을 잘 드러내주는 과도기적 문체이다. 기존의 연구자들은 국한문혼용체의 사용에 대해서는 그 당위성을 인정하면서도, 『만세보』의 부속국문체가 지니는 의미에 대해서는 대체로 비판적이었다.

한국 근대문학사 연구에 괄목할 만한 업적을 남긴 조연현에서부터 이에 대한 비판은 시작된다. 조연현은 이인직이 「혈의루」에서 사용한 부속국문체가 "중국문장(中國文章)도 일본문장(日本文章)도 한국문장(韓國文章)도 아닌 무국적(無國籍)의 문장(文章)"[1]이라고 폄하한 바 있다. 조연현의 이러한 시각은 이후 여러 연구자들에게 영향을 미친다. 조연현 이후에 나타나는 평가의 공통점은 부속국문체를 일본식 문체의 모방 혹은 답습으로 본다는 것이다. 더 나아가 이러한 문체는 한글 사용의 전통을 후퇴시키고, 독자들에게 거부감을 주었을 것이라는 추측으로 이어진다. 그런가 하면 몇몇 연구자들은 이인직의 부속국문체 사용을 그의 친일행적과 연관 지어 설명하기도 한다.

그러나 이러한 시각은 분명히 잘못된 것이다. 본 연구자는 부속국문체의 사용이 단순히 외래 표기법의 모방이 아니라는 사실, 그리고 이인직의 친일 행위와 그가 소설에 사용한 부속국문체는 별개의 것으로 연구해야 한다는 사실 등에 대해 이미 언급한 바 있다.[2] 이 논문은 본 연구자의 그러한 문제의식을 확장시켜 나간 것이다. 이 논문의 목적은 근대계몽기의 주요 신문 가운데 하나인 『만세보』가 주로 사용했던 부속국문체의 본질에 대해 심층적으로 접근하는 데 있다. 이 과정에서 『만세보』의 성격을 정리하고, 『만세보』가 부속국문체를 도입하게 되는 이유 등에 대해서도 함께 살펴보려고 한다. 이어서 부속국문체 활용의 현

1 조연현, 「「신소설」 형성과정고」, 『현대문학』, 1966년 4월호, 178쪽.

2 김영민, 「근대계몽기 문체와 한글 소설의 정착 과정」, 『한국 근대소설의 형성과정』, 소명출판, 2005, 82~109쪽 참조.

황 및 방식 그리고 그 의미 등에 대해 종합적으로 검토해 보기로 한다.

2. 『만세보』의 서지 및 그 성격

『만세보』는 1906년 6월 17일 창간되어 1907년 6월 29일까지 총 293호를 발행한 신문이다. 『만세보』 창간호는 6월 17일에 발행되었지만 제2호는 열흘 이상 지난 6월 28일에 발행이 되었다. 첫 호를 발행한 후 열흘 이상 휴간을 한 이유는 창간호 「고백(告白)」란에서 "第一号 翌日로붓터 發刊式 及 諸般 準備를 爲 ᄒᆞ야 數日간을 休刊ᄒᆞ웁"[3]이라고 밝히고 있듯이 발간식(發刊式) 등의 행사와 기타 제반 준비를 위한 것이었다. 그러니까 6월 17일자 신문은 본격적인 발간에 앞선 시험 발간이 되는 셈이다.[4] 『만세보』의 발간과 발간 행사에 대해서는 『제국신문』 역시 "萬歲報發行 텬도교 긔관신문 만세보난 금일부터 뎨일ᄎᆞ 발간이 되난데 명일은 만세보 발간ᄒᆞ난 례식을 거힝ᄒᆞ기 위ᄒᆞ야 각 유지쟈와 각 신문샤원을 청요ᄒᆞ얏다더라"[5]라는 기사를 내보내고 있다. 제2호 이

---

3 萬歲報社, 「告白」, 『만세보』 1906년 6월 17일.

4 비슷한 시기에 간행된 『대한매일신보』의 경우에도 본격적인 창간에 앞서 십여 일 동안 미리 신문을 발행했다는 주장이 있다. 이광린은 『대한매일신보』가 1904년 7월 18일 창간에 앞서 6월 29일 이후 『코리아타임즈』라는 제명으로 이미 십여 호 정도 발간되었다는 견해를 제시한다. 이광린, 「『대한매일신보』 간행에 관한 일고찰」, 『대한매일신보연구』, 서강대 인문과학연구소, 1986, 11쪽 참조.

5 『제국신문』, 1906년 6월 16일.

후부터는 정기휴간일인 월요일을 제외하고는 대체로 규칙적인 일간(日刊)의 형태를 유지했다.

『만세보』는 배대판(倍大版)의 4면 발행 신문이었다. 지면은 대체로 논설, 관보초록, 외보, 잡보, 소설 및 광고란 등으로 구성되어 있었다. 이는 동시대의 다른 신문들과 크게 다르지 않은 지면 구성이다. 다른 신문에는 없는 '국문독자구락부(國文讀者俱樂部)'가 있었다는 점은 주목할 만하다. 『만세보』는 창간호에서 "本報第一号는 數萬枚를 印刷ᄒᆞ야 代金을 受치 아니ᄒᆞ고 都下에 廣布ᄒᆞ오니 購覽코ᄌᆞ ᄒᆞ시는 僉君子는 本社로 請求하시옵"[6]이라고 알린다. 창간호를 수만 부 인쇄하여 무료로 배포했다는 것이다. 『만세보』의 유료 발행부수에 대해서는 정확히 산정하기 어렵다. 그러나 이 신문 역시 동시대에 발행된 여타 신문들과 같이 이천 부에서 삼천 부 내외를 평균 발행부수로 유지했을 것으로 추정된다.[7]

『만세보』는 천도교의 기관지로 출발했다. 그러나 『만세보』는 천도교인들만을 위한 종교 신문이 아니었다. 『만세보』에 그 발행 배경이 되는 천도교라는 종교적 색채가 없었던 것은 아니지만, 그보다는 일반 교양 및 시사 일간지로서의 성격이 강했다. 이러한 『만세보』의 성격은 다음과 같은 발간 청원서에도 잘 나타나 있다.

---

6 萬歲報社, 「告白」, 『만세보』 1906년 6월 17일.

7 최기영은 『만세보』의 구독부수가 창간 1개월이 조금 지난 시기에 이천 부를 넘어섰다고 적고 있다. 최기영, 「구한말 『만세보』에 관한 일고찰」, 『한국사연구』 제61 · 62집, 1988, 325쪽 참조.

本人이 新聞를 發刊ᄒᆞ야 國民의 風化를 鼓發ᄒᆞ며 智識를 補導ᄒᆞ기 爲ᄒᆞ야 京城南署會賢坊 會洞 八十五統四戶에 新聞社를 設立ᄒᆞ고 萬歲報라ᄒᆞᄂᆞᆫ 新聞를 發刊코자 ᄒᆞ와 玆에 請願ᄒᆞ오니

查照ᄒᆞ신 후 認許ᄒᆞ심을 伏望

光武十年 五月 日[8]

이 발간 청원서에서는 『만세보』의 간행 목적을 '국민(國民)의 풍화(風化)를 고발(鼓發)하며 지식(智識)을 보도(補導)'하는 것이라 밝히고 있다. 즉 국민의 풍속을 개량하고 지식을 넓히는 일에 기여하는 것이 신문의 발간 목적이라는 것이다.[9] 그런데, 이 청원서는 이인직(李人稙)의 명의로 되어 있다는 점이 특기할 만하다. 1906년 5월 초 내부대신(內部大臣) 이지용(李址鎔)에게 접수된 청원서는 5월 10일에 허가가 된다. 『만세보』 발행에 대한 청원서 제출과 그에 대한 허가 기간은 수일 정도밖에 걸리지 않았다. 이 점으로 미루어보면 이미 내부(內部)와 『만세보』 발행의 주체 혹은 청원인 이인직 사이에 충분한 의사소통이 있었던 것으로 짐작이 된다. 이후 『만세보』는 곧바로 제3종 우편물 인가청원서 및 발간 보고서 등 몇가지 서류를 제출하는데 이때부터는 신청 혹은 보고서 작성인이 발행인 겸 편집인 신광희로 변경된다. 신광희가 제출한 제3종 우편물 인가청원서에는 『만세보』 기사의 종류가 정치, 경제, 문학, 종교, 상사(商事), 시사(時事) 및 기타 사회잡사(社會雜事)로 명기되어 있다.

8 『만세보』 영인본, 아세아문화사, 1985, 4쪽.

9 실제로 『만세보』는 논설과 기사를 통하여 풍속 개량과 위생(衛生) 개선을 강조하는 등 국민 계몽과 연관된 면모를 적지 않게 보여준다.

『만세보』의 사장은 오세창(吳世昌)이었고, 발행인 겸 편집인은 신광희였으며 주필은 이인직이었다. 그러나 『만세보』의 간행은 천도교 교주(教主)인 손병희의 판단에 의한 것이었다. 1902년 이후 일본에 체류하던 손병희는 1906년 1월 귀국한다. 그런데 1906년 2월 8일에 "텬도교쥬 손병희씨는 쟝차 그 교회 즁 긔관신문을 발힝ᄒᆞ기로 쥰비 즁이라더라"[10]라는 기사가 나간 것으로 보면 그는 일찍부터 신문 간행의 뜻을 주변에 알렸던 것으로 보인다.[11] 손병희가 신문을 간행하기로 결심한 것은 일본 체류로 인해 약화된 국내에서의 활동 기반을 확장하고, 천도교에 대한 대중의 인식을 변화시키려는 이유 때문이었다. 손병희는 이를 위해 인쇄소를 정비하고 신문을 간행하게 된다.[12]

이렇게 해서 설치한 인쇄소가 보문관(普文館)이었고 거기서 발행하게 되는 신문이 『만세보』였던 것이다. 손병희가 『만세보』 발행 과정에 오세창을 참여시킨 이유는 비교적 쉽게 납득이 된다. 오세창은 일찍부터

---

10 「新聞將刊」, 『제국신문』, 1906.2.8.

11 손병희는 일본 체류중이던 1904년 7월에도 『황성신문』에 외국유학생 손병희라는 이름으로 신문의 중요성에 대해 투고한 바 있다. 이에 대해서는 최기영, 앞의 글, 308쪽 참조.

12 이에 대해서는 다음의 연구를 참고를 참고할 수 있다. "天道教 내부에는 文明派 · 親日派 · 保守派로 大別되는 세 세력이 존재하고 있었던 것이다. 孫秉熙를 지지하는 權東鎭 · 吳世昌 · 梁漢默 등은 日本에 체류하던 중 東學에 입교한 전직 관리들로, 開化에 관심을 두고 있었다. 李容九 · 宋秉畯 등은 一進會를 주도하던 친일세력으로 天道教의 지방조직을 장악하고 있었고, 金演局 등의 보수파는 초기부터 東學의 지도자 세력이었다고 생각된다. 孫秉熙는 이들 각 세력을 회유하여 모두 中央總部의 原職과 住職에 임명하였다. 그러면서도 入教한 지 얼마 되지 않은 자파세력을 크게 重用하고 있었다. (…중략…) 여론과 天道教 내부의 문제를 해결하기 위하여 孫秉熙는 대외적으로 국민 계몽에 대한 관심을 표명하며 교세 확장을 시도하였다. 바로 국민의 天道教에 대한 부정적인 시각을 변화시키기 위한 움직임이었다. (…중략…) 天道教가 국민계몽을 내세우며 교육사업 등에 깊은 관심을 보이면서, 동시에 병행한 사업은 인쇄소의 설치였다."(최기영, 앞의 글, 306~307쪽)

문명개화의 의지를 지니고 있었고, 1902년 일본에 망명한 후 손병희의 권유로 동학에 입교한 인물이다. 더구나 그는 1886년 이후 박문국(博文局) 주사로 공직 생활을 시작하면서 그곳에서 발행한 우리나라 최초의 국한문신문(國漢文新聞) 『한성주보(漢城周報)』의 기자로 참여한 경험이 있었다. 이 점에서 오세창은 천도교 신문 『만세보』의 간행을 책임지기에 매우 적합한 인물이었다.

『만세보』 발간에 이인직이 깊이 참여하게 되는 계기에 대해서는 단정이 쉽지 않다. 이인직은 신문 발간 허가를 얻기 위한 서류에 청원인으로 기재되어있을 뿐만 아니라, 이후 총무(總務) 겸 주필(主筆)의 직책을 맡는다. 신문의 발간 허가를 맡고 또 실제로 신문을 간행하는 업무를 총괄한 것이 이인직이 되는 셈이다. 이인직은 천도교 신자는 아니었던 것으로 알려져 있다. 그보다는 그가 세상을 떠난 후 장례식이 천리교식으로 진행되었다는 점[13]으로 미루어 천리교 신자였을 가능성이 높다. 이인직의 유학 시기에 대해서는 몇 가지 다른 의견이 존재한다.[14] 그러나 분명한 것은 손병희가 일본에 오기 이전 이인직이 이미 일본에 체류하고 있었다는 사실이다. 그가 일본에 건너간 것이 언제인지는 알 수 없지만, 그 시기가 1900년 이전인 것만은 확실하다. 『황성신문』 1900년 3월 13일자 기사는 이인직이 사비(私費)로 유학을 하던 중 관비 유학생으로 신분이 바뀌었다는 사실을 보여준다.[15] 『대한제국관원이

---

13 『매일신보』, 1916.11.16 참조.

14 고재석, 「이인직의 죽음, 그 보이지 않는 유산」, 『한국어문학연구』 제42집, 한국어문학연구회, 2004, 221~252쪽 및 구장률, 「신소설 출현의 역사적 배경」, 『근대계몽기 문학의 재인식』, 소명출판, 2007, 166~218쪽 및 함태영, 「이인직의 현실인식과 그 모순」, 『근대계몽기 문학의 재인식』, 219~245쪽 참조.

력서(大韓帝國官員履歷書)』에 따르면 그는 1900년 2월 관비 유학생이 되었고, 그해 9월 동경정치학교에 입학했다.[16] 이인직이 유학하던 시절 손병희가 일본에 건너가 체류했다는 점을 생각할 때 일본에서부터 이 두 사람 사이에 교류가 있었을 가능성은 적지 않아 보인다. 더구나 이인직이 동경정치학교 재학 중 2학년 때부터 『미야코신문(都新聞)』에 들어가 견습기자를 했고,[17] 손병희가 이 무렵 신문이 세계 문명의 가장 급선무가 된다는 사실을 인식하고 있었다는 점을 생각하면 두 사람의 교류 가능성은 더욱 높아진다.[18]

이인직은 1906년 2월 『국민신보(國民新報)』의 주필로 활동하다가 1906년 6월 『만세보』 주필로 자리를 옮겼다. 『국민신보』는 친일단체인 일진회(一進會)가 1906년 1월 6일에 창간하여 한일합방 직전인 1910년 7월까지 발행한 신문이다. 손병희가 귀국한 것은 『국민신보』가 창간되고 이인직이 그 신문에 가담하던 무렵이었다. 이인직이 『만세보』 발간을 위한 청원서를 내부에 제출한 것이 1906년 5월이므로, 손병희는 『국민신보』에 들어가 막 일을 시작하던 이인직의 도움을 얻어 『만세보』 발

15 이 기사는 연세대 대학원에서 근대문학을 연구하고 있는 타지마 테츠오 선생이 최근에 발견하여 공개했다. 이 기사의 발견으로 인해 그동안 이인직의 도일 시기를 1900년 이전으로 추정하던 구장률, 함태영 등의 논의가 사실임을 입증할 수 있게 되었다. 이는 이인직의 1900년 이전 일본에서의 행적을 밝히는 데에도 중요한 단서로 활용될 수 있을 것으로 생각한다.

16 국사편찬위원회 편, 『대한제국관원이력서』, 탐구당, 1972, 68쪽 참조.

17 구장률, 앞의 글 198쪽 참조.

18 이인직과 손병희 사이에서 오세창이 매개적 역할을 했을 수도 있다. 정치적 사건에 연루되어 1902년 일본으로 망명한 오세창은 거기서 역시 망명 중이던 손병희를 만났다. 이 시기 오세창은 국비유학생이면서 신문 제작 실무를 익히고 있던 이인직을 자주 만나 신문 창간에 대해 의논한 것으로 알려져 있다. 허경진, 『조선의 르네상스인 중인』, 랜덤하우스코리아, 2008, 222쪽 참조.

간 작업을 시작한 셈이 된다. 이렇게 보면 손병희와 이인직의 관계에도 손병희와 오세창의 관계 못지 않은 연결고리가 있었을 것으로 추정이 된다.

『국민신보』의 초대 사장은 이용구였고, 그는 천도교 내에서 상당한 영향력을 행사하고 있는 인물이었다. 따라서 일진회와 천도교, 그리고 손병희와의 관계를 이해하는 것은 『만세보』의 성격을 이해하는데 중요하다. 손병희는 『만세보』를 발행하면서 천도교와 일진회 사이의 관계를 정리하고 싶었던 것으로 보인다. 『만세보』가 취한 입장은 분명히 일진회와 거리를 두는 것이었다. 『만세보』는 일진회와 거리를 두는 과정에서 처음부터 일진회의 존재 가치를 부정하는 방식을 취하지는 않았다. 그보다는 일진회의 공적을 인적하면서, 일진회를 이끌고 있는 송병준과 이용구를 비판하거나 경계하는 태도를 먼저 취하였다.[19] 그러다가 결국은 천도교와 일진회 자체의 관계를 부정하는 쪽으로 방향을 정리한다.

> 或曰 天道教가 卽 一進會이오 一進會가 卽 天道教라 하니 此ᄂᆞᆫ 菽麥을 不辨ᄒᆞᄂᆞᆫ 訛言이라 假使向日의 教會分離한 公佈가 無ᄒᆞ더라도 學問家ᄂᆞᆫ 其教會가 不同ᄒᆞᆷ을 可知ᄒᆞ얏슬거시라
>
> 苟或 全國의 許多ᄒᆞᆫ 教人中에 或 幾個人이 茶話會를 開ᄒᆞ야 茶를 飮ᄒᆞ고 閑話가 有ᄒᆞ면 此ᄂᆞᆫ 茶話會로 認ᄒᆞᆯ거시오 天道教로 認치 아니 ᄒᆞᆷ이 可ᄒᆞ며 且

---

19 「宋秉畯」, 『만세보』, 1906.8.30 및 「宋秉畯(續)」, 『만세보』, 1906.8.31 및 「李容九」, 『만세보』, 1906.9.2 참조.

> 幾個教人이 賭博會를 設ᄒᆞ얏다가 他人과 鬪공이 起ᄒᆞ야 法에 犯ᄒᆞ얏스면 法律上에 天道教 全體가 其 罪를 被홈이 不可하고 但 個人의 律를 照홀ᄲᅮᆫ이라 然則 一進會가 法律上에 罪를 犯하야도 天道教의 罪가 아니며 政界上에 功이 有하야도 天道教의 功이 아니라 大小部分은 雖異ᄒᆞᄂᆞ 教도 一社會오 會도 ᄯᅩ한 獨立ᄒᆞᆫ 一社會라 엇지 天道教와 一進會를 一體로 視ᄒᆞ리오[20]

『만세보』는 대표적 친일단체인 일진회와 일정한 거리를 두는 데는 성공한 것으로 보인다. 그러나, 『만세보』는 근본적으로 친일적 성향을 떨쳐버리지는 못했다. 이는 『만세보』의 발행 실무를 장악하고 있는 인물들인 이인직이나 신광희 등의 개인적 성향과도 적지 않은 관계가 있었던 것으로 판단된다. 특히 「혈의루」 등 이인직의 소설을 통해 들어나게 되는 친일적 성향과 그 대중적 영향력은 결코 적은 것이 아니었다. 『만세보』는 논설을 통해 청나라와 러시아에 대해 비판적 시각도 드러낸다.[21] 이 역시 이인직이 「혈의루」에서 반청친일(反淸親日)의 사상을 드러내는 일과 같은 맥락에서 이해할 수 있는 현상이다.

『만세보』에 수록된 논설 가운데 상당수는 이인직이 쓴 것으로 추정

---

20 「天道教와 一進會」, 『만세보』, 1906.9.25.

21 이에 대해서는 「妄想」, 『만세보』, 1906.8.15 및 「淸國憲法」, 『만세보』, 1906.9.4 및 「淸國憲法(續)」, 『만세보』 1906.9.6 및 「人種競爭」, 『만세보』 1906.9.15 논설 등 참조. 특히 다음과 같은 「妄想」의 한 구절을 보면 이러한 시각을 쉽게 확인할 수 있다. "國家實力을 養成하야 國權을 克復홀 熱力的思想이 絶無하고 俄國의 復仇的戰爭이 有하기를 希望도 하며 淸國에 滿洲問題의 最後策이 或有하기를 希望도 하며 英米法德의 新條約反對案이 有홀가 希望도 하야 夢囈病譫을 成하는 者 - 有하니 此를 妄想的精神이라 謂홀지라"

된다.[22] 『만세보』는 당시의 다른 신문들과 마찬가지로 탐보원(探報員)을 따로 두고 신문사를 운영했다. 『만세보』가 탐보를 중요시했다는 사실은 창간에 앞선 광고문의 "且每朔에 巨額의 探報費를 支出ᄒᆞ야 神出鬼沒ᄒᆞᄂᆞᆫ 通信의 敏捷홈이 有ᄒᆞ니"[23]라는 구절을 통해서도 확인할 수 있다. 잡보(雜報)와 외보(外報) 등의 일반 기사는 바로 이 탐보원의 제보를 받아 발행인 신광희(申光熙)가 작성 편집한 것으로 추정된다.[24] 이름이 알려진 탐보원으로는 박승옥(朴勝玉)이 있다. 드문 경우이기는 하나 이인직 역시 잡보를 직접 쓰기도 했다.[25]

『만세보』 창간호에는 사장 오세창이 쓴 사설(社說)과 주필 이인직이 쓴 논설(論說)이 각각 실려 있다. 이 가운데 오세창이 쓴 사설은 『만세보』 창간의 의도를 명시적으로 드러내고 있다. 이 사설의 도입부를 일부 인용하면 다음과 같다.

> 萬歲報라 名稱ᄒᆞᆫ 新聞은 何를 爲ᄒᆞ야 作홈이뇨 我韓人民의 智識啓發키를 爲ᄒᆞ야 作홈이라 噫라 社會를 組織ᄒᆞ야 國家를 形成홈이 時代의 變遷을 隨ᄒᆞ야 人民智識을 啓發ᄒᆞ야 野昧ᄒᆞᆫ 見聞으로 文明에 進케ᄒᆞ며 幼穉ᄒᆞᆫ 知覺으로 老成에 達케 홈은 新聞敎育의 神聖홈에 無過ᄒᆞ다 謂할지라 是로 以ᄒᆞ야

---

22 최기영, 앞의 글, 320쪽 및 구장률 앞의 글, 171쪽 참조.

23 「萬歲報新聞發行廣告」, 『제국신문』, 1906.5.16.

24 최기영, 앞의 글, 320쪽. 당시 신문 기자는 외근을 하며 사건을 취재하는 탐보원과 내근을 하며 기사를 정리하는 편집 기자로 나뉘어져 있는 경우가 대부분 이었다. 따라서 이러한 추정은 타당성이 있다.

25 예를 들면 1906년 8월 28일~29일자 잡보란에는 이인직이 강연한 내용을 스스로 요약한 기사가 기명(記名)으로 실려있다.

> 環球萬邦에 流通ᄒᆞᄂᆞᆫ 近世風潮가 人民의 智識啓發ᄒᆞ기를 第一主義로 認定ᄒᆞ야 新聞社를 廣設ᄒᆞ고 文壇에 牛耳를 執ᄒᆞ고 袞鉞의 責任을 擔荷ᄒᆞ야 已啓已發ᄒᆞᆫ 人民의 智識도 益益進步키를 企圖ᄒᆞ거든 況此 未啓未發ᄒᆞᆫ 人民의 教育이야 엇지 一刻一抄를 遲緩홈이 可ᄒᆞ리오[26]

여기서 오세창은 『만세보』를 만드는 이유가 "我韓人民의 智識啓發"에 있다는 사실을 강조한다. "人民智識을 啓發ᄒᆞ야 野昧ᄒᆞᆫ 見聞으로 文明에 進케ᄒᆞ며 幼稺ᄒᆞᆫ 知覺으로 老成에 達케 홈" 역시 신문을 통한 대중교육이 목표로 하는 일이 된다.

이밖에도 오세창은 "吾儕ᄂᆞᆫ 如此ᄒᆞᆫ 時代에 人民教育의 代表ᄒᆞᄂᆞᆫ 義務로 巨款을 消費ᄒᆞ야 新報社를 設立ᄒᆞ고 精利ᄒᆞᆫ 機械活字를 準備ᄒᆞ며 新舊學問에 嫻熟ᄒᆞᆫ 記者를 延聘ᄒᆞ야 公明正大ᄒᆞᆫ 論述과 確的迅速ᄒᆞᆫ 報道를 一層注意ᄒᆞ야"라는 말과 "但히 人民腦髓의 文明空氣를 灌注코자ᄒᆞᄂᆞᆫ 熱心的에 流出홈"라는 말로 『만세보』 창간의 의도를 재차 확인시켜준다. 창간호 사설을 통해 오세창이 주장하고 있는 것은 『만세보』가 우리나라의 대중교육을 위해 창간되었다는 점이다. 백성들을 야매한 상태로부터 문명의 경지로 나아가게 하는 것이 신문 발행의 일차적 목표가 되는 것이다.

그러나 『만세보』가 꼭 대중계몽만을 목표로 발행된 것은 아니다. 이는 신문의 효력에 대한 다음과 같은 오세창의 인식을 통해서도 어느 정도 짐작이 가능하다.

---

26 오세창, 「사설」, 『만세보』, 1906.6.17.

新聞의 效力으로 言ᄒᆞᆯ진ᄃᆡ 個人의 智識ᄆᆞᆫ 啓發ᄒᆞᆯ ᄲᅮᆫ 아니라 一則 國際의 關係와 政治의 挽回와 甚至戰爭을 激成ᄒᆞ며 平和ᄅᆞᆯ 恢復ᄒᆞᄂᆞᆫ 一機關이오 二則 善을 彰ᄒᆞ며 惡을 懲ᄒᆞ고 上化가 下에 浹ᄒᆞ며 下恫이 上에 達케ᄒᆞ며 加之生活上步趣와 開化的階級이 各히 個人의 品性資格을 隨ᄒᆞ야 水의 漸漬ᄒᆞᆷ과 如히 全國을 開導誘掖ᄒᆞᄂᆞᆫ 一橐鑰이니 生存競爭의 時代ᄅᆞᆯ 遭遇ᄒᆞ야 新聞社會의 多數興旺ᄒᆞᆷ이 亦是 人民을 警省ᄒᆞᄂᆞᆫ 處處遒人의 一木鐸이라 謂ᄒᆞᆯ지로다[27]

『만세보』가 미개발(未開發) 상태에 놓여있는 인민(人民)들에 대한 교육과 그들의 지식계발(智識啓發)을 일차적 목표로 간행된 것임은 분명하다. 그러나 『만세보』는 여기서 한 단계 더 나아가 국내외 현실에 대한 깊이 있는 인식을 도모하는 일, 선(善)을 장려하고 악(惡)을 징계하는 일, 상하계층 모두가 신문을 통해 의사를 소통하는 일 등을 또한 발행의 목표로 삼았다. 이후 실제 기사를 살펴보면 『만세보』는 일반 대중에 대한 교육이나 계몽뿐만 아니라, 식자층에 대한 교육 및 국제관계에 대한 개안(開眼)에도 적지 않은 지면을 할애하고 있음을 확인할 수 있다.

27 위의 글.

3. 『만세보』의 부속국문체 연구

1) 부속국문체의 선택 배경

근대계몽기에는 천도교뿐만 아니라 기독교와 천주교 등에서도 신문을 발행했다. 『그리스도신문』이나 『죠선크리스도인회보』, 『경향신문』 등이 그러한 예가 된다. 『만세보』는 신문의 발행 주체가 천도교였으므로 초기 독자들의 상당수는 천도교인으로 이루어졌다. 새로운 종교의 포교를 위해서는 신문의 값을 헐하게 하는 일과 많은 사람들이 읽을 수 있는 문체를 사용하는 일이 중요했다. 『만세보』는 신문 값을 1장에 1전(錢)으로 책정했다. 이는 이미 발행되고 있던 『대한매일신보』나 『황성신문』에 비하면 반값 정도에 해당하는 것이었고, 뒤이어 창간되는 천주교의 『경향신문』과 비교해도 저렴한 가격이었다.[28] 당시 가장 많은 사람들이 읽을 수 있는 기사의 문체는 국문체였다. 여타 종교 신문들이 대부분 국문체를 사용한 것은 이 때문이었다.

그러나 『만세보』는 기본적으로 순한문 및 국한문혼용체의 신문이었다. 창간 초기 『만세보』에서는 순한글 기사를 찾아보기조차 어렵다. 초기 신문은 순한문체와 국한문혼용체, 그리고 부속국문체 기사만을 수록하고 있다. 『만세보』가 '인민의 교육'에 대한 필요를 강조하며 창

28 당시의 신문은 판형이나 지면 수가 같지 않았고 가격도 장당 가격, 월간 구독 가격, 연간 구독 가격, 우송료 포함 가격 등 다양한 체계로 되어 있어 단순 비교는 쉽지가 않다. 그러나 『만세보』와 『경향신문』 등 종교 신문이 여타 일반 신문에 비해 저렴했던 것은 분명하다.

간된 신문임에도 불구하고 이 신문은 대중 교육에 알맞은 국문체가 아니라, 지식인의 문체인 순한문 및 국한문체의 신문으로 탄생한 것이다. 『만세보』를 이끌어가고 또 기사를 작성하게 되는 인물의 대부분은 한문 혹은 국한문에 익숙한 계층들이었다. 하지만, 이들은 인민에 대한 교육과 계몽을 목표로 신문을 기획하고 발행했으므로 국문체에 익숙한 대중독자들을 외면할 수 없었다.[29] 이러한 복합적 국면을 탈피하기 위해 고안된 것이 부속국문체였다. 『만세보』의 발행진들은 부속국문체를 통해 지식인 독자와 대중 독자를 모두 끌어들일 수 있다고 생각한 것이다. 『만세보』가 다른 신문에는 없는 '국문독자구락부' 난을 둔 것이나, 주필(主筆)을 맡은 이인직이 한글 소설을 창작 수록하게 되는 것 역시 대중 계몽을 지향하는 '한문 및 국한문' 신문 『만세보』가 그 한계를 극복하기 위해 고안해 낸 것들이었다.

『만세보』의 부속국문 사용은 창간 전부터 계획된 것이었다. 『제국신문(帝國新聞)』의 다음 기사는 이를 잘 보여준다.

> 萬歲報施設 텬도교쥬 손병희씨가 텬도교 교회 긔관신문을 발간ᄒᆞᆫ다ᄂᆞᆫ 말은 향일 긔지ᄒᆞ얏거니와 그 신문 일홈은 만세보라 ᄒᆞ고 쳐소ᄂᆞᆫ 남셔회동으로 뎡ᄒᆞ고 긔계와 활ᄌᆞᄂᆞᆫ 임의 쥰비ᄒᆞ얏고 그 신문 만들기난 한문으로 쥬장ᄒᆞ고 한문 글ᄌᆞ 엽헤 우리나라 국문으로 쥬셕ᄒᆞ야 비록 한문을 몰으난 자라도 그졋히 국문을 보고 알게 만들깃다ᄒᆞ며 신문쟝광은 외국의 큰 신문과 갓치ᄒᆞ고 갑슬ᄆᆡ우 념ᄒᆞ게ᄒᆞᆫ다난ᄃᆡ 리인직씨의 명의로 일젼 ᄂᆡ부에 쳥원인허ᄒᆞ얏다 ᄒᆞ니 불원간 간힝이 되깃다더라[30]

29 당시 대다수의 천도교인이 국한문을 해독하지 못했다. 최기영, 앞의 글, 316쪽 참조.

이 기사에서는『만세보』가 원래 한문 신문으로 기획된 것이라는 점과 함께, 부속국문 활용의 이유가 어디에 있는가를 명확하게 제시한다. '비록 한문을 모르는 자라도 그 곁의 국문을 보고 알게 만들겠다'는 것이 부속국문을 사용하는 구체적 이유가 되는 것이다.『만세보』의 발행에 관여한 주요 인물들인 손병희와 오세창 그리고 이인직 등은 모두가 일본에 장기간 체류한 경험이 있었다. 따라서 이들이 한자(漢字)와 가나[かな]를 나란히 표기하는 일본식 한자 읽기 표기법에 대해 익숙했을 것이라는 점은 분명하다. 그러나, 이것만으로『만세보』의 부속국문체의 본질을 설명하려는 것은 무리이다. 훈민정음 해례를 비롯하여 다양한 우리 고문헌에서 두 가지 문자를 병기하는 방식은 어렵지 않게 발견된다.『만세보』사장 오세창이 역관(譯官)의 집안에서 성장했다는 사실 또한 두 가지 문자의 병기를 자연스러운 현상으로 받아들이게 했을 것이다.[31]

정부로부터 발행 허가를 받은 직후『만세보』는 몇몇 신문에 다음과 같은 광고를 게재한다. 이 광고 역시『만세보』의 성격을 이해하는데 도움이 된다.

> 本社ᄂᆞᆫ 京城會洞에 設立ᄒᆞ고 六月一日부터 發行ᄒᆞᆯ터이온ᄃᆡ 本報ᄂᆞᆫ 社會的 進步主義로 國民知識發達의 捷徑을 研究ᄒᆞ야 我國의 未曾有ᄒᆞᆫ 新發明이 許多ᄒᆞ며 且每朔에 巨額의 探報費를 支出ᄒᆞ야 神出鬼沒ᄒᆞᄂᆞᆫ 通信의 敏捷홈이

30 『제국신문』, 1906.5.11.

31 오세창의 부친은 조선후기 대표적 역관(譯官)이었던 오경석(吳慶錫, 1831~1879)이다. 오경석은 중국에서 여러 서적들을 들여와 번역했고 김옥균과 박영효 등 개화파 사상가를 길러내는데 중요한 역할을 했다.

有ᄒᆞ니 此報를 購覽ᄒᆞ시는 僉君子는 社會上 新耳目 新知識을 可得ᄒᆞ실 것이오며 (…하략…)[32]

여기서 강조하는 『만세보』 발간의 취지는 '국민 지식 발달의 첩경을 연구하는 일'이다. 이밖에 『만세보』가 취하고 있는 입장이 '사회적 진보주의'임을 내세우는 것도 주목을 끈다.

『만세보』 창간호에 실린 광고를 보면 이 신문을 인쇄하던 보문관(普文館)은 제반 인쇄 시설을 갖추고 교과서와 족보, 기타 장부와 명함 등을 외부로부터 수주해 인쇄했다. 보문관에서는 특별히 "其他 印刷物도 隨請酬應이오며 且我國의 初有 特異ᄒᆞᆫ 附屬國文을 設備ᄒᆞ얏ᄉᆞ옵고 代金은 與他廉歇흠을 注意흠"[33]이라는 구절을 통해 자신들이 부속국문 활자를 갖추고 있다는 사실을 강조했다. 이 부속국문 활자를 외부에서 수주한 인쇄물에도 사용할 수 있음을 알렸던 것이다. 여기서 보문관이 자신들의 부속국문을 우리나라 초유라고 광고한 것은 이러한 표기법 자체가 처음이라는 의미보다는, 부속국문 '활자(活字)'를 사용하는 것이 처음이라는 의미로 받아들여야 할 것이다.[34]

『만세보』 제25호에 실린 논설 「길성(吉聲)」은 부속국문체의 위력과 효용성에 대해 이 신문의 편집진들이 얼마나 큰 자부심을 지니고 있었는가를 잘 보여주는 글이다. 일부를 인용하면 다음과 같다.

---

32 「萬歲報新聞發行廣告」, 『제국신문』, 1906.5.16.

33 「광고」, 『만세보』, 1906.6.17.

34 그간의 부속국문식 표기는 모두 목판 인쇄 등을 통한 표기였던 것으로 생각된다.

昨日ᄭᆞ지 漢文을 不識ᄒᆞᄂᆞᆫ 者가 東方에 日出ᄒᆞ고 飯盂가 充滿ᄒᆞ면 樂世로 認ᄒᆞ던 劣等人物이라도 自今 以後로 國文을 習ᄒᆞ면 上才ᄂᆞᆫ 一日의 工을 費ᄒᆞ야 通ᄒᆞᆯ것이오 비록 下才라도 十數日間이면 必也能通ᄒᆞᆯ지니 然後에 本報를 購覽ᄒᆞ면 外國形勢도 知ᄒᆞᆯ 것이오 我國情況도 知ᄒᆞᆯ 것이라 政治家를 對ᄒᆞ면 能히 政談에도 叅與ᄒᆞᆯ 것이오 教育家를 對ᄒᆞ면 能히 教育談에도 生쇼치 아니ᄒᆞᆯ지라

若夫如此ᄒᆞᆫ즉 純正ᄒᆞᆫ 新知識이 오히려 漢文學者ᄎᆞᆯ頑固보다 百勝ᄒᆞᆯ지라 何를 謂ᄒᆞᆷ인고 曰 ᄎᆞᆯ頑固ᄂᆞᆫ 文明的에 氷炭갓치 背馳ᄒᆞ야 劣等地로 陷入ᄒᆞᄂᆞᆫ 者라 世界文運이 進ᄒᆞᆯ슈록 劣等人種은 減縮ᄒᆞᄂᆞᆫ이라

本報의 活字ᄂᆞᆫ 附屬國文이 有ᄒᆞ고 文法은 言文一致를 用ᄒᆞ고 目的은 社會進步的主義라 日日警世鐘을 作ᄒᆞ야 同胞의게 告ᄒᆞ노니 吉聲이 此에 過ᄒᆞᆷ이 無ᄒᆞ다ᄒᆞ오[35]

이 논설에서는 누구나 수일 동안만 공을 들여 국문을 익히고 나면 부속국문을 통해 『만세보』의 한문 기사를 이해할 수 있다는 사실을 강조한다. 그렇게 해서 이 신문을 읽고 나면 국내외의 정황과 형세에 대해서 알게 될 것이며, 정치가를 만나 정담(政談)을 나누고 교육가를 만나 교육담(教育談)을 나누는 일이 모두 가능해질 수 있다는 것이다.[36]

천도교를 대표하는 두 경전인 『동경대전(東經大全)』과 『용담유사(龍潭遺詞)』가 각각 다른 문체로 되어있다는 사실도 『만세보』의 부속국문체

35 「吉聲」, 『만세보』, 1906.7.25.

36 이 논설에서는 『만세보』가 부속국문 활자를 사용하는 일 외에도 언문일치의 문법을 사용한다는 사실을 강조한다. 그러나, 이는 현실과는 거리가 있는 주장으로 판단된다.

연구에 시사하는 바가 크다. 동학의 교조 수운 최제우(崔濟愚)는 자신의 가르침을 『동경대전』이라는 한문본 경전과 『용담유사』라는 한글 가사체의 경전으로 나누어 썼다. 동학 경전의 두 가지 문체 표기에 대해서는 다음과 같은 견해를 참고할 필요가 있다.

> 이와 같은 시대에 수운이 한문본으로 된 경전 『동경대전』를 저술하였다는 것은, 당시의 시대적인 상황으로 보아, 논리적인 지식의 전달과 사상의 체계화를 위해서는 당연했던 일이라고 하겠다. 잘 아는 바와 같이 당시의 모든 교육 체계는 한문 위주의 텍스트에 의하여 그 교육이 이루어졌다. 따라서 수운 역시 아버지인 근암공(近菴公)으로부터 어려서부터 한문 교육을 받았을 것이며, 당시의 모든 지식인층의 인사들 모두 한문으로 된 텍스트를 중심으로 교육을 받았을 것이다. 그러므로 당시 사회적인 지식의 소통이나 사상의 형성을 위한 경로는 '한문(漢文)' 이외에는 없었을 것으로 판단된다. 따라서 수운이 자신의 사상을 체계화하고 또 이를 논리화하기 위하여서는 필연적으로 한문이라는 문자 체계를 빌리지 않을 수 없는 당위성이 여기에 있는 것이다.
>
> 이와 같은 한문본 『동경대전』에 비하여, 『용담유사』는 우리가 잘 알고 있는 바와 같이, 한글본 가사문학 작품이다. '가사(歌辭)'는 곧 율문(律文) 형식의 시가 작품이다. 이러한 시가 작품에서 가장 중요한 것은 '언어'에 대한 자각이다. 즉 언어의 개념 전달 기능보다는 언어의 표현 기능, 곧 어떠한 의미나 의사의 전달이라는 일상언어의 측면이 아니라, 언어의 느낌이나 감각을 통해 표현하는 기능이 무엇보다 중요한 것이다.[37]

37 윤석산, 『용담유사 연구』, 모시는 사람들, 2006, 18~19쪽.

동학 이념의 체계화와 용어의 개념화는 한자와 한문을 통해 이루어졌다. 하지만 그것이 세상 사람들에게 유포되는 단계에서는 이들의 한글화 과정이 필요했다. 이른바 식자층(識者層)을 위한 한문 경전 『동경대전』을 일반 대중과 아녀자를 위한 한글 경전 『용담유사』로 재창조해 새롭게 표기하는 과정이 필요했던 것이다.

2) 부속국문체의 사용 현황

『만세보』의 부속국문체 활용은 그 기획 과정에서 국내외의 다양한 표기법을 참고로 했지만, 실제 활용 과정에서는 전례가 없는 매우 독자적인 방식으로 운용되었다. 『만세보』의 부속국문 활용이 일본의 후리가나식 표기와 어떠한 차이가 있는가 하는 점에 대해서는 사에구사 도시카쓰(三枝壽勝)와 노혜경 등에 의한 몇 가지 주목할 만한 연구가 이미 나와 있으므로 참조가 가능하다.[38]

본 연구자 역시 『만세보』의 부속국문체에 대해 다음과 같은 지적을

38 이에 대한 대표적 연구로는 사에구사 도시카쓰(三枝壽勝)와 노혜경(魯惠卿)의 글을 들 수 있다. 사에구사 도시카쓰는 이인직의 작품 「혈의루」에 사용된 부속국문체가 일본의 후리가나식 표기와 근본적으로 차이가 있다는 점을 지적했다. 그 차이가 구체적으로 무엇인가에 대한 구체적인 지적은 노혜경(魯惠卿)의 「혈의루에 나타난 '일본식표기'에 관한 연구」를 통해 처음으로 이루어졌다. 노혜경은 이 연구에서 '「혈의루」의 표기는 일본식 표기법의 외형만 빌렸을 뿐 그 목적이나 활용 양상은 전혀 다른 것이다. 「혈의루」에서 루비로 표기된 한글은 한자에 대한 보조적인 것이 아니라, 한자에 앞서 이인직이 의도한 바 본래의 표현이었다. 『만세보』에 연재된 「혈의루」는 국한문혼용으로 쓴 후 거기에 루비를 단 것이 아니다. 그와 반대로, 한글로 쓴 후 거기에 한자를 넣어 신문에 발표하는 형식을 채택한 것이다.' 라는 주장을 한 바 있다.(사에구사 도시카쓰(三枝壽勝), 「이중표기와 근대적 문체 형성」, 『현대문학의 연구』 제15집, 2000 및 노혜경(魯惠卿), 「「血の涙」に見られる'日本式表記' についての 硏究」, 第52回 朝鮮學會發表資料, 朝鮮學會, 2001.10 참조.

한 바 있다. '『만세보』의 부속국문체 문장들을 분석해 보면 원문이 두 가지 종류로 나뉜다. 하나는 원문이 국한문혼용체로 된 것이며 다른 하나는 원문이 한글로 된 것이다. 『만세보』를 통해 발표된 소설은 모두가 원문이 한글체이다. 논설이나 일반 기사는 국문독자구락부 가운데 일부를 제외하면 대부분이 국한문혼용체로 쓰여진 것이다.'[39] 『만세보』가 편집 방침으로 부속국문체를 선택한 것은 하나의 신문으로 두 가지 문자 층의 독자를 동시에 흡수하려는 시도 때문이었다. 이는 『대한매일신보』가 두 가지 문체의 신문을 각각 발행하면서 얻으려 했던 것과 동일한 효과를 의도한 것이었다.[40]

『만세보』가 부속국문체를 어떠한 경우에 활용했는가는 초기 몇 호만을 검토해보더라도 금방 드러난다. 『만세보』는 사설(社說)과 논설(論說), 그리고 외보(外報)와 잡보(雜報) 등을 부속국문체로 수록했다. 관보초록(官報抄錄)은 순한문체로 실었고, 외부인이 집필한 축사(祝辭 / 祝詞)는 순한문 및 국한문체로 수록했다. 이러한 사실들을 근거로 하면 『만세보』는 내부 필자가 쓴 글들은 부속국문체를 사용했고, 외부 필자가 쓴 글 혹은 외부 문건은 순한문이건 국한문이건 원문 그대로 수록했다는 정리가 가능해진다. 『만세보』 제2호에 수록된 「이민조례(移民條例)」를 보면 이러한 생각이 더욱 분명해진다. 「이민조례(移民條例)」는 해설 부분은 부속국문체로 되어 있지만, 조례의 원문 부분은 국한문혼용체로 되어 있다.

그러나 여기에 예외가 되는 난이 있다. 그 난이 바로 국문독자구락부

---

39 국문독자구락부에 수록된 기사들은 원문이 국문체와 국한문혼용체 두 가지였다.

40 『한국 근대소설의 형성과정』, 108~109쪽 참조.

이다. 글의 내용으로 미루어볼 때 국문독자구락부에는 내부 필자의 글과 외부 투고자의 글이 섞여있는 것으로 판단된다. 특히 기사 뒤에 나와 있는 '백발생(白髮生)', '분분생(奮奮生)', '비관생(悲觀生)' 등의 다양한 필명을 보면 이 글들 가운데 상당수가 외부 원고일 가능성이 높다. 하지만 국문독자구락부에 수록된 기사들은 그 원문이 무엇이건 모두 부속국문체로 발표된다. 이 난만은 '국문독자구락부(國文讀者俱樂部)'라는 제목이 말해주듯이, 누구라도 국문만 읽을 줄 알면 기사를 읽어갈 수 있도록 배려했던 것이다.

『만세보』는 얼마나 많은 기사들을 부속국문체로 인쇄했을까? 『만세보』는 총4면으로 발행되었지만 언제나 제4면은 전면을 광고로 채웠기 때문에 실제 기사는 3면으로 이루어져 있었다. 이들 3면은 각각 7단으로 구성되었으므로 『만세보』 한 호가 수록할 수 있는 기사의 분량은 총 21단이었다. 창간호는 이 21단 가운데 약 16단을 부속국문체 기사로 채우고 있다. 나머지 5단에 국한문과 순한문 기사가 비슷한 분량으로 수록되어 있는 것이다. 제2호의 경우는 부속국문체 기사가 절반 정도에 그치고 있지만, 3호 이후부터는 대략 15단 이상에 이르는 내용을 계속 부속국문체로 채우게 된다. 제2호에서 부속국문체 사용이 주춤했던 것은 외부 필자가 보내온 축사(祝詞)와 기서(奇書), 그리고 관보초록(官報抄錄)과 이민조례(移民條例)의 원문 소개가 들어있었기 때문이다. 이렇게 보면 초기의 『만세보』는 약 4분의 3에 이르는 기사를 부속국문체로 수록하고 있는 것이다.

『만세보』에는 「소설 단편」, 「혈의루」, 「귀의성」, 「백옥신년」 등 모두 네 편의 소설이 실려 있다. 「백옥신년」에는 작가의 이름이 밝혀져 있지 않으나, 나머지 세 편은 작가가 이인직으로 명시되어 있다. 이들 소설에는 모두 부속국문이 사용되었다. 특히 「소설단편」이 그러하며, 「혈의루」에도 적지 않은 부속국문이 사용되었다. 여기에 사용된 부속국문은 크게 두 가지 형태를 띤다. 첫 번째 유형은 "日清戰爭(일청전징)"과 같이 소리[音]로 읽은 것처럼 보이는 부속국문이고, 두 번째 유형은 "一婦人(한부인)"과 같이 뜻[訓]으로 읽은 것처럼 보이는 부속 국문이다.[41] 첫 번째 유형의 부속국문 사용은 일상적인 한자 읽기의 방식과 동일한 것이다. 이러한 유형의 부속국문은 누구에게나 익숙한 방식이므로 여기에서 따로 정리할 필요를 느끼지는 않는다. 두 번째 유형의 부속국문 사용은 비교적 낯선 방식에 속한다. 두 번째 유형의 사례만을 따로 정리해 제시하면 다음과 같다.

호수	발행일	제 목	부속국문사례
6호	1906년 7월 3일(화)	短篇	汗(땀), 雨(비), 氣(긔운), 雲(구름), 人(ᄉᆞ람), 長安路(서울길), 都城(서울), 何其(엇지그리), 何如(웃디), 狹路(좁은길), 此曲(이리꼬부러), 彼曲(져리꾸부러), 行看則窮路(가다보면막다른길이), 通路(뚤닌길), 其路(그길), 晝(ᄃᆡ낫), 狗(ᄀᆡ), 人(ᄉᆞ롬), 走(다), 處(곳), 其路(그길), 人(ᄉᆞ롬), 年(나), 耳後(귀뒤), 步(거름), 食貧宰相(빈곱흔직상), 前(압), 苧周衣(모시두루마기), 烟臺(담ᄇᆡᄃᆡ), 何小屋(원오막ᄉᆞ리), 閉門(다친문), 推(미러), 獨語(혼ᄌᆞ말), 此門(이문), 聲(소리), 三次(세번), 聲(소리), 後(뒤), 聲(소리), 幼兒(어린자식), 乳房(젓쪽지), 晝眠(낫잠), 年小女(졀믄계집), 喫驚(깜짝놀나이러), 耳(귀), 蚊聲(모긔소리), 後(뒤), 其女(그계집), 夫(셔방), 家(집), 幼子(어린ᄌᆞ식), 他(남), 飯(밥), 得食(어더먹), 其日(그날), 朝飯(아침밥), 飯(밥), 饋(들피), 晝眠(낫잠), 死(죽), 汝(네), 破(ᄭᆡ), 躅(거더차), 如干(좀채로), 破(ᄭᆡ), 足(발), 躅(거더ᄎᆞ), 破屋(헌집), 折(부러), 開(렬), 何疑(무슨의심), 步(거름), 越房(건넌방), 蛛絲(거믜줄), 絲絲(줄줄), 內房(안방), 人(ᄉᆞ롬), 人(ᄉᆞ롬), 步(거름), 人(ᄉᆞ롬), 聲(소리), 內房(안방), 人(ᄉᆞ롬), 庭(마당), 內房(안방), 晝眠(낫잠), 事(일), 此房(이방), 軒(마루), 開着(여러제치리), 一(한), 年(나)

41 앞에서 지적한 것처럼 『만세보』 소재 소설들은 원문이 모두 한글이었다. 따라서 신문에 사용된 부속국문이 실제 원고에서는 원문이었다. 신문 제작 과정에서 한자를 크게 노출시키고 한글을 작은 활자로 나란히 적었기 때문에, 결과적으로는 이 문장들이 국한문에 한글을 음독 혹은 훈독의 방식으로 추가한 것처럼 보이는 것일 뿐이다. 이에 대한 증명 과정과 상세한 논의는 필자의 글, 「근대계몽기 신문의 문체와 한글소설의 정착과정」, 82~109쪽 참조.

7호	1906년 7월 4일(수)	短篇(二)	이집 안방 말 남 남 빅셩 그 그 욕심 열손가락 그 빅셩 싸노 남 此家, 內房, 言, 人, 人, 民, 其, 其, 慾, 十指, 其, 民, 積置, 人, 그ᄉᆞ롬 밋 ᄒᆞᆫ 항상 눈 닭 이슬 홋옷 식거문 집 그첩 그 니날 그 其人, 下, 一, 常, 眼, 鷄, 露, 單衣, 全黑, 家, 其妾, 其, 是日, 其, 빗 압 色, 前
23호	1906년 7월 22일(일)	血의淚	ᄒᆞᆫ 나 가을 一, 年, 秋
25호	1906년 7월 25일(수)	血의淚(三)	남ᄌᆞ 男
26호	1906년 7월 26일(목)	血의淚(四)	소 牛
27호	1906년 7월 27일(금)	血의淚(五)	나 스물아홉살 年, 二十九歲
29호	1906년 7월 29일(일)	血의淚(七)	누 남편 誰, 郎君
30호	1906년 7월 31일(화)	血의淚(八)	남편 남편 郎君, 郎君
31호	1906년 8월 1일(수)	血의淚(九)	어제 아침 이방 쩍 아무것 느러노흔 오날아침 무엇 세간 곳 무슨 정신 昨日, 朝, 此房, 時, 何物, 散亂, 今日朝, 何物, 器物, 卽, 何, 精神, 방안 강아지 큰쥐 제세상 괴우 그 그 조기겁질 방울 그 조용 방안 房內, 狗雛, 大鼠, 獨世上, 櫃上, 其, 其, 具殼, 鈴, 其, 從容, 房內, 발 몸 부듸치는것 무엇 무셔운마음 초저녁 밤즁 셜력 날식기 셜씩 동편 足, 身, 觸物, 何物, 㤼心, 初更, 夜中, 曉頭, 曙色, 曉頭, 東邊, 두날기 이밤 ᄉᆞ롬 근심 ᄒᆞ루잇틀 그 그 ᄒᆞ루 잇틀 열흘 보름 兩翼, 此夜, 人, 愁心, 一日二日, 其, 其, 一日, 二日, 十日, 一望, 날 그러면무슨ᄭᅡ닥으 ᄒᆞᆫ가지일 죽기 방안 세간 남편 ᄌᆞ최 남편 날 ᄎᆞᆺ 집 日, 然則何故, 一事, 死, 房內, 器物, 郎君, 跡, 郎君, 吾, 索, 家, 어린ᄯᆞᆯ 졀문안히 어ᄂᆞᆫ곳에 위로 그날 남편 잇튼날 ᄯᅩ 담날 ᄉᆞ롬 기 어ᄂᆞᆫ곳 幼女, 小妻, 何處, 慰, 其日, 郎君, 明日, 又, 明日, 人, 狗, 何處, ᄉᆞ롬 남편 어ᄂᆞᆫ곳 아희 말 남편 마음 이세상 人, 郎君, 何處, 兒, 言, 郎君, 心, 此世上
34호	1906년 8월 4일(토)	血의淚(十一)	ᄂᆡ 內
36호	1906년 8월 7일(화)	血의淚(十二)	피비 피셩 이웃ᄉᆞ롬 이웃ᄉᆞ롬 血雨, 避亂, 鄰人, 鄰人
44호	1906년 8월 16일(목)	血의淚(十七)	낫 晝
45호	1906년 8월 17일(금)	血의淚(十八)	간곳 북문안 뜻 마누라 등뒤 눈압 去處, 北門內, 意, 家內, 背後, 目前
48호	1906년 8월 21일(화)	血의淚(二十一)	저자거리 진예 市街, 蜈蚣
51호	1906년 8월 24일(금)	血의淚(二十二)	계집종 문간방 종 안 안 下婢, 玄關, 婢, 奧, 奧

52호	1906년 8월 25일(토)	血의淚(二十三)	奧様(앗씨), 御娘様(ᄯᆞ님), 御孃様(ᄋᆞ기), 假名(언문), 私(ᄂᆡ), 御孃様(ᄌᆞ근앗씨), 御宅(어ᄃᆡᆨ), 妹(동싱), 下婢兼(종겸), 芝居(협률ᄉᆞ), 下婢(종)
54호	1906년 8월 28일(화)	血의淚(二十四)	市(저ᄌᆞ), 一枚(ᄒᆞᆫ장), 御孃様(ᄌᆞ근앗씨), 一寸拜見(좀보갯)
55호	1906년 8월 29일(수)	血의淚(二十五)	旦那(령감), 旦那(령감), 冷枕空房(찬베기빈방), 愁中(근심즁), 世話(거두어), 氣毒(불상)
59호	1906년 9월 2일(일)	血의淚(二十八)	番地(통수)
66호	1906년 9월 12일(수)	血의淚(三十二)	玄關(ᄃᆡ문)
68호	1906년 9월 15일(토)	血의淚(三十四)	失敬(실례), 掌車(장거수), 下駄(나막신), 出口(나가ᄂᆞᆫ어귀)
69호	1906년 9월 16일(일)	血의淚(三十五)	下女(종)
73호	1906년 9월 21일(금)	血의淚(三十八)	具様(그ᄃᆡ), 世話(은혜)
74호	1906년 9월 22일(토)	血의淚(三十九)	具様(그ᄃᆡ), 奧様(부인)
77호	1906년 9월 26일(수)	血의淚(四十一)	便所(뒷간)
80호	1906년 9월 29일(토)	血의淚(四十三)	去十三日(지나간열ᄉᆞᄒᆞᆫ날), 某(아무), 其(그), 玆(이), 此(이)
92호	1906년 10월 14일(일)	鬼의聲(一)	松峴(솔기)

가장 처음에 발표된 작품인 「소설 단편」에는 상당수의 부속국문이 사용되었다. 특히 「소설 단편」에는 소리[音]로 읽은 것처럼 보이는 부속 국문보다 뜻[訓]으로 읽은 것처럼 보이는 부속 국문이 매우 많다. 「귀의성」은 예외로 하더라도, 「혈의루」와 「소설 단편」을 비교해 보면 「소설 단편」에 얼마나 많은 부속국문이 사용되었는가 하는 점을 쉽게 알 수가 있다. 「소설 단편」은 단 이틀 동안 연재된 작품이고, 「혈의루」는 약 두 달 반 동안 연재된 작품이라는 점을 염두에 둔다면 「소설 단

편」의 부속국문 활용 빈도가 얼마나 높은 것인가를 실감할 수 있게 된다. 「소설 단편」의 경우는 한글에 병기가 가능한 한자를 최대한 찾아내 활용했다고 해도 과언이 아니다.

『만세보』 제6호와 7호에 발표된 「소설 단편」은 이인직이 쓴 첫 번째 한글 원고로 추정된다. 이인직은 『만세보』 창간호에 쓴 기명 논설 「사회(社會)」를 비롯하여 자신이 쓴 국한문 기사의 원고를 부속국문체로 표기하는 일에는 큰 어려움을 느끼지 않았다. 이는 원문의 한자를 모두 한글로 읽은 후 그것을 그대로 부속국문 활자로 인쇄하면 되는 일이었기 때문이다. 그러나 한글 원고를 부속국문체로 바꾸어 표기하는 데에는 어려움이 적지 않았다. 「소설 단편」에 가능한 한 많은 한자를 병기하면서도 거기에 "이 小說(소설)은 國文(국문)으로만 보고 漢文音(한문음)으로는 보지 말으시오"라는 주석을 달아놓은 것은 「소설 단편」의 부속국문체가 여러 가지 문제점을 지니고 있었음을 스스로 인식하고 있었기 때문이다. 이인직이 이러한 주석을 통해 기대할 수 있는 효과는 무엇이었을까? 여기서 유의해 살펴야 할 것은 이인직이 자신의 소설을 국문으로만 보고, 한문의 '음(音)'으로는 보지 말라고 주문했다는 사실이다. 이인직이 이렇게 주문을 한 이유는 명백하다. 그것은 이 소설에 사용된 한자들을 음으로 읽어서는 아무런 효과를 얻을 수 없었기 때문이다. 그것은 「소설 단편」에 사용된 부속국문의 대부분이 첫 번째 유형(소리 읽기)이 아니라 두 번째 유형(뜻 읽기)에 속하는 것이었기 때문이기도 하다. 아래 예문 (가)에 사용된 한자어를 이인직이 우려했던 바와 같이 음으로 읽을 경우, (나)와 같은 결과로 나타나게 되는데, 이야말로 근본을 알 수 없는 난해한 문장이 되어버린다.

(가)

其路(그길)에 엇더훈 人(ᄉᆞ름)이 드러가는ᄃᆡ 年(나)흔 五十餘歲(오십여세)쯤 되고 風采俊秀(풍채준수)ᄒᆞ고 耳後(귀뒤)에 玉圈子(옥관ᄌᆞ) 부치고 倨慢(거만)훈 步(거름)거리가 아모리 보아도 食貧宰相(빌곱흔지상)갓더라 前(압)헤는 苧周衣(모시두루마기)입은 床奴(상노)아희가 烟臺(담빗ᄃᆡ)들고 가다가 何小屋(왼오막ᄉᆞ리) ᄀᆡ와집 平大門(평ᄃᆡ문) 압흐로 가더니 閉門(다친문)을 推(미러)보다가 獨語(혼ᄌᆞ말)로 此門(이문)이 걸녓네 하면셔 聲(소리)을 질러셔 여보 門(문) 여러주 門(문) 여러쥬 三次(셰번)을 하도록 아무 聲(소리) 업거늘 玉圈子(옥관ᄌᆞ)짜리가 後(뒤)에 셔셔 보다가 하는 말이 聲(소리)를 좀 크게 질러라 ᄒᆞ나 床奴(상노) 아희가 소리롤 버럭 질러 門(문) 여러라 ᄒᆞ면셔 門(문)을 거더 ᄎᆞ니 門(문)싼 엽헤 行廊房에셔 幼兒(어린자식) 乳房(젓쏙지)물니고 晝眠(ᄂᆞᆺ잠) 드럿든 年小女(졀믄계집)이 喫驚(깜쪽놀닉이러)ᄂᆞ다가 精神(정신)이 아득ᄒᆞ며 房(방)이 ᄆᆡ암을 도는지 빙빙 도난 것 갓고 耳(귀)에는 蚊聲(모긔소리)갓튼 소리가 나더니 後(뒤)에는 아모 것도 모르고 푹 곡구러 젓더라 其女(그계집)은 夫(서방)도 업고 家(집)도 업고 잇는 것은 幼子(어린ᄌᆞ식) ᄒᆞᄂᆞ 쁜이라 他(남)의 집 行廊(힝낭)에 드러셔 팔ᄌᆞ 업는 드는ᄒᆞ고 飯(밥)이ᄂᆞ 得食(어더먹)는 ᄃᆡ 其日(그날)은 主人(쥬인)집에셔 朝飯(아침밥)도 못훈 故(고)로 飯(밥)도 못어더 먹고 憊(들씨)저셔 제 방에 가셔 晝眠(낫줌) ᄌᆞ는 터이라[42]

(나)

기로에 엇더훈 인이 드러가는ᄃᆡ 년흔 오십여세쯤 되고 풍채준수ᄒᆞ고 이후에 옥권자 부치고 거만훈 보거리가 아모리 보아도 식빈재상갓더라 전헤는 저주의 입은 상노 아희가 연대 들고 가다가 하소옥 ᄀᆡ와집 평대문 압흐로 가더니 폐문을 추보다가 독어로 차문이 걸녓네 하면셔 성을 질러셔 여보 문 여러주 문 여러쥬 삼차을 하도록 아무 성 업거늘 옥권자짜리가 후에 셔셔 보다가 하는 말이 성를 좀 크게 질러라 ᄒᆞ나 상노 아희가 소리롤 버럭 질러 문 여러라 ᄒᆞ면셔 문을 거더 ᄎᆞ니 문싼 엽헤 행

42 「小說 短篇」, 『만세보』, 1906.7.3.

랑방에셔 유아 유방 물니고 주면드럿든 년소녀이 끽경ᄂᆞ다가 정신이 아득ᄒᆞ며 방이 ᄆᆡ암을 도ᄂᆞᆫ지 빙빙 도난 것 갓고 이에ᄂᆞᆫ 문성갓튼 소리가 나더니 후에ᄂᆞᆫ 아모것도 모르고 푹 곡구러 젓더라 기녀은 부도 업고 가도 업고 잇ᄂᆞᆫ 것은 유자 ᄒᆞᄂᆞ ᄲᅮᆫ이라 타의 집 행랑에 드러셔 팔ᄌᆞ 업ᄂᆞᆫ 드ᄂᆞᆫᄒᆞ고 반이ᄂᆞ 득식ᄂᆞᆫ ᄃᆡ 기일은 주인 집에셔 조반도 못ᄒᆞᆫ 고로 반도 못어더 먹고 비저셔 제 방에 가셔 주면 ᄌᆞᄂᆞᆫ 터이라

이인직은 첫 작품 「소설 단편」에서는 가능한 한 많이 한자를 써서 부속국문체를 완성했다. 그러나 「혈의루」를 창작하면서부터는 그렇게 하지 않았다. 「혈의루」에 오면 첫 번째 유형(소리 읽기)의 부속국문은 계속 사용이 되지만, 두 번째 유형(뜻 읽기)의 부속국문은 그 사용 빈도가 급격히 감소한다. 제9회와 23회, 그리고 25회 등을 제외하고 나면 이러한 유형의 부속국문을 전혀 사용하지 않거나, 한 두 낱말에만 사용한 경우가 대부분이다.

이인직이 이렇게 「혈의루」에서 한자 삽입과 부속국문 활자 사용의 빈도를 급격히 줄이게 된 것은 「소설 단편」과 같은 방식의 부속국문체 활용 즉 모든 한글을 한자로 변환시켜 표기하는 방식이 별반 효과적이지 않다는 사실을 깨달았기 때문이다. 『만세보』가 부속국문 활자를 사용하게 된 이유 가운데 하나는 "한문 글ᄌᆞ 엽헤 우리나라 국문으로 쥬셕ᄒᆞ야 비록 한문을 몰으난 자라도 그것히 국문을 보고 알게 만들깃다"는 데 있었다. 그러나 「소설 단편」에 사용된 부속국문체는 이와는 거리가 있는 것이었다. 국한문 문장에 부속국문을 달아 부속국문체 문장을 완성하는 일은 실리와 명분을 모두 얻을 수 있는 일이었지만, 그 반대의 경우 즉 순한글 문장에 한자를 삽입한 후 그것을 다시 부속국문체

문장으로 인쇄하는 일은 명분은 있을 지 몰라도 실리는 별로 없는 일이었던 것이다. 『만세보』가 부속국문 활자의 마모로 인해 부속국문체 사용을 점차 줄이게 될 때, 순한글 문장을 부속국문체로 바꾸는 작업부터 중단한 것 역시 이 때문이었다. 이인직은 『만세보』에 「혈의루」 연재를 마친 후 바로 그것을 단행본으로 출간한다. 『만세보』 연재본과 달리 1907년 광학서포본에서는 부속국문을 사용하지 않았고 한자 역시 대부분 삭제했으므로 단행본 「혈의루」는 결국 원래 원고의 형태였던 한글체 소설로 돌아가게 된다. 단행본 「혈의루」에 남아있는 한자는 많지 않다. 단행본 「혈의루」에서 한자가 포함된 문장은 총 19개이며, 여기에 표기된 한자는 모두 합쳐야 22개에 불과하다.[43]

3) 부속국문체의 완성 과정

『만세보』의 원문 원고들을 부속국문체로 바꾸는 작업은 누가 했을까? 이는 몇 가지 방향에서 생각해 볼 수 있다. 하나는 필자가 직접 수행하는 것이다. 다른 하나는 인쇄소의 기능공 등 필자가 아닌 제 삼자가 완성시키는 것이다. 그런데 외부 필자가 집필한 원고의 경우는 부속국문체로 바꾸지 않고 국한문체 및 순한문체 원문 그대로 인쇄했으므로 고려의 대상이 되지 않는다. 문제가 되는 것은 결국 내부 필자들이 작성한 원고를 누가 부속국문체로 바꾸었는가 하는 점이다.

한글로 쓰여진 원고에 알맞은 한자 어휘들을 찾아 부속국문체로 바꾸

43 구체적인 한자 목록은 「근대계몽기 신문의 문체와 한글 소설의 정착 과정」, 103쪽 참조.

는 것은 결코 쉬운 작업이 아니었다. 따라서 이는 대부분 집필자 자신이 직접 할 수밖에 없었던 것으로 보인다. 특히 「혈의루」 등 소설에 사용된 부속국문체는 이인직 자신이 완성한 것이었음이 확실하다. 「혈의루」 제23회의 한자 넣기 방식을 예로 들어 살펴보면 이를 확인할 수 있다. 「혈의루」 제23회(1906년 8월 25일자)에는 다음과 같은 문장이 있다. (가)는 『만세보』의 부속국문체 문장을 그대로 옮긴 것이고, (나)는 부속국문체에서 한글만을 옮겨온 문장이다. (다)는 1907년에 간행된 광학서포 본에 수록된 한글체 문장이다. (나)와 (다)는 거의 유사한 모습을 보인다.

(가)

(雪子(셜ᄌᆞ))奥様(앗씨)게셔 子女(ᄌᆞ녀) 間(간)에 업시 孤寂(고젹)ᄒᆞ게, 지ᄂᆡ시더니 御娘様(ᄯᆞ님)이, ᄉᆡᆼ겻스니 얼마ᄂᆞ, 조흐신닛가, 그러ᄂᆞ, 오날, ᄂᆞ흐신 御嬢様(ᄋᆡ기)가 ᄃᆡ단이 夙成(숙셩)ᄒᆞ오이다

(井(졍))雪子(셜ᄌᆞ)야 네가 玉蓮(옥련)이를, 말도 가르치고 假名(언문)도, 잘 가르쳐 쥬어라, 말이ᄂᆞ, 아라듯거든 ᄒᆞ로 밧비 學校(학교)에 보ᄂᆡ깃다

(나)

(셜ᄌᆞ)앗씨게셔 ᄌᆞ녀 간에 업시 고젹ᄒᆞ게, 지ᄂᆡ시더니 ᄯᆞ님이, ᄉᆡᆼ겻스니 얼마ᄂᆞ, 조흐신 닛가, 그러ᄂᆞ, 오날, ᄂᆞ흐신 ᄋᆡ기가 ᄃᆡ단이 숙셩ᄒᆞ오이다

(졍)셜ᄌᆞ야 네가 옥련이를, 말도 가르치고 언문도, 잘 가르쳐 쥬어라, 말이ᄂᆞ, 아라듯거든 ᄒᆞ로 밧비 학교에 보ᄂᆡ깃다

(다)

(셜ᄌᆞ)앗씨게셔 ᄌᆞ녀 간에 업시 고젹ᄒᆞ게, 지ᄂᆡ시더니 ᄯᆞ님이, ᄉᆡᆼ겻스니 얼마

ᄂᆞ, 죠흐시 닛가, 그러ᄂᆞ, 오날, ᄂᆞ흐신 ᄋᆞ기가 ᄃᆡ단이 숙성ᄒᆞ오이다

(정)셜ᄌᆞ야 네가 옥련이를, 말도 ᄀᆞ르치고 (假名)언문도, 잘 가르쳐 쥬어라, 말을 아 라듯거든 ᄒᆞ로 밧비 학교에 보니깃다

(나)와 같은 한글체 문장에 한자를 넣어서 부속국문체로 완성한 것이 문장 (가)이다. 이 장면의 공간적 배경은 국내가 아니라 일본이며, 내용은 일본인들이 주고받는 대화로 이루어져 있다. 이 대화에서는 국내에서는 사용하지 않고 일본에서만 사용하는 한자들이 등장한다. 그러니까, 인쇄 과정에서 작가 이외의 누군가가 원문에 한자를 집어넣어 부속국문체로 완성했다면 이런 방식으로 한자가 들어가기는 쉽지가 않다. '奥様[おくさま]' 대신 '婦人'이 들어갈 수는 있었을 것이다. 'ᄋᆞ기'를 '御孃様[おじょうさま]'로 표기한 것 또한 마찬가지이다. '언문'을 '諺文'으로 쓰지 않고 '假名[かな]'로 쓴 것 역시 작가 이외에는 할 수 없는 일이다.

이인직은 이렇게 순한글체 문장을 부속국문체로 바꾸는 과정에서 원문인 한글 원고의 토씨도 점차 한자에 맞게 조정했다. 이인직이 원문 한글 원고의 토씨를 점차 조정했다는 사실은 「소설 단편」과 「혈의루」의 문장을 비교해 보면 알 수 있다. 다음은 「소설 단편」의 서두 일부를 그대로 옮겨 적은 것이다.

汗(땀)을 ᄲᅮ려 雨(비)가 되고 氣(긔운)을 吐(토)ᄒᆞ야 雲(구름)이 되도록人(ᄉᆞ람) 만ᄒᆞᆫ 곳은 長安路(서울길)이라 廟洞(묘동)도 都城(서울)이언마ᄂᆞᆫ 何其(엇지그리) 쓸쓸ᄒᆞ던지

廟洞(묘동)으로 드러가자 ᄒᆞ면 何如(웃디)ᄒᆞᆫ 狹路(좁은 길)이 此曲(이리ᄭᅩ부러)지고 彼曲(저리ᄭᅮ부러)저셔 行看則窮路(가다보면막다른길이)오

> 가셔 보면 ᄯᅩ 通路(쏠닌길)이라 其路(그 길)에ᄂᆞᆫ 晝(ᄂᆡᆺ낫)에 사ᄅᆞᆷ이 잇스락업스락 ᄒᆞᆫ 故(고)로 狗(기)가 人(ᄉᆞᄅᆞᆷ)을 보면 짓거ᄂᆞ 走(다)라ᄂᆞ거ᄂᆞ ᄒᆞᄂᆞᆫ 寂寂(적적)ᄒᆞᆫ 處(곳)이라[44]

이 문장들은 원문에 한자를 추가한 후 토씨를 전혀 손보지 않았다. 따라서 원문인 한글에 토씨를 이어서 읽으면 자연스럽지만, 뒤에 추가한 한자와 토씨를 이어서 읽을 경우 부자연스러운 현상들이 나타난다. 즉, 'ᄀᆡ운을' '서울길이라' '좁은 길이' 등은 자연스럽지만, 이를 한자로 표기한 '氣을' '長安路이라' '狹路이' 등은 자연스럽지 않다. 이는 원문인 한글 낱말들은 종성(終聲)이 받침 즉 자음으로 끝났지만, 부속국문체로 만들기 위해 삽입한 한자 어휘들은 모두 받침이 없는 상태 즉 모음으로 끝났기 때문에 원래 있던 토씨와 호응하지 않는 현상이 나타나는 것이다.

그러나 「혈의루」에 가면 작가가 이러한 현상을 의식하고 원문의 토씨를 다시 고친 흔적이 종종 발견된다. 이는 「소설 단편」에서는 발견할 수 없었던 현상이다. 예를 들면 다음과 같은 문장이 이에 해당한다.

> 然則何故(그러면무슨까닭으)로 世上(셰 상)에 사라 잇ᄂᆞᆫ고
>
> 一事(ᄒᆞᆫ가지일)를 기다리고 死(죽기)를 참고 잇셧더라
>
> 避亂(피 란)갓던 잇튼날 房內(방 안)에 器物(새 간)이 느러노힌 것을 보고 郎君(남 편)이 왓던 跡(ᄌᆞ최)를 아랏다
>
> 婦人(부 인)의 마음에ᄂᆞᆫ 郎君(남 편)이 玉連(옥 년)이와 吾(날)를 차저 단니다가 索(찻)지 못ᄒᆞ고 家(집)에 도러와셔, 보고, ᄯᅩ 차지러 간 모냥이라[45]

---

44 「小說 短篇」, 『만세보』, 1906.7.3.

45 「혈의루」, 『만세보』, 1906.8.1.

여기에서는 '一事(ᄒᆞᆫ가지일)를' 이나 '吾(날)를'과 같은 표현이 발견된다. 이 경우는 토씨를 한글에 이어서 읽으면 부자연스럽고 오히려 한자에 이어서 읽어야 자연스럽다. 즉 '一事를'이나 '吾를'로 읽어야 하는 것이다. 이는 작가 이인직이 「소설 단편」의 문장들이 부자연스럽다는 사실을 의식한 후 「혈의루」에서 일부 토씨를 한자에 맞게 고쳤음을 보여주는 증거가 된다. 「소설 단편」에 첨부되어 있던 "이 小說(소설)은 國文(국문)으로만 보고 漢文音(한문음)으로ᄂᆞᆫ 보지 말으시오"라는 주석이 사라진 것도 이와 무관하지 않다. 즉 「소설 단편」과 달리 「혈의루」에서는 음(音)을 살리는 한자 넣기를 주로 하고 뜻[訓]을 살리는 한자 넣기를 별반 하지 않았다. 그뿐만 아니라, 뜻을 살리는 한자 넣기를 한 경우에도 한자음(漢字音)에 맞추어 다시 원문의 토씨를 조정하는 작업을 거쳤기 때문에 이러한 주석이 필요가 없어진 것이다.

이 부분은 광학서포본 즉 국문체의 단행본 「혈의루」로 가면서 다시 다음과 같은 형태로 돌아간다.

> 그러면 무슨 ᄶᅡ닥으로 셰상에 사라잇ᄂᆞᆫ고 <u>ᄒᆞᆫ가지일을</u> 기다리고 죽기를 참고 잇셧더라
>
> 피란갓던 잇튼날 방안에 셰ᄀᆞᆫ이 느러노힌 것을 보고 남편이 왓든 자최를 알고 부인의 마암에ᄂᆞᆫ 남편이 옥년이와 <u>날을</u> 차저ᄃᆞᆫ니다가 ᄎᆞᆺ지 못ᄒᆞ고 집에 도라와셔 보고……

즉 '一事를'과 '吾를'이 모두 원래의 상태인 'ᄒᆞᆫ가지일을'과 '날을'로

바뀌는 것이다.[46]

물론, 이렇게 토씨를 한글과 한자에 맞추어 바꾸는 서로 바꾸는 일을 시도했음에도 불구하고 『만세보』 연재본 「혈의루」에는 나중에 추가된 한자와 원래 한글 토씨가 연결되지 않는 경우가 아직은 남아 있다. 그러나, 「소설 단편」에 비하면 이는 드문 편이다. 특히 「소설 단편」에서 발견되던 '行間則窮路(가다 보면 막다른 길)' '何小屋(왼 오막ᄉᆞ리)' 등과 같은 어색한 한자 표현이 사라진 것도 주목할 만한 일이다.

그렇다면 논설이나 기타 기사의 경우는 어떠했을까? 이 경우도 소설처럼 기사 집필자가 한자에 한글로 토를 달아 직접 부속국문체로 원고를 완성했을까? 『만세보』에서 발견할 수 있는 몇 가지 오류 유형은 부속국문체를 누가 완성했는가를 밝히는 중요한 실마리가 된다. 『만세보』의 부속국문체 문장에서는 한자 읽기 및 쓰기의 오류가 적지 않게 발견된다. 우선 오류의 사례를 유형별로 제시하면 다음과 같다.

「유형 1」

* 然則(연즉) 本報(변보) 性質(성질)이 何如(하여)ᄒᆞ고 (1906년 7월 25일자 논설. 本報'를 '본보'가 아니라 '변보'로 읽었다.)
* 一切(일체) 衆生(즁싱)을 濟(제)ᄒᆞ쇼서 發願(발원)ᄒᆞ면셔 寂滅界(적멸계)에 佇立(저립)하야 空色天(공색산)을 瞻望(첨망)하도다 (1906년 12월 15일자 논설 '空色天'을 '공색천'이 아니라 '공색산'으로 읽었다.)

46 물론, 이 경우 현대어 표기법에 따르면 '날을'이 아니라 '나를'이 되어야 한다. 이인직이 한글을 사용하던 당시 표기의 기준 및 지식인 표기법에 대한 인식이 어느 정도 수준이었나 하는 점 또한 중요한 관심사가 될 수 있다. 이 문제는 후속 과제로 남겨두고 여기서는 다루지 않는다.

* 福音을 求코자 ᄒᆞ야 妄想을 起ᄒᆞ며 (1906년 12월 15일자 논설. '福音'을 '복음'이 아니라 '뷰음'으로 읽었다.)
* 其他 駐箚의 兵力와 警察의 範圍와 居留民의 商權과 技術家의 事業 등(1906년 12월 18일자 논설. 여기서는 '兵力'을 '병력'이 아니라 '벽력'으로 읽었다.)

「유형 2」

* 勵精圖治ᄒᆞᄂᆞᆫ 政事와 淸廉耿介ᄒᆞᆫ 品行으로 求死不贍ᄒᆞᄂᆞᆫ 地方人民을 救濟ᄒᆞ야(1906년 8월 25일자 논설. '求死不贍'에서 부속국문은 '첨'으로 되어있으나 한자는 '贍(섬)'으로 되어 있다. 문맥으로 보면 '瞻(첨)'이 들어가야 한다.)
* 頓固의 輩를 掃蕩ᄒᆞ고 開化黨이 文明的으로써 萬機를 一新케ᄒᆞᆫ 國은 반다시 富强에 至ᄒᆞ얏스니(1906년 7월 3일자 논설. '頓固'에서 부속국문은 '완'으로 되어 있으나 한자는 '頓(돈)'으로 되어 있다. 문맥으로 보면 '頑(완)'이 들어가야 한다.)
* 或 籠絡手叚으로 痕迹업시 잘ᄒᆞ여 먹ᄂᆞᆫ 者도 有ᄒᆞ나(1906년 7월 7일자 논설. '籠絡手叚'에서 부속국문은 '단'으로 되어 있으나 한자는 '叚(가)'로 되어 있다. 문맥으로 보면 '段(단)'이 들어가야 한다.)
* 女子社會의 學問이 無홈을 因ᄒᆞ야 全國社會의 病風患性이 種子를 成홈이라(1906년 7월 8일자 논설. '病風患性'에서 부속국문은 '악'으로 되어 있으나 한자는 '患(환)'으로 되어 있다. 문맥으로 보면 '惡(악)'이 들어가야 한다.)

「유형 3」

* 허물며 藤薛 갓한 小國에셔 無筭而動ᄒᆞᄂᆞᆫ 者ㅡ엇지 戒懼치 아니ᄒᆞ리오

(1906년 12월 15일자 논설. '藤薛'을 '등설'로 읽어야 하나 '등벽'으로 잘못 읽었다. 이는 '설(薛)'과 '벽(薜)'이 닮았기 때문이다. '藤薛'은 등나라(藤國)와 설나라(薛國)를 지칭한다.)

* 其 書封을 概言컨ᄃᆡ 磚洞 閔判書宅 入納 堤用上候書라 ᄒᆞ니 判書갓튼 高官은 許多치 아니ᄒᆞᆫ지라 假令 磚洞 內 閔判書가 二三家 되더리도 (1906년 7월 14일 논설. '磚洞'을 '전동'으로 읽어야 하나 두 번씩이나 '박동'으로 읽었다. 이는 '전'과 '박(搏 / 縛)'이 닮았기 때문이다. 이 시기에 민영환이 거주하던 동네 이름이 전동(磚洞)이었다.)

* 區域을 分張ᄒᆞ야 十分模糊處分雜處가 업시 完全無缺이 制定ᄒᆞ여야 可謂改良이라 謂ᄒᆞᆯ 것시어ᄂᆞᆯ(1906년 7월 1일자 논설. '完全無缺'을 '완전무결'로 읽어야 하나 '완금무결' 읽었다. 이는 '전'과 '금(金)'이 닮았기 때문이다.

「유형 1」과 같은 형태의 오류가 가장 빈번히 일어나는 오류이다. 그러나 이는 특별히 큰 의미를 지니지 않는다. 이는 원고를 활자화 하는 작업 과정에서 발생하는 단순한 오식(誤植)이기 때문이다.

우리가 주목해야 할 것은 「유형 2」, 「유형 3」과 같은 형태의 오류들이다. 「유형 2」와 「유형 3」 역시 넓게 보면 「유형 1」과 마찬가지로 오식(誤植)에 속한다. 그러나 「유형 2」와 「유형 3」의 경우는 「유형 1」과는 오식의 성격이 다르다. 「유형 2」는 부속국문은 바르게 달려 있는데 한자가 잘못 들어간 경우이다. 「유형 3」은 한자는 바르게 들어갔으나 이를 잘못 읽은 경우이다. 「유형 2」에서 잘못 들어간 한자는 원고에 있던 원래 한자와 모양이 유사한 것들이다. 여기서 한자를 잘못 표기한 사람은 필자 자신이 아니라 식자공(植字工)일 가능성이 높다. 그런데, 식자공(植字工)이 잘못된 한자에 음만 바르게 다는 일은 일어날 수 없다. 따라서 「유형 2」의 원고는 원래부터 한자와 한글이 병기된 부속국문체로 되어 있었음을 알 수 있다. 「유형 2」의 사례들은 국한문 원고의 한자에 한글로 토를 달아 부속국문체로 만든 사람이 필자 자신이라는 사실을 알려준다.

논설이나 일반 기사는 원고 원문의 상태가 대부분 국한문이었다. 그런데, 논설이나 기사에서도 "內(안), 日(날), 月(달), 安(편안), 天(하놀), 外(박), 說(말), 言(말), 家(집), 飯(밥), 人(ᄉᆞ람), 事(일), 民(빅성), 但(다만), 六時(여섯시), 一日(하로), 銅色(구리빗), 他人(다른ᄉᆞ람), 一言(ᄒᆞᆫ 말), 一息(ᄒᆞᆫ 숨), 右脚(오른다리), 我國(우리나라), 政學(정치학문), 香臭(향긔님ᄉᆡ), 涇渭(경슈위슈)" 등 매우 다양한 형태의 부속국문 활용 사례가 발견된다. 이러한 부속국문들 가운데 '政學'을 '정치학문'으로, '香臭'를 '향긔님새'로, 그리고 '涇渭'를 '경슈위슈'로 읽은 사람은 식자공이 아니라 필자 자신이라고 보아야 한다. 특히 '경슈위슈'와 같은 부속국문은 한자의 단순 음독도 또 훈독도 아닌 일종의 해설적 읽기라 할 수 있다. 이러한 해설적 읽기를 할 수 있는 사람은 곧 필자 자신인 것이다. 논설이나 기사에서 한자를 뜻으로 읽은 부속국문이 적지 않게 발견된다는 사실 역시, 한자에 한글로 토를 달아 부속국문체를 완성한 사람이 필자 자신임을 알려주는 간접 증거가 될 수 있다.

「유형 3」은 유사한 한자에 대한 오독(誤讀)이다. 이는 대부분 서둘러 토를 다는 과정에서 일어나는 착각 혹은 실수로 인한 것이라 할 수 있다. 그런데, 필자가 자신이 쓴 원고에 한글로 토를 다는 과정에서는 아무리 서둘러 작업을 해도 '藤薛(등설)'을 '등벽'으로 읽거나, '磚洞(전동)'을 '박동'으로 읽고 '完全無缺(완전무결)'을 '완금무결'로 읽는 일은 일어날 수 없다. 따라서 이는 『만세보』의 논설과 기사를 부속국문체로 바꾸는 작업에 필자가 아닌 다른 누군가가 관여했음을 보여주는 증거가 된다.

다음의 사례 역시 원문의 한자를 읽어 부속국문으로 처리한 인물이 필자 자신이 아니라 다른 사람이었음을 확인시켜준다.

> 부일본 세력 아전국 홍수 범람 외교 동경외무싱 조종
> 夫日本의 勢力이 我全國에 洪水갓치 汎濫하야 外交는 東京外務省 措縱에
> 부 닉뎡 경성통감부 권고 직
> 付하고 內政은 京城統監府 勸告에 在ᄒᆞ고 (1906년 12월 18일자 논설)

여기서는 '東京外務省'을 '동경외무성'으로 읽지 않고 '동경외무싱'으로 읽었다. 여기에 사용된 한자 '省'은 '성'으로도 또 '생 / 싱'으로도 읽을 수 있다. 하지만 '東京外務省'에 사용된 한자 '省'을 한글 '싱'으로 읽을 필자는 없다. '省' 을 '싱'으로 표기한 사람은 단어의 뜻을 생각하지 않고 기계적으로 한자를 음독하며 부속국문 작업을 한 제삼의 인물이라고 보아야 한다.

결론적으로 말하면, 논설이나 기사의 경우는 부속국문체 완성의 주체가 소설과는 차이가 있었다. 소설의 경우는 작가가 직접 부속국문체를 완성했지만, 논설(및 기사)의 경우는 두 가지 방식이 공존했다. 즉 원고 집필자가 부속국문체를 완성하는 방식과, 인쇄 과정에서 제삼자가 부속국문체를 완성하는 방식이 공존했던 것이다. 소설과 논설의 부속국문체 완성 방식이 이렇게 서로 차이가 나는 가장 큰 이유는, 소설은 원문이 한글이었고 논설은 원문이 국한문이었다는 점에서 찾을 수 있다.

4. 마무리 – 부속국문체 사용의 의의

근대문학의 문체 및 표기법 연구에서는 작가와 독자에 대한 관심이 모두 중요하다. 한국 근대문학사의 전개 과정에서는 특히 작가 중심 문체에서 독자 중심 문체로 전환이 중요했다. 지식인 작가들이 한문 사용의 기득권을 점차 포기하고 대중들의 문자인 한글을 활용하기 시작하면서 문학사의 근대가 시작되었기 때문이다. 이 점을 염두에 둔다면 『만세보』의 부속국문체 연구에서도 독자에 대한 배려라는 관점이 중요해진다. 과거의 연구자들이 근대계몽기의 부속국문체 사용에 대해 비판적이었던 것은 이를 이인직이라는 작가 개인의 문제로, 더 좁게는 「혈의루」 등 특정 소설에 한정된 문제로만 접근했기 때문이다.

『만세보』는 대중에 대한 교육과 계몽을 표방하며 창간된 신문이었다. 이 점으로 미루어 본다면 『만세보』는 그 문체를 대중들의 문체인 한글체로 선택해야 했다. 그러나, 『만세보』의 문체를 검토해 보면, 소설을 제외한다면 원문이 한글인 경우는 매우 드물다. 『만세보』 기사의 원문은 순한문체와 국한문혼용체로 쓰여진 것이 대부분이다. 이를 타개하기 위한 방안이 원고를 부속국문체로 변환하여 인쇄하는 것이었다.

이인직은 「소설 단편」과 「혈의루」를 모두 국문체 문장으로 창작한 후 부속국문체 문장으로 바꾸어 발표했다. 그런데 「소설 단편」에 사용된 부속국문체 문장과 「혈의루」에 사용된 부속국문체 문장의 성격이 꼭 같은 것은 아니다. 「소설 단편」의 경우는 한글을 어떻게든 한자로 표기하기 위해 노력한 흔적이 보인다. 즉 원래 한자어가 아닌 낱말들까지 최대한 한자로 표기하기 위한 노력을 하고 있는 것이다. 이는 이인직이 국한문체로 쓴 논설 원고의 한자어에 전부 한글로 토를 달아 읽던 방식을 소설에 역으로 적용한 것이었다. 즉 논설 원고의 모든 한자에 한글을 병기했듯이 소설 원고의 한글에 최대한 한자를 병기해 부속국문체를 만드는 시도를 했던 것이다. 「소설 단편」에 뜻[訓]을 살리는 한자 읽기가 많은 것은 이 때문이다. 그러나 이렇게 하고 보니 「소설 단편」의 부속국문체 문장에는 실제로 사용하지 않는 부자연스러운 표현이 너무 많아졌다. 그뿐만 아니라 한자를 음독(音讀)하는 독서대중들의 관습과도 어긋나게 되는 문제에 부딪히게 되었다. 이인직이 「소설 단편」의 서두에 주석을 달아 독자들에게 음독을 하지 않도록 당부한 것은 이러한 문제를 해결하기 위해 고안해 낸 구차한 방안이었다. 결국 「소설 단편」에서 일종의 시행착오를 거친 이인직은 「혈의루」를 쓰면서 이 문제를 해결하기 위한 나름대로의 적극적 대안을 강구하게 된다. 「혈의루」의 경우는 부속국문체로 옮기는 과정에서 한자의 무분별한 사용을 자제했고, 될 수 있으면 한글과 음이 같은 한자를 사용했다. 「소설 단편」과 비교할 때 「혈의루」에 소리[音]를 살리는 한자 읽기가 월등히 많은 것은 이 때문이다. 「혈의루」에서는 한글을 한자로 바꿀 때 생기는 토씨의 부조화 현상을 제거하려고 노력한 흔적 역시 엿볼 수 있다. 즉 「혈의루」의 경우는 첫 단계에서 한글로 창작한 후, 다음 단계에서 한자 추가를 통해 부속국문체로 바꾸고, 마지막 단계에서 한자와 한글 토씨의 호응 관계를 검토하는 절차를 부분적으로나마 밟았던 것이다.

『만세보』에 사용된 부속국문체의 완성 과정은 소설의 경우와, 논설이나 기사의 경우가 서로 달랐다. 소설은 집필자 자신이 원고를 부속국문체로 완성시켜 인쇄소로 넘겼다. 그러나, 논설 및 기사는 필자가 원고를 부속국문체로 완성한 경우도 있고 국한문체 원고가 인쇄 과정에서 부속국문체로 바뀐 경우도 있다. 『만세보』 소설의 부속국문체 완성 작업을 작가가 직접 수행한 중요한 이유 가운데 하나는 이들 소설의 원문이 한글이었기 때문이다. 「소설 단편」이나 「혈의루」 등의 한글 원고에 한자를 넣는 일, 그 가운데서도 특히 음이 아니라 뜻을 살리는 한자를 넣는 일은 결코 쉬운 작업이 아니었다. 따라서 이 작업은 작가 자신이 직접 할 수밖에 없었다. 그에 비하면 국한문체로 된 논설이나 기사의 한자를 한글로 읽어주는 일은 비교적 단순한 작업이었다. 이는 필자가 직접 할 수도 또 인쇄 과정에서 제삼자가 처리할 수도 있는 성격의 일이었다. 실제로, 기사와 논설의 부속국문체 처리는 이 두 가지 방식을 모두 활용했던 것으로 보인다. 결국 원문의 문체 차이는 부속국문체 완성 방식에도 차이를 가져온 것으로 정리할 수 있다.

『만세보』의 부속국문 사용은 제 201호인 1907년 3월 8일까지 지속된다. 『만세보』는 3월 9일 "本社所用 附屬國文 活字가 字劃이 磨완ᄒᆞ야 一新 準備키를 計劃ᄒᆞᄂᆞᆫ 故로 幾許間 附屬國文을 拔去ᄒᆞ오니 愛讀諸君子ᄂᆞᆫ 照亮하십"[47]라는 공고를 낸 후 부속국문의 사용을 중단한다. 『만세보』는 부속국문의 사용을 중단한 후 소설뿐만 아니라 일부 기사 역시 순한글로 내보낸다. 『만세보』가 부속국문 사용을 중단하게 되는 이유는 편집 방침의 변화 때문이 아니라 경제적 여건의 변화 때문이었다. 일진회와의 결별을 선언한 후 점차 경제적 압박에 시달리던 『만

47 「社告」, 『만세보』, 1907.3.9.

세보』는 창간 2차년도인 1907년 1월에 접어들면서 신문 구독료를 올리는 등 몇 가지 자구책을 시도하지만 별다른 효과를 보지는 못한다. 1907년 2월 이후 부속국문 활자의 마모는 심각한 상태에 다다르게 된다. 이로 인해 1907년 2월 21일자 신문을 휴간하고 정비를 시도하지만 결국은 활자의 재정비가 아니라 폐기 쪽으로 결론을 내리게 되는 것이다. 『만세보』의 부속국문체 활용 기간은 결코 긴 것이 아니다. 이는 길게 잡아도 9개월이 넘지 않는다.

그러나, 근대계몽기의 부속국문체 사용이 『만세보』만으로 종결되었던 것은 아니다. 이후 부속국문체는 짧은 기간 동안이나마 몇몇 매체들에서 간헐적으로 그 명맥을 이어가게 된다. 『만세보』 폐간 이후인 1908년 경성일보사(京城日報社)에서 발행한 『노동야학독본(勞動夜學讀本)』은 『만세보』 이후의 부속국문체 활용을 확인할 수 있는 중요한 사례 가운데 하나이다. 『노동야학독본』은 당시대의 대표적 지식인 가운데 한 사람인 유길준(兪吉濬)이 저술하고, 그 독자를 노동자 혹은 교육받지 않은 일반 대중으로 상정했던 저술이다. 이는 발행의 동기를 교육과 계몽으로 볼 수 있다는 점, 부속국문의 사용 이유가 한자를 모르는 독자들을 위한 것이라는 점 등에서 『만세보』의 경우와 유사한 측면이 있다. 『노동야학독본』이 부속국문을 활용하는 방식도 『만세보』의 그것과 거의 동일하다.

그런가 하면 여성들을 상대로 한 저술에서 부속한문체를 사용하는 경우도 발견된다. 1908년 장지연이 편찬하고 광학서포에서 발행안 『녀ᄌᆞ독본』에서는 본문을 한글로 쓴 후 옆에 한자를 나란히 표기하는 부속한문체를 사용한다. 장지연이 직접 쓴 것으로 보이는 제일 장 총론은 "녀ᄌᆞ는 나라 ᄇᆡᆨ셩(百姓) 된자의 어머니될 사ᄅᆞᆷ이라 녀ᄌᆞ의 교육(敎育)이 발달(發達) 된 후에 그 ᄌᆞ녀로 ᄒᆞ여곰 착ᄒᆞᆫ 사ᄅᆞᆷ을 일울지라 그런고로 녀ᄌᆞ를 ᄀᆞᄅᆞ침이 곳 가정(家庭) 교육을 발달ᄒᆞ야 국민(國民)의 지식(知識)을 인도(引導)ᄒᆞᄂᆞᆫ 모범(模範)이 되ᄂᆞ니라"[48]라는 언급으로 시작된다. 장지연이 이렇게 여성 교육을 중시하는 저술에서 부속한문체를 시도한 것 역시 큰 틀 안에서 보면 『만세보』의 부속국문체 시도와 같은 맥락에서 이해할 수 있다.

결과만을 본다면, 부속국문체는 점차 소멸해간 문체이고 정착에 실패한 문체라 할 수 있다. 그 원인이 부속국문체 자체의 비효용성에 있건 혹은 활자 제조의 경제적 비효율성에 있건 그것이 정착에 실패한 문체임에는 틀림이 없다. 하지만 이를 무국적의 문체로, 그리고 부속국문체 사용을 부끄러운 문체 실험으로 폄하하는 것은 결코 옳지 않다. 부속국문체 사용의 본질은 독자의 신분과 계층에 따라 결정되던 문자 '분리(分離)'라는 상황을 문자 '통합(統合)'으로 이끌기 위한 당시대 지식인들의 힘겨운 노력과 연관된 것이었다. 이러한 시도들이 있었기에 훗날 단일한 문자 표기 체계를 활용한 독서 통합의 시대가 열리는 것이 가능해질 수 있었던 것이다.

48 장지연 편, 『녀ᄌᆞ독본』 상권, 광학서포, 1908, 1~2쪽.

『혈의 누』와 『모란봉』의 거리

이인직의 개작의식과 정치적 입장의 상관성

김재용

1. 『혈의 누』 판본에 대해서

소설 『혈의 누』의 판본은 매우 복잡하다. 작품에 대한 불만으로 작가들이 자신의 작품을 고치는 일반적인 개작과는 다른 양상이 개입되었기 때문에 판본 문제가 한층 복잡하다. 일제 강점을 전후한 시기에 개작이 이루어졌기 때문에 정치적 입장이 강하게 드러나 있다. 따라서 이것에 대한 정확한 연구 없이는 올바른 작품 이해와 작가 연구에 도달

할 수 없기에 한층 더 깊은 주의가 요구된다. 그 동안 알려져 있는 『혈의 누』 관련 판본은 다음 6가지이다.

① 1906년 만세보에 연재한 것

② 1907년에 광학서관에서 단행본으로 발행한 것 - 『혈의 누』(상)

③ 1907년 제국신문에 연재하다 중단한 『혈의 누』(하)

④ 1912년 『혈의 누』(상)을 개작하여 동양서원에서 단행본으로 발행한 것 - 『모란봉』(상)

⑤ 1913년 매일신보에 연재하다 중단한 『모란봉』(하)

⑥ 1940년 문장지에 발표된 『혈의 누』

이 중에서 ④는 그 동안 발견되지 않았기 때문에 본격적인 연구의 대상이 되지 못하였다. 전광용 교수에 의해 일찍이 이 판본에 대한 중요성이 언급되었지만, 실물이 없었기 때문에 본격적인 연구가 이루어지지 못하고 추론만 무성하였다. 전광용 교수는 ⑥의 판본이 이것이 아닌가 하는 추측을 하였고 이것에 기반을 두고 최원식 교수가 두 판본을 비교한 바 있다[1]. 그런데 이번에 그 동안 추측만 난무하던 ④의 판본이 발견됨으로써 『혈의 누』 판본에 대한 전체적 윤곽을 파악할 수 있게 되었고 이에 기반하여 본격적인 연구가 이루어질 수 있게 되었다.

④의 판본은 ②의 판본을 개작한 것이다. 다지리 히로유끼가 이미 밝힌 것처럼[2] 『혈의 누』는 1911년에 총독부 당국에 의해 출판 금지당했

---

1 최원식, 「애국계몽기의 친일문학 - 『혈의 누』 소고」, 『한국 근대소설사론』, 창작사, 1986.

2 다지리 히로유끼, 『이인직 연구』, 국학자료원, 2006, 97쪽.

다. 『혈의 누』는 기본적으로 부국강병에 입각한 작품으로 독립국가의 전망을 가지고 있었다. 따라서 이러한 내용은 일제 강점 이후의 현실과 상충하게 되고 그렇기 때문에 일제 총독부 국가권력은 이를 금지한 것으로 보인다. 이인직이 자신의 작품 『혈의 누』가 금지당했기 때문에 더 이상 그대로 출판할 수 없다는 사실을 알았을 때 대응할 수 방법은 세 가지이다. 하나는 작품을 개작하지 않고 그대로 내버려두는 것이다. 자신이 계속하여 독립국가의 전망을 갖고 있을 때에 가능한 대응 방법이다. 두 번째는 검열을 피해가면서 자신의 작품을 살리려고 개작을 하는 경우이다. 독립국가의 전망을 숨겨 가면서 자신의 지향하는 바를 드러내려고 할 때 선택할 수 있는 방법이다. 셋째는 총독부의 검열에 동의하면서 개작을 하는 경우이다. 자신 스스로 독립국가의 전망을 포기하게 되었을 때 과거의 정치적 입장이 강하게 들어 있는 이 작품은 더 이상 의미가 없어졌다. 게다가 검열에까지 걸려으니 이를 해결하는 방법은 독립국가의 전망을 드러내는 부분을 없애면서 강점 직후의 현실과 상충되지 않는 범위 내에서 작품을 개작하는 것이다. 개작한 작품을 살펴보면 둘째의 가능성은 거의 없다. 그런 점에서 이인직은 총독부의 검열에 동의하여 개작을 한 것으로 볼 수밖에 없다.

이 글에서는 ②와 ④를 비교할 것이다. 일제 강점 이전과 이후의 개작양상을 통하여 그의 정치적 입장이 어떻게 변화하였는가를 추적할 수 있을 것이다.

2. 개작의 내용과 그 의미

이인직이 『혈의 누』를 『모란봉』으로 개작하면서 많은 대목을 바꾸었다. 마음에 들지 않는 표현들을 바꾸는 경우도 많지만 이보다 중요한 것은 내용을 바꾸는 것이다. 내용을 개작하는 방법으로 이인직은 두 가지를 사용하였다. 하나는 치환이다. 정치적 입장의 변화로 인해 고쳐야 하지만 그 부분을 빼버린다면 작품 전체의 전개에 손상을 주기 때문에 다른 새로운 내용으로 바꾸어 넣는 것이다. 다른 하나는 삭제이다. 마음에 들지 않는 대목을 빼더라도 작품 전체의 전개에 손상을 주지 않을 경우 다른 것으로 대체하지 않고 그냥 빼버린 채 내버려두는 것이다. 이인직은 치환과 삭제 두 방법을 통해 작품을 개작하였다.

1) 치환

치환이 이루어진 것 중에서 가장 대표적인 장면은 수구 양반층의 행태에 대해 평소 갖은 불만을 갖고 있던 옥련의 부친 김관일이 근대 문명을 배우기 위해 미국으로 건너가기로 결심하는 대목이다.

②-a

김씨는 혼자 빈 집에 있어서 밤새도록 잠들지 못하고 별생각이 다 난다. 북문밖 넓은 들에 철환 맞아 죽은 송장과 죽으려고 숨넘어가는 반송장들은 제각각 제 나라를 위하여 전장에 나와서 죽은 장수와 군사들이라. 죽어도 제 직분이어니와,

엎드러지고 곱들어져서 봄바람에 떨어진 꽃과 같이 간 곳마다 발에 밟히고 눈에 걸리는 피란꾼들은 나라의 운수런가. 제 팔자 기박하여 평양 백성 되었던가. 땅도 조선 땅이요 사람도 조선 사람이라. 고래 싸움에 새우 등 터지듯이, 우리나라 사람들이 남의 나라 싸움에 이렇게 참혹한 일을 당하는가. 우리 마누라는 대문 밖에 한걸음 나가 보지 못한 사람이요, 내 딸은 일곱 살 된 어린아이라 어디서 밟혀 죽었는가. 슬프다. 저러한 송장들은 피가 시내 되어 대동강에 흘러들어 여울목 치는 소리 무심히 듣지 말지어다. 평양 백성의 원통하고 설운 소리가 아닌가. 무죄히 죄를 받는 것도 우리나라 사람이요, 무죄히 목숨을 지키지 못하는 것도 우리나라 사람이라. 이것은 하늘이 지으신 일이런가, 사람이 지은 일이런가. 아마도 사람의 일은 사람이 짓는 것이다. 우리나라 사람이 제 몸만 위하고 제 욕심만 채우려 하고, 남은 죽든지 살든지, 나라가 망하든지 흥하든지 제 벼슬만 잘하여 제 살만 찌우면 제일로 아는 사람들이라. 평안도 백성은 염라대왕이 둘이라. 하나는 황천에 있고, 하나는 평양 선화당에 앉았는 감사이라. 황천에 있는 염라대왕은 나이 많고 병들어서 세상이 귀치않게 된 사람을 잡아가거니와, 평양 선화당에 있는 감사는 몸 성하고 재물 있는 사람은 낱낱이 잡아가니, 인간 염라대왕으로 집집에 터주까지 겸한 겸관이 되었는지, 고사를 잘 지내면 탈이 없고 못 지내면 온 집안에 동토가 나서 다 죽을 지경이라. 제 손으로 벌어 놓은 제 재물을 마음 놓고 먹지 못하고 천생 타고난 제 목숨을 남에게 매어 놓고 있는 우리나라 백성들을 불쌍하다 하겠거든, 더구나 남의 나라 사람이 와서 싸움을 하느니 지랄을 하느니, 그러한 서슬에 우리는 패가하고 사람 죽는 것이 다 우리나라 강하지 못한 탓이라. 오냐, 죽은 사람은 하릴없다. 살아 있는 사람들이나 이후에 이러한 일을 또 당하지 아니하게 하는 것이 제일이다. 제 정신 제가 차려서 우리나라도 남의 나라와 같이 밝은 세상 되고 강한 나라 되어 백성 된 우리들이 목숨도 보전하고 재물도 보전하고, 각도 선화당과 각도 동헌 위에 아귀 귀신 같은 산 염라대왕과 산 터주도 못 오게 하고, 범 같고 곰 같은 타국 사람들이 우리나라에 와서 감히 싸움할 생각도 아니하도록 한 후이라야 사람도 사람인 듯싶고 살아도 산 듯싶고, 재물 있어도 제 재물인 듯하리로다. 처량하다, 이 밤이여. 평양 백성은 어디 가서 사생중에 들었으며, 아귀 같은 염라대왕은 어느 구석에 박혔으며, 우리 처자는 어떻게 되었는고. 우리 내외 금실이 유명히 좋던 사람이요, 옥련이를 남다르게 귀애하던 가정이라. 그러하나 세상에 뜻이 있는 남자 되어 처자만 구구히 생각하면 나라의 큰일을 못 하는지라. 나는 이 길로 천하 각국을 다니면서 남의 나라 구경도 하고 내 공부 잘한 후에 내 나라 사업을

④-a

김씨가 적적한 빈 집에서 혼자 밤을 새우는데 등잔불 희미하고 쥐장난 바스락 바스락 하는 안방 아랫목에 가만히 앉아 생각하니 측량치 못할 것은 사람의 일이라 오늘 아침까지 이 방안에서 세 식구가 솥발 같이 늘어앉었었던 그 모양을 다시 볼 수 없이 되었구나싶은 마음뿐이라 고개를 푹 수그리고 한숨을 휙 쉬기도 하고 천장을 쳐다보며 선웃음을 허허 웃기도 하고 지향없이 군소리도 한다. "여보 마누라 술 한잔 데여주오. 이애 옥련아 담뱃대 집어 오너라."하더니 주먹으로 방바닥을 한번 탁 치고 주정군 넘어지듯 모로 툭 쓰러지며 목침도 아니 베고 누웠더라. 서름도 서름이어니와 하루 종일을 숨이 턱에 닿도록 쏘다니던 사람이라 어찌 피곤하던지 쓰러진 채로 잠이 잠깐 들며 꿈을 꾸었더라. 꿈에도 생시같이 마누라와 옥련이를 잃고 찾으러 다니는데 걸음이 걸리지 아니하여 애를 쓰다가 죽을 힘을 다 들여서 몸을 움직이니 몸이 가뿐하여지며 새가 되어서 아무 마음 없이 공중으로 훨훨 날아다니다가 모란봉 산비탈에 우뚝 선 고목 위에 내려앉아

처량히 우는데 새는 꾹꾹이라 꿈을 깨니 다시 김관일이라. 관일이가 그 꿈을 깨어 생각하니 그 신세가 꾹꾹이 타령하게 된 신세이라 아무리 생각하여도 처자는 정녕 이 세상에서 다시 만나보지 못하게 된 사람 같은 지라 한숨을 또 한번 내리쉬며 "응 할일없는 일이로다. 하나님 계명을 받아 이몸이 생겼으니 궁하든지 달하든지 하나님 처분이라 전생에 적악하고 이생에 죄를 받는 것을 오늘이야 깨달았다 누구를 원망하며 무엇을 한탄하리오 그러나 내가 이집에 있으면 잘살든지 잘 못살든지 눈에 밟히는 것은 처자의 형용이요 처자의 발자취라 차라리 고국 산천을 떠나서 이 세계 활동하는 구경이나[3]

위의 인용 대목 중 앞의 것은 ②의 판본에서 따온 것이고, 뒤의 것은 ④의 판본에서 따온 것이다. 『혈의 누』 중에서 이 대목은 가장 독립국가의 전망이 강하게 드러난 부분이다. "제 손으로 벌어 놓은 제 재물을 마음 놓고 먹지 못하고 천생 타고난 제 목숨을 남에게 매어 놓고 있는 우리나라 백성들을 불쌍하다 하겠거든, 더구나 남의 나라 사람이 와서 싸움을 하느니 지랄을 하느니, 그러한 서슬에 우리는 패가하고 사람 죽는 것이 다 우리나라 강하지 못한 탓이라"라고 할 수 있는 것은 독립국가의 전망이 분명할 때만이 가능한 발언이다. 청나라와 일본이 남의 나라인 조선에 와서 전쟁을 하게 되면 결국 피해를 볼 수밖에 없는 것은 조선의 백성들인데 이것은 나라가 강하지 못하기 때문에 발생하는 것이다. 이러한 비극을 없애기 위해서는 나라를 부강하게 만드는 길밖에 없다는 주장이다. 고래 싸움에 새우 등 터지는 비참한 형국을 피하기 위해서는 자기 안위에만 여념

3 이인직, 『목단봉』, 동양서원, 1912, 19~20쪽.

이 없는 수구 양반층이 아니라 일반 백성들이 하루바삐 근대 문명을 배워 국력을 강화시키는 길밖에 없다는 것이다. 따라서 일제 강점 이후 독립국가의 전망을 포기한 이인직이 보기에 이 대목은 지나칠 수 없는 것이 되었다. 이인직은 이 대목을 빼고 다른 것으로 대체하였던 것으로 보인다. 물론 이인직은 삭제만으로 문제가 없으면 그렇게 했을 것이다. 하지만 이렇게 했을 때 전체의 맥락에 손상을 줄 수 있다. 김관일이 외국으로 나가는 동기가 작품 속에 나오지 않게 되는 것이다. 따라서 빼는 것에 그치지 않고 새로운 내용을 삽입하였다. 개작전의 작품인 ②에서는 김관일의 외국행 동기는 나라를 구하고 부강하게 만들기 위한 것인 반면, 개작후인 ④에서는 국내에 있으면 처자식이 자꾸 눈에 밟히기 때문에 이를 피하기 위한다는 극히 개인적인 것으로 바뀌어져 버린 것이다.

두 번 째로 치환이 이루어지는 장면은 김관일의 장인인 최항래가 딸과 손녀를 확인하기 위해 부산에서 평양으로 올라와서 텅빈 집에서 한탄하는 대목이다.

②−b

난리가 무엇인가 하였더니 당하여 보니 인간에 지독한 일은 난리로구나. 내 혈육은 딸 하나 외손녀 하나뿐이러니 와서 보니 이 모양이로구나. 막동아, 너같이 무식한 놈더러 쓸데없는 말 같지마는 이후에는 자손 보존하고 싶은 생각 있거든 나라를 위하여라. 우리나라가 강하였더면 이 난리가 아니 났을 것이다. 세상 고생 다 시키고 길러 낸 내 딸자식 나 젊고 무병하건마는 난리에 죽었구나. 역질 홍역 다 시키고 잔주접 다 떨어 놓은 외손녀도 난리중에 죽었구나." "나라는 양반님네가 다 망하여 놓셨지요. 상놈들은 양반이 죽이면 죽었고, 때리면 맞았고, 재물이 있으면 양반에게 빼앗겼고, 계집이 어여쁘면 양반에게 빼앗겼으니, 소인 같은 상놈들은 제 재물 제 계집 제 목숨 하나를 위할 수가 없이 양반에게 매였으니, 나라 위할 힘이 있습니까. 입 한번을 잘못 벌려도 죽일 놈이니 살릴 놈이니, 오금을 끊어라 귀양을 보내라 하는 양반님 서슬에 상놈이 무슨 사람값에 갔습니까. 난리가 나도 양반의 탓이올시다. 일청전쟁도 민영춘이란 양반이 청인을 불러왔답니다. 나리께서 난리 때문에 따님아씨도 돌아가시고 손녀아기도 죽었으니 그 원통한 귀신들이 민영춘이라는 양반을 잡아갈 것이올시다."하면서 말이 이어 나오니, 본래 그 하인은 주제넘다고 최씨 마음에 불합하나, 이번 난리중 험한 길에 사람이 똑똑하다고 데리고 나섰더니 이러한 심란중에 주제넘고 버릇없는 소리를 함부로 하니 참 난리난 세상이라. 난리중에 꾸짖을 수도 없고 근심중에 무슨 소리든지 듣기도 싫은 고로 돈을 내어 주며 하는 말이, 막동아 너도 나가서 술이나 싫도록 먹어라. 홧김에 먹고 보자 하니 막동이는 밖으로 나가고

④-b

막동이가 대답하고 나가더니 어디 가서 밥을 사서 먹고 게름 부릴대로 부리고 돌아오니 최씨가 깜깜한 방속에서 혼자 앉아 술만 따라 먹는지라 막동이가 도로 돌쳐나가더니 백납초 몇가락을 사가지고 당성냥을 그어 불을 켜니 최씨가 푹 수구리고 앉었던 고개를 번쩍 들며 "이애 막동아 밝은 것 같이 좋은 것은 없고나 불빛만 보아도 슬픈 생각을 좀 잊을 것 같다."하더니 술 한잔을 또 따라 먹는다. 막동이는 본래 그 상전이 무슨 근심이 있든지 행락을 하든지 제게 아무 상관없고 다만 얼떨한 판에 상전이 무슨 홍성이 나 시키면 돈푼 띠어먹는 재미만 달게 여기던 자이라 그대 최씨의 말이 귀에 들리는지 마는지 어서 행랑방에 가서 잠이나 자러 나가려하니 최씨가 어찌 고적하든지 막동이를 말벗이나 삼으려고 말을 이

> 어 꺼낸다. "이애 막동아. 난리난 세상에 상전이니 종이니 분별은 차려 무엇 하겠느냐 오늘밤에 내 술친구나 되어다고 난리가 무엇인구 하였더니 당하여 보니 인간에 참혹한 것은 난리로구나. 내 혈육은 딸 하나 외손녀 하나뿐이러니 와서 보니 이 모양이로구나."하면서 술 한잔을 따라서 막동이에게 준다. 막동이가 입이 떡 벌어지며 엉큼한 생각이 나는데 삼간집이 다 타더래도 빈대 타죽는것만 재미있다는 말과 같이 난리가 나서 세상이 다 우둠하게 수구리고 팔은 활줌통 내미드시 빼쳐서 최씨에게 술잔을 전하면서 "나리 한잔 잡수시오. 음지가 양지되고 양지가 음지 되고. 부귀빈천이 물레바퀴 돌아다니 듯하고 양반은 타구박 앉고 상놈은 웅덩춤 추고 막동이는 최주사 나리 술친구 되고 응…… 오냐 대포소리만 자주자주 나거라 관쓰고 곤댓짓하던 대가리는 자라목 움추려지듯 한다. 허허허 어-이집이 맴돈다." 하면서 쓰러지는데 최주사의 마음에 어찌 창피하고 당단하든지 막동이를 달래고 꼬여서 간신이 행랑방으로 내보내고[4]

인용한 것 중에서 앞의 것은 ②에서 따온 것이고 뒤의 것은 ④에서 따온 것이다. 저촉이 되었던 부분은 최주사가 막동이에게 이야기하면서 했던 "이후에는 자손 보존하고 싶은 생각 있거든 나라를 위하여라. 우리나라가 강하였더면 이 난리가 아니 났을 것이다."라고 말한 대목으로 보인다. 나라의 힘이 없는 탓에 개개인들이 죽어나갔기 때문에 사람이 제대로 살려고 하면 나라가 강하여야 한다는 것이다. 나라가 강해야 한다는 것은 독립된 국민국가를 전제하는 것이다. 따라서 일제 강점 이후 독립국가에 대한 전망을 포기하였을 때 이 대목은 문제가 될 수밖

4 이인직, 앞의 책, 40~44쪽.

에 없었을 것이다. 하지만 이것을 삭제한다고 했을 때 작품 전체의 맥락에 손상이 올 수 있다. 최주사가 평양으로 올라와서 하루 종일 헤매다가 밤중에 집을 찾아온 딸을 만나는 것으로 설정할 수 있지만 최주사가 실의에 젖어 한탄하는 과정이 없이 딸을 만나는 것으로 했을 경우 필연성이 떨어질 수밖에 없다. 따라서 이인직은 이 부분을 다른 것으로 대체하게 되었던 것으로 보인다.

치환의 세 번째는 구완서가 오사까에서 옥련을 만나 학비를 대주겠다고 하면서 유학을 권유하는 장면이다.

②－c

우리들이 나라의 백성 되었다가 공부도 못 하고 야만을 면치 못하면 살아서 쓸 데 있느냐. 너는 일청전쟁을 너 혼자 당한 듯이 알고 있나 보다마는, 우리나라 사람이 누가 당하지 아니한 일이냐. 제 곳에 아니 나고 제 눈에 못 보았다고 태평성세로 아는 사람들은 밥벌레라. 사람이 밥벌레가 되어 세상을 모르고 지내면 몇 해 후에는 우리나라에서 일청전쟁 같은 난리를 또 당할 것이라. 하루바삐 공부하여 우리나라의 부인 교육은 네가 맡아 문명길을 열어 주어라.

④－c

내집에 형세가 유여하고 우리 부모가 나를 금옥같이 사랑하여 내가 욕심내는 것이 있으면 하늘에 있는 별이라도 따다가 주려하시는 작정이라 내가 공부할 동안에 돈 주럽들 리는 만무하니 네 학비는 내가 대어 줄 터이니 걱정 말고 공부만 잘 하여라[5]

인용된 것 중에서 앞의 것은 ②에서 따온 것이고 뒤의 것은 ④에서 따온 것이다. "너는 일청전쟁을 너 혼자 당한 듯이 알고 있나 보다마는, 우리나라 사람이 누가 당하지 아니한 일이냐. 제 곳에 아니 나고 제 눈에 못 보았다고 태평성세로 아는 사람들은 밥벌레라. 사람이 밥벌레가 되어 세상을 모르고 지내면 몇 해 후에는 우리나라에서 일청전쟁 같은 난리를 또 당할 것이라"라고 구완서가 말한 대목 역시 부강한 독립국가를 상정할 경우에만 가능한 이야기이다. 나라가 약하기 때문에 청일전쟁과 같은 일을 겪었지만 국력이 강해지지 않고 여전히 그대로 머물 경우 또 그런 일을 당할 수 있다는 것을 경고하는 말이다. 이것을 좀더 확대시켜 보면 대한제국이 힘이 약할 경우 일본의 보호국에서 식민지로 떨어질 수도 있음을 말하는 것이기도 하다. 이러한 것은 일제 강점 이후의 상황에서는 쉽게 받아들이기 어려운 대목이었을 것으로 보인다. 독립국가의 전망을 포기한 이인직에게 그것은 삭제해버리고 싶은 대목이었을 것이다. 그렇지만 이 대목을 빼버리기만 하면 구완서가 옥련이에게 학비를 대주고 옥련이가 미국으로 유학가는 계기가 제대로 드러나지 않아 작품 전체의 구성에 파탄이 올 수 있기 때문에 삭제에 그치지 않고 새로운 내용으로 대체했던 것으로 보인다.

2) 삭제

이인직은 『혈의 누』를 『모란봉』으로 개작하면서 치환 대신에 삭제

5 이인직, 앞의 책, 102쪽.

를 선택한 경우도 확인할 수 있다. 치환과 달리 삭제의 경우에는 빼고 다른 내용을 집어넣지 않는 것이다. 이 삭제의 방법이 제일 편한 방법이기 때문에 이인직은 이것을 주로 사용하고자 했을 것이다. 하지만 삭제만으로 개작이 이루어지려면 문제되는 대목을 빼버렸을 때 전체 줄거리 구성에 심각한 훼손이 이루어지지 않아야 한다. 가령 앞에서 거론한 세 장면의 경우 그냥 빼버리면 작품의 구성과 전개가 제대로 되지 않는 결과를 야기한다. 하지만 다음 두 대목은 그냥 빼버리더라도 작품 전체의 전개에 손상을 주지 않는다는 판단하에 해당 대목을 삭제만 행한 경우이다.

삭제의 대표적인 경우는 구완서와 옥련이 혼인 언약을 하는 장면이다.

②-d

구씨의 목적은 공부를 힘써 하여 귀국한 뒤에 우리나라를 독일국(獨逸國)같이 연방도를 삼되, 일본과 만주를 한데 합하여 문명한 강국을 만들고자 하는 비사맥 같은 마음이요, 옥련이는 공부를 힘써 하여 귀국한 뒤에 우리나라 부인의 지식을 넓혀서 남자에게 압제받지 말고 남자와 동등권리를 찾게 하며, 또 부인도 나라에 유익한 백성이 되고 사회상에 명예 있는 사람이 되도록 교육할 마음이라. 세상에 제 목적을 제가 자기하는 것같이 즐거운 일은 다시 없는지라. 구완서와 옥련이가 나이 어려서 외국에 간 사람들이라. 조선 사람이 이렇게 야만되고 이렇게 용렬한 줄을 모르고, 구씨든지 옥련이든지 조선에 돌아오는 날은 조선도 유지한 사람이 많이 있어서 학문 있고 지식 있는 사람의 말을 듣고 이를 찬성하여 구씨도 목적대로 되고 옥련이도 제 목적대로 조선 부인이 일제히 내 교육을 받아서 낱낱이 나와 같은 학문 있는 사람들이 많이 생기려니 생각하고, 일변으로 기쁜 마음을 이기지 못하는 것은 제 나라 형편 모르고 외국에 유학한 소년 학생 의기에서 나오는 마음이라. 구씨와 옥련이가 그 목적대로 되든지 못 되든지 그것은 후의 일이거니와, 그날은 두 사람의 마음에는 혼인 언약의 좋은 마음은 오히려 둘째가 되니, 옥련 낙지(落地) 이후에는 이러한 즐거운 마음이 처음이라.

위의 인용한 대목은 구완서와 옥련이 자유 의사로 결혼을 언약한 다음 미래에 대한 포부를 밝히는 것과 이것에 대한 작가의 논평이 가해지는 부분이다. 이 부분 중에서 "귀국한 뒤에 우리나라를 독일국(獨逸國)같이 연방도를 삼되, 일본과 만주를 한데 합하여 문명한 강국을 만들고자 하는 비사맥 같은 마음이요, 옥련이는 공부를 힘써 하여 귀국한 뒤에 우리나라 부인의 지식을 넓혀서 남자에게 압제받지 말고 남자와 동등 권리를 찾게 하며, 또 부인도 나라에 유익한 백성이 되고 사회상에 명예 있는 사람이 되도록 교육할 마음이라"라고 한 대목이 문제가 되었을 것이다. 대한제국과 일본과 만주가 연방을 이룬다고 했을 때 그것은 기본적으로 각 나라의 독립을 전제로 한 것이다. 당시 이인직이 생각하였던 연방제는 대한제국의 독립을 전제로 하여 각 나라들이 연방을 이루는 방식이었던 것으로 보인다. 그렇기 때문에 일본에 의해 일방적으로 이루어지는 합방과 같은 것은 생각할 수 없는 것이었다. 하지만 현실에서 일본에 의한 대한제국의 강점이 일방적으로 이루어졌기 때문에 『혈의 누』에서 이인직이 강하게 내세웠던 연방국가안은 허공 중에 사라져 버린 것이다. 따라서 개작하려고 했을 때 이 대목도 지나칠 수 없는 것이 되었을 것이다. 또한 이것을 삭제했을 때 전체 작품 전개에 있어 큰 손상이 없다고 판단하였다.

삭제의 두 번째 경우는 강유위를 언급한 대목이다. 이 부분은 강유위에 대해 언급하는 한 문장만 빠졌기 때문에 맥락을 이해하기 위해 그 전후를 함께 인용할 필요가 있다.

> ②-e
>
> 청인이 다시 서생을 향하여 필담으로 대강 사정을 듣고 명함 한 장을 내더니 어떠한 청인에게 부탁하는 말 몇 마디를 써서 주는데, <u>그 명함을 본즉 청국 개혁당의 유명한 강유위(康有爲)라</u>. 그 명함을 전할 곳은 일어도 잘하는 청인인데, 다년 상항에 있던 사람이라. 그 사람의 주선으로 서생과 옥련이가 미국 화성돈에 가서 청인 학도들과 같이 학교에 들어가서 공부를 하고 있더라.

"그 명함을 본즉 청국 개혁당의 유명한 강유위라"라고 하는 문장만 삭제하였다. 흔히 『혈의 누』를 비판하면서 정상과 같은 일본 군의가 옥련을 구하여준다든가 옥련이가 맞은 총알이 청인이 쏜 것이 아니고 일본인이 쏜 것이기 때문에 빨리 나을 수 있다고 하는 것 등을 들어 일본 식민주의에의 협력을 말하곤 한다. 하지만 이인직은 일본인 중에서도 정상의 부인과 같은 인물은 아주 나쁘게 그리고 있으며 청나라 사람 중에서도 강유위와 같은 인물은 조선에서 온 사람을 도와주는 좋은 인물로 그리고 있다. 이런 것을 보면 이인직은 일본을 미화하고 청을 폄하하는 태도를 가진 것이 아니라 어디까지나 근대와 전근대와의 긴장 속에서 그러한 평가를 행하고 있음을 확인할 수 있다. 그렇기 때문에 청나라 사람 중에서도 강유위와 같이 독립적이고 부강한 근대국민국가를 만들기 위해 노력하는 인물에 대해서는 아주 좋게 그리고 있는 것이다. 나라를 부강하게 만들기 위해 미국에 와서 근대를 학습하는 조선인들에게 강한 연대감의 도움을 주는 인물로 강유위를 그릴 수 있었던 것이다. 그런데 이것이 강점 이후에는 문제가 된 것이다. 따라서 이 문장만 삭제해버린 것으로 판단된다.

이상의 분석에서 잘 알 수 있는 것처럼 2)와 4)는 기본적으로 전혀 다른 지평 위에 놓여 있음을 확인할 수 있다. 2)가 독립국가의 전망 위에 놓여 있는 것이라면, 4)는 일본 식민주의 지배 체제에 대한 협력을 바탕으로 한 것이다.

3. 개작의식과 정치적 입장의 상관성

『혈의 누』와 『모란봉』은 각각 다른 정치적 입장 위에 서 있다. 『혈의 누』가 비록 '보호독립국론'에 입각한 것이기는 하지만 어디까지나 독립국가의 전망에 기반한 것이라면, 『모란봉』은 독립포기에 기초한 것이다. 1906년과 19012년 사이에 어떤 변화가 이인직 내부에 일어났기에 이러한 변모가 이루어질 수 있었던가? 『혈의 누』가 1906년 만세보에 연재되었고 1907년에 광학서관에서 단행본으로 나왔으며 1908년에도 재판이 나왔을 정도로 이 시기에는 이인직이 일관된 정치적 입장을 가지고 있었다. 만약 그 시기에 정치적 의식에 있어서 변화가 나타났다면 책을 재판하지 않았을 것이다. 그렇기 때문에 1906년부터 1908년까지는 이인직의 정치적 의식에서 있어서 큰 굴절이 없었던 것으로 판단된다. 이인직이 국채보상운동을 적극적으로 지지하였던 『만세보』 시절뿐만 아니라 그 이후 『대한신문』을 발행하던 시절까지 종합적으로 고려하여야 이러한 변모를 확인할 수 있다. 특히 1907년 이후 이인직이 발행했던 『대한신문』에 대한 탐구가 이루어져야만 이인직의 그러한 의식의 변화를 추적할 수 있다. 하지만 현재 『대한신문』은 볼 수 있는 것이 퍽 적기 때문에 이 시기 이인직의 의식 변화를 구체적으로 추적하는 것은 어렵다. 그렇더라도 제한된 범위 내에서 당시의 상황을 재구성하고 하고 이에 바탕하여 이 시기 이인직의 변화를 읽어내는 작업은 어느 정도 가능하다.

『대한신문』은 『대한매일신보』나 『국민신보』와는 일정 부분 다른 논조를 가졌던 것으로 보인다. 당시 『대한매일신보』는 '보호국'을 식민지로 간주하면서 잃어버린 국권을 찾기 위해서는 일본 제국주의에 맞서 투쟁해야 한다고 생각하였다. 그들은 독립과 근대 문명을 위한 실력양성의 과제가 결코 분리시켜 이해할 수 없는 성질의 것이라고 생각하였다. 그런 점에서 『대한매일신보』측에서는 보호국화를 받아들이고 있는 『국민신보』나 『대한신문』은 매양 같은 정체성을 가지고 있는 존재라고 보았고 이들을 싸잡아 비판하였다. 그 둘 차이는 있다 하더라도 별로 의미있는 것이 아니라고 생각하였다. 왜냐하면 보호국화를 받아들이는 한 그것은 일본의 식민주의에 협력하는 것이라고 생각하였기 때문이다. 그 점에서 『국민신보』와 『대한신문』은 별반 차이가 없다고 생각할 수 있다. 『대한신문』과 『국민신보』는 보호국을 받아들인다는 점에서는 같지만 그것을 어떻게 바라보고 있는가에 따라서 차이가 난다. 『대한신문』은 '보호국'화를 받아들이는 입장이었다. 갑신정변과 청일전쟁을 겪은 이후 내부적으로 개혁을 수행하였다면 보호국과 같은 것이 필요없을 터인데 그렇지 못하였기 때문에 결국 우리 손으로 근대 국민국가를 만들어간다는 것은 어렵다고 판단하였다. 따라서 외부 즉 일본이 보호를 해주는 동안 시간을 벌어 근대문명의 실력을 양성하여 향후 제대로 된 근대국민국가를 만들어가야 한다는 논리였다. 그렇기 때문에 불가피하게 보호국을 받아들일 수밖에 없다는 것이었다. 그렇다고 해서 미래의 독립을 포기하는 것은 아니었다. 그 점에서 국민신보와 다르다. 『국민신보』는 『대한신문』과 마찬가지로 보호국화를 받아들인다. 『국민신보』의 경우 보호국을 일본화되는 것의 전제로 바라보았던 것 같다. 『국민신보』는 조선인들이 스스로의 역량을 길러 근대문명화에 성공할 수 없는 것이라면, 차라리 일본의 영토가 되어 근대화에 이르는 것이 2,000만 조선의 백성들의 삶을 낫게 만드는 것이라고 생각하였던 것으로 보인다. 즉 『대한신문』은 보호국화는 받아들이지만 그것은 독립국가를 달성하기 위한 과정으로 보았던 것이다.

이인직이 독립국가에 대한 전망을 언제부터 포기한 것인가? 필자가 보기에 그것은 이토 히로부미의 죽음을 계기로 한 것이 아닌가 생각한다. 이인직에게 이토 히로부미의 죽음은 매우 심각한 타격으로 다가왔다. 이토 히로부미의 죽음이 당시 이인직이 구상하던 '보호독립론'에 얼마나 큰 충격으로 다가왔는가를 이해하기 위해서는 이토 히로부미의 죽음 소식을 듣고 난 다음에 이인직이 『대한신문』에 쓴 글에서 어느 정도 짐작할 수 있다.

余가 본래 아국의 일진회원을 국민동포라 하였더니 금에 기 행위를 보고 아국민이 아닌 것을 지하였소. 然而 일진회원이 작일에 政合邦 성명서를 하였는데 회원 수효를 號曰 백만이라 하였으며 且曰 국민대표라 하였으니 백여명쯤 되는 일진회원이 백만이란 말도 허황한 말이고 일반 국민 중에서 국민동포로 인정치 아니하는 일진회원이 국민대표된다는 말도 可笑의 황설이오 정당이라 자처하니 일진회가 학문이 있소 무엇이 있소 무슨 자격으로 정당이라 자처하오. 우리 국민은 일진회를 정당으로 認許치 아니하오. 然而 금일에 여차한 소요가 일어남은 皆 안중근의 사변을 因함이라. 안중근의 사변으로 言하건대 안중근은 아국에 큰 죄인이라. 伊藤 太師가 사람은 일본사람이나 然이는 아국 태자 태사이라 아황제폐하께서 황태자 전하 교육을 위하여 이등공으로 아국 태자태사의 작을 봉하시고 황족 친왕의 與하였으니 즉 아국 태자태사 친왕전하이라 然則 아국 태자태사 친왕전하게 가해한 안중근은 我國家에 죄인이라 然而 근일 소위 사죄단이 有하여 渡日 사죄하려는 협잡배가 유하다 하니마는 안중근을 대표하여 죄를 사할진대 아국에 謝함이 可할 뿐이라. 폐일언하고 일진회는 즉 제2 안중근이오 사죄단은 제3안중근이라 何者오. 안중근은 아국 태자태사 이등공에게 가해한 아국 죄인이오 일진회는 이등공 遭變함을 時機로 認하여 소위 정치 변동의 운동의 협잡이 不一하니 고로 왈 제2의 안중근이오 사죄단도 또한 아태자태사 조변한 機를 乘하여 자칭 사죄단원이라 제반 협잡이 유하니 고로 왈 제3안중근이라. 우리 국민은 당당한 국민 자격으로 彼 협잡배들을 크게 성토함이 가하오. 余는 본래 설변이 부족하고 또 시간도 短促함으로 此에 止하오.

인용된 이인직의 연설문은 『대한신문』 1909년 12월 7일 잡보란에 실린 「국민의 심득(心得)」이다. 이 연설문은 일진회의 합방 성명에 대해 반대하는 세력들이 원각사에서 행한 국민대연설회에서 이인직이 행한 것으로 이 시기 '보호독립론'의 내면을 읽을 수 있는 극히 드문 글 중의 하나이다. 이인직은 이토 히로부미를 일본 제국의 합방론을 제어하는 방어벽 역할을 하고 있다고 그를 대단히 높이 평가하고 있다. 이토 히로부미가 당시 일본 군부계통의 급진적 합방론자들과는 달리 점진적인 합방론였음에도 불구하고 이를 간과하였다. 안중근이 이토 히로부미를 죽인 것을 사죄하기 위하여 일본으로 건너가는 사람들을 맹비판하는 데서 당시 그가 이토 히로부미를 어떻게 생각하고 있었는가를 단적으로 알 수 있다. 그는 이토 히로부미를 비록 일본인이지만 대한제국을 위해 일하는 사람으로 보고 있었다. 그렇기 때문에 합방을 주장하는 일진회를 비판할 뿐 아니라 방어벽 역할을 하던 이토 히로부미를 죽인 안중근에 대해서도 비판하게 되는 것이다. 일진회와 안중근을 동시에 비판하는 이러한 논리는 언뜻 보면 쉽게 이해할 수 없는 것처럼 보인다. 일진회를 비판하게 되면 안중근을 옹호하게 되고, 안중근을 옹호하게 되면 일진회를 비판하게 되는 것이 자연스럽기 때문이다. 하지만 이인직은 안중근을 비판하면서도 동시에 일진회를 비판하고 있다. 이것은 당시 이인직이 견지하고 있던 '보호독립론'을 이해하지 않고서는 제대로 접근하기 어려운 성질의 것임에 틀림없다. 이인직식으로 보면,대한제국은 내부 역량이 튼튼하지 못하기 때문에 국권을 잃어버린 것이다. 하지만 상실한 국권을 회복하기 위해서는 직접적인 독립운동보다는 실력양성을 통한 자강이 우선해야 한다는 것이다. 그러기 위해서는 대한제국이 비록 국권을 잃었지만 완전한 식민지로 전락되는 것을 막아야 하고 이 기간 동안 힘을 길러 국권을 회복해야 한다는 것이다. 이를 위해서는 일본 내의 군부계통에서 주장하는 즉각적인 합방을 막아야 하고 이토 히로부미와 같은 인물과 연대해야 한다는 것이다. 이인직은 이토 히로부미를 대한제국에 호의적인 인물로 보았기 때문에 더욱 그러한 생각을 강하게 하였다. 이러한 것이 '보호국화' 이후 이인직이 견지하였던 핵심적인 정치적 전망이었던 것으로 보인다. 이인직의 이러한 판단은 이토 히로부미의 정체를 비롯하여 일본 내부의 정세를 제대로 읽어내지 치명적인 한계에서 비롯된 것이기는 하지만 그가 주관적으로는 독립을 결코 포기하고 않았음을 분명하게 보여주는 증거이다. 그런 점에서 이 시기의 이러한 정치적 입장은 작품 『혈의 누』와 상통한다고 볼 수 있다. 『혈의 누』에서 반복되어 강조되고 있는 것은 나라가 힘이 약하기 때문에 다른 나라들이 이 땅에 와서 전쟁을 하고 그 와중에 불쌍한 백성들만 피눈물 나는 참화를 겪고 있다는 것이다. 지금이라도 정신 차려 나라의 힘을 강하게 만들어야 하며 그러기 위해서는 근대 서구의 문명을 하루바삐 배워 이를 바탕으로 부국강병을 해야 한다는 것이었다. 러일전쟁의 참화를 겪은 직후의 시점에서 10년 전의 청일전쟁을 돌아다보면서 이러한 작품을 쓸 수 있었던 것은 보호국화 이후에도 계속해서 독립에 대한 전망을 잃지 않고 있었던 것을 말해주는 것이다. 그런 점을 고려할 때 『혈의 누』와 '보호독립론'의 정치적 입장은 서로 상통하는 것이라고 볼 수 있다.

그러면 어떤 과정을 통하여 이인직은 '보호독립론'을 포기하기에 이르렀고 지난 날 '보호독립론'에 입각하여 썼던 작품 『혈의 누』가 더 이상 마음에 들지 않기에 이를 개작하여 『모란봉』으로 만들었는가? 이를 추적하는 것은 결코 쉬운 일은 아니다. 이인직이 관여하였던 『대한신문』이

제대로 구비되어 있지 않기 때문에 더욱 그러하다. 그러나 당시의 정황을 고려할 때 다음과 같이 추론할 수는 있다. 대한제국의 내부 역량은 매우 미약하기 때문에 이토 히로부미와 같은 외부 일본 사람들의 도움을 받아 자강의 시간을 벌자는 생각에서 보호국화를 받아들였다. 그런데 안중근에 의해 이토오 히로부미가 제거되자 일진회와 일본 군부의 급진적 합방론자들이 연합하여 합방을 추진하였다. 이런 마당에 그가 이전과 같은 정치적 전망을 가지기는 어려웠다. 이토 히로부미를 대체할 만한 사람과 정치적 집단을 구하기 위하여 동분서주했겠지만 결코 쉽지 않았을 것이다. 그렇기 때문에 그는 미래의 독립이라는 국권회복에 대한 희망을 접을 수밖에 없었다. 이때부터 이인직은 일제에 대한 협력의 길에 들어서게 되는 것으로 짐작된다. 만약 이인직이 일제 강점 이후에도 독립에 대한 희망을 포기하지 않았다면 『혈의 누』가 금지당했을 때 이를 개작하려고 생각하지 않았을 것이다. 금지된 채로 내버려두었다면 이인직이 여전히 독립에 대한 전망을 가지고 있다고 미루어 짐작할 수 있다. 오늘날 우리가 보고 있는 『모란봉』으로 개작하였다는 것은 그 스스로 독립에 대한 전망을 포기하였다는 것을 의미한다.

이토 히로부미 사망 이후 이인직은 독립에 대한 전망을 포기하고 일제에 협력하게 되었는데 그 구체적 방향은 현재 확인하기 어렵다. 일본의 식민주의 지배는 두 가지의 방향으로 이루어졌다. 하나는 '연장주의'이고 다른 하나는 '자치주의'이다. 연장주의는 새롭게 획득된 식민지의 영토를 일본 본국의 연장으로 생각하고 기존의 일본의 지역처럼 대하는 것이다. 새로운 식민지의 백성들이 일본 제국의회의 중의원으로 선출되고 참정권을 행사할 수 있는 기회를 마련하는 것 등이다. 자치주의는 새롭게 획득된 식민지의 영토를 일본 주권의 영역으로 간주함에도 불구하고 기존의 일본 영토 내에서 행해지던 것과는 다른 형태로 지배하는 방식이다. 참정권을 준다 하더라도 제국의회에 중의원으로 선출될 수 있는 선거제도를 시행하는 것이 아니고 조선에 자체 의회를 설치하여 스스로 자치를 행하는 방식이다. 이 두가지 지배 방식 어느 것에 호응하느냐에 따라 협력의 방식도 다르게 된다. 전자 즉 연장주의의 지배방식에 호응할 경우 그것은 식민지 본국과 식민지 사이의 일체를 지향하는 일체형 협력 방식을 선택하게 되고, 자치주의의 지배방식에 호응할 경우 그것은 일본의 국민이라는 정체성을 가지면서도 일본의 문화와 피식민지 문화의 혼재 속에서 살아나가는 방식인 혼재형 협력 방식을 선택하게 된다. 이인직이 이 둘 중에서 어느 쪽을 선택했는가 하는 것을 단정짓기는 어렵지만 자치주의에 경사되었던 것이 아닌가 한다. 중요한 것은 그 어느 경우이든 독립의 전망을 포기한 것이며 식민주의에 협력한 것이라는 점이다. 바로 이러한 정치적 전망에 서 있었기 때문에 『모란봉』과 같은 작품이 나올 수 있었다.

『대한민보』의 문체상황과 독자층에 대한 연구

김재영

1. 머리말

『대한민보』는 1909년 6월 2일 창간되어 일한병합이 이루어지는 1910년 8월 31일까지 15개월여 동안 짧게 지속된 신문이다. 때문에 1898년부터 병합때까지 지속된 『황성신문』과 『제국신문』, 최대의 발행부수를 자랑했던 『대한매일신보』 등에 비하여 작은 자리를 차지하는 신문임은 분명하다. 하지만 『대한민보』는 가장 나중에 이루어진 만큼 이전

신문들에서 축적된 경험을 이용할 수 있다는 이점을 누렸던 신문이라고 할 수 있다. 그러한 점은 일단 꽤 세련된 편집을 보여주고 있는 데서 드러나고 있다고 생각되는데, 일단 난의 분화가 비교적 상세하여, 외보, 전보, 관보, 잡보, 논설, 기서 등 다른 신문들에서도 익숙했던 난 이외에도 풍림(諷林), 인뢰(人籟), 삼라만상(森羅萬象), 이언각비(俚諺覺非) 등의 독특한 지면 구성을 보여주고 있었다. 뿐만 아니라 신문으로서는 처음으로 1면 정중앙에 삽화를 삽입하기도 했다.

또 하나 후발신문으로서 누렸던 이점 중의 하나는 「국문」과 「국한문」의 양분이라는 당대의 언어적 상황에 대한 대응에 있어서, 선발 신문들의 시도와 경험을 참고할 수 있었다는 점이다. 주지하듯이 근대계몽기의 다양한 신문들은 상당히 독특한 언어적 상황과 대면하고 있었다고 할 수 있는데, 그것은 「국문」과 「국한문」으로 독자층이 양분되어 있다는 현상이었다. 한글만으로 쓴다는 『독립신문』의 선구적 결단 이후, 『매일신문』이나 『그리스도 신문』 그리고 『제국신문』 등은 그 뒤를 따랐지만, 『황성신문』은 다른 길을 개척했다. 당시 한글은 '상하귀천'을 막론하고 누구에게나 편한 글은 아니었기 때문이다. 때문에 『황성신문』은 지식인들이 읽기에 편한 것을 내세워 한글과 한자가 병기되는 이른바 '국한문 표기' 형식을 택하게 되고. 이후 비슷한 시기에 창간된 『제국신문』과 더불어, '숫신문'과 '암신문' 등으로 불리며, 「국문」과 「국한문」으로 양분되어 있던 당시의 언어 상황을 상징하게 된다.

당대의 몇몇 신문은 그러한 상황에 대한 적극적인 대응을 모색했던 것으로 보인다. 대표적인 것이 1904년 창간될 때는 「국문」으로 시작했지만, 1905년에는 「국한문」으로 전환하고, 1907년에는 「국문」 신문을 병행하기 시작하는 『대한매일신보』였다. 두 종류의 신문을 내서라도 모든 독자를 포괄하고자 하는 의지가 느껴지는 시도였다고 할 수 있을 것이다. 『만세보』의 경우, '국한문'을 주된 표기수단으로 하면서, 부속국문활자를 활용하는 독특한 시도를 했는데, 하나의 지면 안에서 양분되어 있는 독자층 모두에게 다가가보려 했다는 점에서 주목할 만한 것이다. 하지만 주로 경제적인 이유로 부속국문을 포기하게 되는 『만세보』는 전체 지면에서 다른 모든 기사를 「국한문」으로 표기하면서, 소설만 한글로 표기하는 방향으로 표기문제를 정리해가고 있다.[1] 『대한민보』는 표기문제에서 이러한 『만세보』의 결론에서 시작하고 있다.[2] 전체적으로는 「국한문」 표기를 사용하면서, '소설'만 한글로 표기하고 있는 것이다.

이러한 『대한민보』의 선택은 1910년대 유일한 한국어 신문이었던 『매일신보』로 이어짐으로써, 결과적이지만 언어생활의 시대적 흐름을 정확하게 짚었던 것이 된다. 그런데 『대한매일신보』와 『만세보』의 실험 위에서 선택된 『대한민보』의 '국한문체'는 『황성신문』이 지속하고 있던 '국한문체'와는 좀 다른 의미를 갖는 것이라고 할 수도 있다. 그러한 차이가 실제로 지면을 통해 드러나는가는 신문의 여러 난에서 사용되고 있는 문체의 현황에 대한 세심한 연구 위에서 가능할 것인데, 이 연구가 일차적으로 시도하는 것은 바로 그러한 것이다. 『대한민보』라

---

1 『만세보』의 문체 전반에 대해서는 김영민, 「『만세보』와 부속국문체 연구」, 『대동문화연구』 64호, 2008.12 참조.

2 『대한민보』는 대한협회의 기관지 성격을 갖고 있었지만, 사장 오세창, 편집인 장효근 등이 『만세보』를 주도했던 천도교 세력이었다. 때문에 『만세보』의 경험이 그대로 녹아 있었다고 할 수 있다.

는 매체의 지면 구성과 텍스트의 양상에 대한 구체적인 분석을 통하여, 한국어의 근대적 문장이 형성되어나가는 과정과 양분되어 있던 독자가 통합되어나가는 과정에 대한 시사를 얻고자 하는 것이다.[3]

이에 대한 기존 연구의 문제 설정에서 역시 가장 기본적인 틀이 되어준 것은 알다시피 「국문체」와 「국한문체」의 대립이었다. 당시 새로운 한국어 글쓰기에 고심했던 사람들에게 한글과 한자를 혼용할 것인가 아니면 한글만으로 표기할 것인가의 문제가 항상 논의의 초점이 되었으므로 이러한 논의틀은 일단 당대 실상에 부합한다는 의미를 갖는다고 생각된다. 하지만 본 연구는 우선적으로 이러한 이분법이라는 틀을 재고해보려 한다. 이것은 물론 국문신문과 국한문신문으로 양분되어 있었던 매체 상황을 무시하려는 것이 아니라, 곧바로 표기를 상기시키는 이러한 대립틀은 이 시대의 다양한 문장의 체제를 이해하는 데는 오히려 방해가 되는 측면이 있기 때문이다.

그런데 당대 문장이나 문체에 대한 심화된 이해를 위해서는 기존의 문학 연구의 대상이 되어왔던 서사나 시가 등만이 아닌, 신문이나 잡지 전체 지면을 구성하고 있었던 모든 텍스트를 포괄하는 시야가 요구된다. 그간 논설이나 잡보란에 실린 글들 중 서사적 성격이 강한 것들에 대한 논의가 이루어져 왔지만, 사건 기사, 독자 투고 등 여전히 조명되지 못한 텍스트들이 산재하고 있다. 문체나 '글쓰기 양식'이라는 차원에서 당대 글의 지형을 파악하기 위해서는 신문이나 잡지 지면에 드러

3 이 연구는 근대전환기 매체들에 보이는 한국어 문체의 추이를 살피고, 그것을 독자 통합의 과정과 연관시켜 해명하려는 큰 연구의 일부이다. 이 연구와 같은 개별 매체에 대한 상세한 분석의 축적 위에서 매체들 간의 본격적인 비교가 가능할 것이다.

나 있는 이런 텍스트 전체를 대상으로, 그 글의 특징을 분류하고 비교해보는 작업이 필요해지는 것이다. 그러므로 한글과 한문의 접합, 독자의 통합 과정을 염두에 둘 때, 『대한민보』의 여러 기사들 중 이 글에서 먼저 주목하는 것은 '순한글 표기'로 고립되어 있는 '소설'란이 아니라, 한글과 한자 혼합 표기가 이루어지고 있지만, 변화가 일어나고 있는 것으로 생각되는 '국한문' 기사들 쪽이다. 이에 대한 본격적인 분석을 위해서는 이른바 '국한문체'라고 하는 것을 어떻게 이해할 것인가가 먼저 해명되어야 할 것으로 생각된다.

2. 소위 '국한문체'의 이해

이제 이른바 '국한문체 문장'의 실상에 대한 해명을 주로 『대한민보』의 자료들을 가지고 시도해보려 한다. 다음 인용문은 『대한민보』 창간의 이유를 설명하고 있는, 창간호의 사설이다. 당대의 소위 '국한문체 문장'의 전형적인 모습을 보여주는 것으로 생각된다.

> 民聲이 時代를 (ㄱ)造ᄒᆞ고 時代가 民聲을 (ㄱ)造ᄒᆞ니 (ㄷ)是日 呱呱一聲이 (ㄷ)卽我大韓民報ㅡ라 本報의 目的은 時代의 要求에 (ㄱ')依ᄒᆞ야 仳離零落ᄒᆞᆫ 國民의 思想을 (ㄴ')統一ᄒᆞ야 (ㄷ)內로 氣魄을 祖國에 (ㄱ)注ᄒᆞ며 (ㄷ)外로 智識을 世界에 (ㄱ')求ᄒᆞ야 一方으로 教育實業을 (ㄴ')奬勵ᄒᆞ야 國家의 實力을

(ㄴ′)養成ᄒᆞ며 一方으로 天下大勢를 (ㄴ)周察ᄒᆞ야 自國의 地位와 國是가 列國에 (ㄱ′)對ᄒᆞ야 如何ᄒᆞᆫ 關係가 (ㄱ)有ᄒᆞᆷ을 冷靜히 (ㄴ)觀破ᄒᆞ고 國民의 行動을 (ㄴ′)一致ᄒᆞ야 國運의 發展을 (ㄴ)是圖호ᄃᆡ (ㄷ)由來國民의 浮虛輕薄ᄒᆞᆫ 思想을 (ㄴ′)打破ᄒᆞ고 穩健確實ᄒᆞᆫ 精神을 (ㄴ′)鼓吹ᄒᆞ야 保守에도 (ㄴ)不膠ᄒᆞ며 急進에도 (ㄴ)不偏ᄒᆞ야 自强不息ᄒᆞᄂᆞᆫ 信念으로써 一步에 一步를 (ㄴ)更進ᄒᆞ야 最後目的地에 (ㄴ′)到達ᄒᆞᆷ을 (ㄱ)期ᄒᆞᆷ에 (ㄱ)在ᄒᆞᆷ이라[4]

한문의 통사구조를 해체하는 과정에서 가장 쉽게 이루어지는 조어 형식이 한자에 '하다'를 결합하여 동사나 형용사를 만들어내는 것이었다고 생각된다. (ㄱ)과 (ㄱ′)는 한 글자의 한자에 '하다'가 결합한 형식이고, (ㄴ)과 (ㄴ′)는 두 글자의 한자어에 '하다'가 결합한 형식이다. 세 글자 이상의 한자어에 결합하는 경우도 없지 않았지만('浮虛輕薄ᄒᆞᆫ'과 같은 경우), 위의 두 형식이 거의 대부분이었다고 생각된다. 이후 이러한 결합어들은 한국어 동사나 형용사에 대거 편입되는데, 위의 예문에서 (ㄱ′)나 (ㄴ′)로 표시된 단어들이 그러한 것들이다. 하지만 (ㄱ)과 (ㄴ)으로 표시된 결합어들은 현재의 한국어에서는 거의 사용되지 않는 것들이고, 위의 문장을 생경하게 만드는 한 원인이 된다. 위의 예문에서 (ㄱ)과 (ㄱ′)는 6:3, (ㄴ)과 (ㄴ′)는 6:7의 비율을 보이고 있다. 이 정도로 일반화시키기는 힘들지만, 한자가 갖고 있는 뜻을 그대로 살려 한 글자의 한자와 '하다'가 결합하는 형식은 현재의 한국어에서 그리 빈번하지

4 『대한민보』, 1909.6.2, 2면의 사설. 앞으로 이 신문에서의 인용문은 괄호 안에 '날짜, 면수, 난이름'을 적는 형식으로 출전을 밝힌다. 표기는 손대지 않고 띄어쓰기만 인용자가 한다.

않다는 느낌에 조응하고 있다.

하지만 그러한 결합어들에 대한 익숙함의 느낌은 결과적인 것일 뿐이다. 어떤 표현이 많이 사용됨으로써 국어 단어로 정착할 것인가는 이 시기에는 불명확한 것이었다는 점에서 (ㄱ)과 (ㄱ′), (ㄴ)과 (ㄴ′)의 구분은 이 시기에는 의미가 없는 것이었다고 할 수 있다.[5] 이 글의 특성을 이해하는 데 있어 가장 중요한 것은 '모든 단어에 한자가 사용되고 있다'는 점이다. 이는 뜻을 나타내는 부분이 예외없이 모두 한자로 표현되었기 때문이다. 이는 이 '국한문체'라는 문장이 한국어 입말에 기반한 것이 아니라, 한문 문장을 쪼개서 만들어진 것임을 분명하게 보여주고 있다.

하지만 이러한 한문식 표현의 잔재에도 불구하고, 위의 문장이 한문의 통사구조가 거의 완전히 해체된 문장임은 다음의 '현토한문'식 문장과 비교해보면 그 차이가 뚜렷하다고 할 수 있다.

> 春雨一落ᄒᆞ니 大地忽飜이라 江簑溪笠이 相望乎逍ᄒᆞ고 村壺山筐이 齊出于野ᄒᆞ야 終世于于而不知勤勞者ᄂᆞᆫ農也오(1909년 6월 18일 기서)

이 문장은 말 그대로 한문에 토만 붙여 놓은 형식으로, 전혀 한글의 통사구조를 보여주고 있지 않다. 이에 비하면 앞의 인용문은 한문의 통사구조는 거의 완전하게 해체되어 있는 것이다. 그러므로 적어도 문체

---

5 1음절 한자어인가 2음절 한자어인가에 대한 구분은 상당한 의미를 갖게 되는 것으로 생각된다. 왜냐하면 근대 한국어 문장의 형성 과정에서 1음절 한자어에 하다를 결합하는 형식은 많이 배제되는 것으로 보이기 때문이다.

라는 차원에서 이 두 종류의 글은 같은 부류라고 하기는 힘들다. 이 두 문장의 차이를 아주 단순한 구조의 구절을 갖고 예를 들어 설명해본다면 가령 '登南山하니'와 같이 표현하는 것이 현토한문 문장이라면, '南山을 登하니'와 같이 표현되어 있는 것은 '국한문체 문장'이라고 할 수 있을 것이다. 이러한 차이는 한자가 표기에 사용되고 있는가 그렇지 않은가라는 점만으로 문장을 분류해서는 곤란하다는 것을 보여주고 있다. 그런데 표기를 중심으로 '국문체'와 '국한문체'로 이분하는 논의의 문제는 이보다 다음과 같은 문장에서 더욱 심각하게 드러나는 것으로 보인다.

> 우리新聞이 漢文은 아니쓰고 다만 國文으로만 쓰ᄂᆞᆫ거슨 上下貴賤이 다보게 ᄒᆞᆷ이라 ᄯᅩ 國文을 이러케 句節을 ᄯᅦ여 쓴卽 아모라도 이新聞 보기가 쉽고 新聞속에 잇ᄂᆞᆫ말을 仔細이 알어 보게 ᄒᆞᆷ이라 各國에셔ᄂᆞᆫ 사ᄅᆞᆷ들이 남녀 毋論ᄒᆞ고 本國國文을 몬저 ᄇᆡ화 能通ᄒᆞᆫ 後에야 外國 글을 ᄇᆡ오ᄂᆞᆫ 法인ᄃᆡ 朝鮮셔ᄂᆞᆫ 朝鮮 國文은 아니 ᄇᆡ오드ᄅᆡ도 漢文만 工夫 ᄒᆞᄂᆞᆫ ᄭᆞ닭에 國文을 잘 ᄋᆞᄂᆞᆫ 사ᄅᆞᆷ이 드물미라

이 문장은 유명한 『독립신문』 창간호의 사설 중 일부를 옮기면서, 원래 한글로 표기되어 있던 모든 한자어를 한자로 표기해본 것이다.[6] 표기상으로는 크게 다르지 않은 듯하지만, 앞의 『대한민보』 창간호 사설의 '국한문체'와는 확연하게 차이가 나는 문체임을 알 수 있을 것이다. '이라'라는 종지사를 제외하고는 현재의 언중들에게도 생경하게 느껴

6 『독립신문』, 1896.4.7, 1면. 원래 한글로 되어 있는 것을 한자로 바꾼 것이고, 띄어쓰기는 손대지 않았다.

지는 단어나 표현이 거의 없는 문장인 것이다. 앞의 간단한 예를 다시 이용한다면, 가령 '南山을 登하니'에 대비되는 국문체 문장은 '남산을 오르니'라고 할 수 있을 터인데, 이 글은 '南山을 오르니'와 같이 표기된 문장인 것이다. 이 문장과 앞의 국한문 문장의 가장 큰 차이는 고유어 사용, 특히 용언에서 고유어가 사용됨으로써 자연스러운 한글 문장이 되고 있다는 점이다.[7]

물론 앞의 인용문은 실제 사용되었던 것이 아니라 필자가 만들어 본 것에 지나지 않는다. 하지만 이러한 종류의 문장 또한 실제로 적지 않게 사용되었던 것으로 생각된다. 다음의 인용문 또한 『대한민보』에서 뽑아본 것이다.

> 히— 오날 무슨 所聞 들엇나, 별 소문 업셔 <u>近日</u> 會가 하도 만ᄒᆞ니까 精神 찰일 수 업데, 神宮奉敬會라는 것은 무슨 會야, 앗다 모를 것 잇나 上古時代에 우리나라 檀君과 일본 素盞男尊께셔 本來 兄弟실 뿐더러 今日 國交가 親兄弟갓흔 故로 그 두분을 <u>崇奉ᄒᆞ기</u> 爲ᄒᆞ야 奉敬會를 조직ᄒᆞ얏다데,(1909년 9월 21일, 3면, 인뢰)

한글과 한자가 함께 표기되어 있지만, 강조된 두 단어 정도가 생경하

---

7 물론 한문해체문에 있어 한문의 해체 정도를 가늠하는 것이나 한문해체문과 근대 한국어 문장 간의 차이에 대한 이해가 단순히 이러한 용언의 용례를 가지고 가능한 것은 아니다. 한문 어조사의 사용 여부, 부사어나 지시대명사의 차이, 명사나 동사의 고유어화 정도, 대구와 같은 한문 수사학의 잔존 여부 등 고려해야 할 사항이 많다. 하지만 핵심을 한문의 통사구조의 해체에서 찾을 때 가장 중요한 것은 어순의 변화와 용언의 사용 방식이라고 할 수 있다. 배수찬, 『근대적 글쓰기의 형성 과정 연구』, 소명출판, 2008, 187~199쪽과 임상석, 『20세기 국한문체의 형성과정』, 지식산업사, 2008, 115~145쪽 참조.

게 느껴질 뿐, 거의 완전한 국문 문장을 이루고 있음을 알 수 있다. 그것은 이 글이 대화상황을 전제하여, 구어적 표현을 하고 있는 것과 밀접하게 연관되어 있다. 근대계몽기에 존재했던 이러한 문장 형식이 주목되어야 하는 이유는 표기의 문제와 문장의 체제라는 의미에서의 문체의 문제가 혼동되어서는 곤란하기 때문이다. 그래서 이 글에서는 표기의 문제와 문체의 문제를 분리한다. 먼저 표기에 사용되는 문자를 지칭하는 경우 '한글'과 '한자'라는 용어를 사용한다. '한글 표기', '한자 표기', '한글 한자 혼합 표기'(앞으로는 '혼합 표기'로 줄여 쓴다) 등이 가능하다.

다음으로 문체의 경우, 이 시기 한국어 글쓰기의 문체는 다음과 같이 구분 가능하다.

1. 한문
   ㄱ. 순한문
   ㄴ. 현토한문
2. 한문 해체문
   ㄱ. 구절형 한문해체문
   ㄴ. 단어형 한문해체문
3. 국문
   ㄱ. 혼합표기 국문
   ㄴ. 한글표기 국문

1의 한문은 한자로만 표기되어 있는 (1-ㄱ)의 순한문과 한글로 토가 달려 있는 (1-ㄴ)의 현토한문으로 구분된다.

2는 위의 『대한민보』 창간사에서 보았던 것과 같이 한문 해체를 통해서 만들어진 문장 형태를 가리킨다.[8] 위의 인용문은 한문의 통사구조가 거의 완전하게, 단어 수준에까지 해체되어 있다. 이러한 형태는 한문 해체를 통해서 생성된 문장의 거의 최종적인 모습이라고 할 수 있다. 하지만 뜻의 표현을 모두 한자에 의존하고 있어, 거의 모든 단어에 한자가 사용되고 있다. 그런데 한문 문장과 이 단어형 한문해체문 사이에는 한문 구문의 해체 정도에 따라 아주 다양한 형태의 문장이 존재하고 있다. 가령 다음의 인용문을 보자.

一大獅子가 下山覓食홀새 一處에 至ᄒᆞ니 野艸가 平蕪ᄒᆞᆫ데 羣牛가 聚食ᄒᆞ거늘 張牙舞爪ᄒᆞ고 踊躍就嚙ᄒᆞ야 飢腸을 充코져ᄒᆞ다가 其角이 尖銳ᄒᆞ며 其體가 壯大ᄒᆞ며 其衆이 甚多홈을 見ᄒᆞ매 若或力幷相救ᄒᆞ면 饕食之志를 未遂홀가 是懼ᄒᆞ야 乃試一聲大吼ᄒᆞ니 山岳이 震動이라 牛羣이 大驚ᄒᆞ야 各自東찬西奔커늘 一牛를 逐嚙ᄒᆞ니 餘牛가 不敢來救라 自是之後로 獅子가 日日下山ᄒᆞ야 日嚙一牛ᄒᆞ니 不幾日에 牛羣이 遂空ᄒᆞ니라(1909년 9월 10일 3면 「풍림」)

---

8 한문해체문이라는 말은 야마모토 마사히데(山本正秀)의 논의에서 나온 것이다(山本正秀, 『近代文體發生の史的研究』, 岩波書店, 1965). 이를 한국어 문장에 적용해 논의한 것은 배수찬이 처음인 것으로 보인다. 배수찬, 『근대적 글쓰기의 형성 과정 연구』, 소명출판, 2008, 90~101쪽 참조. 여기서는 일본과의 비교는 염두에 두지 않으며, 한문 문장을 쪼개서 재조립하는 방식으로 만들어진 이 시기 글쓰기 문장의 실체에 잘 부합되는 것으로 생각되므로 이 개념을 사용한다. '구절형', '단어형'이라는 말은 '구절 현토식 국한문체'와 '어절 현토식 국한문체'를 구분했던 민현식의 논의(「개화기 국어문체에 대한 종합적 연구 1, 2」, 『국어교육』 83, 85호, 1994)와 이를 더 세분화했던 배수찬의 논의(윗책, 241쪽), 국한문체 문장을 '한문 문장체', '한문 구절체', '한문 단어체' 등으로 구분했던 임상석의 논의(『20세기 국한문체의 형성과정』, 지식산업사, 2008) 등을 참조하여 명명한 것이다.

이 글은 한문의 통사구조가 꽤 많이 해체되어 국문의 단어 단위로 대부분의 문장이 이루어지고 있으나, 밑줄로 강조된 부분들에는 한문의 구문이 잔존하고 있다. 앞의 예문에서 보인 현토한문에서는 많이 벗어나 있지만, 거의 완벽하게 한문의 통사구조가 해체되어 있는 앞의 『대한민보』 창간사와도 많이 다른 것이다. 여기서는 일단 거의 완전하게 단어 수준으로 해체된 문장을 '단어형 한문해체문'이라고 하고, 한문과 단어형 한문해체문 사이에 존재하는 다양한 형태의 문장을 (2－ㄱ)의 구절형 한문해체문이라고 한다.[9]

마지막으로 3의 국문체는 한문의 통사구조와 생경한 표현을 벗어나 있는 한국어 문장을 가리킨다. 이 국문체 문장은 표기에 따라 (3－ㄱ)의 '혼합표기 국문체'와 (3－ㄴ)의 '한글표기 국문체'로 나뉜다.[10]

이렇게 분류해놓고 보면 문체를 논의하는 데 있어, 기존의 '국한문체'라는 용어가 갖고 있는 문제가 확연하게 드러난다. 기존에 '국한문체'로 분류해온 문장에는 위의 분류를 따르면 네 형태가 포함된다. (1－ㄴ)의

---

9 최근에 이 시기의 '국한문체' 문장을 분류했던 임상석은 이러한 문장들을 2유형(한문구절체)이라고 했다. 그가 1유형(한문 문장체)이라고 분류한 것은 이보다 더 한문구문이 많이 남아 있어 '현토한문'에 가까운 문장들이다. 필자는 그가 1유형에 귀속시킨 문장들 중 일부는 '현토한문'에, 또 일부는 '구절형 한문해체문'에 속하는 것으로 분류한다. 임상석이 3유형(한문 단어체)이라고 분류한 것은 '단어형 한문해체문'에 거의 상응한다. 그러니까 필자가 '구절형 한문해체문'이라고 명명한 문장 형식이 이 글에서는 훨씬 상세하게 분류되어 논의되고 있다. 그런데 이 글에서는 잡지 『소년』의 문장들은 '『소년』의 국한문체'라고 하면서도 이러한 분류 체계 안에 집어넣지 못하고, 국한문체 자체가 전환하는 문제로 다루고 있다. 이는 실은 잡지 『소년』의 많은 문장들이 '혼합표기 국문'이기 때문에, '국문' 대 '국한문체'라는 접근 방식을 통해서는 제대로 해명되기 어렵기 때문이다. 임상석, 윗 책 참조.

10 '혼합표기 국문체'는 기존의 '국한문체' 대 '국문체'라는 대립틀에서는 '국한문체'로 분류될 수 밖에 없는 문장이었다는 점에서 좀 설명이 필요한데, 이는 대한민보의 문체를 거론할 때 좀 더 상세히 논의한다.

현토한문, (2－ㄱ)의 구절형 한문해체문, (2－ㄴ)의 단어형 한문해체문, 그리고 (3－ㄱ)의 혼합표기 국문이 그것이다. 그것은 한문, 한문해체문, 국문이라는 이 시기 문장 형태 모두를 포함하는 것이다. 특히 한문해체문과는 다른 연원을 갖고 있는 '혼합표기 국문'이 「국한문」 안에 포함되어 버림으로써, 「국문」과 대립하게 된다는 것은 문제적이다. 이 두 문체를 구분하는 것은 이 시기에 한국어에 일어나고 있는 변화의 추이를 파악하는 데 꼭 필요한 것이기 때문이다.[11]

물론 위에서 분리한 이러한 문체의 구분은 절대적일 수는 없다. 각각의 문체들이 더욱 세분될 수도 있고, '현토한문'과 '구절형 한문해체문', 그리고 '구절형 한문해체문'과 '단어형 한문해체문' 사이에는 쉽게 분간하기 힘들 정도의 문장들도 적지 않게 존재하고 있는 것이다. 또 앞으로 살펴보겠지만 하나의 글 안에서 문장별로 문체를 왔다갔다 하는 경우도 적지 않다. 하지만 그렇다고 하여 이 시기 문체에 대한 분류 자체가 무의미해지는 것은 아니다. 우선은 문장의 차원에서 위에서 분류한 이념형에 따른 구분이 가능한 것으로 보이며, 그러한 이념형을 기준으로 하나의 글 전체가 특정한 문체로 일관되어 있는지 아니면 다양한 문체의 문장들이 혼재되어 있는지를 가늠하는 것이 가능하고 또 필요한 것이다.

---

11 기존의 '국문'과 '국한문'이라는 분류틀은 단지 표기나 문장의 체제만을 가리키는 개념이라고 할 수는 없다. '국문 독자'와 '국한문 독자'와 같은 표현은 한문 교양에 익숙한 독자와 그렇지 못한 독자를 가르고 있다는 점에서 문체를 넘어서는 훨씬 큰 문화적 맥락과 연관되어 있는 것이다. 이 이분법이 가지는 이러한 폭넓은 의미는 여전히 유용하다고 생각되므로, 이 글에서 그러한 방식으로 '국문'과 '국한문'의 틀을 사용할 경우에는 「국문」과 「국한문」과 같이 꺾쇠 안에 넣어 사용한다. 이 논문에서는 문장의 체제를 분류하는 개념으로써 '국한문', '국한문체' 등의 용어를 사용하지 않는다. 하지만 기존에 사용되어 왔던 '국한문체'라는 개념을 가리키기 위해서 이 말들을 사용하는 경우가 있는데, 이때는 항상 작은 따옴표를 사용하여 '국한문체'와 같이 쓴다.

3. 『대한민보』의 문체 현황

1) 대한민보 편집진의 글쓰기와 문체 의식

[1] 창간에 따른 축사 등이 실리지 않아, 일상적인 편집을 보여주기 시작한다고 생각되는 1909년 6월 14일자(제3호)의 『대한민보』의 지면 구성을 예시하면 다음과 같다.

1면 : 官報, 外報, 新來成語問答, 一叢話, 小說, 詞藻

2면 : 電報, 雜報, 森羅萬象, 諷林,

3면 : 雜報, 散錄, 艶, 俚訓覺非, 社告, 廣告

4면 : 廣告

이후의 신문에서도 3면에 기서(寄書)나 별보(別報)가 가끔 들어가는 것을 제외하면, 『대한민보』의 초기 지면 구성은 이 정도로 이루어져 있다. 3호의 경우 한시를 싣고 있는 '사조'와 '염'란은 순한문, 세계 각 나라의 격언을 소개하고 있는 '보감'란과 일종의 독자투고란인 '풍림'란은 현토한문으로 이루어져 있다. '보감'란은 서양의 격언을 소개하는 경우도 빈번한데, 특이하게도 이후에도 대부분 순한문으로 이루어지며, 가끔씩 현토한문이 등장하고 있다. '풍림'란은 독자투고란이기 때문에 상당히 복잡한 문체 양상을 보이고 있는데, 이는 독자에 대해 논의하는 다음 장에서 상세히 다룰 생각이다. 표기 방식이라는 차원에서는 한자만으로 표기된 '사조'와 '염'란을 제외하고는 모두 혼합표기이다. '소설'란은 아주 예외적으로 띄어쓰기가 되어 있는 순한글로 표기되어 있어, 그 특이함이 선명하게 드러나 있다.[12]

『대한민보』의 기자나 편집진이 '사설'이나 '외보', '잡보' 등의 기사작성에서 기본으로 사용한 문체는 단어형 한문해체문이었다. 잡보에 있는 "學生行列注意"라는 기사는 다음과 같다.

> 各學校學徒가 運動이나 歡迎ᄒᆞ기 爲ᄒᆞ야 街路에 往來홀 時에 二四로 行列ᄒᆞ야 行人의 通路를 防碍ᄒᆞ며 或 馬車의 相觸홀 念慮가 不無ᄒᆞᆫ 故로 學部에셔 各 學校로 申飭ᄒᆞ야 學徒行列ᄒᆞᄂᆞᆫ 時에ᄂᆞᆫ 單行으로 往來ᄒᆞ야 臨機措寘에 便易ᄒᆞ도록 注意ᄒᆞ라 ᄒᆞ얏다더라(1909년 6월 15일, 2면, '잡보')

한문 통사구의 흔적이 거의 남아 있지 않은 안정된 단어형 한문해체문을 구사하고 있음을 알 수 있다. 기사에 사용된 이러한 문장이 『황성신문』이나 『대한매일신보』 등의 이른바 '국한문체' 신문에서 일반적인 모습이었다고는 할 수 없다. 이러한 단어형 한문해체문장이 안정적인 모습을 보이는 신문은 『만세보』다.[13] 또 당시의 대부분의 잡지에서도

---

12 1910년 6월 9일자 신문부터 '청구신요'란의 표기가 한글에 한문을 부속하는 형식으로 바뀌고, 폐간 때까지 그러한 표기가 계속된다. 이 때부터는 한글표기란이 하나 더 늘었다고 할 수 있을 것이다. '청구신요'란은 1910년 1월 5일자부터 등장했는데, 그 이전의 '가요'란을 대신하는 것이었다. 이 『대한민보』의 시조에 대해서는 다음 논문 참조. 김승우, 「『대한민보』 소재 시조의 위상」, 『한국문학이론과 비평』 33집, 2006.12.

13 배수찬은 앞의 책 255~261쪽에서 『만세보』와 『황성신문』, 『대한매일신보』의 문체를 비교하여, 의미 있는 변화가 있었음을 논증하고 있다. 김영민의 「『만세보』와 부속국문체 연구」(『대동문화연구』 64호, 2008.12)도 참조.

일반적이었던 것은 구절형 한문해체문이었지, 단어형 한문해체문이 아니었다.[14] 반면에 『만세보』와 『대한민보』는 혼합표기를 기본으로 하고 있으면서, 신문 기자들이 작성하는 대부분의 기사에서는 단어형 한문해체문을 보여주고 있는 것이다.

그런 점에서 『대한민보』의 지면 중에서 주목되는 난이 1909년 9월 16일 처음 선보이고, 1909년 12월 26일까지 총 47편이 실리는 '인뢰(人籟)'란(欄)이다. 이 난은 기본적으로 두 사람의 대화나 또는 혼자말이라도 독자에게 말을 건네는 구어적 상황을 전제하고 당대 상황에 대한 풍자를 주로 하고 있다. 그 때문인지 다른 난들과는 달리 모두가 '혼합 표기 국문체'로 되어 있다. 물론 다음의 예에서 볼 수 있듯이, 한문식 표현이 남아 있는 부분들도 적지 않다.

> ▲凶黨이 政合邦을 聲明ᄒᆞ더니 某處에셔는 ᄒᆞᆫ 술 더 ᄯᅥ셔 合倂을 主唱ᄒᆞ얏데 政談大演說은 엇지나 되엿노 消息이 감감ᄒᆞ니 자라목이나 아니 되얏는지 <u>前車之覆은 後車之鑑</u>이라던가 ▲<u>年終이 不遠ᄒᆞᆫᄃᆡ</u> 나는 賞與金 한 푼도 아니 주니 참 野俗도 ᄒᆞ두군 官吏兩班들은 賞與金 타먹고 알기 다리치고 잘덜 노실 貌樣이지(1909년 12월 26일 3면 '인뢰', 밑줄 강조—인용자)

인용문 중 강조된 부분은 분명히 한문문장의 구조가 그대로 남아 있는 것들이다. 때문에 이 글 전체가 완전하게 '혼합표기 국문체'의 모습을 보인다고 할 수는 없다. 하지만 이러한 것은 부분적인 삽입일 뿐, 글

14 임상석의 윗 책의 4장 1절에서 '국한문체 문장유형의 잡지별 분포'를 보여주고 있다. 3유형에 비하여 1, 2유형의 비중이 압도적으로 많았음을 알 수 있다.

전체의 문체는 국문체를 따르고 있는 것으로 판단된다. 다음과 같은 경우에는 국문체라는 데 별 논란의 여지가 없을 것이다.

> 허허 古談에 일은 말이, 중놈이 무엇ᄒᆞ고 山直이 해후친다ᄂᆞᆫ 말은 잇지마ᄂᆞᆫ 觀察使가 쏫구경ᄒᆞ고 昌平人民이 花債 무릿데 그려, 이애야, 어림업ᄂᆞᆫ 말마라 昌平도 觀察使 잇드냐, 홍 觀察使나 잇ᄂᆞᆫ 곳 갓흐면, 덜 원통ᄒᆞ갯다(1909년 9월 25일 3면 '인뢰')

'인뢰'란에 실린 대부분의 글들에는, 완벽하게 국문체라고 하기에는 생경한 단어나 구절들이 존재하고 있다. 하지만 그러한 부분적인 구절들 때문에 한문해체문에 귀속시킬 수는 없다. 이러한 문체의 이해에서 우선적으로 중요한 것은 이러한 문장은 한국어 입말에 기반해서 이루어진 것이지, 한문의 해체만을 통해서는 이루어질 수 없다는 점이다. 여기서 주목해야 할 것은 이 '인뢰'란에 실린 모든 글들이 예외없이 이러한 문체로 이루어져 있다는 점이다. 「국한문」을 기본으로 하는 신문 내에, 혼합표기되어 있으면서, '국문' 문장이 주가 된 난이 존재하고 있는 것이다.

이러한 혼합표기 국문체가 어디서 연원했는가에 대해서는 좀 더 통시적이고도 세밀한 고찰이 필요한 것으로 생각된다. 일단 여기서 지적할 수 있는 것은 이 인뢰란의 국문체는 대화상황을 전제하고 풍자를 한다는 글의 성격과 아주 밀접하게 연관되어 있다는 점이다. 그러니까 한국어 입말이 일단 전제가 되어 있다는 것은 분명하다. 하지만 글쓰기의 전통 내에서도 이러한 형태의 문장과 비슷한 것들이 없었던 것은 아니다. 민현식이 「용비어천가」, 「훈민정음 해례」, 「월인석보」, 「두시언해」 등에서 확인하여 '전통 국한문체'라고 부른 문장들이 이에 흡사함을 알 수 있다.[15] 그 글들은 대부분 통사적으로는 한국어 문장으로 이루어지고 있고 용언에서도 고유어들을 사용하고 있으면서, 단어 수준에서 한자어를 사용하고 있는 것이다.

② 『대한민보』에서 공식적이고 논리적인 글을 대표한다고 생각되는 '언단'란[16]의 경우에는 같은 편집진의 글임에도 상황이 전혀 달랐다. 이 언단란의 글은 거의 모두가 '한문해체문'으로 되어 있는 것이다(전체 72편 중 구절형 한문해체문 31편, 단어형 한문해체문 31편, 그리고 나머지 10편은 현토한문이다). 이는 글의 문체 선택이 글의 종류와 밀접하게 연관되어 있었음을 보여주는 것이라고 할 수 있는데, 그러한 점을 잘 보여주는 또 하나의 편집진의 글이 '형제자매'라는 난이었다. 이 난은 경어를 사용하여 말을 건네는 형식으로 되어 있는데, 신문애독을 권유하는 일종의 광고로 시작하는 듯하지만, 편집진의 독자 계몽에 대한 의도가 강하게 드러나는 부분도 적지 않다.[17] 이 난은 『만세보』에서 보였던 부속국문 형식이 시도되고 있는데, 『만세보』에서와는 달리, 모든 부속국문은 한자음의 표기이다.

---

15 민현식, 「개화기 국어문체에 대한 종합적 연구 1」, 『국어교육』 83호, 1994, 125~126쪽 참조.

16 1909년 8월 10일에 첫 글이 실리고, 1909년 12월 4일까지 모두 71편의 글이 실린다. 『대한민보』에는 다른 신문처럼 '사설'이 자주 실리지 않는다. 대신에 편집진의 주장이 '언단'란을 통하여 표출되는 경우가 많았다.

17 1910년 1월 5일 第一告에서 시작하여 1910년 6월 17일 第十二告까지 드문드문 실린다.

가) 아 — 오날이, 벌셔 隆熙四年一月五日이오, 元朝에 發行ᄒᆞᆫ 本報ᄂᆞᆫ 新年歲拜와 갓치, ᄒᆞᆫ 張 發行ᄒᆞ얏고 今日브터 繼續 發行ᄒᆞᆫ압나이다

우리 兄弟姉妹에게, 新奇ᄒᆞᆫ 智識을 紹介ᄒᆞ야, 큰 利益이 생기ᄂᆞᆫ 것은, 光明ᄒᆞ고 正大ᄒᆞᆫ 大韓民報이오니, 어셔어셔, 이 新聞들을 보시오, 次次 말이 만습니다(1910년 1월 5일 1면 '兄弟姉妹' 第一告 전문)

나) 우리 兄弟姉妹여 新聞을 보와야 必要ᄒᆞᆷ은 임의 말삼ᄒᆞ엿거니와 다시 新聞의 性質을 말ᄒᆞ오리다

新聞이 一張紙에 不過ᄒᆞ나 사람의 氣質을 變ᄒᆞᆷ이 速ᄒᆞᆫ지라 正當ᄒᆞᆫ 新聞은 奸詐ᄒᆞᆫ 者도 正當케 變ᄒᆞ고 奸詐ᄒᆞᆫ 新聞은 正當ᄒᆞᆫ 者도 奸詐케 變ᄒᆞ기 容易ᄒᆞᆫ 故로 時局에 通達치 못ᄒᆞᆫ 者ᄂᆞᆫ 不可不 新聞을 擇ᄒᆞᆯ지라 물은 한가지 물이나 器皿을 ᄯᅡ라 精하고 麤ᄒᆞᆷ과 갓치 갓흔 文字와 갓흔 事實로도 記錄ᄒᆞᆷ을 ᄯᅡ라 다르거던 況 공교ᄒᆞᆫ 文字로 無理ᄒᆞᆫ 事實을 做出ᄒᆞ야 國民의 腦髓를 眩亂캐ᄒᆞᄂᆞᆫ 者 — 리오 幸히 諸君은 新聞을 愛讀ᄒᆞ시거던 新聞의 性質벗텁 自擇ᄒᆞ시오

(1910년 1월 13일 1면 '兄弟姉妹' 第三告 전문)

가)의 문장들은 혼합표기되어 있지만, 구어적 상황을 전제하고 있는 것에 알맞게 자연스런 국문체로 이루어져 있는 것으로 보인다. 하지만 나)의 경우에는 첫 문장은 국문체라고 해도 무리가 없을 것이지만, 다음에 이어지는 문장은 단어형 한문해체문에 가깝다. 주목할 것은 그 부분에서는 독자에 대한 논리적인 설득을 시도하고 있다는 점이다. 계몽이나 설득의 의도가 강하게 드러나는 부분에서는 역시 한문해체문의

모습이 나타나는 것이다. 하지만 이 '형제자매'란은 기본적으로 경어로 말을 건네는 형식이기 때문에, 그런 부분이라고 하여도 입말에 가깝고 중간 중간 고유어가 사용되어 한문해체문의 생경함에서 벗어나 있는 모습을 보여준다. 그러니까 이 '형제자매'란은 국문을 중심에 놓고 보면 그 안으로 꽤 깊숙히 한문해체문이 침범해 들어왔다고 할 수 있으며, 한문해체문이 중심이라고 생각하면, 이미 한문해체문의 정형적인 모습에서는 벗어나 국문으로 치닫는 문장들이 적지 않은 것이다.

이러한 상황은 왜 이 난만이 부속국문이라는 번거로운 형식으로 표기되었을까라는 물음과 관련된다. 신문 매체에서 부속국문을 처음 시도했던 것으로 보이는 『만세보』의 부속국문에 대해서는 "한문으로 쥬장ᄒᆞ고 한문 글ᄌᆞ 엽헤 우리나라 국문으로 쥬셕ᄒᆞ야 비록 한문을 몰으난 자라도 그겻희 국문을 보고 알게 만들깃다"[18]라는 의도가 밝혀져 있다. 기본적인 것이 한문을 모르는 자에 대한 배려인 것이다. 이 '형제자매'란의 경우 일단 부속국문에 따라 읽는 것만 가능해지면 한국어 사용자가 뜻을 헤아리지 못할 부분은 거의 없게 된다. 그런 점에서 이 난이 주대상으로 삼고 있는 독자는 한문교양이 풍부한 기존의 지식층이라기보다는 한글로 또는 국문으로 소통할 수 있는 사람들이었음을 알 수 있다. 이 난이 상정하는 기본적인 독자는 국문으로 소통할 수 있는 사람들이었지만, 그들이 대상이 되었다 하더라도, 논리적 설득, 계몽, 지식의 전달을 시도할 때, 『대한민보』의 편집진에게 익숙하고 당장 이용 가능한 문체는 한문해체문이었던 것으로 보인다. 그러한 상황이 국문

18 『제국신문』, 1906.5.11, 김영민의 앞의 글 428쪽에서 재인용.

과 단어형 한문해체문이 융합되어 들어가는 것으로 보이는 '형제자매'란의 문체를 만들어내고 있는 것이다. 그런 점에서 이 '형제자매'란의 문체는 상당히 의미 있는 것이라고 할 수 있는데, 궁극적으로 20년대 이후 신문과 잡지 등에서 현실화되어 가는 근대적 한국어 문장은 결과적으로는 이러한 국문체와 단어형 한문해체문의 융합을 통하여 이루어지는 것으로 생각되기 때문이다.

이러한 검토를 종합해보면 『대한민보』 편집진들은 분명히 「국한문」 독자와 「국문」 독자를 모두 『대한민보』의 잠재적 독자로 생각하고 있었던 것으로 생각된다. 그들은 일단 혼합표기를 기본으로 했을 뿐 아니라, 한문해체문을 기사 작성의 기본문체로 삼음으로써 전통적인 한문 지식인층을 자신들의 주독자로 상정하고 있음을 보여주었다. 하지만 『대한민보』는 남성 지식인 식자층만으로 독자를 한정하고 싶지는 않았던 것으로 보인다. 순한글만으로 표기되어 있는 '소설'란은 분명히 한글독자를 겨냥하고 있다고 해야 할 것이다. 또 부속국문을 시도하고 있는 '형제자매'란이나 한문구절을 뿌리치지 못하면서도 전체적으로는 국문문장으로 풍자를 시도하고 있는 '인뢰'란등은 바로 그러한 독자들을 염두에 두고 이루어지는 것이었다고 할 수 있는 것이다.

국문독자를 향한 이러한 노력은 한 편으로는 전통적인 한문독자들을 '국문'의 세계로 이끌어오는 것이기도 했다. 『대한민보』에서 사용된 한문해체문은 한문 해체를 통해서 만들어질 수 있는 문장 중에서는 가장 국문에 가까운 단어형 한문해체문이었다. 또 '인뢰'란이나 '형제자매'란 또한 혼합표기를 기본으로 함으로써 전통적인 지식층들의 저항을 최소화하는 형식으로 새 독자층에게 다가가는 모습을 보여주는 것이다. 물론 처음부터 존재했던 '소설'란도 이채로운 존재였지만, 그렇다고 하여 한문 지식인들을 애초부터 배제한 채 시도되었던 것은 아닐 것이다. 한글한자혼합표기를 시행하면서도 순한글 표기의 소설을 처음부터 끝까지 유지했던 것 자체가 양분되어 있는 독자층이 궁극적으로는 통합될 수밖에 없다는 나름의 비전 속에서 행해진 것이라고 할 수도 있을 것이다.

2) 『대한민보』 독자의 글쓰기와 문체의식

『대한민보』에는 사조나 기타 난에 실린 한시를 제외하고, 독자의 글을 싣는 난이 둘 있었다. '기서'란은 여타의 신문들에서도 볼 수 있는 일반적인 독자투고란이었다면, '풍림'란은 『대한민보』만의 특유의 것이었다. '풍림'란의 모집광고는 1호부터 33호까지 계속 실리는데, 1호에 첫 당선작이 실려 있어, 아마도 청탁을 통해 본보기를 보였던 것으로 생각된다.[19] 이후 39호까지는 18호 한 호만을 제외하고는 계속 실려 있는 것을 보면, 신문 편집자의 입장에서 상당히 공을 들여 만들어 가고 있는 난이었다고 할 수 있다. 이 난은 다음의 모집광고에서 드러나듯 '풍자'를 위주로 하는 글을, 독자투고의 형식으로 싣는 곳이었다. 『대한

19 1호부터 실렸다는 것은 적어도 1호에 실린 글이 말 그대로의 독자투고가 아니었음을 보여준다고 할 수 있다. 광고와 동시에 신생신문에 바로 투고가 들어오지는 않았을 것이기 때문에 신문사 내부나 지인을 통해 이 란을 메꾸는 일들이 이루어졌을 것을 예상하는 것은 어렵지 않다. 하지만 계속 그런 식으로 이 란을 유지했으리라고는 생각되지 않는다. 특히 이 란에 실린 글들의 다양한 문체를 고려한다면, 꽤 많은 글들이 실제 투고의 형식으로 이루어졌던 것으로 보인다.

민보』 독자 층의 언어 사용실태를 살펴볼 수 있다는 점에서 특히 주목되는 난이라고 할 수 있다.

諷林募集

應募注意

諷林欄은 江湖君子의 高論을 博採코ᄌᆞᄒᆞ야 特設ᄒᆞ오니 社會上時事一般의 可規ᄒᆯ 者를 擧ᄒᆞ야 婉誘的으로 微意를 含蓄ᄒᆫ 諷辭를 謂ᄒᆷ

▲文體ᄂᆞᆫ 隨意호대 字數ᄂᆞᆫ 十四字一行으로 十五行에 限ᄒᆷ

▲原草ᄂᆞᆫ 本社受書函에 投入커나 或 書面으로 致ᄒᆷ

▲著作人의 住址와 姓名을 詳記ᄒᆷ을 要호대 本報에 揭不揭ᄂᆞᆫ 本人의 志願을 隨ᄒᆷ

▲一等으로 入選ᄒᆫ 時ᄂᆞᆫ 記者의 短評을 添ᄒᆞ야 本報二面에 揭ᄒᆷ

▲謝儀ᄂᆞᆫ 揭載日브터 一個月間 本報를 進呈ᄒᆷ

大韓民報社 告白

『대한민보』는 1909년 6월 12일 창간호에서 1910년 8월 31일 『민보』라는 제호로 발간된 최종호까지 총 357호가 발간되었는데, 다행스럽게도 한 호도 빠지지 않고 남아 있다. 그 중 '풍림'은 정확하게 100회가 실렸다.[20] 일단 현황을 보이면, 혼합표기국문체가 38편, 현토한문이

20 총 101회라고 할 수 있는데, 1910년 6월 28일자 '풍림'란은 검열에 의해 전체가 삭제 되어 있다. 풍림란의 수록상황과 문체 현황에 대해서는 첨부된 표를 참조.

33편, 구절형 한문해체문이 25편, 그리고 순한문이 1편, 기타 문체가 섞여 있어 어디로 귀속시키기 힘든 것이 3편이다. 실은 이 풍림란에 실린 글들의 경우에는 그 대부분이 문체들이 뒤섞여있는 글들이다. 그러므로 위의 분류는 그 섞여 있는 것들 중에서 주도적인 것을 뽑아본 것에 지나지 않는다. 아마 관점에 따라서는 상당히 다른 통계가 나올 수도 있다. 대표적인 실례를 보이면 다음과 같다.

가)

若要人不知면 除非已莫爲오 若要蝶頻來면 除非花有香이니라

北里에 有一婦ᄒᆞ니 名似玉面有毛心如蛇호ᄃᆡ 尙望人之悅已也러라(1909년 6월 24일 2면 풍림란 '怨錢')

나)

隆熙 三年 七月 八日 下午 五時頃 에 慶會樓下에 九百九十九莖의 碧蓮葉이 亭亭聳出ᄒᆞ니 此는 萬歲聲裏에 來賓이 禮帽ᄅᆞᆯ 高擧ᄒᆞᆫ 光景이러라 呀 1000 來賓中에 奈一人을 不見고 東邊最末椅子에 頭光光髥垂垂ᄒᆞᆫ 一少年이 口含紙烟ᄒᆞ고 凝坐不動이러라(1909년 7월 10일 2면 풍림란 '絶妙好辭')

다)

世界의 進化ᄅᆞᆯ 隨ᄒᆞ야 美術이 日新ᄒᆞ매 歐米에 絶無ᄒᆞ고 日淸에 乏少ᄒᆞ고 我韓에 特有ᄒᆞ니 曰讒語 美術이라 或 政略에 應用ᄒᆞ며 或 發身에 應用ᄒᆞ되 政略則不中ᄒᆞ고 發身則得中ᄒᆞ니 奇哉라(1909년 6월 17일 풍림란)

라)

花柳橋 다리 아래 ᄭᅩ부장ᄒᆞᆫ 獨木橋上에셔 두 사람이 싹 마주 만나셔 오도가도 못ᄒᆞ게 되얏다, ᄒᆞᆫ 사람이 하는 말이 여보 老兄 어듸 사르시오 녜 나는 長通坊사오 녜 그러면 뉘 宅인지는 뭇지 안아도 알겟소 엇지 아시오 녜 검동氏가 아니면 셰ㄴ동氏인 줄 알지오 여보 이 兩班 初面 親舊를 對ᄒᆞ야 侮辱이 當ᄒᆞᆫ 일이오 녜 내가 侮辱ᄒᆞᆫ 거시 아니라 貴坊에 사는 銅神大監이 말ᄒᆞ기를 貴坊 사람은 다 黔童이 셰ㄴ童이라 하엿답듸다(1909년 7월 22일 2면 풍림란 '銅神經')

가)는 현토한문 나)는 구절형 한문해체문 다)는 단어형 한문해체문 라)는 혼합표기 국문이라고 판별해도 큰 무리는 없을 것으로 보인다. 하지만 단어나 구절 차원에서 이론의 여지가 없는 것은 아니다. 글 다)의 경우 마지막 부분은 구절형 한문해체문이 되어 있다. 앞서도 이야기했지만 이 시기 글의 문체는 상당히 불안정했다. 동일한 인물들에 의해 비슷한 종류의 글들로 채워지는 다른 지면에 비해, 특히 이 풍림란의 불안정성은 심하다고 할 수 있는데, 독자투고라는 글의 성격상 어쩔 수 없는 부분이라고 할 수 있을 것이다. 가령 다음과 같은 문장을 보자

(ㄱ)蝶은 韓語로 나뷔며 일어로 됴됴라 春日이 微溫ᄒᆞ야 百花가 盛開ᄒᆞ면 胎卵濕化의 昆虫諸族이 各各日光의 恩澤을 借ᄒᆞ야 一時活動ᄒᆞ는 樂意가 勃勃홀새 就其中最奇怪ᄒᆞᆫ 飛虫이 有ᄒᆞ니 名曰 됴됴라 (ㄴ)목아지 상큼ᄒᆞ고, 몸동이 밧삭 마르고, 두 수염 ᄭᅩ부장ᄒᆞ고, 두 날개 우에, ᄯᅩ, 두 날개 덥처셔 東風 건듯 불젹 마다 이리로 翩翩左翅를 펴고, 져리로 紛紛 右翅를 펴셔 펄넝펄넝 춤 잘추는 無事奔走 져 됴됴야 (ㄷ)片時春光 已無多ᄒᆞ고 斜日蛛網이 滿空中ᄒᆞ니 早醒

漆園夢ᄒᆞ고 移得黃粱枕ᄒᆞ야(1909년 6월 13일 2면 「풍림」)

대체적으로 (ㄱ) 부분은 한문해체문, (ㄴ)은 국문 그리고 한시가 등장하는 (ㄷ) 부분은 현토한문으로 파악할 수 있다. 하나의 글 안에서 문체 사이의 넘나듦이 이렇듯 심한 것이다. 이와 비슷하게 한문해체문으로 시작했으나 점차 현토한문으로 나아가는 글들도 보이며, 삽입된 대화의 경우에만 국문체에 가까운 모습을 보이는 글들도 있으며, 국문체로 진행되다가 '한시'가 삽입되며 문체가 변하는 듯한 글들도 보인다. 그러므로 풍림 글의 문체 분류는 하나의 글 안에서 가장 우세하다고 판단되는 문체를 끄집어내었을 뿐, 경계에 놓여 있는 글들이 적지 않은 상황이다.

통계에서 보듯이 이 풍림란의 문체로서는 국문과 현토한문이 거의 비슷한 비중을 차지하고 있다. 그래서 그런지 이 풍림란에는 국문체와 현토한문체가 섞여 있는 글들이 상당수 있다. 이런 글들은, 현토한문에서 한문해체문으로, 또 거기서 국문으로 단계적인 진행을 거쳐 근대 한국어문장이 이루어진다는 선형적인 발전론의 발상이 문제가 있음을 보여주고 있다. 당시의 문체분포로서는 꽤 멀리 있을 것만 같은 현토한문과 국문이 가장 빈번하게 섞여들어가고 있기 때문이다. 이러한 상황이 보여주는 것은 한국어 문장 자체는 한문해체문을 통과하여 만들어지는 것은 아니라는 점이다. 이 시기 지식인들의 글쓰기로서 한문해체문이 중요한 역할을 했고, 그것은 단어 차원에서 사용될 수 있는 수많은 한자어들을 만들어냄으로써 근대 한국어 문장의 형성에 지대한 영향을 끼쳤지만, 그렇다고 하여 근대 한국어 문장 자체가 한문해체문을 통하여 만들어졌다고는 할 수 없다. 이 시기 한문해체문과 국문은 병립하며 서로 다른 장르의 글들에서 각자의 역할을 하고 있었던 것으로 보인다. 그러한 국문과 한문해체문이 상호침투하고 융합하는 과정을 통하여 근대적 한국어 문장이 형성되었다고 보아야 할 것이다.

또 이와 관련하여 흥미 있는 점은, 이 풍림란에는 글 전체가 '단어형 한문해체문'으로 일관되어 있는 글이 한 편도 보이지 않는다는 점이다. 『대한민보』의 대부분의 기사가 '단어형 한문해체문'임을 상기한다면, "文體는 隨意"하라고 했음에도 불구하고, 기사나 사설(주로 언단란을 가리킨다)에 쓰인 문체가 거의 쓰이지 않았다는 점에는 주목하지 않을 수 없다. 이 당시 신문 기사와 논설문이나 설명문 등 지식인들의 글쓰기 문체인 '단어형 한문해체문'은 그런 장르의 글들에서만 통용되는 철저하게 인공적인 문체였다. 그것은 한문이 입말(구어)과는 무관하게 사용되었던 것처럼, 여전히 입말과는 무관하게 단순히 한문을 해체하는 것을 통하여 만들어진 것이었다. 따라서 그것은 앞의 '인뢰'란의 경우에서 보았듯이, 대화나 풍자 등 구어적 상황을 전제한 글에는 적당치 않았다. 이 '풍림'란 또한 풍자적인 의도의 것이었고, 그 때문인지 대화 등의 구어표현이 많이 등장하는 종류의 글이 대부분이었다. 이 두 난에 '단어형 한문해체문'이 거의 등장하지 않는다는 것은 그 한문해체문이 철저하게 특정한 장르의 언어로써 성립하고 있었음을 보여주는 것이라고 생각된다.

편집진이 담당하고 있던 글인 '언단'란과 마찬가지로, 논리적이고 설득적인 글이 대부분인 '기서'란의 경우는 상황이 전혀 다르다. 기서의 경우에는 총21편 중, 순한문 3편, 현토한문 6편, 구절형 한문해체문 4

편, 단어형 한문해체문 8편으로 모두 일관된 문체로 이루어져 있다. 기서에는 우리가 '혼합표기국문'으로 분류한 글이 하나도 없고, 한문 문장이라고 할 수 있는 '현토한문'과 '순한문'을 합하면, 9편이나 된다는 점에서 한문 편중은 훨씬 심하다.[21] 기서란에 실린 글의 경우에는 글의 분량에 있어서도 대부분 풍림란에 실려 있는 글들보다는 훨씬 길어 본격적인 글쓰기라는 인상이 짙다. 또 기서란에 실린 글은 좀 더 공식적이고 논리적이며 본격적인 글쓰기의 성격을 갖고 있는 것으로 생각되는 것이다. 같은 독자투고 형식임에도 나타나는 이러한 차이는, 여기서도 글의 종류가 문체 선택에 있어 큰 영향을 미치고 있다는 점을 보여주는 것이다. 마지막으로 이 풍림란의 문체를 통해서 짐작해볼 수 있는 독자는 비교적 한문교양을 갖고 있는 사람들이었음을 알 수 있다. 국문체로 쓰여진 글에도 종종 한시나 한문구 등이 삽입되고 있는 것을 볼 수 있는데, 이는 적어도 필자가 단지 한글만을 사용할 수 있는 사람이 아님을 보여주는 것이다.

3) 새 용어들과 문체－신래성어문답(新來成語問答)

『대한민보』는 창간시부터 언어에 대한 각별한 관심을 드러내고 있다. 그래서 음이 같은 한자의 뜻을 바로잡아 주는 '이훈각비', 새로운 용어를 번역해주고 해설해주는 '신래성어문답', 각국의 명언・속담을 싣는 '보감란' 등이 준비되어 있었다. 그리고 『대한민보』의 언어에 대한

21 기서의 상황에 대해서는 뒤의 표 참조

관심을 잘 보여주는 또 하나의 실례는 1910년 1월 16일부터 시작하는 사전 작업이다. '사전연구초(辭典硏究草)'라는 제목으로 ㄱ항목부터 실제적인 국어 사전 작업이 연재되기 시작하는 것이다. 그리고 이 날 '사전연구설(辭典硏究說)'이라는 글이 함께 실린다

> 然ᄒᆞ나 人이 有ᄒᆞ면 語가 必有ᄒᆞ야 其情을 相通ᄒᆞ며 國이 有ᄒᆞ면 國語가 有ᄒᆞ야 本有 純粹의 精義를 表現ᄒᆞᄂᆞ니 故로 國이라 稱ᄒᆞ고 明確ᄒᆞᆫ 國語의 辭典이 不具ᄒᆞ야 言語의 向背가 홀륜(?)홀진ᄃᆡ 엇지 文明ᄒᆞᆫ 民族이라 可謂ᄒᆞᆯ가 (1910년 1월 16일 2면 '대한민보'[22])

국어 사전의 필요성이 문명한 국가에 대한 욕망 속에서 드러나는 것이다. 이러한 『대한민보』의 언어, 국어에 대한 관심이 낳은 주목해볼 만한 란이 바로 '신래성어문답'이다. '신래성어문답'은 창간호 발간 후 열흘 뒤 속간된 2호(1909년 6월 13일)부터 1909년 11월 26일(136호)까지 하루도 빠지지 않고 실렸는데, 1909년 6월 24일의 '예금 / 거치'나 1909년 8월 24일의 '경기 / 불경기'와 같이 관련 단어가 함께 소개된 경우를 합하여 모두 141개의 단어가 소개되어 있다. '보합'이 유일하게 두 번 소개되었는데, 착오였던 듯하다. 여기에 소개된 단어들은 모두 일본어 한자어들이었고, 그래서 시작할 때의 몇 단어를 제외하고는 모두 일본어 발음이 소개되어 있다. 경제나 법률 용어들의 빈도가 높았던 것으로 보이지만, 일상적 용어들도 적지 않았다.

---

22 난의 이름이 적혀있어야 할 자리에 '大韓民報'가 적혀 있다. 특정한 사안에 대한 신문사의 입장을 밝히는 글에 사용되었던 것으로 보인다.

여기 소개된 단어들 중 거의 절반은 우리가 일상적으로 사용하는 단어가 되었다고 할 수 있다. 단어들을 제시하면 다음과 같다. 10개씩 행마다 번호를 붙여두었다. 전체 141개의 단어이고, 그 중 밑줄로 강조된 73개의 단어는 지금 우리들이 자연스럽게 사용하고 있다고 생각되는 것들이다.

1. 漁附 / 取締 / 組合 / 手形 / 引繼 / 手續 / 請負 / 入札 / 心得書 / 仕樣書
2. 模樣替 / 豫金 / 拒置 / 取扱 / 爲替 / 振出 / 仕舞 / 仕事 / 權利 / 切手
3. 收入印紙賣捌所 / 手當金 / 飛入地 / 都合 / 取極書 / 割引 / 割合 / 拂下 / 治外法權 / 届出
4. 出張 / 見積書 / 荷爲替 / 當座預金 / 貸越金 / 繰越金 / 手柄 / 切上 / 注文 / 差引
5. 手附金 / 覺書 / 打合 / 步合 / 入込 / 書留 / 立替 / 暇乞 / 當分 / 其筋
6. 仕入 / 明渡 / 掛合 / 支度 / 取消 / 相場 / 御賣 / 味方 / 安賣 / 振替
7. 申付 / 前拂 / 緣組 / 引渡 / 景氣 / 不景氣 / 時效 / 貸付 / 重役 / 締切
8. 立會 / 取調 / 引受 / 取立 / 配當 / 積極的 / 消極的 / 辭令書 / 相對的 / 絶對的
9. 法人 / 裏書 / 買戾 / 役員 / 臺帳 / 辨濟 / 指圖 / 相殺 / 引換 / 登記
10. 言渡 / 日附 / 引籠 / 更改 / 議論 / 拂込 / 玉突 / 割當 / 隔地者 / 特定物
11. 充當 / 案內 / 支配 / 第三者 / 信號 / 水先 / 免許 / 見張 / 下方 / 上方
12. 有限責任 / 無限責任 / 步合 / 意匠 / 出頭 / 氣壓 / 陸揚 / 眞空 / 役割 / 出勤
13. 在勤 / 競賣 / 開放 / 執達吏 / 抗告 / 開催 / 公債証書 / 意思表示 / 保証

/ 擔保責任

14. 雛形 / 定款 / 荷物 / 小包 / 保險 / 檢擧 / 豫審 / 保安 / 宿舶料 / 縱覽 / 鑑定[23]

이 난이 처음 시작된 2호 신문에는 다음과 같은 이 난에 대한 설명이 있다.

> 法令과 規則中에 新來成語가 有ᄒᆞ야 我國人이 其意義를 了解키 不能ᄒᆞᆫ 者一甚多ᄒᆞ니 此는 日本人 官吏가 法令規則을 起案ᄒᆞᆫ 者를 我國人이 繙譯ᄒᆞᆯ 時에 適合ᄒᆞᆫ 文字를 究得지못ᄒᆞ고 日本의 俗語를 仍用ᄒᆞᆫ 所以라
>
> 生疎ᄒᆞᆫ 語句라도 旣히 法令規則의 成語一된 以上에는 其義를 了解ᄒᆞᆷ이 必要ᄒᆞᆫ지라 本報에 新來成語問答을 連續揭載ᄒᆞ야 讀者의 參照에 提供코져 ᄒᆞ노다(1909년 6월 13일 1면)

법령 등에 이미 사용되고 있기에 그 정확한 뜻을 알 필요가 있다는 취지인데, 신문이라는 대중 매체를 통하여 이루어지는 용어에 대한 설명은 그 자체로 그 용어의 확산에 기여했을 것으로 생각된다. 물론 위의 단어들 중 절반 정도가 근대 한국어 안으로 들어오기까지는 다양한 매체와 수많은 언중들이 기여했겠지만, 이 난의 존재 자체 또한 그러한 기여 중의 중요한 일부가 되었을 것이라고 할 수 있는 것이다. 특히 이 난에서 이루어지는 단어에 대한 설명들은 비교적 요령을 얻고 있는 것

23 보다 상세한 상황에 대해서는 뒤의 표 참조.

으로 생각되며, 다음의 경우처럼 실제 사용 용례를 제시하고 있는 경우도 꽤 있다.

> 絶對的(西語 압솔뉴트)(日語 제ㅅ다이데ㄱ기)은 其文字가 指홈과 如히 對가 絶ᄒᆞ얏다 ᄒᆞᄂᆞᆫ 意오 又 唯一無二ᄒᆞ다 ᄒᆞᄂᆞᆫ 意가 有ᄒᆞ고 無上無下ᄒᆞᄂᆞᆫ 意가 有ᄒᆞ니 假令 絶對的 不能이라 ᄒᆞ면 如何ᄒᆞᆫ 境遇ᄅᆞᆯ 勿論ᄒᆞ고 不能되ᄂᆞᆫ 者ㅣ라 事實로 言ᄒᆞ면 泰山을 挾ᄒᆞ고 北海ᄅᆞᆯ 超홈과 如ᄒᆞᆫ 者의 類가 是라(1909년 9월 11일 1면 「신래성어문답」)

또 다음과 같이 기존에 쓰이는 단어와의 비교를 통하여 설명하는 경우도 있다.

> 取締ᄂᆞᆫ 日本의 俗語ㅣ니 監督ᄒᆞ야 範圍ᄅᆞᆯ 脫치 아니ᄒᆞᆫ다ᄂᆞᆫ 意義라 此ᄅᆞᆯ 我國語로 譯ᄒᆞ면 團束이라 云홈이 適合ᄒᆞᆫ 時가 多有홈(1909년 6월 15일 1면 「신래성어문답」)

> 議論(日語 기론)은 爭論攻擊ᄒᆞ야 喧譁를 惹起ᄒᆞᄂᆞᆫ 意니 我國議論의 意義와ᄂᆞᆫ 相反ᄒᆞ야 我國의 議論은 일본의 相談(소단)이라ᄂᆞᆫ 意義와 同一ᄒᆞ니라(1909년 9월 30일 1면 「신래성어(문답)」)

실제로 여기서 소개되는 단어들은 여타의 기사 안에서도 종종 등장하게 되는데, 이른바 '일본어식 한자 표현'이라는 것이 한국어 안으로 들어오는 과정을 보여주는 훌륭한 실례가 된다.

한 예로 1910년 3월 2일자 신문의 2면을 살펴보면, '휘보'란에는 '密輸入取締와巡船', '漁業免許方針', '宗教校取締', '阿部事務官出張' 등의 제목이 보이고, "密輸入을 防止取締키 爲ᄒᆞ야", "近日各銀行에 預金은 多ᄒᆞ고", "昨日 出張ᄒᆞ얏다더라", "學資金을 其保證人에게 督促ᄒᆞᆫ다더라"와 같이 기사 본문에서 사용하고 있다. 여기서 소개한 단어들이 명사형으로만이 아니라 용언의 형태로도 사용되고 있음을 알 수 있다.

이와 연관하여 이 신래성어문답에서 주목할 점 중의 하나는 전체 141개의 단어 중 111개가 2음절어라는 점이다. 이 시기 우리나라에서 이루어지는 한문 문장의 해체 과정에서 특히 2음절 한자어의 확산은 특별한 의미를 갖고 있다고 할 수 있다. 한문해체문의 최종단계인 단어형 한문해체문과 혼합표기 국문을 접합시키는 데 가장 중요한 역할을 이들 2음절 한자어들이 해내는 것으로 보이기 때문이다. 연구자에 따라서는 '2음절 위주의 어절 현토식 국한문체'에 '한문체 근대화의 최종단계'로서의 의미를 부여하기도 한다.[24] 이는 이 시기 새롭게 사용되는 2음절 한자어들이 대부분 '하다'가 붙어 용언으로 사용되게 되는 상황과 깊게 관련되어 있다. 이 '신래성어문답'란은 그 자체로 이러한 한문체 해체의 과정에 적극적인 역할을 하고 있는 것으로 생각되는 것이다.

---

24 배수찬, 앞의 책, 238~244쪽 참조.

4. 맺는 말

『대한민보』는 1909년 6월 2일 창간되어 일한병합이 이루어지는 1910년 8월 31일까지 15개월여 동안 짧게 지속된 신문이다. 본 연구는 이 『대한민보』라는 매체의 지면 구성과 텍스트의 양상에 대한 구체적인 분석을 시도했다.

근대전환기 한국어 문체에 대한 기존 연구의 문제 설정에서 역시 가장 기본적인 틀이 되어준 것은 알다시피 「국문체」와 「국한문체」의 대립이었다. 하지만 당시 한국어 문장의 변천과정에 대한 정확한 이해를 위해서는 표기의 문제와 문장의 체제라는 의미에서의 문체의 문제를 혼동하지 않는 것이 중요하다. 그래서 이 글에서는 표기의 문제와 문체의 문제를 다음과 같이 분리하여 생각한다. 표기를 분간할 경우 당대의 문장은 '한글 표기', '한자 표기', '한글 한자 혼합 표기'('혼합 표기'로 줄여 쓴다) 문장 등으로 나눠진다. 다음으로 문체의 경우, 이 시기 한국어 글쓰기의 문체는 다음과 같이 구분 가능하다. 1. 한문[(ㄱ) 순한문 (ㄴ) 현토한문] 2. 한문해체문[(ㄱ) 구절형 한문해체문 (ㄴ) 단어형 한문해체문] 3. 국문[(ㄱ) 혼합표기 국문 (ㄴ) 한글표기 국문].

이러한 틀로 대한민보 편집진의 문체의식을 살펴볼 때 가장 주목되는 난은 1909년 9월 16일 처음 선보이고, 1909년 12월 26일까지 총 47편이 실리는 '人籟'欄이다. 『대한민보』의 기자나 편집진이 '사설'이나 '외보', '잡보' 등의 기사작성에서 기본으로 사용한 문체는 '단어형 한문해체문'이라고 할 수 있다. 그런데 이 인뢰란은 다른 난들과는 달리 거의 모두가 '혼합 표기 국문'으로 되어 있다. 이러한 인뢰란의 '혼합표기 국문'은 「국한문」 사용층 안으로 서서히 침투하고 있는 「국문」의 확산을 보여주고 있는 것이라고 생각된다. 물론 이 인뢰란의 국문체는 대화상황을 전제하고 풍자를 한다는, 글의 성격과 아주 밀접하게 연관되어 있었다. 이는 글의 문체 선택이 글의 종류와 밀접하게 연관되어 있었음을 보여주는 것이라고 할 수 있는데, 그러한 점을 잘 보여주는 또 하나의 편집진의 글이 '형제자매'라는 난이었다. 이러한 검토를 종합해보면 『대한민보』 편집진들은 글의 종류에 따라 다른 문체를 선택할 준비가 되어 있었다는 것을 보여주는 것이라고 생각된다. 이는 역으로 말하면 그러한 새로운 문체들이 독자들에게도 받아들여질 수 있으리라고 이들이 생각했다는 것을 말하는 것이라고도 할 수 있다.

반면에 『대한민보』 독자 층의 언어 사용실태를 살펴볼 수 있다는 점에서 특히 주목되는 난은 '諷林'欄이라고 할 수 있다. 이 란은 '풍자'를 위주로 하는 글을, 독자투고의 형식으로 싣는 곳이었다. 『대한민보』는 1909년 6월 12일 창간호에서 1910년 8월 31일 『민보』라는 제호로 발간된 최종호까지 총 357호가 발간되었는데, 다행스럽게도 한 호도 빠지지 않고 남아 있다. 그 중 '풍림'은 정확하게 100회가 실렸다. 그 중 혼합표기국문체가 38편, 현토한문이 33편, 구절형 한문해체문이 25편, 그리고 순한문이 1편, 기타 문체가 섞여 있어 어디로 귀속시키기 힘든 것이 3편이다. 『대한민보』의 일반적인 독자가 한문교양을 갖춘 지식인 이었다고 할 때, 이 풍림란의 문체분포는 그들이 상당 정도 국문으로 견인되고 있음을 보여주는 것으로 생각된다. 그것은 앞서 편집진이 맡았던 '인뢰'란이 대화적 상황을 전제하고 구어표현을 통해서 풍자를 하고 있는 난이었다는 것과 성격을 같이 하는 것이다.

편집진이 담당하고 있던 글인 '언단'란과 마찬가지로, 논리적이고 설득적인 글이 대부분인 '기서'란의 경우는 상황이 전혀 다르다. 기서의 경우에는 총21편 중, 순한문 3편, 현토한문 6편, 구절형 한문해체문 4편, 단어형 한문해체문 8편으로 모두 일관된 문체로 이루어져 있다. 기서에는 우리가 '혼합표기국문'으로 분류한 글이 하나도 없고, 한문 문장이라고 할 수 있는 '현토한문'과 '순한문'을 합하면, 9편이나 된다는 점에서 한문 편중은 훨씬 심하다. 같은 독자투고 형식임에도 나타나는 이러한 차이는, 여기서도 글의 종류가 문체 선택에 있어 큰 영향을 미치고 있다는 점을 보여주는 것이다.

『대한민보』의 언어, 국어에 대한 관심이 낳은 주목해볼 만한 란이 바로 '신래성어문답'이다. '신래성어문답'은 창간호 발간 후 열흘 뒤 속간된 2호(1909년 6월 13일)부터 1909년 11월 26일(136호)까지 하루도 빠지지 않고 실렸는데, 1909년 6월 24일의 '예금 / 거치'나 1909년 8월 24일의 '경기 / 불경기'와 같이 관련 단어가 함께 소개된 경우를 합하여 모두 141개의 단어가 소개되어 있다. 여기에 소개된 단어들은 모두 일본어 한자어들이었고, 그래서 시작할 때의 몇 단어를 제외하고는 모두 일본어 발음이 소개되어 있다. 경제나 법률 용어들의 빈도가 높았던 것으로 보이지만, 일상적 용어들도 적지 않았다. 여기 소개된 단어들 중 거의 절반은 우리가 일상적으로 사용하는 단어가 되었다고 할 수 있다. 이는 2음절 한자어의 사용을 확산시키며 한문을 해체해왔던 근대 국문체의 형성과정과 깊게 관련된 사실이다. 실제로 여기서 소개되는 단어들은 여타의 기사 안에서도 종종 등장하게 되는데, 이른바 '일본어식 한자 표현'이라는 것이 한국어 안으로 들어오는 과정을 보여주는 훌륭한 실례가 되어주는 것으로 생각된다.

『대한민보』의 지면 분석을 통하여 근대전환기 한국어 문장 변천이라는 문제에 접근할 때, 기존의 「국문」과 「국한문」의 대립이라는 틀보다는 표기와 문체의 문제를 논리적으로 분리하여 생각할 수 있는 틀을 사용함으로써, 당대의 이른바 「국한문」 사용층 안에서 확산되고 있는 「국문」 글쓰기의 모습을 확인할 수 있었다. 이러한 방식으로 당대의 개별 매체 안에서 일어나고 있는 문체 변화를 추적하고 비교한다면, 근대적인 한국어 글쓰기 문장의 형성과정과 독자통합의 과정이 훨씬 잘 이해될 수 있을 것이다.

「『대한민보』의 문체 상황표」

간략하게 하기 위해 날짜별로 문체분류만 밝혔다. 해당되는 사항이 없는 날짜는 아예 표에서 삭제했다.

날짜	언단문체	풍림문체	기서문체	신래성어문답	일본어	현재사용
1909년 6월 12일		현토한문				
1909년 6월 13일		국문		漁附		
1909년 6월 15일		구절형		取締		
1909년 6월 16일		국문	단어형	組合		0
1909년 6월 17일		구절형		手形	데가다	
1909년 6월 18일		현토한문	현토한문	引繼		0
1909년 6월 19일		구절형		手續	데스쓰기	0
1909년 6월 20일		현토한문	현토한문	請負	우게오이	0
1909년 6월 22일		국문		入札	뉴삿즈(쓰?)	0
1909년 6월 23일		현토한문		心得書 / 仕樣書 / 模樣替	고고로에가기 / 시요가기 / 모요가에	
1909년 6월 24일		현토한문		豫金 / 拒置	요긴 又曰 아즈게긴 / 즈에오기	0
1909년 6월 25일		구절형	현토한문	取扱	도리아쓰가히	0
1909년 6월 26일		현토한문		爲替	가와세	
1909년 6월 27일		구절형		振出	후리ㅅ다시	
1909년 6월 29일		현토한문		仕舞 / 仕事	시마히 / 시고도	
1909년 6월 30일		현토한문	현토한문	權利	겐리	0
1909년 7월 1일		현토한문		切手	깃ㅅ데	
1909년 7월 2일				收入印紙賣捌所		
1909년 7월 3일		국문		手當金	데아데긴	
1909년 7월 4일		국문		飛入地	도비이리지	
1909년 7월 6일		국문		都合	쓰고	
1909년 7월 7일		현토한문		取極書	도리기미	
1909년 7월 8일		국문		割引	와리비기	0
1909년 7월 9일		현토한문+국문		割合	와리아이	

날짜	언단문체	풍림문체	기서문체	신래성어문답	일본어	현재사용
1909년 7월 10일		구절형	현토한문	拂下	하라이상에	0
1909년 7월 11일		국문		治外法權	지과이호ㅡ게ㄴ	0
1909년 7월 13일		현토한문		屆出	도도게이데	
1909년 7월 14일		국문		出張	슛죠ㅡ	0
1909년 7월 15일		현토한문		見積書	미시모리쇼	0
1909년 7월 16일		국문		荷爲替	니가와세	
1909년 7월 17일		국문		當座預金	도자요긴	0
1909년 7월 18일		국문		貸越金	가시고시긴	
1909년 7월 20일		현토한문		繰越金	구리고시긴	
1909년 7월 21일		국문		手柄	데ㅅ가라	
1909년 7월 22일		국문		切上	기리앙에	
1909년 7월 23일		국문		注文	쥬몬	0
1909년 7월 24일		현토+구절형+국문	현토한문	差引	사시히기	
1909년 7월 25일		현토한문		手附金	데즈기긴	
1909년 7월 27일		국문		覺書	오보에ㅇ아기	0
1909년 7월 28일				打合	우지아와세	
1909년 7월 29일		국문		步合	부아히	
1909년 7월 30일		국문		入입	이리고미	
1909년 7월 31일				書留	가기도메	
1909년 8월 1일		국문		立替	다데가에	
1909년 8월 3일				暇乞	이도마고이	
1909년 8월 4일		현토한문+국문		當分	도우ㅅ분	
1909년 8월 5일		구절형		其筋	소노스지	
1909년 8월 6일		현토한문		仕入	시이리	
1909년 8월 7일				明渡	게와다시	0
1909년 8월 8일		구절형		掛合	가게와히	
1909년 8월 10일	단어형			支度	시다구	
1909년 8월 11일	단어형			取消	도리게시	0
1909년 8월 12일	단어형			相장(場)	소ㅡ바	
1909년 8월 13일	단어형	국문		御賣	오로시우리	

날짜	언단문체	풍림문체	기서문체	신래성어문답	일본어	현재사용
1909년 8월 14일				味方	미가다	
1909년 8월 17일	단어형			安賣	야스우리	
1909년 8월 18일	단어형			振替	후리가예	
1909년 8월 19일	현토한문			申付	모ㅡ시쓰게	
1909년 8월 20일	현토한문			前拂	마예하라히	
1909년 8월 21일	단어형			緣組	예ㄴ구미	
1909년 8월 22일	현토한문			引渡	히기와다시	0
1909년 8월 24일	구절형			景氣 / 不景氣	게이기 / 후게이기	0
1909년 8월 25일	단어형			時效	지고ㅡ	0
1909년 8월 26일	구절형	현토한문		貸付	가시쓰게	0
1909년 8월 27일		국문		重役	쥬ㅡ야ㅅ구	0
1909년 8월 29일	단어형	국문		締切	시메기리	
1909년 8월 31일		구절형		立會	다지과이	0
1909년 9월 1일	단어형			取調	도리시라베	0
1909년 9월 2일				引受	히기우게	0
1909년 9월 3일	단어형			取立	도리다데	
1909년 9월 4일	단어형			配當	하이도	0
1909년 9월 5일	구절형			積極的	구데기	0
1909년 9월 7일				消極的	쇼교ㄱ구데ㄱ기	0
1909년 9월 8일				辭令書	지레이쇼ㅡ	
1909년 9월 10일	단어형	구절형		相對的	소다이데ㄱ기	0
1909년 9월 11일	단어형			絶對的	제ㅅ다이데ㄱ기	0
1909년 9월 12일	단어형			法人	호진	0
1909년 9월 14일	단어형	국문		裏書	우라가기	0
1909년 9월 15일	단어형	국문		買戾	가이모도시	
1909년 9월 16일	단어형	국문		役員	약구닌	
1909년 9월 17일	구절형			臺帳	다이됴ㅡ	0
1909년 9월 18일	구절형			辨濟	베ㄴ사이	0
1909년 9월 19일	구절형	국문		指圖	사시쓰	
1909년 9월 21일	현토한문			相殺	소ㅡ사쓰	0
1909년 9월 22일	현토한문	국문		引換	히기가예	
1909년 9월 23일	현토한문			登記	도ㅡ기	0

날짜	언단문체	풍림문체	기서문체	신래성어문답	일본어	현재사용
1909년 9월 24일	단어형	국문		言渡	이―와다시	0
1909년 9월 25일	단어형	국문		日附	히쓰게	
1909년 9월 26일	단어형	국문		引籠	히기고모리	
1909년 9월 28일	현토한문	현토한문		更改	고―가이	
1909년 9월 30일	현토한문	구절형		議論	기론	0
1909년 10월 1일	현토한문	국문		拂입	하라이고미	
1909년 10월 2일	구절형	국문		玉突	다마즈기	
1909년 10월 3일	구절형	국문		割當	와리아데	0
1909년 10월 5일	구절형			隔地者	각구디샤	
1909년 10월 6일	구절형			特定物	독구데이부쓰	0
1909년 10월 7일	구절형			充當	쥬도	0
1909년 10월 8일	구절형			案內	안나이	0
1909년 10월 9일	구절형	국문		支配	시하이	0
1909년 10월 10일		현토한문	단어형	第三者	다이산샤	0
1909년 10월 12일	단어형			信號	신고―	0
1909년 10월 14일	구절형			水先	미스사기	
1909년 10월 15일	구절형			免許	메ㄴ고	0
1909년 10월 16일	구절형			見張	미와리	
1909년 10월 17일	구절형			下方 / 上方	가호―	
1909년 10월 19일	구절형		구절형	有限責任	유게ㄴ세ㄱ기닌	0
1909년 10월 20일	구절형			無限責任	무겐셰기닌	0
1909년 10월 22일	구절형			步合	부아이	
1909년 10월 23일	구절형			意匠	이시요―	0
1909년 10월 24일	현토한문			出頭	슈도―	0
1909년 10월 26일				氣壓	기앗즈	0
1909년 10월 27일	단어형			陸揚	릿구앙에	
1909년 10월 28일				眞空	신구―	0
1909년 10월 29일				役割	약구와리	0
1909년 10월 30일				出勤	슈긴	0
1909년 10월 31일	구절형			在勤	자이긴	
1909년 11월 2일	구절형			競賣	교바이	0
1909년 11월 3일	구절형			開放	가이호―	0

날짜	언단문체	풍림문체	기서문체	신래성어문답	일본어	현재사용
1909년 11월 4일	구절형			執達吏	싯ㅅ다즈리	0
1909년 11월 6일	구절형			抗告	항고ㅡ	0
1909년 11월 7일	구절형			開催	가이사이	0
1909년 11월 9일	단어형			公債증(證)書	고ㅡ사이쇼쇼	0
1909년 11월 10일	구절형			意思表示	이시효시	0
1909년 11월 11일		국문		保증(證)	호쇼	0
1909년 11월 12일	단어형			擔保責任	담보셰ㅅ기닌	0
1909년 11월 13일	구절형			雛形	히나가다	
1909년 11월 14일	구절형			定款	데이관	0
1909년 11월 16일		현토한문		荷物	니못즈	
1909년 11월 17일	단어형			小包	고즈즈미	0
1909년 11월 18일	단어형			保險	호ㅡ겐	0
1909년 11월 20일	구절형			檢擧	긴교	0
1909년 11월 21일	단어형			豫審	요신	0
1909년 11월 23일	단어형		구절형	保安	호안	0
1909년 11월 24일				宿舶料	숙박구료	0
1909년 11월 25일				縱覽	쥬ㅡ란	
1909년 11월 26일				鑑定	간데이	0
1909년 12월 2일	단어형					
1909년 12월 4일	단어형					
1910년 1월 1일		현토한문				
1910년 1월 8일			구절형			
1910년 1월 11일			순한문			
1910년 1월 12일		현토한문				
1910년 1월 14일		현토한문				
1910년 1월 20일		국문				
1910년 1월 21일		현토한문				
1910년 1월 22일		현토한문				
1910년 1월 23일		현토한문				
1910년 1월 27일		현토한문				
1910년 1월 29일		현토한문				
1910년 2월 4일		현토한문				

날짜	언단문체	풍림문체	기서문체	신래성어문답	일본어	현재사용
1910년 2월 8일			단어형			
1910년 2월 9일			단어형			
1910년 2월 10일		한문				
1910년 2월 13일		구절형	한문			
1910년 2월 20일		현토한문				
1910년 3월 9일		구절형				
1910년 3월 11일		구절형				
1910년 3월 12일		구절형	한문			
1910년 3월 15일		구절형				
1910년 3월 16일		구절형				
1910년 3월 17일		구절형				
1910년 4월 20일			단어형			
1910년 4월 21일			단어형			
1910년 4월 24일			단어형			
1910년 4월 26일			단어형			
1910년 6월 2일		구절형	구절형			
1910년 6월 5일		현토한문				
1910년 6월 7일		구절형				
1910년 6월 11일		구절형				
1910년 6월 14일		국문				
1910년 6월 15일		현토한문				
1910년 6월 17일		구절형				
1910년 6월 18일		현토한문				
1910년 6월 19일		현토한문				
1910년 6월 21일		구절형				
1910년 6월 22일		구절형				
1910년 6월 26일		구절형				
1910년 6월 29일		국문				

근대 유학생 잡지의 문체와 한글체 소설의 형성 과정

『여자계』를 중심으로

김영민

1. 머리말

근대 이전의 지식인들에게 한문은 곧 문명의 표상이었고, 이를 벗어나려는 시도는 새로운 문명 창조 의지와도 연결된다. 근대의 시작과 함께 표출된 다양한 표기 체계의 경쟁 구도는 문화 권력 충돌의 상징적 의미를 지닌다. 한국의 근대문학사는, 오랜 세월 동안 대표적인 문자 언어로서의 지위를 인정받던 한문의 위상 추락과 함께 시작된다고 보아도 크게 틀린 말이 아니다. '한문체가 중심부에서 밀려난 자리에 국한문체가 들어서 국문체와 공존하는 모양의 새로운 표기 체계의 구도'[1] 속에서 근대문학은 성장해 갈 수 있었던 것이다.

근대 초기 유학생 잡지는 학회지 등 여타 잡지들보다 비교적 오랜 기간 동안 발행되었으며 그 안에서 문체의 변화 역시 폭넓게 일어났다. 특히 유학생 잡지가 시도한 문예적 글쓰기, 즉 유학생 잡지에 게재된 서사문학 작품들은 국한문체 문장이 한글 문장으로 바뀌어 가는 모습을 상징적으로 보여준다. 한글체 소설이 중요한 것은 근대문학의 주요 특성 가운데 하나가 바로 '자기의 언어'로 쓴 문학이라는 점 때문이다.

『여자계(女子界)』는 다른 유학생 잡지들과 마찬가지로 국한문체를 기본으로 삼은 지식인 잡지이다. 그럼에도 불구하고 이 잡지에는 몇몇 선구적인 한글체 소설들이 수록되어 있다. 본 연구자가 유학생 잡지의 문체를 논하면서 그 가운데 특별히 『여자계』를 중요하게 살피는 이유는 이 잡지를 통해 근대 초기 한글 문체가 보편화되어 과정을 확인할 수 있기 때문이다. 아울러, 『여자계』에 수록된 한글 소설을 통해 근대 유학생 잡지에 수록된 한글체 소설이 지닌 의미와 한계를 동시에 살펴볼 수 있을 것으로 기대한다.[2]

1 임형택, 「근대계몽기 국한문체의 발전과 한문의 위상」, 『한국문학사의 논리와 체계』, 창작과비평사, 2002, 406쪽 참조.

2 이 논문은 공동 연구 과제인 「근대매체의 언어관과 근대문학의 독자 통합 과정 연구」의 일부를 이룬다. 아울러, 필자의 논문 「근대적 유학제도의 확립과 해외 유학생의 문학·문화 활동 연구」(『현대문학의 연구』 제32집, 2007, 297~338쪽)의 후속 작업으로 집필한 것이다.

2. 유학생 잡지의 문체와 한글체 기사

유학생 잡지의 주종을 이루는 문체는 국한문체이다.[3] 유학생 사회에서 최초로 조직된 단체는 「대조선인일본유학생친목회(大朝鮮人留學生親睦會)」였고, 거기서 발행한 잡지가 『친목회회보(親睦會會報)』(1896.2)였다.[4] 이 잡지는 우리나라 사람들이 발행한 최초의 잡지로 분류되기도 한다.[5] 『친목회회보』의 발행 목적과 문체, 그리고 지면 구성 등은 이후 발행되는 유학생 잡지 『태극학보(太極學報)』(1906.8), 『공수학보(共修學報)』(1907.1), 『대한유학생학보(大韓留學生學報)』(1907.3), 『동인학보(同寅學報)』(1907.7), 『낙동친목회학보(洛東親睦會學報)』(1907.10), 『대한학회월보(大韓學會月報)』(1908.3), 『대한흥학보(大韓興學報)』(1909.3) 등에 적지 않은 영향을 미쳤다. 『친목회회보』는 창간호 서두에 "本會會報 發行의 目的은 吾人이 他邦에 留學ᄒᆞ되 遠近에 僑住ᄒᆞ야 容音이 落落ᄒᆞᆫ지라 此를 以ᄒᆞ야 彼我의 事情을

---

3 근대문학사 초기에 사용된 국한문체는 그 안에서도 다시 한주국종(漢主國從) 및 국주한종(國主漢從) 등으로 다양하게 세분화될 수 있는 것이었다. '연령과 교육배경에서 국내 잡지 작가들과는 일종의 세대적 단절이 있는 유학생 작가들이 잡지에서 구사한 국한문체는 그 경향이 국내 잡지 작가들보다 더 다양했다. 한문전통의 체질화가 조금 덜 진행된 상태에서 근대적 지식과 작문 방식을 받아들인 상황이었으므로 그들의 작문에서 한문 문장체, 한문 구절체, 한문 단어체 등 다양한 유형의 문장이 등장하는 것은 당연한 현상'이었다. 이와 관련된 상세한 논의는 임상석, 『20세기 국한문체의 형성 과정』, 227쪽 참조.

4 창간호 표지에는 개국 504년(1895년) 10월 발행이라고 적혀 있으나 실제 발행일은 이듬해인 1896년 2월 15일이다. 이와 관련된 논의는 차배근, 『개화기 일본 유학생들의 언론 출판활동 연구(1)』, 서울대 출판부, 2000, 237~240쪽 참조.

5 송병기, 「개화기 일본 유학생 파견과 실태(1881-1903)」, 『동양학』 18집, 1988, 265~267쪽 및 차배근, 『개화기 일본 유학생들의 언론 출판활동 연구(1)』, 서울대 출판부, 2000, 217~218쪽 참조.

通ᄒᆞ야 親睦을 敦厚히 ᄒᆞ고 兼ᄒᆞ야 知識을 交換ᄒᆞᆷ을 爲ᄒᆞᆷ이라"[6]고 발행 목적을 밝히고 있다. 유학생 상호간의 친목을 두텁게 하고 지식을 교환하는 것이 이 잡지의 발행 목적이라는 것이다. 이러한 발행 목적은 1890년대뿐만 아니라 이후 『학지광(學之光)』(1914.4)과 『여자계』(1917.6)로 대표되는 1910년대 잡지까지 대부분 이어지게 된다. 본문의 기사들은 크게 보면 사설, 논설, 잡보, 연설, 문원(文苑), 내보, 외보, 친목회일기 등으로 구성된다. 이러한 구성은 극히 일부만이 변화된 모습으로 다른 잡지로 전이된다. 『친목회회보』에 사용된 문체는 국한문체가 주를 이루지만 순한문체 역시 종종 발견된다. 국한문혼용체가 주로 사용되고 순한문체가 일부 활용된다는 점 역시 『태극학보』를 비롯한 1900년대 유학생잡지에서 발견할 수 있는 일반적 현상이다. 다만 『태극학보』를 비롯한 1900년대 잡지에서는 국한문혼용체 및 순한문체뿐만 아니라 한글체 기사까지 발견할 수 있다는 것이 중요한 차이가 된다. 『여자계』 등 1910년대 유학생 잡지에서는 국한문체 기사가 주를 이루게 되고 거기에 한글체 기사가 추가되는 양상으로 변화한다. 이렇게 보면 근대 초기 유학생 잡지의 문체는 (1)순한문체와 국한문혼용체를 섞어 쓰는 단계 (2)순한문체와 국한문혼용체 그리고 한글체를 함께 쓰는 단계 (3)국한문혼용체와 한글체를 섞어 쓰는 단계로 변화했음을 알 수 있다. 유학생 잡지에서 국한문혼용체가 중심을 이룬다는 점에서는 시기별로 큰 차이가 없지만, 순한문체가 차지하던 분량을 점차 순국문체가 대체하는 현상이 일어나는 것이다.

국한문혼용체와 순한문체로만 발간되던 유학생 잡지에 한글 기사가

6 『친목회회보』 제1호, 2쪽.

실리기 시작한 것은 1906년 8월 24일자 『태극학보』부터이다. 관서(關西) 지방 유학생들이 중심이 되어 모인 태극학회(太極學會)의 기관지 『태극학보』 창간호에 실린 김낙영(金洛泳)의 글 「녀ᄌ교휵」은 유학생잡지 최초의 한글 기사이다. 당시 국내 매체에서 한글이 사용된 것은 1896년에 창간된 『독립신문』을 필두로 한 『죠선크리스도인회보』, 『그리스도신문』, 『협성회회보』, 『매일신문』, 『제국신문』 등 신문에만 한정된 것이었다. 신문이나, 선교를 위한 한글 종교 잡지 등을 제외한 본격적인 종합 잡지에 한글 기사가 실린 것은 1906년 6월 『조양보』 창간호에 발표된 「가졍학」이 최초였던 것으로 보인다. 『조양보』의 「가졍학」은 번역문이었다. 이 점을 생각하면, 김낙영의 「녀ᄌ교휵」은 국내외를 모두 합쳐 지식인을 대상으로 한 잡지에 최초로 기고된 한글 기사라고 할 수 있다. 김낙영은 제19호(1908.3)부터 종간호인 27호(1908.12)까지 『태극학보』의 편집 겸 발행인을 맡았던 인물로 태극학회 내에서 비교적 중요한 위상을 차지하고 있었다.[7]

김낙영은 「녀ᄌ교휵」에서 남자와 여자의 직분을 구별하면서 지극히

7 김낙영은 창간호부터 회원 명단에 올라 있다. 『태극학보』 제1호의 「태극학보의손인씨명(太極學報義捐人氏名)」란에는 그가 삼원(參圓)을 기부한 회원으로 기록되어 있다. 제3호에도 동일한 내용의 기록이 있다. 제2호 「본회회원명록(本會會員名錄)」에는 최석하(崔錫夏), 홍정구(洪正求)와 함께 세 사람의 부회장 가운데 한 명으로 이름이 올라 있다. 회장으로는 초창기 학보의 발행인인 장응진(張膺震), 이윤주(李潤柱), 장계택(張啓澤) 등 역시 세 명의 이름이 기록되어 있다. 제2호 편집 후기에 "本月初二日 總會에 會長 副會長을 投票 選擧ᄒᆞ니 會長에는 張膺震氏가 被選되고 副會長에는 崔錫夏氏가 被選되엿더라"(『태극학보』 제2호, 1906.9, 62쪽)라고 밝혀 놓은 사실로 미루어 보면 김낙영은 직접 선출된 부회장이기보다는 회장 장응진에 의해 임명되었을 가능성이 있다. 제3호에는 "本會 會員 金洛泳氏는 本月에 日本工藝學校電氣科에 入學ᄒᆞ다"(「회사요록(會事要錄)」, 『태극학보』 제3호, 1906.10, 57쪽)라고 적혀 있어 당시 그가 일본의 공예학교 전기과 학생 신분이었음을 알 수 있다.

전통적인 생각을 드러낸다. 그가 이 글을 쓴 이유는 전통적 가치관의 실현을 위해서는 여자에 대한 철저한 교육이 필요하다는 생각 때문이었다. 김낙영이 이렇게 전통적 가치관을 지닌 인물이었음에도 불구하고 당시대의 대표적 지식인 잡지라 할 수 있는 『태극학보』에 한글로 문장을 작성한 이유는 무엇이었을까? 그 이유는 이 글의 주제가 여성들의 교육에 관한 것이었으며, 아울러 글을 읽는 대상을 단순히 태극학회의 회원들로만 한정짓지 않았기 때문이다. "우리 인민된 쟈ᄂᆞᆫ 몸이 망ᄒᆞ고 목숨이 다ᄒᆞ도록 정셩을 다ᄒᆞ여 일변으로 셩지를 밧드러 ᄃᆡ답ᄒᆞ고 일변으로 나라의 용ᄆᆡᆼᄒᆞᆫ 정신을 예비케 ᄒᆞ옵시기를 ᄀᆞᆫ절히 ᄇᆞ라옵ᄂᆞ이다"[8]라는 마무리는 그가 상정한 예비 독자가 불특정 다수라는 사실을 알 수 있게 한다. 당시 일본에서 발행된 유학생 잡지들은 유학생 사회에서만 소비된 것이 아니라 국내로도 적지 않게 유입되었고, 그것이 국내에 새로운 언론문물과 개화사상을 전파하는데 큰 몫을 했다는 사실[9]은 김낙영의 한글체 기사 쓰기의 목적을 이해하는데 참고가 된다.[10] 김낙영은 동일한 잡지에 지식인 독자들을 대상으로 쓴 「오인(吾人)의 생활(生活)을 엇지ᄒᆞ면?」(제6호, 1907.1)에서는 전혀 다른 형태의 문장을 사용한다. 전형적

8 김낙영, 「녀ᄌᆞ교휵」, 『태극학보』 제1호, 1906.8, 41~42쪽.

9 차배근, 『개화기 일본 유학생들의 언론 출판 활동 연구(1)』, 218쪽 참조.

10 김낙영이 쓴 또 한편의 한글체 기사 「ᄋᆞ희기라ᄂᆞᆫ 방법」 역시 계몽을 목적으로 한 글이다. 아이를 기를 때는 몸을 건강하게 기르는 일, 마음과 의기를 발달시켜 주는 일, 장성한 후에 스스로 서서 지내도록 준비시키는 일이 중요하다는 것이 이 글의 요지이다. 김낙영은 이 글을 "어린 ᄋᆞ희ᄅᆞᆯ 둔 부모와 아즉 두지 못ᄒᆞᆫ 부모들이여 녯 습관을 속히 ᄇᆞ리시고 문명상에 진보ᄒᆞ시오"(김낙영, 「ᄋᆞ희기르ᄂᆞᆫ 방법」, 『태극학보』 제2호, 1906.9, 38쪽)라는 말로 마무리함으로써 대중에 대한 계몽의 의지를 분명히 드러낸다. 「아희기라ᄂᆞᆫ 방법」이 한글체로 쓰여진 이유 역시 「녀ᄌᆞ교휵」과 유사하다. 그 자신이 남성 필자라는 사실과는 관계없이, 글의 주제가 여성들의 삶과 관계가 깊다고 판단해 한글로 원고를 작성했던 것이다.

인 한주국종체(漢主國從體)를 활용한 것이다. 김낙영이 이 글을 한주국종의 낡은 국한문체로 쓴 것은 그가 상정한 잠재 독자가 지식청년들이었기 때문이다. 이러한 사례를 보면 김낙영이 문체를 선택한 중요한 기준은 곧 글의 주제와 독자였다는 사실을 분명히 알 수 있게 된다.[11] 주제와 독자에 따라 문체를 임의로 변환 사용했던 것이다.

『태극학보』에 실린 또 다른 한글 기사 「본국졔형졔믹의게」(제2호, 1906.9)는 여성 독자를 대상으로 한 글이면서 그 필자 또한 여성이라는 점에서 주목할 필요가 있다. 이 글의 필자는 '女史 尹貞媛(윤명원)'인 바, 기서(寄書)라는 부기가 있어 그가 회원이 아닌 상태에서 투고했음을 알 수 있다. 윤정원은 근대계몽기 최초의 기명(記名) 여성 필자였다. 윤정원의 「본국졔형졔믹의게」는 「녀ᄌ교휵」과 마찬가지로 여성들에 대한 교육의 필요성을 강조한 글이다. 윤정원은 가정과 사회와 국가와 인류를 위한 여자 교육의 필요성을 역설한다. 이후 『태극학보』에서 발견되는 한글 기사는 윤정원의 「공겸의 정신」(제4호, 1906.11)과 「헌신적정신(獻身的精神)」(제7호, 1907.2) 정빈(鄭彬)의 「면면(面面)그리스도」(제4호, 1906.11), 회원 리원붕 모친 백씨의 「불학무식ᄒᆫ 집안의 가ᄉ 쓰홈을 구경ᄒᆷ」(제9호, 1907.4), 우경명(禹敬 命)의 「집안에셔 어린아희 기라는 법」(제11호, 1907.6) 등이다. 윤정원의 「헌신적정신(獻身的精神)」은 본문은 전부 한글로 썼지만, 부분적으로 괄호 안에 한자를 병기하고 있다. 이는 한자어 혹은 한자 구절을

11 김낙영의 글에 앞서 나타났던 『조양보(朝陽報)』의 한글 기사 「가뎡학」 역시 독자를 여성으로 상정한 후 번역 수록된 글이다. '일본 하뎐가ᄌ 뎌 / 대한 됴양보샤 역'으로 되어 있는 이 글은 그 서두에 "부인이 맛당이 일글 뎨일회라"(「가뎡학」, 『조양보』, 1906.6.25, 15쪽)라는 구절이 있어 이 기사가 여성 독자들을 위해 기획 번역된 것임을 알 수 있게 한다.

단순히 한글 음으로 옮겨 적는 표현 방식에 한계를 느낀 결과로 보인다. 정빈의 「면면(面面)그리스도」는 한글 기사일 뿐만 아니라, 이 시기 문장 가운데서는 드물게 볼 수 있는 구어체 문장으로 쓰인 글이다. 「면면(面面)그리스도」가 한글로 쓰인 것은 근대 초기 종교 관련 문서들이 대부분 한글로 되어있다는 점과 서로 통한다. 선교 문자로서의 한글 사용이라는 원칙이 여기에도 적용되었던 것이다. 「면면(面面)그리스도」가 구어체 문장으로 쓰인 것은 이 글이 실제 설교에 사용된 원고였던 때문으로 보인다. 『태극학보』 잡보란에 실려 있는 "本會僉會員이 基督敎를 硏究ᄒᆞ기 爲ᄒᆞ야 聖書學院에셔 聖書專攻ᄒᆞ시ᄂᆞᆫ 鄭彬氏게 每日曜總會日에 三十分式 說敎ᄒᆞ기를 囑託ᄒᆞᄃᆞ"[12]라는 구절을 통해 이러한 사실에 대한 확인이 가능하다.

『태극학보』 이후에 발간된 1900년대의 유학생 잡지에서 한글 기사를 발견하는 일은 쉬운 것이 아니다. 『대한학회월보』 제9호(1908.11)에 수록된 궁리생(宮里生) 이규만(李揆萬)의 번역물 「육아법(育兒法)의 주의(注意)」와, 『대한유학생학보』 제3호(1907.5)에 실린 진학문(秦學文)의 소설 「쓰러져가ᄂᆞᆫ 딥」 정도가 한글 기사의 전부로 보인다. 『공수학보』, 『낙동친목회보』, 『대한흥학보』 등 당시의 대표적 유학생 잡지들에서는 한글 기사가 단 한 편도 발견되지 않는다.[13] 『대한유학생학보』에 발표된 진학문의 한글 소설 「쓰러져가ᄂᆞᆫ 딥」(제3호, 1907.5)의 등장은 당시의 문체 사용 관행으로 보면 다소 예외적이라 하지 않을 수 없다. 이 작품을 전후해 발표된 유학생

---

12 「잡보」, 『태극학보』 제4호, 1906.11, 53쪽.

13 물론 이는 당시 유학생 잡지에 대한 발굴이 완전히 끝나지 않은 때문이기도 하다. 결호 상태로 전해지는 자료 가운데 한글 기사가 포함되었을 가능성은 여전히 남아있다.

잡지 소재 소설들은 모두 국한문 소설이기 때문이다. 『태극학보』에 수록된 장응진의 「다정다한(多情多恨)」(1907.1~2), 「춘몽(春夢)」(1907.3), 「월하(月下)의 자백(自白)」(1907.9), 「마굴(魔窟)」(1907.12) 등은 모두 국한문체로 쓰여졌다. 『대한흥학보』에 실린 이광수의 단편 「무정(無情)」(1910.3~4) 역시 그러하다. 이 시기는 국내에서도 『조양보』, 『대한자강회월보(大韓自强會月報)』, 『서우(西友)』, 『야뢰(夜雷)』와 같은 기관지와 학회지 그리고 상업지 등 대부분의 잡지가 소설을 국한문으로 수록하던 때였다.[14] 진학문의 「쓰러져가는 딥」은 옛말투가 그대로 남아 있는 문어체 한글이라는 한계가 있기는 하나, 한글 표기 소설이라는 점에서 의미가 크다. 하지만 진학문은 한글체 소설의 창작에 대한 시도를 더 이상 이어가지 않는다. 이후 유학생 잡지에서 한글 소설이 나타나게 되는 것은 1910년대 중반의 일이 된다. 얼마간 시간적 거리를 두고, 『여자계』에서 한글체 소설이 본격적으로 자리를 잡게 되는 것이다.

3. 『여자계』의 문체와 한글체 소설

1910년 이후 국내에서는 신문이 대부분 폐간되고, 총독부 기관지 『매일신보』만이 전국지로 존재했다. 한일병합 이후 1910년대 초반 『매

14 당시 국내에서 발표된 한글 소설은 신문 연재소설이 대부분이다. 잡지에서는 종교지, 부인지, 어린이지 등 특정 집단을 대상으로 한 경우에만 한글을 사용했다.

일신보』가 취한 소설 전략은 철저히 대중들의 흥미를 자극하는 것이었다.[15] 이 과정에서 이른바 신소설의 통속화가 급속히 진행되고 지식인들은 읽을거리를 찾아 방황하는 현상이 나타나게 된다. 이 시기의 소설 출판 상황에 대해 양건식은 다음과 같이 비판한 바 있다.

> 然ᄒᆞ거놀 今日 朝鮮小說界ᄂᆞᆫ 何如ᄒᆞᆫ 現像을 呈ᄒᆞ얏나뇨 姑히 筆을 停ᄒᆞ고 鍾路 上左右書肆ᄅᆞᆯ 觀ᄒᆞ건ᄃᆡ 울긋불긋ᄒᆞᆫ 表紙의 積置ᄒᆞᆫ 冊子ᄂᆞᆫ 無非小說이라 此ᄅᆞᆯ 外人이 若見ᄒᆞ면 어~盛ᄒᆞ도다 朝鮮文學의 發達이여! ᄒᆞ리라 그러나 안이라 그 內容을 觀ᄒᆞ면 開卷初頭에 無非大明成化年間이라ᄂᆞᆫ 舊時代 思大思想을 鼓吹ᄒᆞ던 產物이오 不然ᄒᆞ면 一部 輕薄兒의 固陋ᄒᆞᆫ 舊日思想으로 但히 「이약이칙」이라ᄂᆞᆫ 見解下에 一見에 嘔吐케ᄒᆞᄂᆞᆫ 新小說 卽 無定見 無識見으로 結撰ᄒᆞᆫ 千篇一律의 劣作小說ᄲᅮᆫ이라 엇지 此로 吾人에게 美妙ᄒᆞᆫ 感興을 與ᄒᆞ리오 一卷小說에 多則 十餘圓 少則 五六圓에 賣키 爲ᄒᆞ야 敢然히 此를 作ᄒᆞᄂᆞᆫ 所謂 小說家의 顏皮도 厚ᄒᆞ다ᄒᆞ려니와 所謂 出版業ᄒᆞᆫ다ᄂᆞᆫ 者의 此를 買受ᄒᆞ야 不精ᄒᆞ게 印刷ᄒᆞ야 無智ᄒᆞᆫ 世人으로 ᄒᆞ야곰 讀書眼을 尤低케ᄒᆞᄂᆞᆫ 無恥가 更甚ᄒᆞ다ᄒᆞ리로다[16]

시중에 범람하는 '이야기책'의 저급성을 지적하는 양건식의 태도에서는 거의 분노의 감정이 느껴진다. 소설가와 출판업자들에 양건식의

---

15 『매일신보』에서 발견할 수 있는 오락성의 추구와 신소설의 통속화 과정에 대해서는 필자의 논문, 「1910년대 신문의 역할과 근대소설의 정착 과정」, 『한국 근대소설의 형성과정』, 156~162쪽 참조.

16 국여(菊如), 「春園의 小說을 歡迎ᄒᆞ노라」, 『매일신보』, 1916.12.29.

평가는 '후안무치(厚顔無恥)'라는 한마디로 집약된다. 이와 같은 상황에 처한 당시 지식인들에게 미미하게나마 지적 욕망의 분출구 역할을 한 것이 국내외에서 발간되던 잡지였다.[17] 이러한 문화적 맥락에서 보면 『여자계』의 탄생과 거기서 사용된 문체는 여러 가지로 중요한 의미를 지닌다.

1910년대에 발간된 대표적인 유학생 잡지는 『학지광(學之光)』과 『여자계』이다. 1914년 4월에 창간된 『학지광』은 한국 근대 초기의 대표적인 국한문 잡지 가운데 하나이다. 『학지광』은 동경 유학생들의 모임인 조선유학생학우회(朝鮮留學生學友會)의 기관지이다. 『여자계』 「신간소개(新刊紹介)」에는 "東京의 우리 오래비 雜誌되는 學之光 十五號는 今月 中旬에 發行된다더라"[18]는 구절이 있어 이 잡지와 『학지광』과의 긴밀한 관계를 알 수 있게 한다. 『학지광』에 실린 기사들은 대다수가 국한문이었는데 이는 소설의 경우도 마찬가지였다. 1910년대 『학지광』에 실린 KY生의 「희생(犧牲)」(제3호, 1914.12), 거울의 「크리스마슷밤」(제8호, 1916.3),[19] 소성(小星) 현상윤의 「부르지짐(cry)」(제12호, 1917.4) 등의 창작 소

---

17 일본에서 발행된 잡지들은 국내에도 발행소를 따로 두거나 혹은 발행소 대리부(代理部)를 두어 배포와 판매를 맡겼다. 『여자계』는 발행소를 일본 내 여자계사(女子界社) 외에도 경성(京城)의 광익서관(廣益書館)으로 이중 표기한 바 있다. 동인지 『창조』는 경성의 태서문예신보사(泰西文藝新報社)와 광익서관 등을 대리부로 지정했다. 『학지광』은 경성의 광익서관, 평양의 광명서관(光明書館), 전주의 동문관(東文館) 등을 판매소로 지정했다.

18 「신간소개(新刊紹介)」, 『여자계』 제2호, 1918.3, 74쪽.

19 이 작품이 실린 『학지광』 제8호는 일제의 검열에 걸려 정식 출간되지 못했으나 그 판본이 최근 발굴된 바 있다. 본 연구자는 여기에 실린 「크리스마슷밤」이 이광수의 작품이며 거울은 이광수의 필명임을 검증한 바 있다. 「크리스마슷밤」은 뒤에 일부 개작되어 「어린벗에게」로 제목이 바뀌고 『청춘』 제9호(1917.7)부터 세 호에 걸쳐 다시 수록된다. 이와 관련된 상세한 논의는 필자의 글 「이광수의 새 자료 「크리스마슷밤」 연구」, 『현대

설이나 「외국인(外國人)」(제6호, 1916.7), 「사진첩(寫眞帖)」(제10호, 1916.9) 등의 번역물은 모두가 국한문체로 발표되었다.[20]

『여자계』는 1915년 4월에 조직된 동경여자유학생친목회(東京女子留學生親睦會)의 회원들을 중심으로 발간한 잡지이다. 동경여자유학생친목회가 실질적으로 이 잡지의 발행을 주도하기 시작한 것은 1918년 3월에 발행된 제2호부터라고 알려져 있다. 이 잡지는 현재 제2호부터 제6호까지 그리고 1927년 1월의 속간호가 전해질 뿐 창간호가 보이지 않는다. 따라서 그 정확한 창간 시기에 대해서는 논란이 있다. 『여자계』의 창간호는 두 개의 판본이 있었던 것으로 추정되는데 1915년 4월 초의 등사본과 1917년 6월 말의 활판본이 그것이다. 창간호는 『학지광』의 주요 필진 가운데 한 사람이었던 전영택의 도움을 받아 평양숭의여자중학교 동창회 잡지부의 구성원들이 발간했다.[21]전영택의 도움은 최소한 제3호를 발간할 때까지 지속되었으며, 제4호부터는 여자 유학생들 주도의 자립 체제를 시도한다.[22] 이때부터 실질적으로 『학지광』의 그늘을 벗어나 독

소설연구』 제36호, 2007, 7~21쪽 참조.

20 『학지광』의 편집진들이 이른바 '언문'에 관심이 전혀 없지는 않았던 것으로 보인다. 그럼에도 불구하고 실제 기사의 대부분은 국한문체로 채워졌다. 『학지광』의 성격에 대한 이해를 위해서는 다음과 같은 지적을 참고할 필요가 있다. "『학지광』은 언론, 학술, 문예, 珍談 기타 등으로 원고 재료를 한정하면서, '단 時事政談은 不受'라는 「投書注意」를 표나게 환기했을 터이다. 이는 논설, 소설(단편), 학예 등 분야를 제시하며, '학예는 法, 政, 經, 哲, 倫, 心, 地, 歷과 及 博物, 理化, 醫, 農, 工, 商 等 以內'라고 했던 『대한흥학보』의 경우와 비교된다. 물론 '投稿는 國漢文 楷書 完結을 要함'이라고 했던 『대한흥학보』와는 달리, 『학지광』이 '언문 정음' 표기와 '언문 용법의 가급적 정확'을 강조했다는 점 역시 다른 측면에서 비교될 수 있을 것이다."(이경훈, 「『학지광』의 매체적 특성과 일본의 영향1」, 『대동문화연구』 제48호, 2004.12, 107쪽)

21 『여자계』의 서지에 대해서는 이혜진, 「『여자계』 연구」, 연세대 석사논문, 2008, 11~23쪽 참조.

22 그런데, 『창조』에 실린 『여자계』 제4호에 관한 다음 광고만을 보더라도, 이 시기에 유학

자적 발행 체계를 갖추어 갔다고 볼 수 있는 것이다.

『여자계』는 여성들을 위한 잡지이기는 했지만 다른 유학생 잡지와 마찬가지로 본질적으로는 지식인 잡지였다. 따라서 『여자계』는 '여성'의 문자인 '한글'보다는 '지식인'의 문자인 '한자(漢字)'를 주로 사용했다. 하지만 『여자계』는 국한문체 기사뿐만 아니라 한글체 기사들을 함께 수록한다. 이는 1910년대에 발간된 지식인 매체 가운데서는 흔히 볼 수 있는 현상이 아니었다. 『여자계』가 한글체 기사를 수록한 것은 우연히 일어난 일이 아니다. 『여자계』는 출범 초기부터 잡지를 한글로 발간하는 것에 대해 심각하게 고민을 했던 것으로 보인다. 다음의 기사를 보면 이를 알 수 있다.

> 여러분께 이러한 말슴을 드럿삽니다. 이 女子界를 순언문으로 ᄒᆞ엿스면 엇더하냐고 말슴하옵더이다. 事實 우리들도 그런 의론이 만핫섯습니다. 그러나 아직 實行치 못ᄒᆞ엿ᄉᆞ으며 將次는 그러케ᄒᆞ옵던지 或은 순언문 附錄을 너도록 經營히볼가 ᄒᆞ습니다. 그러고 次號붓허라도 할 수 잇ᄂᆞᆫ ᄃᆡ로 原稿를 쉬웁게 써주셧스면 돗켓습니다.[23]

생 스스로 잡지를 발행하는 일이 결코 쉬운 것이 아니었음을 알 수 있다. "女子界 / 年中三回發行 / 第四號 新年 一月 出刊 豫定 / 定價 每冊 參拾錢(郵稅二錢) / 우리 女子界도 여러분이 아시는 바와 갓치 우리 周圍의 事情으로 因하야 지난 三月에 發行하려다가 停止하엿든 第四號를 그냥 그대로 發刊하려하온즉 時代에 遲한 感이 잇삽기 다시 增補編輯하여 新年 一月에 새로운 面目으로 出現하려하나이다. / 社의 位置를 자조 變更하오면 여러가지 不便함이 만은 고로 社員들도 유감으로 생각하오나 우리는 學生의 身分임으로 一定한 住所에 오래 잇슬 수 없는 사셰올시다 本社를 橫濱서 다시 左記番地로 옴기계 됨도 이러한 理由오니 情地를 살펴주시기외다."(『창조』 제3호, 1919.12, 79쪽. 『여자계』 제4호는 여기에 예고된 지연 발행일조차 지키지 못하고 1920년 3월 25일에 발간되었다.

23 「편집실(編輯室)에셔」, 『여자계』 제2호, 1918.3, 76쪽.

여러 사람들이 『여자계』를 '순언문'으로 발간할 것을 권유했고, 편집진 역시 그런 의견을 놓고 고심한 적이 있다는 것이다. 하지만 아직은 그것을 실행하지 못하였고 장차는 그렇게 하거나 혹은 순언문 부록이라도 만들어 보겠다는 것이 편집진의 생각이다. 더불어 편집진은 필자들을 향해 이후부터라도 원고를 쉽게 써줄 것을 당부한다. 『여자계』가 한글체의 쉬운 원고를 지향한 이유 가운데 하나는 이 잡지가 가정개량(家庭改良)과 아동교육(兒童教育)에 대해 관심을 지녔던 때문이기도 하다. 이 문제를 다루는 일이 이른바 책상물림인 유학생들만으로는 어렵다고 생각한 편집진들은 다음과 같이 가정주부의 참여를 적극 권유한다.

> 本誌는 特히 家庭改良, 兒童教育에 本旨를 삼고저ᄒᆞ오니 이에난 冊床압헤져 空想ᄒᆞ는 學生으르셔난 實地에 눈이 어두을거슨 推測ᄒᆞ실 것이며 아모죠록 家庭을 가지신 여러 主婦끠셔 만히만히 그 實地 經驗을 써주시면 大端히 歡迎ᄒᆞ겟습니다. 부듸 닛지들 마시고 그리하여주옵소셔.[24]

한글체의 쉬운 원고를 지향하는 편집진들의 의사는, 될 수 있는 대로 '언문(諺文)'과 '조선말'을 쓰자는 내용으로 집약되어 투고 규정에도 구체적으로 반영된다. 다음은 제2호에 수록된 투고 규정이다.

> 一, 本誌의 編輯上 關係로 本社에서 부탁드린 이의게 限하야 寄稿를 밧기로 합니다. (讀者欄은 此限에 不在홈)

24 위의 글.

一, 文體는, 할 수 잇는 디로 漢文과 漢語를 쓰지 말고 諺文으로 조선말을 쓰도록 합니다.

一, 字體는, 결난코 草書나 亂書로 쓰지 말고 正字로 分明히 써쥬시오 (諺文은 더욱 分明히.)

一, 用紙는, 반다시 原稿用紙 十二行卄四字, (原稿用紙에 아니 쓴 거는 밧지 아니함)

一, 새로 一節을 始作할 쩌마다 一字式 내러쓰고 말마대와 句節이 쩌러질 쌔마다, ○을 너으시고, ○『「(! 이것도 一字로 會計하야 써 주시오.

一, 誌上에는 匿名 變名으로 하실지라도 原稿에는 本氏名을 써주시오.

一, 原稿材料는 言論, 修養, 學藝(가령, 理化學 動植物 農工學에시 日常生活에 必要한 것, 其他 音樂 美術 等 科學上 常識) 家庭(衛生 育兒 教育 經濟家政) 文藝(詩, 小說, 感想) 傳記, (치우婦人의)[25]

한문(漢文)과 한어(漢語) 대신에 언문과 조선말을 쓰자는 권고의 성과라 할 수 있는 한글체 기사의 예로는 「신구충돌의 비극」(제2호, 1918.3), 「가뎡고문(家庭顧問)」(제3호.1918.9), 「촉불이 써지려는 녀즈계의 고통」(제4호, 1920.3), 「부인금구(婦人金句)」(제5호, 1920.6), 「아가 우지마라」(제5호), 「부인금구(夫人金句)」(제6호, 1921.1) 등을 들 수 있다.

『여자계』에 실린 한글 소설의 예로는 우선 유영준(劉英俊)의 「즁국녀즈(中國女子)의 굿은 정절」(제4,5호)과 MK生의 「Pollyanna팔늬의나」(제4호)를 들 수 있다. 이 두 편의 소설은 번역물로 생각된다. 「Pollyanna팔늬

25 「投稿에 對하야」, 『여자계』 제2호, 1918.3, 77쪽. 참고로, 제3호부터는 "原稿用紙에 아니 쓴거슨 밧지 아니함"이라는 구절이 중간에 추가된다.

의나」는 이 작품이 1913년 2월에 나온 소설이라는 사실을 서두에 밝힌 후 다음과 같은 번역자 주를 달고 있다. "이 소셜의 쥬인공 팔늬의나의 아름다은 셩격(性格)이 독쟈의게 큰 감화를 줌은 사실인즄노 밋ᄂᆞ이다 연고로 혹시 우리 어린 아오들도 이거슬 ᄌᆞ미잇게 볼까하여 감히 졸필(拙筆)노나마 극히 간단히 다만 소셜의 졍신만 소ᄀᆡ하오니 여러분은 긔회 잇는대로, 원문(原文)을 구람하시기 바라옵ᄂᆞ이다."[26] 「즁국녀ᄌᆞ(中國女子)의 굿은 졍절」은 특별한 설명 없이 곧바로 "당나라 시ᄃᆡ에 한 녀ᄌᆞ가 낫ᄂᆞᆫᄃᆡ 그 일홈은 치봉이요 셩은 진가라 곳 당시 시인 진덕방에 녕양이라"[27]는 본문으로 시작된다. 작품은 진덕방의 딸 채봉과 왕자룡의 아들 냥민의 결혼과 이별 그리고 채봉의 기다림이라는 줄거리로 전개된다. 5호까지 연재된 내용으로 미루어보면 중국 전래 야담을 번역했을 가능성이 매우 크다. 이들 두 작품은 완전한 한글 표기를 사용했다는 점에서는 주목할 만하지만, 번역물일 뿐만 아니라 미완의 작품들이라는 점에서 그 자체로 중요한 문학사적 의미를 지닌다고 보기는 어렵다.

한국 근대 서사문학사에서 『여자계』와 한글체 소설의 성립 과정을 논할 때 핵심에 놓아야 할 작가는 나혜석이다. 나혜석은 『여자계』에 「경희」(제2호), 「회생(回生)ᄒᆞᆫ 손녀(孫女)에게」(제3호) 등의 작품을 발표한 바 있다.[28] 나혜석의 「경희」와 「회생ᄒᆞᆫ 손녀에게」는 한국 근대 지식인 소설에서 언문일치의 한글체 문장이 정립되어 가는 모습을 보여준다. 근대

---

26 MK生, 「Pollyanna팔늬의나」, 『여자계』 제4호, 1920.3, 61쪽.

27 류영쥰, 「즁국녀ᄌᆞ(中國女子)의 굿은 졍절」, 『여자계』 제4호, 58쪽.

28 나혜석은 미발굴 상태인 창간호에도 「부부」라는 작품을 게재했을 가능성이 있다. 이에 대한 논의는 서정자, 「나혜석의 처녀작 「夫婦」에 대하여」, 『여성문학연구』 창간호, 1999, 307~329쪽 참조.

이후 전개된 '언문일치 운동'이란 한마디로 언(言)과 문(文), 다시 말해 말과 글을 일치시키려는 노력이라고 할 수 있다. 말과 글을 일치시켜야 한다는 생각은 전통 사회에서는 유래를 찾아보기 힘든 근대적인 의식이다.[29] 말과 글의 일치를 가장 손쉽게 확인할 수 있는 것은 우선 대화체 문장들을 통해서이다. 다음은 「경희」에서 볼 수 있는 그러한 유형의 대화체 문장의 한 예이다. 이러한 문장들에는 구어적 생동감이 살아 있다.

> 「먼 ᄃᆡ다가 보ᄂᆡ고 늘 ᄆᆞ음 이 노이지 안타가 그러도 일년에 한 번식이라도 오니까 집안이 든々 ᄒᆡ요」
>
> 主人마님 김부인은 담비ᄃᆡ를 짓터리에다 탁々친다.
>
> 「그럿타말다요. 아들이라도 ᄆᆞ음이 아니 노일터인ᄃᆡ 처녀를 그러ᄒᆞᆫ 먼ᄃᆡ다 보ᄂᆡ시고 그럿치 안켓습니가 그런ᄃᆡ 몸이나 츙실ᄒᆡᆺ섯는지요」
>
> 네 별 병은 아니 낫나보아요. 제 말은 아모 고ᄉᆡᆼ도 아니 된다 ᄒᆞ나 어미 걱정식ᄒᆡᆯ가 보아 ᄒᆞᄂᆞᆫ 말이지 그 좀 주리고 고ᄉᆡᆼ이 되엇겟서요. 그러셔 얼골이 써칠ᄒᆡ요」ᄒᆞ며 뒤겻을 향ᄒᆞ야「아가 々々 셔문안 사돈마님이 너 보러 오셧다」한다.[30]

「경희」의 문장 특색 가운데 또 하나 두드러지게 눈에 뜨이는 것은 묘사와 서사가 유기적으로 결합된다는 점이다. 다음의 인용문에서는 여러 개의 묘사 구문들이 모여 하나의 서사문을 이룬다.

---

29 김병문, 「발화기원 소거로서의 언문일치체의 의미에 대하여」, 『사회언어학』 제16권 2호, 2008, 83쪽 참조.

30 정월(晶月), 「경희」, 『여자계』 제2호, 59~60쪽.

경희ᄂᆞᆫ 지금 시원한 뒷마루에서 오ᄅᆡ간만에 맛난 오라버니ᄃᆡᆨ과 안저서 오라버니ᄃᆡᆨ은 버선을 깁고 경희ᄂᆞᆫ 안진 지봉틀에 ᄌᆞ긔 오라버니 양복 속젹삼을 ᄒᆞ며 일본셔 지낼 ᄶᅥᆨ에 어느날 어듸를 가다가 함밋티러면 전차에 치울번ᄒᆞ엿드란말 그ᄅᆡ셔 지금이라도 ᄉᆡᆼ각만 ᄒᆞ면 몸이 아슬아슬ᄒᆞ다ᄂᆞᆫ 말이며 겨울기 오면 도모지 다리를 펴고 자본 젹이 업고 그ᄅᆡ셔 아츰에 이러나면 다리가 ᄊᆞᆺᄊᆞᆺ힛다ᄂᆞᆫ 말, 일본에ᄂᆞᆫ 하로 걸너 비가 오ᄂᆞᆫᄃᆡ 한번은 비가 심하게 퍼붓고 學校 上學時間은 ᄂᆞ져셔 그 굽놉흔 나막신을 신고 부즈런히 가다가 너머져셔 다리에 가죽이 버셔지고 우산이 다찌저지고 옷에 흙이 뭇어 엇지 붓그러웟셧ᄂᆞᆫ지 몰낫셧드란 말, 學校에셔 工夫ᄒᆞ든 이야기 길에 다니며 보든 이야기 ᄭᅳᆺ헤 마침 어느ᄣᅢ 活動寫眞에셔 보앗든 어느 兒孩가 아바지가 작난을 못ᄒᆞ게 ᄒᆞ니ᄭᅡ 아버지를 팔아버릴냐고 광고를 써다가 제집 門밧 큰 나무에다가 붓쳣더니 그ᄣᅢ 마참 그 兒孩만한 六七歲 된 남ᄆᆡ가 父母를 이러버리고 彷徨ᄒᆞ다가 ᄊᆞᆨ 두푼 남은 돈을 ᄡᅳ너들고 이 廣告ᄃᆡ로 아바지를 살냐고 門을 두다리든 樣을 半쯤 이야기ᄒᆞᄂᆞᆫ 中이엿다.[31]

「경희」의 회화적(繪畵的) 특징이 담긴 문장들을 보면 '자연주의 문학의 토대를 이루는 사생문(寫生文)의 발달이 근대 구어문체(口語文體)의 발달에 기여했다는 점과, 그 사생문의 토대를 이루는 것이 서양회화의 영향[32]이었다는 지적이 의미 있게 다가온다. 나혜석의 회화적 문장과 근대 자연주의 문학의 토대를 이루는 사생문의 성격이 완전히 일치하는

31 위의 글.

32 三好行雄, 竹盛天雄 編, 「口語文體の確立」, 『文學的近代の成立』, 有斐閣, 1977, 132~141쪽 참조. 이와 연관지어서는 '사생문이 일본 근대소설 리얼리즘의 원류'(李孝德 저, 박성관 역, 『표상공간의 근대』, 소명출판, 2002, 123쪽)라는 기술 또한 참고할 수 있다.

것은 아니다. 그럼에도 불구하고, 나혜석이 서양화가였고 그의 유학생활이 일본 도쿄 사립여자미술학교 서양화부 입학에서부터 시작되었다는 점은 그의 문장 특색을 이해하는 데 도움이 된다.

「회생훈 손녀에게」는 발화자로서의 작가의 흔적내지 발화기원의 소거를 통해 언문일치를 실현하고 있는 대표적 작품이다. 근대문학사의 전개 과정에서 말과 글은 서로 거리를 좁히며 가까워진다. 그러나 근본적으로 말과 글은 그 기능이 다른 것이므로 완벽하게 동일한 모습으로 만나지는 못한다. 이런 점들로 인해 실제 언문일치는 불가능에 가까운 것이며 관념적으로만 존재하는 것이라는 비판적 견해가 제시되기도 한다.[33] 근대적 언문일치체가 궁극적인 목표로 삼는 것 가운데 하나는 이른바 발화기원의 흔적을 최대한 지워내는 것이다. 발화자의 흔적을 말끔히 지워냄으로써 텍스트가 그 자체만으로 의미를 지닐 수 있게 하는 것이 언문일치의 문체가 지향하는 바라 할 수 있다. 교훈적이고 설교적인 전근대적 언설은 이때 비로소 의미 있는 예술 작품의 문장으로 태어난다. 이광수의 초기 소설이나 논설은 이러한 과정, 즉 발화기원의 소거를 지향한 언문일치 운동의 끝자락에 위치하는 것으로 평가받기도 한다.[34] 근대문학사 초기의 이른바 신소설류 작품들에서 빈번히 발생하던 작가 개입의 문장들이 사라지는 것은 한국문학사가 성취한 언문일치의 구체적 증거 가운데 하나가 된다. 「회생훈 손녀에게」의 첫 문

33 예를 들면, 김미형은 "구어체는 구어체 다운 면모가 있어야 하고 문어체는 문어체 다운 면모가 있어야 한다. 따라서 언문일치체를 구어체로 보는 것은 타당하지 않다."(김미형, 「한국어 언문일치의 정체는 무엇인가」, 『한글』 제265호, 2004, 194~195쪽)고 주장한다.

34 김병문, 「발화기원 소거로서의 언문일치체의 의미에 대하여」, 앞의 책, 101쪽 참조.

단은 다음과 같이 시작된다.

> 아 孫女야 긧득ᄒᆞ다. 그러케 몹시알튼病이 다낫고나 인제는 바로 머리도곱게 빗고 옷도얌젼히입고 冊床압헤안졋고나 할멈은 견딜수업시 됴핫셧다. 그러셔 네등을 뚜々뚜듸리며 그러케 깃버힛다. 오냐어셔커라 네 그호리々々ᄒᆞᆫ 허리로 피아노압헤안져셔, 오냐 어셔뜻어라 네그꼿칭이ᄀᆞᆺ흔손으로 빠이오링을, 아々 내몸이 仙女가된것ᄀᆞᆺ다. 내압헤 天使가 侍從드는것ᄀᆞᆺ다. 가진 燦爛ᄒᆞᆫ 胡蝶이 나러드는것갓다. 各色香氣러은꼿이 피여으르는것ᄀᆞᆺ다. 나는 참아 ᄋᆡ차라와볼수업는 네그바르々썰고 힘에겨워ᄋᆡ써셔 치난거시 왜그리 깃부고 됴흔지모로겟다. 孫女야 긧득ᄒᆞ다. 네가 발 ᄒᆞᆫᄌᆞ곡음겨논난것만 보아도 할멈의 ᄆᆞ음속에 깃붐이쓰러나온다. 네가以前과ᄀᆞᆺ히 힘들지안케말한마ᄃᆡᄒᆞ는것만보아도 할멈은 더할수업는 깃붐을ᄭᆡ닷는다.[35]

「회생ᄒᆞᆫ 손녀에게」는 작중화자인 할머니가 병을 앓다 회생한 손녀를 향해 말을 거는 형식으로 쓰여진 작품이다. 여기서 작가 나혜석은 자신의 모습을 숨기고 문장 하나하나를 객관적으로 서술해 나간다. 작품의 줄거리 곳곳에는 작가 나혜석 자신의 실제 과거사가 숨어있다.[36] 자신이 겪은 일화를 회상하는 방식의 작품에서는 자칫 실제 발화자의 흔적이 과도하게 노출되기 십상이다. 이 점을 생각하면 나혜석이 추호의 흔들림도 없이 작가 자신과 작품 사이에 일정한 객관적 거리를 유지하며 「회생ᄒᆞᆫ

---

35 정월(晶月), 「회생(回生)ᄒᆞᆫ 손녀(孫女)에게」, 『여자계』 제3호, 1918.9, 59쪽.

36 이 작품 속에는 작가 나혜석과 실제 연인 관계였던 최승구(崔承九)의 죽음에 관한 에피소드가 들어 있다.

손녀에게」를 서술해 가고 있다는 점은 경탄할 만하다. 「회생훈 손녀에게」가 성공할 수 있었던 요인 가운데 하나는 나혜석이 서술자의 나이를 실제 자신의 나이와는 상당한 거리가 있는 할머니로 설정했다는 점에 있다. 이렇게 함으로써 그는 자신이 겪었던 사건을 일정한 거리를 두고 객관적으로 바라볼 수 있는 토대를 마련했다. 더불어 서술자가 자신을 '나'가 아닌 '할멈'으로 지칭하며 이야기를 풀어가기 시작했다는 점도 중요하다. 이를 통해 이른바 자신을 타자화 시키는 일이 가능했던 것이다.[37]

『여자계』에 수록된 소설 「경희」의 문장을, 나혜석이 『학지광』에 썼던 수필 「이상적 부인(理想的 婦人)」과 「잡감(雜感)」 등의 문장과 비교해 보는 것도 여러 가지 점에서 의미가 있다. 「이상적 부인」이나 「잡감」 그리고 「경희」가 다루는 주제는 서로 통하는 면이 적지 않다. 이 세편의 글은, 여성에 대해 차별적인 조선 사회의 통념을 극복하고 조선의 여자가 자신의 길을 헤쳐 나가야 한다는 명제를 다룬다는 점에서 공통적이다. 그러나 이 세편의 글은 문체에서는 적지 않은 차이를 보인다. 다음은 세 편의 글의 서두를 각각 인용한 것이다.

(가)

먼저 理想이라 험은 何를 云험인고, 所謂理想이라. 卽理想의 欲望의 思想이

37 발화기원이 소거된 발화문은 그 어떤 외적 요인도 참고할 필요가 없는 자립적 문장이 된다. 이때 문장은 그 발화 조건과 상황이 무엇이건 간에 그와 무관하게 자체적 의미를 갖는 자립물로 설 수 있게 되는 것이다. 김병문은 근대적 언문일치의 한글체 문장을 개척해나갔던 일부 작가들이 이러한 근대적 발화문을 의식적으로 실험하지는 않았을 것으로 본다. 이를 그저 보다 구어에 가까운 새롭고 세련된 문체 정도로 인식했을 가능성이 크다는 것이다. 김병문, 「발화기원 소거로서의 언문일치체의 의미에 대하여」, 앞의 책, 92쪽 참조.

라. 以上을 感情的 理想이라 허면, 此所謂 理想은 靈智的 理想이라. 然허면 理想的 婦人이라헐 婦人은그 누구인고. 過去及 現在를 通하야, 理想的 婦人이라헐 婦人은 읍다고 生覺허는 바요. 나는 아즉 婦人의 個性에 對헌 充分헌 研究가 읍는 故이며, 또 自身의 理想은 非常헌 高位에 在험이요.[38]

(나)

昨年 歲末 學友會忘年會에 會席이 滿員인 中 感歎되ᄂᆞᆫ 말에ᄂᆞᆫ 크게 拍手도 ᄒᆞ며 否認ᄒᆞᄂᆞᆫ 點에ᄂᆞᆫ 악을 써서 큰 소ᄅᆡ로 「아니라」고도 ᄒᆞᄂᆞᆫ 狀況을 우리 女學生들은 한구석에서 구경ᄒᆞ엿소. 그 ᄯᅢ에 언니가 나를 쑥 찌르며 이마를 찌푸리고 「아이구 무슨 싸홈터 ᄀᆞᆺ소구려. 學識이 잇고 知覺낫다ᄂᆞᆫ 者의 態度가 이러케 점잔치 못ᄒᆞ오 그ᄅᆡ」 ᄒᆞ엿소, 나ᄂᆞᆫ 우스며 이러케 對答ᄒᆞᆫ듯ᄒᆞ오—[39]

(다)

「아이구 무슨 장마가 그러케 심ᄒᆡ요」

ᄒᆞ며 담비를 붓치ᄂᆞᆫ ᄯᅮᆼ々ᄒᆞᆫ 마님은 오ᄅᆡ간만에 오신 사돈마님일다.

「그러게 말이지요 심한 장마에 아희들이 病이나 아니 낫습니가 그동안 하인도 한번도 못보ᄂᆡ셔요」

ᄒᆞ며 마조 안저 담비를 붓치ᄂᆞᆫ 머리가 희긋々々ᄒᆞ고 이마에 주름살이 두어 줄 보이ᄂᆞᆫ 마님은 이 李鐵原宅 主人마님일다.

「아이구 별 말슴을 다 하심니다 나 역 그럿셔요, 아희들은 츙실하나 어멈이 엇지 슈일 젼붓터 비가 압흐다고 ᄒᆞ더니 오날은 이러나 다니ᄂᆞᆫ 거슬 보고 왓셔요」

38 나혜석, 「이상적 부인(理想的 婦人)」, 『학지광』 제3호, 1914.12, 13쪽.

39 정월(晶月), 「잡감(雜感)」, 『학지광』 제12호, 1917.3, 53~54쪽.

「어지간이 날이 더워야지요, 조곰 잘못ᄒᆞ면 병나기가 쉬워요 그러셔 좀 걱정이 되셧겟습니까」

「인지 낫ᄉᆞ니까요 ᄆᆞ음이 노여요 그런ᄃᆡ 인기가 일본셔 와셔 얼마나 반가우셔요」

ᄒᆞ며 ᄉᆞ돈마님은 이젓든 거슬 ᄭᅡᆷ작 놀나 ᄉᆡᆼ각ᄒᆞᄂᆞᆫ 듯시 말을 ᄒᆞᆫ다.[40]

「이상적 부인」의 문체는 한 눈에 보아도 낡은 국한문 혼용체이다. "먼저 理想이라 험은 何를 云험인고, 所謂 理想이라"라는 첫 문장만으로도 이 글이 한문의 구조를 활용하고 있음을 알 수 있다. 「잡감」에 이르면 이러한 한문식 구문은 사라지고 거의 한글체 문장으로 완성이 된다. 만 삼 년이 안 되는 시기이지만, 그동안 나혜석의 문장은 상당한 변화를 보이게 되는 것이다. 다만, 「잡감」은 한문에서는 벗어났지만 적지 않은 분량의 한자 표기를 사용한다. 어미도 '—하였소' '—하오' 등으로 대체로 문어적 형태를 유지한다.[41] 그에 비하면 「경희」의 문장은 여러 가지 점에서 변화된 모습을 보인다. 우선 「경희」의 "아이구, 무슨 장마가 그러케 심히요" 하는 첫 문장은, 「잡감」의 "아이구 무슨 싸흠터 ᄀᆞᆺ소구려" 하는 문장과 비교해 월등히 현실적인 구어체 표현이다. 「잡감」의 이 문장이 「경희」 와 어울리려면, "아이구, 무슨 싸움터 같군요" 정도로 바뀌어야 한다. 소설 「경희」의 한글 문장은, 나혜석 자신이 쓴 이전의

40 정월(晶月), 「경희」, 『여자계』 제2호, 1918.3, 59쪽.

41 참고로, '이 시기 나혜석의 수필들이 다른 이들의 것보다 돋보이는 이유는 수필 안에서 가장 잘 묘사되고 있는 것이 다름 아닌 나혜석 자신의 열정 때문'이며 나혜석의 수필들은 당시의 글쓰기 관행으로 미루어 보면 상대적으로 '구어적 수사법이 많이 사용된 편'이라는 지적도 있다. 의태어, 부사어, 동사어의 현저한 쓰임 역시 나혜석 수필 문장의 특색이 된다. 양문규, 「1910년대 나혜석 문학의 또다른 근대성」, 『근대계몽기 문학의 재인식』, 소명출판, 2007, 250~251쪽 참조.

수필들과 비교해 보더라도 선구적 면모를 보이는 것이 사실이다.

나혜석 문장의 선도성은 동시대의 주목받는 또 한 명의 여성 소설가 김명순의 경우와 비교해 보아도 금세 드러난다. 다음은 김명순이 『여자계』에 발표했던 소설 「조모(祖母)의 묘전(墓前)에」의 서두 부분이다.

> 春菜는有名흔 故雲溪女史의 어엽분 孫女이엇다. 雲溪女史라면 半島의唯一人인 女子墨畵家이섯다. 그 生前에 어엽분春菜를 老來에명예로 希望으로 光明으로 慰安의的으로 다만女王갓치 貴히々々養育흐엿다 그臨終에는 다만 보드럽고 섬약흔뎌를 心機사오나온長子夫妻에게咐托흐여 自己의財産을, 相續케흐라고 遺言흐고半瞑흐엿더라.
>
> 雲溪女史는 일즉이已出안인 長子와次子를 分家흐고 長子의庶子 春菜를 膝下에 寵愛흐며그붓솟으로 快足한生活을 더욱이 불렷더라.[42]

김명순이 여기서 빈번히 사용하는 어미는 '-더라'이다. '-더라'는 직설과는 구분되는 회상의 화법이며 초월적 어투이다. '-더라'체의 우위는 서술자가 '모든 일을 이미 알고 있는' 존재로서 발언하고 있다는 사실을 말해준다. 여기서 서술자는 일종의 집합적 화자 즉 집단적 경험의 축적을 기반으로 하고 있는 설화적 세계의 존재이다. 모든 가능성을 통찰하고 있는 서술자에게 미래는 이미 예정되어 있으며, 서사는 정해진 결말을 향해 차근차근 진행될 뿐이다.[43] 근대 초기 이인직 등이 이러한 문장을 주로 사용한 것 역시 그들이 머물렀던 세계가 진정한 근대

42 망양초(望洋草), 「조모(祖母)의 묘전(墓前)에」, 『여자계』 제4호, 1920.3, 42쪽.
43 권보드래, 『한국 근대소설의 기원』, 소명출판, 2000, 236~237쪽 참조.

소설의 세계이기보다는 설화의 세계였던 때문이었다고도 볼 수 있다.

나혜석이 「경희」에서 사용한 어미는 단일하지 않다. 작품의 앞 부분에 주로 등장하는 '-해요' '-어요'는 이 부분 등장인물들이 여성이기 때문이다. 제3장에서는 대화체의 주된 어미가 '-시오' '-이오' 등으로 변화하는데 이는 아버지 이철원과 경희 어머니 김부인 사이의 대화가 주를 이루기 때문이다. 여기서 사용한 '-시오' '-이오' 등의 어미는 문어이면서 실생활에서 사용한 것으로 보이는 구어이기도 하다. 나혜석이 활용한 어미들은 등장인물들이 그 시대에 그 상황에서 실제로 사용하던 어미였다. 「경희」에는 대화문뿐만 아니라 물론 서술문도 적지 않다. 「경희」의 서술문에서 사용되는 종결어미의 주종을 이루는 것은 일관 되게 '-이다' '-하다' 등이다. 객관적 서술로 일관하고 있는 것이다. '-다' 종결어미는 화자와 청자 간에 어떠한 실제적인 상황 맥락 정보도 제시하지 않는 객관점 시점을 반영한다. 근대 이후 투명한 주체가 감각적으로 얻은 정보를 전달하는 것이 보편적 인식의 틀로 되고, 화자와 청자가 실제 만남보다는 활자를 통한 비대면적 의사소통 상황에 놓이게 되면서 보편화된 어미가 '-다'라는 해석도 존재한다.[44]

근대 이전의 소설을 읽으며 시대적 거리감을 느끼게 되는 가장 큰 이유는 거기에 사용된 구문과 문자 때문이며 다음으로는 문장에 사용된

44 배수찬, 『근대적 글쓰기의 형성 과정 연구』, 소명출판, 2008, 106쪽 참조. 참고로, 배수찬은 종결어미 '-다'에 대해 다음과 같이 부연 설명한다. "지배적 종결어미가 '-라'에서 '-다'로 바뀌는 것은 한문체가 해체된 뒤에도 상당히 오랜 후의 일이며, 그러한 변화는 소설문체와 기사문체에서 먼저 일어나 논설문 등의 추상어 글쓰기까지 확산되는 것이다. 이것이 의미하는 바는, '-다' 종결어미로 변화한 근대의 문체가 단순한 구어체가 아니라 구어를 바탕으로 새롭게 형성된 문어체라는 사실이다."(같은책, 107쪽)

어미 때문이고, 그 다음으로는 낯선 낱말들 때문이라 할 수 있다. 한글체 소설을 만나게 되면 구문과 문자로 인한 괴리감은 점차 사라지지만 그래도 어미와 낱말의 문제는 계속 남는다. 나혜석의 「경희」는 구문과 문자 그리고 어미로 인한 시대적 거리감을 거의 느낄 수 없을 만큼 새롭게 쓰여진 한글체 소설임이 분명하다.[45] 다만, 한글체 소설로서의 「경희」에서 한계로 지적할 수 있는 것은 단순한 한자(漢字) 표기가 아니라 다음과 같은 한자어(漢字語) 표현이 아직 남아있다는 점이다.

> 殆히 禽獸와 區別을 할 수도 업는 일이 만타.(74쪽)
>
> 경희의 키는 瞥眼間 飴느러지드시 붓 쩍 느러진 것 갓다. 그러고 目은 全얼골을 가리우는 것 갓다. (74쪽)

「경희」가 언문일치 지향의 새로운 한글체 소설이 되기 위해서는 이 문장들에 사용된 구절들인 '殆히'는 '거의'로, '瞥眼間 飴느러지드시'는 '별안간 엿늘어지듯이'로 '目은'은 '눈은'으로 바뀌어야 한다.[46] 이러한 낯선 표현은 「경희」의 마무리 부분에서만 주로 발견된다. 이러한 표현

---

45 여기서, 한글체 문장에서 일부 낱말을 한자로 표기하는 관행을 어떻게 볼 것인가 하는 문제는 아직도 남는다. 이는 소설사 연구에서만 문제가 되는 것이 아니다. 이 문제는 쉽게 정리되지 않는 우리말 표기법 전반과 연관된 본질적 논란거리 중의 하나이다. 분명한 것은, 한글체 소설이 순한글만으로 된 작품을 의미하지 않는다는 점이다. 한글체 문장 및 한글체 소설 여부를 판별하는 기준은, 표기 언어를 기본을 삼되 문단의 구조와 성질이 어떠한 문장을 바탕으로 하는가 하는 문제로 귀결된다. 한글체 문장에서 한자를 부분적으로 노출시키는 표기 관행은 적어도 1980년대 말까지는 그대로 남아있었다는 점을 염두에 둘 필요가 있다.

46 '언문일치'의 개념을 "우리말을 한문 문장이 아닌 국문체 문장으로 적고자 하는 개념"(김미형, 「한국어 언문일치의 정체는 무엇인가?」, 앞의 책, 194쪽)으로 본다면 이는 더욱 절실히 요구되는 사항이다.

들은 한글체 소설 「경희」가 아니라 국한문체 수필 「이상적 부인(理想的婦人)」의 일부처럼 보인다. 이러한 표현이 나오는 이유는 나혜석이 「경희」를 마무리 하면서 주인공과 작가 자신 사이의 객관적 거리를 유지하지 못했기 때문이다. 이는 「회생훈 손녀에게」의 경우도 마찬가지이다. 「회생훈 손녀에게」에서는 후반부로 가면서 서술자가 '할멈'에서 '나'로 변하게 되고, 문장의 긴장도와 객관성이 전반부에 비해 점차 떨어지게 된다. 「경희」와 「회생훈 손녀에게」의 문제점은 서로 다른 것이기는 하나 그 원인은 동일했던 것으로 보인다. 두 작품 모두 전반부에서는 작가가 등장인물들과 일정한 거리를 유지하며 객관적 서술을 하고 있지만, 후반부로 가면서 나혜석의 소설가로서의 정체성이 흔들렸던 것이다. 근대 초기 소설가들의 정체성이 흔들리게 되는 가장 큰 이유는 그가 지닌 계몽적 욕구 때문이다. 계몽적 욕구는 한글체 소설 문장을 국한문체 수필 문장으로 환원시킨다. 나혜석 역시 이들 작품을 써나가면서 후반부로 갈수록 계몽적 욕구를 제어하지 못하고 주인공의 목소리가 아닌 작가의 목소리로 이야기하게 된다. 이는 근대 초기 작가들이 내면적 고백체의 문장을 사용할 때 한자어를 많이 사용하게 되는 현상과 같은 맥락 속에서 이해할 수 있다. 한국 근대소설사는 서사와 논설이 외형상 분리되면서 점차 변화한다.[47] 작가의 목소리가 작중 인물의 목소리로 체화되면서 새로운 단계로 나아가게 되는 것이다. 진정한 언문일치 소설은 작가의 목소리가 아니라 작중 인물의 목소리로 완성되어야 한다. 그런 점에서 나혜석의 소설들인 「경희」와 「회생훈 손

47 이와 관련된 상세한 서술은 필자의 책, 『한국근대소설사』, 솔출판사, 1997, 481~496쪽 참조.

녀에게」는 근대 유학생 잡지에 수록된 한글체 소설들이 무엇을 성취했고 무엇을 과제로 남겼나 하는 것을 구체적으로 보여주는 의미 있는 사례가 된다.

4. 맺음말

문체의 변화는 단순히 언어의 변화만을 의미하지 않는다. 그것은 사회 구성원들의 의식의 변화를 포함해 결국은 사회 구조전반의 변화에 영향을 미치게 된다. 문체의 변화는 지식의 공유 과정과 연결되며, 지식의 공유는 곧 사회 구조를 바꾸는 일로 연결된다. 근대계몽기의 국한문 및 한글 사용 시도는 개화파 지식인들에 의해 기획되고 추진된 것이었다. 이 점을 생각하면 1900년대에서 1910년대에 걸치는 문체 변화를 주도하게 되는 주요 집단 가운데 하나가 해외 유학생이라는 사실은 충분히 예견 가능한 것이었다.

『여자계』는 한글체 기사뿐만 아니라 한글체 소설의 개척과 정착에 실질적으로 기여하게 된다. 나혜석의 작품인 「경희」와 「회생(回生)한 손녀(孫女)에게」는 이를 보여주는 대표적 사례들이다. 이들 작품은 근대 지식인 소설에서 언문일치의 한글체 문장이 정착되어 가는 과정을 잘 보여준다. 대화체 문장의 실질적 구어성 구현, 회화성 짙은 묘사 구문들의 결합을 통한 새로운 형태의 서사문 제시, 발화기원의 소거를 통한 등장인물과의 객관적 거리 두기 등이 전례를 보기 어려운 새로운 차원에서 전개되는 것이다. 구어의 구현 과정 즉 실제의 언어 생활에서는 화자가 이중의 목소리를 낸다는 것이 불가능하다. 발화자는 독립된 인격체로서의 개인일 뿐 그 발화 과정에 다른 누군가가 끼어들 여지가 없는 것이다. 그런 점에서 보면 작가의 개입이 사라지고 등장인물들이 자신의 목소리로 발화하는 방식이 정착되어 가는 모습은 나혜석 소설이 거둔 주목할 만한 성과가 된다. 그러나, 작품의 후반부로 가면서 작가와 작중인물 사이의 객관적 거리 유지가 힘들어지고 계몽적 목소리의 욕구를 제어하지 못한 것은 『여자계』에 수록된 나혜석 작품이 지닌 한계가 아닐 수 없다. 낯선 한자어 표현을 완전히 제거하지 못한 또한 문제로 남는다.

근대계몽기의 문학 현상을 바라보는 데는 '진화하는 언어'라는 용어로 문학어 고유의 특질을 이해하려는 일련의 접근이 유용해 보인다. 문학어가, 근대초기 매체의 언어편제가 부여한 분할 공간에 만족하지 않고, 끊임없이 자기를 새롭게 변화시키며 독창적 근대어로서의 성격을 형성해갔다는 주장[48]에 공감하게 되는 것은 이 때문이다. 문체와 관련지어 일어나는 모든 변화를 '진화'라는 용어로 설명할 수는 없다. 그렇다고 할지라도, 적어도 근대계몽기에 일어난 한글체 소설을 향한 도정은 분명 그것을 한국문학사의 진화의 징표로 삼는데 문제가 없어 보인다.

---

48 한기형, 「매체의 언어분할과 근대문학」, 『흔들리는 언어들』, 성균관대 대동문화연구원, 2008, 241쪽 참조.

1910년대 『매일신보』 소설 문체의 변화와 독자의 형성과정

양문규

1. 머리말

조선총독부의 기관지로 출발한 『매일신보』는 식민지 체제를 정당화하고 독자 대중들을 이에 협력케 하는 친일어용지로서의 성격을 갖고 있다. 더불어 『매일신보』는 봉건적 생산관계를 청산한 것은 아니지만, 이미 자본주의적 생산관계에 들어서기 시작한 식민지 조선에서 탄생한 자본주의적 미디어의 성격을 띠기 때문에 이전 애국계몽기의 신문들과는 다르게 상업지로서의 성격을 적극적으로 갖추기 시작한다. 기존의 연구들은 이러한 성격의 『매일신보』 소설들에 대하여 대체로 부정적인 견해를 보여 왔다. 그러나 근자에는 『매일신보』에 게재된 번안소설을 포함한 제반 소설들의 언어와 양식에 초점을 맞춰 그것이 한국 근대소설 전개 과정에서 보여준 역할들에 대하여 다시 주목하고 있다. 아울러 『매일신보』는 나름대로의 계몽성과 대중성을 확보하기 위하여 지속적으로 국문체 소설의 발전을 모색했고, 그것의 결과로 이광수의 「무정」 같은 소설작품도 출현하게 된다고 본다.[1]

이 글은 이러한 논의들을 참조하여 1910년대 『매일신보』에 게재된 장편소설들의 전개과정을, 문체의 변화를 중심으로 다시 살피고자 한다. 1910년대 『매일신보』의 장편 양식은 통상 세 가지로 대별된다. 첫째는 『매일신보』에 게재된 이해조의 신소설들이다. 둘째는 조일재를 대표로 하는 번안소설이다. 셋째는 「무정」·「개척자」 등의 이광수의 소설이다. 앞서 지적했듯이 근자의 논의들은, 대체로 『매일신보』 소설들의 전개과정을 서구 근대소설의 형식을 갖춰 나가게 되는 발전적인 관점 안에서 보고 있다. 그러나 이 글은 근본적으로 이 시기 『매일신보』소설을 통해 형성된 근대적 국문체가 전대 국문소설의 국문체를 발전적으로 계승하지 못했으며, 바로 이러한 점들이 궁극적으로는 한국 근대소설의 다양한 발전 과정을 저해하는 기원이 된다고 본다. 그리고 이의 중요한 역할을 한 것이 다름 아닌 총독부 기관지 『매일신보』라는

---

1 김영민, 『한국근대소설의 형성과정』, 소명출판, 2006; 박진영, 「한국의 번역 및 번안소설과 근대소설어의 성립－근대소설의 양식과 매체 그리고 언어」, 『대동문화연구』 52, 2007; 이희정, 「1910년대 『매일신보』 연재소설의 문체변화 과정」(2), 『우리말글』 41, 2007.

매체였음을 강조하고자 한다.

2. 이해조의 신소설 — 문어체 소설로의 퇴행과 구시대의 독자

한일 병합 이전부터 신소설 작가로 활동한 이해조는 병합 이후에는 『매일신보』의 기자로 입사하면서 신소설 창작을 지속적으로 이어 나간다. 그러나 병합을 전후로 그의 소설의 성향은 크게 달라진다. 병합 이전에는 「빈상설」(1907년)→「구마검」(1908년) →「박정화」(1910년)로 이어지는 작품들에서 확인해볼 수 있듯이, 이해조의 소설은 중세의 로맨스에서 근대의 노블로 변화해가는 궤적을 보여준다. 그런데 병합 이후 『매일신보』의 이해조 소설은 이러한 점들을 발전적으로 지속시키지 못하고 이전과 급격한 단절을 드러낸다. 작품의 통속적 성격은 일층 강화되는데 이것이 문체상 전대 소설 그 중에서도 '문어체 소설'[2]의 형식

---

2 김병국은 조선후기 국문소설을 문체의 측면에서 크게 둘로 나눈다. 그 하나가 「홍길동전」「조웅전」등의 문어체 소설이며, 또 다른 하나는 「춘향전」등의 판소리계 소설이다. 문어체 소설은 진정한 의미의 대화체 문장이 이뤄지지 않는데 비해, 판소리계 소설은 인물들의 대화가 가장 순수한 상태로 모방된다고 본다.(김병국, 「고대소설의 서사체와 서술시점」, 『현상과인식』, 1981년 봄호) 김현주는 문어체 소설을 '문장체 고소설'로 부르는데, 이들의 어휘들은 지배와 종속의 관계가 유지되는 사회에서 통용되는 것으로 상층 또는 지배계층에 속한 사람들이 주로 사용하던 귀족적인 어휘들로 이뤄진다고 본다.(김현주, 「문장체 고소설과 판소리서사체의 언어조직 방식」, 『고소설연구』 19, 한국고소설학회, 2005, 206쪽) 이 글은 판소리계 소설이 그 문체적 표현을 통해 조선 후기의 민중사상을 담아내 근대소설로의 상승 계기를 마련하는데 비해, 문어체 소설은 예술적 긴장이 떨어진 채 통속화 경향이 심화되며 20세기 초로 인계된다고 본다.

으로 퇴행하는 속에서 실현되고 있다.

이해조가 식민지로의 전락 직전 신문에 마지막으로 연재한 소설이 『대한민보』의 「박정화」(1910.3.10~5.31)이다. 그리고 병합되고 나서 신문에 첫 번째로 연재한 소설이 『매일신보』의「화세계」(1910.10.12~1911.1.17)이다. 「박정화」가 봉건 지배층의 도덕적 타락과 봉건적 세계에 억눌린 여성의 성적 소외를 그리는데 반해, 「화세계」는 그와는 상반된 구시대의 구태의연한 정절의 세계로 돌아간다. 불과 반년도 채 안 되는 상황에서 이렇게 작품 경향이 백팔십도 달라진 것을 작가의 세계관이 변화한 데서 찾아보기만은 어려울 듯싶다. 오히려 식민지로의 전락 등 작가가 놓인 정치적 상황, 그리고 바로 이 점과 직접 연결된 총독부 기관지 『매일신보』라는 매체와의 관련성을 생각해보지 않을 수 없다.

「화세계」의 주인공의 이름은 '수정(守貞)'이다. 여주인공의 이름이 상징하다시피 이 작품은 주인공의 수절과 관련된 이야기이다. 병합 이후 이해조 신소설에 즐겨 나타나는 정절의 이데올로기는 다름 아닌 종래의 가부장주의 이데올로기와 연결된다. 그리고 이의 정치적 상징인 총독부의 권위에 순응하는 보수적 태도와도 관련된다. 즉 가부장주의 이데올로기와 같은 봉건적 가치의 지속은 사람들로 하여금 현 제도가 고정적이고 최종적인 것임을 승인케 하며 그것을 비판한다든지 그 법규나 관습에 저촉되거나 전복시키지 못하도록 하는 사고방식을 심어준다. 이는 정치적 방식의 사회변혁에 대한 열망을 좌초시키려는 일제의 보수적이며 체제 안정적 통치행위에 간접적으로 협조한다.[3]

---

3 양문규, 『한국근대소설사연구』, 국학자료원, 1994, 88쪽.

그리고 플롯 상으로, 여성 주인공이 겪는 순결의 위험은 그들의 수난을 제공하게 되는 동기를 부여하며, 이러한 여성의 운명을 다루는 스토리는 독자층 특히 부녀자로 짐작되는 독자층의 저급한 로맨스 취미에 영합한다. 이는 『매일신보』의 상업적 요구를 충족시킨다. 요컨대 이러한 이해조의 퇴행적인 로맨스는 『매일신보』가 요구하는 상업적 요구에 호응하면서 넓게는 체제 이데올로기에 순응하는 문예물이다.

따라서 『매일신보』의 이해조의 작품세계는 병합 이전 「구마검」, 「박정화」에서 나타났던 시정의 세계로 더 이상 진입하지 못한다. 따라서 문체에서도 이전 조선 후기의 평민 소설에서 보인 시정의 일상세태를 실감나게 묘사하려는 노력 대신, 종래 문어체 소설의 상투적인 수사의 세계로 돌아가게 된다. 아래 인용한 병합 전 작품인 「구마검」과 병합 이후 『매일신보』에 연재된 「화세계」의 서두 부분에 나타난 수사법에서 이러한 점들이 대비적으로 나타난다.

> 대안동 네거리에셔 남산을 바ᄅᆞ보고 한참 ᄂᆡ려가면 베젼 병문 큰 길이라. 좌우에 져ᄌᆞᄒᆞᄂᆞᆫ 사ᄅᆞᆷ들이 죠셕으로 물을 ᄲᅮ리고 비질을 ᄒᆞ야 인졀미를 굴녀도 검불 하나 안이 뭇을 것 갓흐나 그 만ᄒᆞᆫ 사ᄅᆞᆷ 그 만ᄒᆞᆫ 소가 ᄇᆞᆲ고 오고 ᄇᆞᆲ고 가면 몃시 안이 되여 길바닥이 도로 지져분 ᄒᆞ여셔 바ᄅᆞᆷ이 그쳑만 잇셔도 ᄒᆡᆼ인이 눈르 ᄯᅳᆯ 슈가 업ᄂᆞᆫᄃᆞ리 바ᄅᆞᆷ도 여러 가지라.[4]

> 셰월이 덧업도다 언의듯 삼복염증이 지나가고 구십월이 되엿ᄂᆞᆫ가 간밤 부든

4 『구마검』, 이문당, 1917.

> 바람이 ᄯᅳᆯ 압에 셧ᄂᆞᆫ 나무를 이리 흔들 뎌리 흔들 흔들흔들 말지 안터니 무수ᄒᆞᆫ 락엽이 분분히 날아ᄃᆞ니리ᄂᆞᆫ고나. (…중략…) 슬프다 이ᄂᆞᆫ 락엽을 ᄃᆡᄒᆞ여 탄식ᄒᆞᄂᆞᆫ 바이어니와 이 셰샹에 신세가 뎌와 갓흔 쟈 몃몃인고.[5]

그리하여 이해조는 「화의혈」, 「월하가인」(1911년) 등을 거쳐 「소양정」(1911년), 「탄금대」(1912년) 등에 이르면 문어체 소설의 상투적 문체와 양식을 좇게 된다. 이는 합방 전 이해조 소설에서 모색하던 조선 후기 시정소설의 민중언어의 리얼리티를 되살려 시정의 일상세태를 실감나게 묘사하고자 하는 노력을 중단시킨다.

따라서 1900년대 이해조가 자신의 작품에서 시도했던 전통적 국문소설의 현대적 변용으로의 여러 가지 가능성들이 『매일신보』의 소설들에서는 사라진다. 가령 병합 이전 이해조 소설에서 빈번하게 나타나던 활기에 찬 속담의 수사법이 현저하게 줄어든다. 이해조 소설에서 속담의 수사들은 민중의 일상생활의 주변에서 체득된 진리로서 예리한 풍자와 실감나는 비유를 보여준다. 그리고 이해조 소설의 속담들은 정형화된 관용어구라기보다는 극중 상황을 지시하기 위해 새롭게 조립된 어휘에 가까운 것이다. 이는 문장체 고소설의 정형화된 속담이나 사자성어와는 달리, 판소리계 소설에서처럼 속담 식의 비유들이 문장 속에서 하나의 서술어 또는 목적어로 행세하면서 자유롭게 상용되고 있음을 보여준다.[6] 그런데 이러한 것들이 『매일신보』의 소설들에서 서서

---

5 「화세계」, 『매일신보』, 1910.10.12.

6 예컨대 위에서 인용된 「구마검」의 굵은 글씨 부분들의 예가 그러하다. 그러한 예들을 몇 개 더 제시해보면 다음과 같다. 모주 먹은 도야지 별으듯 ᄒᆞᆫ다(『고목화』, 박문서관,

히 자취를 감춰버린다.

이에 덧붙여 이해조 초기 소설에서 나타나던 판소리계 소설의 흔적들도『매일신보』의 소설들에서는 사라지기 시작한다.「구마검」에서 미신을 좇는 최씨 부인을 희화화하기 위해서 "정안수 그릇은 장독 쪄ᄂᆞᆯ 쎄가 업고, 고양메 쏠박은 언의 산에 안이 가는 곳이 업스며, 심지어 대소가사이에 상변이 잇스면 빅일식 통치 안이 ᄒᆞ기는 례ᄉᆞ로 ᄒᆞ더라"는 식의 판소리 투의 사설을 삽입한다. 그러나 이러한 구어적인 자유분방한 수사법들은『매일신보』이해조의 신소설에서는 완전히 소멸된다.[7] 이해조가『매일신보』에서 이러한 문체와 수사법을 지속시킬 수 없었던 것은 앞서 지적한 대로 이해조가 선택했던 소재와 관계가 있다. 그리고 이는 궁극적으로는『매일신보』가 지향하는 정치적 보수주의와 관련된다.

그런데『매일신보』이해조 소설들은 그 나마도 변화해가는『매일신보』의 새로운 독자의 통속적 취향을 맞추기에는 역부족이었다. 이해조는「화세계」,「화의혈」(1911년) 이후「구의산」(1911년),「우중행인」(1913년) 등에서는 일본의 신파극에서 사용되는 소재 및 모티프들을 차용한다.「구의산」의 살인과 복수의 모티프,「우중행인」에서 오해로 빚어진 것이기는 하지만 형수의 시동생과의 불륜 등의 모티프들은 이해조의 신소설이『매일신보』의 상업적 요구에 다가가기 위한 또 다른 변신의 움

1922, 64쪽); 십년공부가 삶은 개다리 되었다(『고목화』, 135쪽); 된장 항아리에 풋고초 백이듯(『빈상설』, 광학서포, 1908, 119쪽); 모밀셤에 참ᄉᆡ떼 덤뷔듯 ᄒᆞ얏스니(『빈상설』, 130쪽); 농익은 연감 모양 갓치 훌쑥ᄒᆞ도록 쌜녀 보아라(『구마검』, 53쪽).

7 이해조는「강상련」,「연의각」,「토의간」을『매일신보』에 연재하는 등 판소리에 미련을 갖는다. 그러나 현대소설에 판소리 문체 또는 수사를 적용코자 하는 노력들은『매일신보』시기에는 더 이상 보이지 않는다.

직임이었음을 보여준다. 물론 이러한 작품들에서 문체의 갱신을 기대하기는 어려웠다.

3. 조일재의 번안소설—신파조의 문체와 미성숙한 시민 독자

신소설을 대신하여 『매일신보』에 등장한 것이 조일재 등의 번안소설들이다. 번안소설은 후기 신소설에서 물러나있던 도시 시정의 세계가 다시 등장한다. 더욱이 번안소설에는, 그것이 이식된 것일지언정 신소설의 공간에서는 찾아볼 수 없는 자본주의적 시정의 공간이 나타난다.

> 영등포, 영등포-에이도호-에이도호 ᄒᆞ고 역명(驛名)을 부르며 창밧그로 역부들이 외오고 지ᄂᆡ여가ᄂᆞᆫᄃᆡ 긔챠ᄂᆞᆫ 임의 영등포 뎡거쟝 ᄲᅳ라트홈에 다앗더라. ᄂᆞ리ᄂᆞᆫ 사ᄅᆞᆷ, 오르ᄂᆞᆫ 사ᄅᆞᆷ, 뎡거쟝 문 앞에서ᄂᆞᆫ 요롱 흔드ᄂᆞᆫ 소릐가 일시에 요란 복잡ᄒᆞ여지며 그 ᄉᆞ이로ᄂᆞᆫ 음식파ᄂᆞᆫ ᄋᆞ희들이 목판을 엇메이고 창엽호로 ᄅᆡ왕ᄒᆞ며
>
> 「벤ᄯᅩ, ᄲᅵ-루 마사무네 삼편 사이다-」[8]

위에 인용된 조일재의 「장한몽」은 야행열차, 대합실의 괘종시계, 영등포 은행지점, 한강텰교(漢江鐵橋), ᄆᆡᆨ쥬 등, 식민지 조선으로 빠르게 침

8 『매일신보』, 1913.6.10.

투해 들어오는 자본의 문물에 대하여 적극적인 묘사를 한다. 기차 외에도 전기철도, 화양(和洋)요리점, 고리대금업자가 노니는 도시 시정과 풍물에 관한 세세한 관심들은 독자들의 새로운 것에 대한 관심을 충족시킨다.

그리고 번안소설은 신소설과 달리 이른바 '연애'라는 새로운 남녀의 애정 풍속도를 그린다. 이는 신소설에서 남녀 또는 부부간의 애정 윤리를 취급하는 것과는 다른 성격을 띤다. 「장한몽」의 '이수일'과 '심순애' 사이의 연애 장면은 당대의 새로운 풍속도를 보여준다. "그 학생(수일)은 얼풋시 순의의 입은 만토 자락을 헷치고 몸을 그 속으로 넛는다. 순의는 웃기를 마지 안이ᄒᆞ며 「아이고, 이게 웬일이오. 망칙ᄒᆞ여라. 거북ᄒᆞ여서 어듸 거름이나 것겟소. 에-그, 져긔셔 사ᄅᆞᆷ이 오나보오」"[9]라는 식의 행동과 대화가 나타난다. 이광수 소설에서 비로소 등장했다고 생각하는 연애의 문제가 이미 번안소설에서 적극적으로 다뤄지고 있는 셈이다. 소설문학에 나타난 이러한 새로운 남녀의 애정 관계 역시 독자들에게는 흥미로운 관심의 대상이 되었을 법하다.

따라서 번안소설의 문체에서도 신소설의 것과는 현저하게 다른 변화가 일어난다. 우선 번안소설이 일본 원작을 번역, 번안한 것이기 때문에 소설 문장에서 일본식 조어법 내지는 어법이 두드러지게 나타난다. 전대 문학에서 동사, 형용사 등의 용언이 문장의 주요한 성분을 이루었는데 반해, 번안소설에서는 형용사, 동사 등의 단어가 자주 명사형으로 바뀌는 등 명사를 중심으로 한 문장들의 빈도수가 높아지기 시작

9 『매일신보』, 1913.5.17.

한다. 또는 아래의 예에서와 같이 '핍박(逼迫)하다', "비등(沸騰)하다" 등의 동사의 경우 명사의 한자 어휘를 동사로 만들어 기존에 사용되던 쉬운 뜻의 동사를 대체한다.

> 슌ᄋᆡ는 한번 가슴에 밧은 허영(虛榮)의 ᄆᆞ음이 ᄒᆡ로 좃ᄎᆞ 졈졈 셩ᄒᆞ여 …… 슈일이가 슌ᄋᆡ를 사랑ᄒᆞᆷ과 ᄀᆞᆺ치 슌ᄋᆡ는 슈일을 사랑치 못ᄒᆞᆷ은 모다 이와 ᄀᆞᆺᄒᆞᆫ 헛된 ᄉᆡᆼ각을 잇지 못ᄒᆞ는 ᄭᅢ닭으로 인연ᄒᆞᆷ이라 …… 이 방은 리슈일이가 거쳐ᄒᆞ는 방이라 아참 이후로 사ᄅᆞᆷ의 긔운이 ᄭᅳᆫ어졋던 방이라 살을 어이는 듯ᄒᆞᆫ 찬 긔운은 지금에 홀연 사ᄅᆞᆷ의 ᄯᅡ듯ᄒᆞᆫ 살을 엇음을 질기여 ᄆᆡᆼ호ᄀᆞᆺ치 몰아와서 물고 ᄯᅳᆺ는 것 갓치 몸에 핍박ᄒᆞᆫ다.[10]

> 슈일의 가슴에는 경위업고 ᄂᆡ 욕심만 ᄎᆡ우는 소ᄅᆡ에 분ᄒᆞᆷ을 익의지 못ᄒᆞ야 ᄎᆡᆨ망ᄒᆞᆯ 일과 힐문ᄒᆞᆯ 일과 설명ᄒᆞᆯ 일이 여러 가지로 흉즁(胸中)에서 비등(沸騰)ᄒᆞ것만은 심턱은 슈일의 하늘갓ᄒᆞᆫ 은인이라[11]

이러한 일본식 조어법은 비단 번안소설에서뿐만 아니라 이 시기 일본의 문명에 노출된 조선의 지식인 계급들 사이에서 의도적으로 구사된다. 일본식 문법은 말할 필요도 없이 우리의 자연스러운 어법과 어긋날 뿐 아니라 향후 소설 문학이나 일상 언어생활에서 대중과 유리된 현학적이고 낯선 문체를 생산해내는 계기를 마련한다. 특히 소설에서 지식인들의 생각을 그릴 때 이러한 문체들이 즐겨 사용된다.

---

10 『매일신보』, 1913.5.20.

11 『매일신보』, 1913.5.27.

둘째로 번안소설은 신소설과 달리 상대적으로 '서술'이 아닌 근거리 세부묘사의 강화를 비롯하여 '묘사'의 양이 획기적으로 증대된다. 신소설이 이야기, 사건 중심으로 이뤄지는 데 반해 번안소설은 상대적으로 장면, 대화 및 심리의 세계가 확장되기 때문이다. 번안소설의 한 회 연재분량은 신소설의 그것에 비해 삽화를 빼고도 두, 세배 정도가 늘어난다. 장면과 대화 묘사의 확대는 우선 번안문학이 신파극의 상연을 전제로 하고 있는 것과도 관련된다.[12] 「장한몽」에서 공간배경의 묘사는 마치 극에 설정한 무대 장치를 설명하는 듯싶고, 그 무대를 배경으로 연극배우가 등장하는 느낌을 갖게 한다.

ᄯᆡᄂᆞᆫ 음력으로 ᄒᆞ면 삼월 상순이오 양력으로 말ᄒᆞ면 ᄉᆞ월 즁순이라. 얼골을 싯치고 지ᄂᆡ여 가ᄂᆞᆫ 바ᄅᆞᆷ은 ᄯᅡᆺ듯ᄒᆞᆫ듯 서늘ᄒᆞᆫ듯 ᄒᆞ여 품안에 감동되ᄂᆞᆫᄃᆡ 만슈ᄃᆡ(萬壽臺) 아ᄅᆡ로 멀니 대동강(大同江)을 건너셔 ᄶᅡᆯ니여 잇ᄂᆞᆫ 능라도(綾羅島)ᄂᆞᆫ 아즈랑이가 가득히 ᄭᅵ여 암물암물 눈에 부시운ᄃᆡ 먼곳으로 좃차 츈초를 먹느라고 ᄆᆡ여 잇던 송아지ᄂᆞᆫ 밍－ᄒᆞᄂᆞᆫ 소ᄅᆡ 들니ᄂᆞᆫᄃᆡ 그 소ᄅᆡ가 가쟝 심난ᄒᆞ다. 그 소ᄅᆡ가 그치면 다시 솔나무 우에서 ᄉᆡ소ᄅᆡ가 난다. 바ᄅᆞᆷ도 업건만은 슈양류(垂楊柳)가지ᄂᆞᆫ ᄌᆞ로 흔들인다. 우러러보다 ᄭᅬᆺ고리 한 마리가 사ᄅᆞᆷ 잇슴을 보고 놀ᄂᆡ여 날아감이라.[13]

반공에 소슨듯ᄒᆞᆫ 을밀ᄃᆡ(乙密臺) 엽흐로 한 줄거리 좁은 길이 소나무 ᄉᆞ이로

12 조일재가 『매일신보』에 최초로 연재한 번안소설은 「쌍옥루」(1912.7.17)다. 이 작품의 연재가 시작될 때, 신문사는 사고(社告)를 통해 이를 신파극으로 공연할 계획을 갖고 있음을 밝힌다.

13 『매일신보』, 1913.5.29.

양의 ᄎᆞᆼᄌᆞ갓치 얼키잇ᄂᆞᆫᄃᆡ 그 길로 좇ᄎᆞ 영명ᄉᆞ(永明寺)를 지ᄂᆡ여 부벽루(浮璧樓) 압흐로 나려 오ᄂᆞᆫ 남녀 두 사ᄅᆞᆷ이 잇스니 한 사ᄅᆞᆷ은 리슈일(李秀一)이요 ᄯᅩ 한 사ᄅᆞᆷ은 심슌ᄋᆡ(沈順愛)러라[14]

그리고 번안소설에서 등장인물에 대한 디테일한 묘사 역시 극 문학의 '지문'을 환기시킨다.

셔양머리로 쪽진 머리 우에ᄂᆞᆫ 남쎗나ᄂᆞᆫ 「리봉」을 ᄭᅩ자잇고, 거문 무명을 발다듬이 ᄒᆞ여 쥬름을 듬셩듬셩 잡은 통초마ᄂᆞᆫ 발뒤굼칫가지 잘잘 ᄭᅳ을니게 ᄒᆞ여 밧삭 취키여 입고 남왜증겹져고리ᄂᆞᆫ 몸에 낙낙ᄒᆞ게 지어 입엇스며 올은 손에ᄂᆞᆫ 칙보를 드럿느나 은근히 얼골에ᄂᆞᆫ 심난ᄒᆞ고 경황업ᄂᆞᆫ 긔ᄉᆡᆨ이 나타낫더라.[15]

물론 이러한 종류의 묘사는, 당대 멋쟁이 남녀의 패션 및 풍속, 또는 새로운 세태의 풍속들을 상세하게 그려 독자의 세간의 호기심과 소문거리를 충족시키는 것과 관련되기도 한다. 실제 「장한몽」의 원작자 오자키 고요(尾崎紅葉, 1869~1903)는 당시 번성하기 시작한 미쓰코시 백화점의 의뢰로 신사, 귀족여자, 게이샤 등 다양한 인물들의 의복 모양과 같은 풍속을 묘사하는 것에 주안점을 둔 작품을 써서 당대의 유행을 선도해나가기도 한다.[16] 「장한몽」에서 이수일과 그를 유혹하는 신여성 '최만경'의 "료리점"에서의 선정적 장면은 독자들의 호기심을 자극한다.

14 『매일신보』, 1913.6.3.

15 조일재, 「쌍옥루」, 『매일신보』, 1912.7.18.

16 진노 유키, 문경연 역, 『취미의 탄생』, 소명출판, 2008, 149쪽.

ᄋᆡ교(愛嬌)가 듯는듯 ᄒᆞᆫ 눈 근쳐에ᄂᆞᆫ 홍죠(紅潮)에 물들엇고 쥬긔ᄂᆞᆫ 젼신에 도라 쾌락ᄒᆞᆫ ᄆᆞᄋᆞᆷ으로 슈일을 향ᄒᆞ여 치여다보고 잇ᄂᆞᆫ 얼골은 화병에 ᄭᅩᆺ피여 잇ᄂᆞᆫ ᄭᅩᆺ가지로 잘못 보기도 쉬울지라. 흘너나리ᄂᆞᆫ 머리털을 굿치안아 ᄒᆞᄂᆞᆫ 모양으로 왼편 손을 들어 글어올니ᄂᆞᆫ ᄯᅢ에 분ㅅ결ᄀᆞᆺ흔 손ᄭᆞ락에 금반지와 보셕반지가 두셔넛이라."[17]

번안소설에서 묘사의 양적 증대는 부분적으로는 작품의 리얼리티를 증대하는 데 기여한다. 그러나 묘사의 확대가 궁극적으로 리얼리티를 보장하는 것은 아니다. 물론 번안소설에서는 고소설의 율문체가 사라지면서 산문의 성격이 강화된다. 그러나 이들 문장은, 전대 소설의 문장이 자연스럽게 음송되었던 것과는 달리 아래의 인용문 같이 지리하고 장황한 문장들로 나타나기도 한다.

셔병산은 미목이 슈려ᄒᆞᆫ 호남ᄌᆞ라. 오정당의 집에 ᄌᆞ조 츌입ᄒᆞᆷ으로써 리경ᄌᆞ와도 ᄌᆞ연 셔로 슈작을 ᄉᆞ괴인 일이 잇스나 리경ᄌᆞᄂᆞᆫ 본ᄅᆡ 심즁에 아모 ᄯᅳᆺ업시 션ᄉᆡᆼ의 집에 와 왕ᄅᆡᄒᆞᄂᆞᆫ 사ᄅᆞᆷ인 고로 의심치 안이ᄒᆞ고 지ᄂᆡ이나 심즁에 ᄯᅳᆺ이 잇ᄂᆞᆫ 오정당은 은근히 경ᄌᆞ에게 향ᄒᆞ여서 병삼의 인물을 칭찬ᄒᆞ며 품힝과 의리가 잇슴을 포양ᄒᆞ고 ᄯᅩᄂᆞᆫ 의학교에셔도 셩적이 초인ᄒᆞᆷ을 말ᄒᆞ며 이 셰상에 밋을만ᄒᆞᆫ 남ᄌᆞ라고 항샹 말ᄒᆞ여 경ᄌᆞ의 마ᄋᆞᆷ을 은연지즁에 움직여노으려 ᄒᆞ며 정ᄌᆞᄂᆞᆫ 소셜을 됴와ᄒᆞᆷ을 보고 이를 리용ᄒᆞ여 청년남녀의 련ᄋᆡ라 ᄒᆞᄂᆞᆫ 것은 극히 신셩ᄒᆞᆫ 일이라고 가츠쳐주어 아모조록 경ᄌᆞ로 ᄒᆞ야곰 남녀의 정이라하ᄂᆞᆫ ᄯᅳᆺ을 ᄭᆡ닷도록

17 『매일신보』, 1913.6.12.

힘을 쓰니 서병삼과 오정당 수 사람 ᄉᆞ이에 ᄉᆞ로잡힌 비된 가련한 리경ᄌᆞ는 임의 함정에 빠진 몸이라 졸연히 빠져 나오기 어렵게 되엿더라[18]

이는 앞서 살핀 바, 이식문학으로서의 번안소설의 문체적 성격에서 비롯된다. 내면의 묘사가 등장하지만, 신소설에서 그러한 묘사의 경험이 없었던 탓인지 우리 식 말투와 어휘가 사라지고, 일본식 말투로 변하거나 우리가 전래로부터 사용하지 않았던 일본식 한자 신조어들이 들어선다. 그리고 설사 우리 전래의 수사 체계가 활용되더라도, 구태의연하거나 장식적인 한자성어의 수사나 관용구가 이를 차지한다.[19] "嗚呼崎嶇(오호기구, 16장)", "垂淚不見(수루불견, 18장)"과 같은 각 장의 제목들이 이를 상징적으로 보여준다.

더욱이 바로 위의 인용문에서와 같이 인물들 사이에서 벌어지는 다단한 사건과 그들에 대한 심리묘사는 인물의 내면을 드러내주는 도구가 아니라 극적으로 설정된 관계변화의 상황을 보조하기 위한 방편으로 사용된다. 예컨대 등장인물의 '심즁(心中)에'라는 문구가 반복되지만, 실제로는 외부적 사건이 중요한 것이지, 내면이 그 관심의 대상은 아니다.

여기에 더해 번안소설은 신파극과의 관련 속에서[20] 신파적 문체가 나타난다. 이는 전대의 신소설에서 역시 찾아볼 수 없었던 것으로 그

18 「쌍옥루」, 『매일신보』, 1912.7.20.

19 권정희, 「도쿠토미 로카[德富蘆花] '호토토키스[不如歸]'의 번역과 번안」－조중환의 '불여귀'」, 『민족문학사 연구』 22, 2003, 232쪽; 박진영, 「일재 조중환과 번안소설의 시대」, 『민족문학사연구』 26, 2004, 224쪽.

20 번안소설과 신파극의 상호텍스트적 관계는 최태원, 「번안소설 · 미디어 · 대중성－1910년대 소설 독자의 문제를 중심으로」(사에구사 도시카쓰 외, 『한국 근대문학과 일본』, 소명출판, 2003) 참조.

두드러진 특징 중의 하나가 영탄과 반복의 장식적인 말투이다. 즉 번안 소설에는 신파극 무대에서 배우가 관객을 향해서 하는 영탄조의 방백을 반복적으로 사용하고 상투적 표현을 써가면서 작가 또는 등장인물의 감정을 독자들에게 강제적으로 이입하고자 한다.

슈일의 마음은 노ᄒᆞᆯᄂᆞᆫ지 원망ᄒᆞᆯᄂᆞᆫ지 욕을 ᄒᆞᆯᄂᆞᆫ지 슬허ᄒᆞᆯᄂᆞᆫ지 부르지즐ᄂᆞᆫ지 칙망을 ᄒᆞᆯᄂᆞᆫ지 쑤지즐ᄂᆞᆫ지 일시에 만감이 교집ᄒᆞ여[21]

망망ᄒᆞᆫ 셰상에 호올노 ᄂᆡ친 비되여 한사름의 골육지친도 업거늘 함물며 쌋닷ᄒᆞᆫ ᄋᆡ정을 몸에 밧지 못ᄒᆞᄂᆞᆫ 슈일은 거친 광야에 호올노 누어 잇ᄂᆞᆫ 바희들과 가치 차고 젹막ᄒᆞ다. 슈일이가 심턱의 집에 붓치여 잇슬 째 슌ᄋᆡ를 ᄉᆞ랑ᄒᆞ여 그 아람다운 음셩과 보드러은 손과 쌋듯ᄒᆞᆫ 마음을 혼신에 밧고 지날 째ᄂᆞᆫ 그 질거움이 다시 어나 곳에 구ᄒᆞᆯ 바이 업섯더라.[22]

이러한 감상적 말투는 인간성을 사실적으로 표현하기 위해서가 아니라 그런 정서에 빠져 있는 상태를 즐기기 위하여 인위적으로 조장할 때 생긴다. 그런가 하면 과장된 어투, 엽기적인 표현으로 독자들의 통속적 흥미를 자극한다. 물론 앞서 지적한바 신파의 영향으로 이해조 등의 소설에서도 점차적으로 과장되고 엽기적 표현들이 나타나지만, 번안소설의 경우 그것이 전면화 되고 있다고 볼 수 있다.

21 『매일신보』, 1913.8.17.
22 『매일신보』, 1913.7.3.

너ᄂᆞᆫ 사ᄅᆞᆷ을 보고 남편을 구ᄒᆞᄂᆞᆫ 것이 안이라 ᄌᆡ물을 보고 놈편을 구ᄒᆞ니 그것이 무삼 지각업ᄂᆞᆫ ᄉᆡᆼ각인지 ᄉᆞ랑이 업ᄂᆞᆫ ᄂᆡ외간은 후일에 반ᄃᆞ시 후회ᄒᆞᄂᆞ니라. 네 일평ᄉᆡᆼ의 고락(苦樂)은 오놀 밤 이 자리에셔 네 ᄉᆡᆼ각 한아에 달니엿다. 슌ᄋᆡ! 슌ᄋᆡ! 너도 네 몸을 위ᄒᆞ려거던 한번 다시 ᄉᆡᆼ각ᄒᆞ여보아라. (…중략…) 학문이 다 무엇이냐. 오놀 져녁으로 마지막이다. 이 한으로 ᄒᆞ야셔 리슈일이 한 놈은 살아셔라도 아귀가 되어셔 너ᄀᆞᆺ흔 년의 고기를 씹고 피를 마실터이다."[23]

최만경의 슈중에 들엇던 칼은 뚝 ᄯᅥ러지며 슈일의 압 방바닥에 쏫치인다. 슌ᄋᆡᄂᆞᆫ 얼푸시 몸을 쒸여 그 칼을 손에 잡ᄂᆞᆫ다. 최만경은 칼을 쎄앗기지 안이ᄒᆞᆯ 마음으로 다시 슌ᄋᆡ의 뒤으로 달녀드ᄂᆞᆫ 것을 한손으로ᄂᆞᆫ 최만경의 몸을 물니치며 칼날을 격구로 ᄒᆞ야 목에 다이고 힘을 다ᄒᆞ야 두 손으로 찌르ᄂᆞᆫ 기운에 칼날은 임의 반이나 남아 들어갓고 션혈은 림리하여 칼자로로 넘쳐흘은다. (…중략…) 션혈에 져진 칼자로를 목을 되밀어 슈일의 손에 쥐여쥬며 슌애는 어름ᄀᆞᆺ치 식어가ᄂᆞᆫ 뺨에 슈일의 손을 익그러다가 졍다이 ᄃᆡ인다.[24]

이러한 번안소설이 당시 일정하게 독자층을 형성하게 되는 데에는 『매일신보』가 유도한 신파극 정책에 힘입은 것이기도 하다. 『매일신보』에 게재된 번안소설은 신파극과 더불어 이식된 자본주의에서 사회경제적으로 또는 정치적으로 미성숙한 시민계급의 통속적 흥미에 영합하는 대중문학으로서의 성격을 잘 보여준다. 번안소설의 이러한 신파적 글투와 이에 기초한 현실 인식의 안이한 태도는 당장 다음의 이광

23 『매일신보』, 1913.6.6.

24 『매일신보』, 1913.8.27.

수 소설에도 영향력을 미치고 이후 전개될 한국 장편소설 등에서 지속적 영향력을 미친다.

끝으로 조선 후기의 판소리계 소설 등의 평민소설에서 나타나던 구어적 상상력 및 문체는 『매일신보』 신소설을 거쳐 번안소설 단계에 이르게 되면 완전히 소멸된다. 이 글은 이러한 소멸이 궁극적으로는 번안소설의 이념 및 가치관과도 관련되어 있음을 강조하고자 한다. 번안소설은 『매일신보』 신소설과 마찬가지로 여성의 정절을 강조한다. 그런데 번안소설에 나타나는 정절의 개념은 기존의 봉건적 이데올로기에 덧붙여 서구에서 전래되어 온 기독교의 순결관과 강력하게 연결되는데 이러한 점은 번안소설에서 최초로 나타나는 현상이다.

신소설의 여주인공들은 빈번히 순결의 위험에 처함에도 불구하고 쉽사리 정절을 잃지 않고 그 위기 상황을 벗어나게끔 구성되어 있다. 그러나 번안소설의 여자 주인공은 순결을 상실할 뿐만 아니라, 이를 상실한 이후 발생되는 죄의식의 문제가 집중적으로 확대된다. 순애는 남편 김중배에게 몸을 허락하지 않으나 이후 "악귀가 몸에 침노ᄒᆞ얏던지 오륙 년을 두고 정결히 가지던 몸을 삽시ᄉᆞ동안에 더럽혀 노앗스니 …… 한번 뭇친 더러운 뎜은 다시 씻지 못ᄒᆞᆯ 것"[25]이라며 심한 죄의식에 사로잡힌다. 그리고 번안소설에서 순결을 빼앗긴 여주인공들은, 'ᄌᆞ복'(自服), '회과'(悔過), '개심(改心)', '회심(悔心)', '복죄(服罪)'를 되뇌면서 '결백한 몸', 또는 거꾸로 '부정(不淨)' 한 것에 대한 강박증에 시달린다.

결백, 부정, 죄, 회과, 복죄 등의 어휘들은, 일본을 매개로 유입된 서구

25 『매일신보』, 1913.7.27.

기독교의 흔적을 보여준다. 이수일의 친구는 수일을 설득하면서 "ᄌᆞ네ᄂᆞᆫ 비록 술을 먹을 줄 몰나도 하나님의 셩찬(聖餐)에 마시ᄂᆞᆫ 포도쥬로 알고 한잔 먹세. …… 한번 죄를 회ᄀᆡ하고 ᄌᆞ복ᄒᆞᆫ 이후에ᄂᆞᆫ …… 젼능ᄒᆞ신 하ᄂᆞ님도 회ᄀᆡᄒᆞᆫ 사ᄅᆞᆷ에게ᄂᆞᆫ 죄를 용셔ᄒᆞᆫ다 ᄒᆞ셧ᄂᆞᆫᄃᆡ 젼능치 못ᄒᆞᆫ 인간으로" …… 예수 그리스도가 말숨ᄒᆞ시기를 너희들이 만일 사ᄅᆞᆷ의 죄를 용셔ᄒᆞ면 너의들의 텬부도 ᄯᅩᄒᆞᆫ 너의들의 죄를 용서ᄒᆞᆯ 것이요"[26]라고 하기까지 한다. 이러한 내용들은 전래의 소설에서는 찾아볼 수 없던 기독교적인 외래의 것들이다. 그 밖에 「쌍옥루」에서는 이른바 '정신적 연애'라는 말이 자주 등장한다.

> 사ᄅᆞᆷ의 련ᄋᆡ라 ᄒᆞᄂᆞᆫ 거슨 역시 정욕에셔 나오ᄂᆞᆫ 말인ᄃᆡ 그 정욕이라 ᄒᆞᄂᆞᆫ거슨 사ᄅᆞᆷ 뿐이 안이라 이 셰상에셔 말ᄒᆞ기ᄂᆞᆫ 사ᄅᆞᆷ의 련ᄋᆡᄂᆞᆫ 신셩ᄒᆞ니 무엇ᄒᆞ니 ᄒᆞ면셔 공연이 말을 지어가지고 ᄒᆞᄂᆞᆫ 거슨 참 우습도다. (…중략…) 육욕이외(肉慾以外)의 졍신뎍 련ᄋᆡ(精神的戀愛)를 써다라 젼일 경ᄌᆞ가 녀학싱 시ᄃᆡ에 리샹(理想)ᄒᆞ던 바와 갓치 리샹뎍 가정(理想的家庭)을 셩립하엿스미[27]

실제 '연애'라는 단어는 일본에는 원래 없었고 서양에서 유래된 관념이다. 일본에서는 예전에는 '연애'를 연(戀)이나 애(愛), 혹은 정(情)이나 색(色)이라는 말로 표현했다. 그런데 이러한 단어들은 대개 불결한 연상을 일으키는 것으로 일본에서는 서양의 'love'에 해당하는 새로운 말을 만들어낼 필요가 있었다. 그것이 바로 '연애'라는 말이었다. 그런데 바

26 『매일신보』, 1913.9.26.

27 『매일신보』, 1912. 8.10, 12.18.

로 그 '연애'를 유행시킨 사람들은 지식인이나 그 자제들이 많았고, 특히 프로테스탄트 계 기독교인이나 그 주변 사람들이 많았다.

일본의 경우 연애라는 단어가 기독교 지식인들 사이에 유행한 것은 연애의 정신적 측면이 강조되었던 데서 기인한다.[28] 즉 연애는 육체와 대립된 정신의 영역과 관련된 것으로 신성화되는데, 이러한 태도는 성적 쾌락을 부정하고 금욕을 강조하는 기독교 전통과 밀접한 관련을 맺는다. 그리하여 이전 시기에 여성의 순결은 가부장주의와 관련된 것이기만 했지만, 번안소설에서는 육욕을 죄악시하고 영혼을 중시하는 기독교 전통에 입각한 '순결' 이데올로기와도 연결된다.[29]

육체, 욕망 등을 부정적으로 보고 죄악시하는 경향은 우리 전래 기층민의 일상에서는 찾아 볼 수 없는 것들이다. 그리하여 이 시기의 소설이 근대의 외양을 갖추었을지언정 섹슈얼리티 표현에서는 오히려 조선후기의 판소리계소설보다 훨씬 위축된다. 이는 이후 한국근대소설사의 등장하는 인물들이, 인물의 근대적 성격과 관계없이 욕망과 본능 등의 문제에서 자연스럽거나 진실하지 못하게 형상화되는 기원이 된다고 볼 수 있다.[30]

욕망 특히 성적 욕망을 배제하고 혐오하는 것, 그리하여 영혼과 육체

---

28 야나부 아키라, 서혜영 역, 『번역어 성립과정』, 일빛, 2003, 103쪽.

29 바흐친에 따르면, 기독교의 금욕 전통은, 특히 여성을 죄의 육화, 육체의 유혹으로 타자화 한다.(임철규, 『눈의 역사 눈의 미학』, 한길사, 2004, 88쪽)

30 고미숙, 「'전근대'와 '탈근대'의 횡단을 위한 시론」, 『실천문학』, 1999년 여름호 참조. 1920년대 욕망 추동적인 인물을 그린 작가로 김동인과 나도향 정도를 들 수 있다. 그런데 김동인 소설에서 이러한 욕망은 대개 기생, 하층민 여성에 국한되어 나타나고 이는 부정적 비판의 대상이다. 나도향의 경우는 욕망을 가난에 교차시켜 그리는데 대개 향토성의 세계 안에 머물러 있다. 따라서 식민지 시대 성 또는 욕망에 대해 크게 거리낌 없어 하는 작가들로는 김유정 등 몇을 제외하곤 특별히 떠오르는 자들이 없다.

를 이분화 하고 영혼의 특권을 과장하게 되면, 문학에서는 세계 인식의 매체로서 육체 및 감각과 관련된 생기 있는 구어적 상상력과 문체를 배제하게 된다.[31] 그리하여 번안소설에는 구체적 경험이나 생활 감각이 아닌 전대의 문어적 수사나 지식에 기초한 표현들이 대종을 이루게 된다. 가령 "나와 져 녀ᄌᆞ ᄉᆞ이의 사랑은 진실로 진토(塵土) 즁에 싸인 ᄇᆡᆨ옥(白玉)갓도다"(1913.5.28)든지, "그 얼골ㅅ빗은 ᄇᆡ꼿이 달 아ᄅᆡ에 비초이ᄂᆞᆫ 것ᄀᆞᆺᄒᆞ야"(6.26), "쳔ᄉᆞ만념이 실마리 일키이듯 흉중에셔 ᄇᆡ회를 ᄒᆞᄂᆞᆫ ᄃᆡ"(8.26) 같은 습관적이고 전통적인 발상의 표현 및 한자성어 등 관념적 성격의 수사법들이 그 자리를 차지하게 된다.[32]

4. 이광수의 「무정」과 「개척자」—국문체 및 대중독자 형성의 공과 실

이광수의 「무정」은 고소설 및 신소설 또는 조일재의 「장한몽」으로부터 여러 가지 모티프들을 빌린다. 예컨대 「무정」과 「장한몽」에서 여

31 최기숙, 「언어의 육체성, 공감과 경험의 수사학—'남원고사'의 문체 미학」, 『고소설연구』 16, 한국고소설학회, 2003 참조.

32 번안소설의 관념적 비유들은, 육체, 감각 및 구어적 상상력에 기초한 조선 후기 평민소설의 다음과 같은 비유들과 비교가 된다.
"그 ᄯᅢ에 아희들끼리 맛나 살고(살구) ᄯᅩ올기(딸기) 맛보듯 ᄒᆞ야 싀큰한 맛셰 그리ᄒᆞ나 보다마는 …… 네 어룬의 쇠옹도리뼈(소 정강이 뼈) 너흔 듯한 웅심(雄心)한 맛술 보아 무궁ᄒᆞᆫ ᄌᆞ미를 알 양이이면 쌈박 반ᄒᆞ리라.(『남원고ᄉᆞ』(이윤석, 『남원고사 원전비평』, 보고사, 2009 수록), 권지삼, 28쪽)
"셜운 마음이 복받쳐 닙시욹기 비죽비죽 눈물이 등경등경ᄒᆞ거늘"(권지사, 24쪽)

주인공의 운명을 가르는 계기 중의 하나가, 전대소설에서 즐겨 사용하던 정절의 모티프이다. 「장한몽」에서는 김중배에게 시집간 심순애가 이수일을 위해 끝내 정조를 지켰는지의 문제가 소설이 진행되는 내내 문제시된다. 순애는 김중배에게 출가한 후 오륙년이 되었지만 한 번도 몸을 허락한 일이 없고 다만 수일을 위하여 절개를 지키다가 급기야 김중배에게 '몸을 더럽히'면서 자살을 결행하게 된다. 이 점은 「무정」에서도 마찬가지로 영채의 정조가 끊임없이 문제가 된다. 예컨대 기생이 되어서도 이형식을 위해 끝까지 정조를 지키던 영채는 결국 김남작 등에게 정조를 유린당하게 되면서 자살을 결심한다. 자살의 장소가 동일하게 '대동강'이기도 하거니와 아래 인용문의, 자살을 앞둔 순애의 독백과 영채가 쓴 유서는 매우 흡사한 내용을 갖고 있다.

> 텬디신명은 박명ᄒᆞᆫ 쇼첩의 신셰를 불상히 녁이시고 …… 이 셰상을 ᄯᅥ나지 못ᄒᆞᄂᆞᆫ 날에ᄂᆞᆫ 졈졈 몸만 더럽힐 ᄲᅮᆫ이니 찰하리 이럿틋 무정 야쇽ᄒᆞᆫ 셰상은 일즉이 리별ᄒᆞ여 죽ᄂᆞᆫ 것으로써 …… 이 몸은 그 사ᄅᆞᆷ을 ᄉᆞ모ᄒᆞ며 셧녁가에셔 슈중에 외로온 혼이 되리로다. 대동강 흘으ᄂᆞᆫ 물에 이 몸은 ᄌᆞᆷ길지언뎡 이 가슴에 싸인 회포ᄂᆞᆫ 능히 씨슬 긔회가 업슬지니 디하에 도라간 후라도 누가 이 몸을 위ᄒᆞ야 무한ᄒᆞᆫ 심회를 그 사ᄅᆞᆷ에게 젼ᄒᆞ여 쥬리요.[33]

> 션싱이시여! 이 몸은 가ᄂᆞ이다. 십구년의 ᄶᅡ른 일싱을 슯흔 눈물과 더러운 죄로 지ᄂᆡ다가 이 몸은 가ᄂᆞ이다. 그러나 참아 이 더럽고 죄만ᄒᆞᆫ 몸을 하로라도 셰

33 『매일신보』, 1913.7.29.

상에 두기 ᄒᆞ늘이 두렵고 금슈와 쵸목이 붓그러워 원(怨)도 만코 한(恨)도 만흔 대동강의 푸른 물결에 더러운 이 몸을 던져 탕탕ᄒᆞᆫ 물결로 ᄒᆞ야곰 더러운 몸을 씻게 ᄒᆞ고 무정ᄒᆞᆫ 어별로 ᄒᆞ야곰 죄만흔 이 살을 뜻게 ᄒᆞ러 ᄒᆞᄂᆞ이다.[34]

이렇게 「무정」은 전대의 소설 및 「장한몽」의 영향 아래 놓여 있다. 그럼에도 불구하고 「무정」은 번안소설에서 한발 더 나아가 근대적이라는 느낌이 들게 한다. 그것은 「무정」의 상당한 부분이 학생으로 대변되는 새로운 부르주아 계급의 심리적 추이를 전면화하기 때문이다. 가령 「무정」은 이야기를 풀어나가는 화자의 외적이고 객관적인 시점에 주인공의 내적이고 주관적이고 감정적인 시점이 수시로 덧입혀짐으로써 독자들은 주인공의 내면을 실감으로 대할 수 있게 된다. 「무정」의 분량은 장편에 해당되지만, 이야기에서 실제로 흐른 시간은 칠일에 불과하게 된다.[35] 「무정」은 사건의 전개보다는 인물의 심리에 초점이 맞춰 그려져 있는 셈이다.

「무정」이 인간의 심리 세계의 미묘한 변화에 집중하다 보니 그 비유와 묘사 체계는 상대적으로 신소설, 번안소설과는 달리 습관적 표현 및 표현을 불투명하게 하는 군더더기들을 피하면서 간결해진다. 이러한 점들이 「무정」에서 새로운 국문체가 정착되고 근대적 산문의 성격이 확립되었다는 평가를 받게 한다. 단 「무정」의 문체가 새롭게 등장한 시민계급의 영혼을 그려내고 있음에도 불구하고, 이러한 개인을 감싸 안

34 『매일신보』, 1917.3.3.

35 하타노 세츠코, 최주한 역, 『'무정'을 읽는다—'무정'의 빛과 그림자』, 소명출판, 2008, 208쪽.

은 사회의 일상을 그려내는 데 한계를 보여준다. 다시 말해 「무정」에는 근대인의 심리적 공간은 새롭게 설정돼 있지만, 그들을 둘러싼 시정의 세계는 생략되어 있다.

한 예를 들자면 박영채 등이 등장하는 기생 사회의 세태를 묘사하는 수준은 신소설 등에서 화류계의 일상적 면모를 그리는 데에도 크게 못 미친다. 이는 「무정」이 성취한 국문체의 한계와도 관련된다. 「무정」은 박영채 등을 그릴 때, 전래의 염정류의 국문체 소설 등을 부분적으로 모방하지만, 이미 번안소설에서 그러했듯이 시정 세태를 그리는 것을 특장으로 하는 조선 후기 평민소설의 국문체와는 단절된다.

이러한 국문체 전통과의 절연은 물론 이광수 개인에 국한된 문제는 아니다. 앞에서 살펴 보았듯이 조선 후기 국문소설의 평민적 전통은 신소설 시기 이인직과 이해조 등의 작품에서는 발전적으로 계승될 기회를 갖고 있었다. 그러나 식민지라는 정치적 변수는, 조선 후기 평민소설의 전통에서, 경험적 현실을 강조하며 세태묘사 등을 특징으로 하는 문학적 성과가 이어질 맥을 끊어 놓는다. 1910년대 『매일신보』에 게재된 이해조의 소설, 번안소설은 이에 결정적인 역할을 하는 셈이다.

요컨대 『매일신보』 이광수 소설의 문체는 한국근대소설 문체의 전범으로 평가되지만, 실제로는 조선후기 평민문학에서 성장되어 왔던 민중적 전통의 문체를 발전적으로 계승하지는 못한다. 예컨대 다양한 몸짓말, 속담적 비유 등 우리말의 잠재력을 다각도로 끌어올릴 가능성은 차단된다. 즉 민중문화의 고유한 입담과 해학 및 이야기적 전통이 근대장편소설문학에서 단절되는 셈인데, 이러한 단절은 「무정」에 이어 발표된 「개척자」에서 심화, 고착된다. 「개척자」는 「무정」과는 다소 다른 방식으로 부르주아 지식인의 문제를 다룬다. 「개척자」의 지식인 주인공 '성재'는 세속적 이해관계를 멀리 하고 오로지 과학 연구를 통해 자신의 이상을 실현코자 하는 이상주의적 인물이다. 그의 여동생 성순은 오라비의 이러한 이상주의적 열정에 감복하여 그를 헌신적으로 후원한다. 그리고 후반부에는 성순이 이야기의 중심이 되면서 그녀가 화가인 애인과 세속적 이해관계를 초월하여 이른바 '영적인 사랑'을 내세우며 이상주의적 사랑을 추구하다 그 뜻을 이루지 못하자 자살을 감행한다. 「개척자」는 지식인 또는 예술가 주인공의 추상적 이상주의를 강조한다.

문체의 측면에서 살펴볼 때 「개척자」는 「무정」과 달리 이 시기 그의 단편양식이 지향했던 것과 같이 의도적으로 국한문혼용체를 사용한다. 물론 이광수는 「무정」에서도 주인공의 자의식을 그릴 경우 개념어 등이 등장하면 괄호 안에 한자를 병기한다. 그러나 「개척자」는 그러한 병기가 없이 그대로 제시되며 따라서 과도할 정도의 한자 노출이 이뤄진다. 이는 이광수가 자신의 단편소설에서 대중으로부터 소외 또는 격리된 지식인의 세계를 그리는 데 의식적으로 국한문혼용체를 사용했던 것과 관련이 있는 것 같다. 잡지의 단편이 특정 지식인 계층의 독자를 겨냥하듯이, 「개척자」도 이를 의식하고 있었던 듯하다.

앞서 말했듯이 「개척자」는 이광수의 단편에서와 같이 부르주아 지식인 개인의 문제로 관심을 모은다. 작품 서두에서 나타나는 성재의 실험실에 대한 묘사는 과학자 연하는 지식인 인물의 모습을 강조한다.

> 性哉ᄂᆞᆫ 水蒸氣가 그치기ᄅᆞᆯ 기다려셔 ᄃᆞ시 그 試驗管을 酒情燈에 대고 앗가 모양으로 빙빙 돌린다. 그 黃褐色 液體로 앗가보다 죠곰 淡ᄒᆞ게 되엿스나 如前

히 黃褐色대로 부글부글 끌으며 暫間 쉬엇던 惡臭를 發ᄒᆞᆫ다.[36]

그리고 「무정」에서도 발견되는 것이기는 하지만, 번안소설에서 사용되기 시작한 일본식 한자 신조어를 담은 국한문혼용체의 빈도수가 높아지면서 「무정」보다는 상대적으로 관념적인 또는 논설 투의 성향을 띤 발언들이 많아진다. 심지어 어떤 경우에는 화자가 권위적이고 계몽적인 어조로 "제군(諸君)"이라는 표현을 사용해가면서 독자들을 설복하는 경우도 나타난다.[37]

> 諸君은 무엇을 볼 ᄯᅢ에든지 그것이 盈ᄒᆞᄂᆞᆫ 것인지 虧ᄒᆞᄂᆞᆫ 것인지(Waxing or Waning)를 먼져 살펴야ᄒᆞᆫ다. 그리ᄒᆞ야서 그것이 盈ᄒᆞᄂᆞᆫ 것일진뎐 現在의 小와 弱은 將來의 大의 强을 約束ᄒᆞᆷ인 줄을 알아야 ᄒᆞᆫ다. 明晳치 못ᄒᆞᆫ 사람은 虧ᄒᆞᄂᆞᆫ 大토와 强을 보고 깃버ᄒᆞ고 盈 ᄒᆞᄂᆞᆫ 小이와 弱 을 보고 도로혀 슬퍼ᄒᆞᄂᆞ니 明晳ᄒᆞᆫ 諸君은 이러ᄒᆞᆫ 미련을 비와셔ᄂᆞᆫ 되지 아니ᄒᆞᆫ다.[38]

> 성순은 아모리 ᄉᆡᆼ각ᄒᆞ야도 肉이라ᄂᆞᆫ 것이 그러케 重要ᄒᆞᆫ 것인줄을 알 수가 업셧다. 사랑에 肉이란 觀念이 안니 셕기지 못ᄒᆞᄂᆞᆫ 것을 도로혀 嫌惡ᄒᆞ게 ᄉᆡᆼ각ᄒᆞ엿다. 自己에게ᄂᆞᆫ 眞實로 죠곰도 肉 에 對ᄒᆞᆫ 請求가 업고 다만 精神的으로 셔로 사랑ᄒᆞᆯ 수만 잇셧스면 그것으로써 滿足ᄒᆞ리라 ᄒᆞ엿다.[39]

36 『매일신보』, 1917.11.10.

37 물론 이광수는 「무정」의 53회분 같은 경우에 역시 작정한 듯이 논설 형태의 글을 장황하게 삽입한다. 그러나 이러한 논설로 제시된 주장들에 대하여 등장인물 '이형식'은 매몰되지 않고 거리를 둬 자신의 의견을 피력한다.

38 『매일신보』, 1918.1.22.

그리고 「개척자」는 한편으로는 번안소설의 신파적 문체를 다시 적극적으로 끌어들인다. 「개척자」의 주인공 주위에는 금전(金錢)으로 성재의 집안을 몰락케 하는 인물 등 시정의 속악한 자들로 둘러 싸여있다. 심지어 과학자 성재마저 작품 뒤에 가서는 세속적 이해관계에 눈이 멀어 자신의 누이의 결혼을 방해하며 누이는 자살하기에 이르게 된다. 이는 금전의 문제 등으로 장애받는 남녀 간의 사랑의 문제를 다룬 번안소설의 전형적인 소재들이다. 「개척자」는 주인공들의 이상주의를 대단히 신파적인 방식으로 표현한다.

> 兩人은 한참이나 無言의 抱擁 속에 잇셧다. 그러고 形言홀 수 업는 悲哀를 씨다라셔 마조 안즐 쎄에는 兩人의 눈에 눈물이 잇셧다. (…중략…) 「제가 性淳氏를 ᄉᆞ랑ᄒᆞ여들일 權利가 업셔요.…… 모두다 졔 責任이야요. 그러닛가 容恕ᄒᆞ여 주십시오.」[40]

> 그러나 졔가 산다고 히도 당신긔 誹謗과 苦痛을 들일ᄲᅮᆫ이겟지요? 世上은 당신을 逼迫홀 수 잇는대로 逼迫ᄒᆞ겟지오? 당신의 平穩홀 수 잇는 一生은 도로혀 져를 爲ᄒᆞ야 不幸ᄒᆞᆫ 一生이 되겟지오. 졔가 ᄉᆞ랑ᄒᆞ여들이는데셔 밧으시는 깃붐이 足히 그 不幸과 相殺ᄒᆞ고 남음이 잇겟습닛가. 엇더케 엇더케. 제 ᄉᆞ랑이 무엇이기로 져갓흔 것의 ᄉᆞ랑이 무슨 힘이 잇고 무슨 價値가 잇겟기로. 아―偉大ᄒᆞᆫ 당신에게 조고마ᄒᆞᆫ 졔 ᄉᆞ랑이 무엇이겟습니가. 졔가 졔몸과 마음을 다 바친들 그것이 무엇이겟습닛가.[41]

---

39 『매일신보』, 1919.2.20.

40 『매일신보』, 1918.2.10.

그리하여 「개척자」는 「무정」의 문체보다 오히려 후퇴하는 측면이 있다. 「무정」의 국문체는 지식인의 심리세계를 나름대로 현실감 있게 다루고 있다. 그러나 「개척자」의 국한문혼용체는 대중으로부터 소외된 지식인의 이상주의를 보여주는 표식으로도 사용되면서, 더불어 이것이 과장된 신파적 문체와 결합된다. 대중과 분리, 고립된 지식인의 세계를 지극히 통속적인 방법으로 보여주고 있는 셈이다.

5. 맺음말

지금까지 살펴보건대 『매일신보』의 소설들은 전반적으로 『매일신보』의 상업적 요구에 응하고 있다고 판단된다. 그 가장 중요한 표식 중의 하나가 『매일신보』에 다양한 종류의 소설이 등장함에도 불구하고 그들 모두가 독자대중을 의식하여 적극적으로 국문체를 구사한다는 점이다. 이는 이 시기 잡지에 게재된 소설들에서 상대적으로 국한문혼용체가 우세하다는 사실과 비교된다. 그러나 이해조의 신소설의 경우 국문체는 국문체로되 문어체 소설의 국문체로 후퇴하여 구시대의 통속 취향의 독자들을 『매일신보』로 유인한다. 그리고 병합 이후 이해조의 신소설은 종래 판소리계 소설 등의 평민소설 등이 가졌던 구어적 활

41 『매일신보』, 1918.3.5.

력을 상실하여 조선 후기 국문소설의 진보성을 계승하지 못하는 결과를 낳는다. 이는 총독부 기관지로서의 『매일신보』의 정치적 성격과 관련이 된다.

번안소설은 역시 국문체를 쓰고 새롭게 도래한 자본주의적 시정을 묘사하면서 근대적 사실주의 문체로의 진전을 보여준다. 그러나 역시 번안소설들은 『매일신보』가 요구했던 상업성을 충족시키면서, 문어체 소설의 수사나 지식에 기초한 표현들을 수용하고 일본에서 이식된 신파적 문체를 적극 활용한다. 이러한 문체는 이식된 자본주의라는 식민지의 사회경제적 상황에서 정치적으로 미숙한 시민 독자의 통속적 취향을 만족시킨다. 더불어 번안소설에 이르면 전대 구어체 국문소설의 육체와 감각에 기초한 상상력은 완전히 소멸되는데 이는 육체와 욕망 특히 여성의 성적 욕망을 혐오시하는 번안소설의 이념 및 가치관과 관련된다.

이광수의 「무정」은 신소설과 번안소설의 틀과 문체를 활용하면서도, 그 중심은 새롭게 등장한 지식인 부르주아의 심리적 추이를 그려내는 것이기 때문에, 국문은 국문이로되 과거의 과장되고 장식적인 수사에서 벗어나 새로운 시민 및 대중 독자에게 호소력을 갖는 문체를 만들어낸다. 단 『매일신보』이광수 소설의 문체는 조선후기 평민문학에서 성장되어 왔던 민중적 전통의 문체를 발전적으로 계승하지는 못하며 따라서 다양한 몸짓 말, 속담 식의 비유 등 우리말의 잠재력을 다각도로 끌어올릴 가능성 역시 차단된다.

오히려 이광수는 곧 이어 「개척자」를 발표하여, 시정의 세계로부터 소외된 지식인, 예술가 등의 낭만적 이상주의 및 감상주의를 고창한다.

감상주의는 어떻게 보면 소박한 낙관주의와도 관계가 되는데 감상주의에 기초한 신파적 문체 및 현실인식은 이후 작가의 주관적인 이상주의를 형상화하는 방식에서 즐겨 사용되면서 또 다른 통속적 성격의 독자대중을 만들어낸다. 이는 향후 이광수를 비롯한 이후 1930년대 이태준 등의 이른바 본격 작가의 통속적 장편소설들이 대중적 독자를 어떠한 방식으로 확보하게 되어 나갈 것인지를 보여준다.

1910년대 이광수와 나혜석 문학의 대비적 고찰

양문규

1. 머리말

1910년대 문학은 오랜 동안 이광수, 최남선을 중심으로 계몽주의 문학의 틀 안에서 논의되어 왔다. 이후 이광수 등의 계몽주의 문학 중심의 연구에서 벗어나 같은 시기의 일본 유학생 및 국내 작가 예컨대 현상윤, 양건식 등으로 논의의 폭을 넓혀 계몽주의 문학을 포함한 여타의 문학적 양상에 대한 논의도 있었다. 이에 비해 나혜석은 이미 이 시기에 엄연히 존재하고 있음에도 불구하고, 여성주의 문학론이 부상하고 나서야 뒤늦게 문학사 연구 안으로 들어 왔다.[1] 이 글은 1910년대의 중심적 위치에 놓인 이광수 문학과 그에 비하면 주변적 위치에 놓여 있다고 볼 수 있는 나혜석의 문학을 대비적으로 고찰해보고자 한다.

문학사적 위치나 작품의 분량으로 볼 때 이 양자를 비교한다는 것이 다소 의미가 없어 보이기도 한다. 그런데 양자는 비슷한 시기 같은 동경 유학생이자 부르주아 계몽주의자이었음에도 불구하고 문학상으로 몇 가지 대비되는 특징을 보여주어 흥미를 끈다. 논자는 이러한 사실에 주목하여 이미 1910년대 나혜석 문학을 이광수를 비롯한 여러 남성작가들과 대비적으로 논의한 적이 있다.[2] 이 글은 이러한 논의에 덧붙여 이 시기 이광수와 나혜석 사이의 관계를 보여주는 몇몇의 전기적 사실을 매개로 두 작가의 문학적 성격을 비교, 논의함으로써 이광수 중심으로 논의되는 1910년대 문학의 양상을 다시 생각해보고자 한다.

---

1 나혜석이 연구 대상으로 들어오기 이전 문학사에서 나혜석을 언급한 것은 백철이 『조선신문학사조사』(수선사, 1948)에서 "신문학의 초창기"에 "羅晶月이 短篇小說을 發表한 活動 等을 記憶해야"(96쪽) 한다는 언급이 유일한 것이다.

2 양문규, 「1910년대 나혜석 문학의 또 다른 근대성」, 문학과사상연구회, 『근대계몽기문학의 재인식』, 소명출판, 2007.

2. 이광수와 나혜석의 관계

이광수와 나혜석은 1910년대라는 같은 시기에 동경에서 유학생활을 했다. 그런데 이 시기 둘 사이의 관계가 약간은 특별했던 것으로 추측이 되는 몇 가지 전기적 사실들이 이미 알려져 있다. 그 중 대표적인 것이 이 시기 이광수의 단편 「어린 벗에게」(『청춘』, 1917.7~11)에 등장하는 여성 '김일련'의 모델이 나혜석이라는 소문이다. 「어린 벗에게」의 주인공인 '나'는 조도전(早稻田, 와세다) 대학을 다니던 시절, 친구의 누이인 '김일련'을 알게 되어 그녀에게 사랑을 고백한다. 그러나 '나'는 기혼자라는 이유로 친구로부터 자신의 동생과 절교하라는 이야기를 듣고 실연을 겪는다. 이후 나는 낯선 타국(上海)에 머물다가 병석에 눕는다. 그리고 그 곳서 뜻하지 않게 김일련과 다시 만나게 되고 그녀의 정성어린 간호로 소생한다.

여기서 소설 속의 김일련은, 원래 '나'를 알기 전 이미 약혼자가 있었는데, 그 약혼자가 폐병으로 죽었다는 점(나혜석의 실제 애인 최승구는 폐병으로 사망했다) 등이 소설의 여주인공을 나혜석으로 추정하게 하는 근거가 된다.[3] 그리고 작품 속의 '나'는 김일련을 사모하는데, 일련의 오빠 김일홍이 '나'가 유부남이라는 이유로 동생과의 결혼을 반대하여 실연을 당하게 되었다는 사건의 설정이 이광수와 나혜석 사이에 나있는 소문의 내용과 비슷하다. 이 부분과 관련하여 나혜석의 조카(나혜석의 오빠인

3 김윤식, 『이광수와 그의 시대 1』, 솔출판사, 1991, 630쪽; 이상경, 『인간으로 살고 싶다 —영원한 신여성 나혜석』, 한길사, 2000, 129쪽.

나경석의 딸) 나영균은 다음과 같은 언급을 하고 있다.

> 아버지(나경석)는 늘 그(이광수)를 천재라고 부르며 그의 온화한 인품과 뛰어난 재질을 찬양했다. 오사카에서 잠시 도쿄에 와 있던 아버지는 어느 날 찾아온 춘원에게 고모를 소개했다. …… 이구열의 「에미는 선각자였느니라」에 보면 춘원이 기혼자여서 아버지가 반대했다는 것인데 아버지의 춘원에 대한 각별한 우정으로 보나 아버지 자신이 후일 기혼자로서 중혼을 한 점으로 보나 그 이야기는 신빙성이 약하다.[4]

위의 인용문에 의할 것 같으면 나경석은 친구인 이광수에게 동생 나혜석을 소개했고, 따라서 그가 적어도 둘 사이의 결혼을 반대할 리는 없었다고 한다. 단지 나영균은 "두 사람 사이에 결혼으로까지 갈 만한 감정의 고양이 생기지 않아"서 결국 더 이상의 관계가 진전되지 않았던 것으로 얘기한다. 나영균의 말이 어디까지 맞는 것인지는 모르지만 하여튼 이광수와 나혜석 사이에 남녀관계로서의 모종의 소문이 있었음은 확실하다.

그런데 「어린 벗에게」에서 소설 속의 '나'는, 유부남이라는 이유로 실연을 당하자 이에 대한 절망감과 함께 강한 분개심을 토로한다. 그리고 이를 통해 이른바 자유연애 또는 자유 혼인을 가로막는 우리의 전통적 인습, 도덕률에 대한 맹렬한 비판을 가한다. 이광수는 「어린 벗에게」와 유사한 이야기를 일 년 전인 「크리스마슷밤」(『학지광』 8호, 1916년 3

4 나영균, 『일제시대, 우리가족은』, 황소자리, 2004, 54쪽.

월)이라는 작품에서도 하고 있다. 다시 말하자면 이광수는 두 작품에서 모두 연인의 오라비의 반대로 실연을 당하게 된 주인공의 이야기를 거듭하고 있다. 참고로 각각의 작품에서 이를 직접 언급하는 부분을 발췌해보면 아래와 같다.

> 「…… 내 너를 사랑한다 한마듸로 一生의 힘을 삼으리이다」하는 뜻으로 詩를 지어보내엿다. 그러나 이 말이 그의 오라비 귀에 들어 旣婚男子로 無禮한 일을 하엿다 하야 絶交의 請求를 밧고 다시 이 말이 全留學生界애 傳播되어 나는 不良한 墮落生으로 注目밧데 되엇다. 나는 失望과 羞恥를 의긔지 못하엿다. 나는 나의 바라던 모든 것을 빼앗겻슬 뿐더러 社會(社會라야 내 知人學生數十人이지만는)에서는 大罪人과 가튼 冷遇를 바닷다.[5]

> 그게 무슨 일이요? 내가 그대를 그런 줄 알앗더면 내 누이에게 紹介아니 하엿슬 것이오. 만일 그대가 未婚者면 나는 깃버 그대의 願을 이루게 하겟소, 그러나 記憶하시오, 兄은 旣婚男子인 줄을[6]

이와 비슷한 모티프는 『매일신보』에 연재된 장편소설 「개척자」에서 또 다시 변용되어 나타난다. 「개척자」의 여주인공 '김성순'은 오빠 '성재'의 친구인 예술가 '민'과 교제한다. 그러나 오빠와 어머니는 민이 가난한 예술가이며 유부남이라는 이유로 결혼에 반대하고 결국 성순은 민과 사랑을 이루지 못하게 되자 자살이라는 비극적 선택을 한다. 민이

5 「크리스마슷밤」, 『학지광』 8, 1916.3, 38쪽.

6 「어린 벗에게」, 『청춘』 9, 1917.7, 120쪽.

가난한 예술가이고 유부남인 것은 당시 이광수의 처지와 비슷하다. 그리고 민과의 교제를 반대하는 성순의 오빠 성재는 동경에서 고등공업학교를 졸업하고 새로운 발명을 위해 칠년간을 실험실에 칩거해있는 화학도로 설정되어 있다.

실제 나혜석의 오빠 나경석은 '동경공업고등학교'를 졸업하고 1918년 당시 중앙학교에서 화학과 물리학을 가르치고 있었다. 나경석의 신분이 「개척자」의 성재와 비슷한 것이 우연한 설정치고는 공교롭다.[7] 그리고 성재는 처음에는 물질적 이해관계를 멀리하고 연구에 몰두하는 순수한 과학도였으나, 나중에는 금욕적 이해관계에 눈이 멀어 그의 또 다른 친구인 돈 많은 '변'에게 누이의 결혼을 주선한다. 나혜석은 실제로 최승구나 이광수 같은 예술가가 아닌, 역시 오빠의 주선으로 경제적 안정이 보장된 총독부 관리 김우영(金雨英)과 결혼한다. 이광수는 이후 오랜 세월이 지나고 나서도 자전적 소설 「그의 자서전」(『조선일보』 1936.12.22~37.5.1)에서 나혜석으로 생각할 수 있는 인물을 또 다시 등장시키고 있다. 이렇게 본다면 이광수는 「크리스마슷밤」에서 시작하여 「그의 자서전」에 이르기까지 기혼자라서 연애에 실패한 이야기를 지속적으로 반복하고 있는 셈이다.

그렇다면 실제 이광수와 나혜석의 관계는 어떠했을까? 이광수가 나혜석을 알거나 또는 가까워지기 시작한 것은 1916년을 전후로 한 시기,

7 「개척자」에서 '성순'을 묘사한 다음의 부분은 나혜석의 모습을 연상케 하는데 이는 억측일까? "머리에는 기름도 안이 바르고 좀 헙슈룩ᄒᆞ게 쪽진데다가 …… 키는 中키나 될가 …… 얼골이 좀 길죽ᄒᆞ고 웟입술이 좀 두터운 모양이 그가 金性哉와 同氣인 것을 가라친다."(『매일신보』, 1917.11.11) 염상섭은 "좀 큰 듯한 입", "특징 있는 입모습"으로 나혜석을 그린다.(「추도」, 『신천지』, 1954.1)

즉 나혜석의 원래의 애인인 최승구의 죽음을 전후로 한 시기가 아니었나 싶다. 이광수가 일본에 두 번째로 유학을 하게 된 시기가 1915년 9월이다. 나혜석의 경우, 이미 1914년 일본으로 유학을 온 후 오빠의 친구인 최승구를 만나 사귀고 있었다. 그런데 애인이었던 최승구는 폐결핵으로 병석에 눕게 되고,[8] 급기야는 1916년 3월 전 사망한다.[9] 그런데 공교롭게도 이광수가 유학생 잡지 『학지광』에 네 편이나 되는 글을 발표하면서 최승구를 대신하여 이 잡지에 전면적으로 등장하는 것이 그가 세상을 떠나고 난 직후인 1916년 3월호부터이다.[10] 그리고 이 호에 바로 문제의 소설 「크리스마슷밤」이 발표되었다. 이 작품이 발표된 시기를 보면 이광수와 나혜석이 모종의 관계에 놓였을 것으로 추측되는 시기와 대체로 맞아 떨어진다.

게다가 결정적으로 소설 밖에서 나혜석과 이광수의 관계를 얘기해주는 자료가 있다. 바로 이광수가 장차 아내가 될 허영숙에게 보낸 편지에서 등장하는 나혜석에 대한 언급이다. 물론 이 편지 자료는 오랜 세월이 지나고 난 이후 허영숙이 이광수의 전집을 간행하면서 편집한 자료들이기에 그 내용에 전적인 신뢰를 부여할 수는 없다. 그러나 어찌

---

8 최승구가 『학지광』 6호(1915년 7월호)에 게재한 글 「불만과 요구」는, 그가 동경 근처 '가마쿠라(鎌倉)'에 가서 정양을 하며 나경석에게 편지 형식으로 쓴 글이다. 이 시기에 최승구는 이미 와병 중에 있었던 셈이다. 실제로 『학지광』의 단골 필자였던 최승구는 이 글을 마지막으로 더 이상의 글을 발표하지 않는다.

9 최승구는 1916년 4월 사망한 것으로 추정되었다.(이상경, 앞의 책, 486쪽) 그러나 최승구의 사망소식을 전하는 『학지광』 8호가 1916년 3월 2일에 발간되었기에 최승구의 사망 시기는 3월 이전으로 보아야 한다.

10 그 이전 이광수는 주로 『청춘』에 글을 실었고, 『학지광』에 실은 글은 유일하게 「공화국의 멸망」(5호, 1915.5)뿐이다. 『학지광』 8호에 게재된 이광수의 네 편의 글은 「어린 벗에게」(시), 「살아라」, 「龍洞」, 「크리스마슷밤」이다. 이에 비해 이전 『학지광』에서는 최승구가 중심 필진이었다.

하였든 이 자료 역시 이광수와 나혜석의 관계가 심상한 것은 아니었음을 보여준다. 아래의 글들은 1918년 그러니까 이광수가, 그 해 9월 본처 백혜순과 이혼에 합의하고, 10월 하순 허영숙과 중국 베이징으로 애정의 도피 행각을 벌이던 때, 그리고 1919년 상해로 망명한 시기에 허영숙과 그녀의 어머니에게 보낸 편지 글이다.

(가) "전번에 羅景錫氏에겐 편지 냈습니다. 蕙錫氏와 나와의 關係를 말하여 誤解를 풀도록 했읍니다. 그리고 蕙錫氏나 良善氏[11]와 交際를 끊은 것은 나의 戀愛觀, 貞操觀에서 그런 것이라 말하고, 나는 英肅氏 以外의 모든 女性과 交際를 끊을 것이며, 또 새로 사귀지도 않을 決心이라는 것과, 이대로 實行할 것이라고 말했읍니다.

나는 蕙錫氏나 良善氏를 誘惑한 일이 없으며, 오직 내가 사랑을 請한 사람이 있다면 그는 英肅氏뿐이므로, 나는 一生의 唯一한 異性으로서 英을 사랑한다고 말해 두었읍니다. 그리고 당신(나경석?)과 나와 親分은 없으나 誠意로써 나의 衷情을 理解해줄 것과 또 蕙錫氏에게 모든 것을 물어 보라 했소이다."[12]

(나) "저를 잘 알지도 못하고 권하지도 못한 사람들이 저를 어떻게 좋지 못하게 말하였는지는 모르오나 다만 두어 사람의 말만 들으시고 저를 쓰지 못할 놈이라고 판단하시지 말으시옵소서. (…중략…) 나○석씨는 오랫동안 따님을 누이로

---

11 '良善'은 『여자계』 2호에 나혜석 등과 함께 잡지에 기부금을 출연한 유학생 명단에 등재된 '李良善'인 것 같다. 이양선은 『여자계』 발간을 위한 단체인 「여자학흥회」의 간사 명단에도 등장한다.(『여자계』 6, 1921.1)

12 「사랑하는 영숙에게」, 1918년, 『이광수전집』 18, 삼중당, 1963, 455쪽.

사랑하여 왔단 말을 들었고, (…중략…) 나형이나 조형이 제게 대하여 일종 불쾌한 생각을 가지고 아무쪼록 제가 따님에게 가까이 가기를 방해하려 하는 것은 실로 사람의 상정이라 면할 수 없는 일이니, 저는 반드시 그네들을 원망하지 아니 하나이다.[13]

(다) "羅○錫氏는 어떻겠습니까. 印度人 愛國者의 妻가 되고 싶지가 않으실까요. 한번 相談해 주시고, 좋다고 말씀하신다면 두 분이 함께 오시면 어떠시겠습니까. 정말 좋은 사람입니다. (…중략…) 崔承九 타입일 것입니다. 羅氏가 美術家生活을 하기에는 가장 適當한 남편이라고 믿습니다. 하여튼 말씀해보십시오. 그리하여 勸誘해보십시오. (…중략…) 당신 혼자 오기가 어려우면 羅○錫氏에게 부탁을 드려도 좋겠지요."[14]

(가)에서 이광수는 허영숙에게 사랑을 고백하면서 한편으로는 나혜석과의 교제 사실에 관련된 해명을 하고 있다. 이광수가 해명하고 있는 사실의 요지는 자신은 나혜석을 유혹하지 않았다는 점이다. 그것의 진위 여부는 알 수 없는 것이고 이광수는 어쨌든 이러한 해명을 나혜석의 오빠인 경석에게도 하고 있다. 그러나 이러한 해명에도 불구하고 무슨 이유때문인지는 몰라도 나경석의 이광수에 대한 감정은 좋지 않았던 듯하다. 왜냐하면 (나)의 내용을 보면 나경석은 자신의 여동생만이 아니라, 허영숙의 집안을 통하여 이광수와 허영숙의 교제를 반대하고 있기 때문이다.[15] 나경석의 이러한 반대는 앞서 나영균의 기술과는 상충

13 1918.9.12, 위의 책, 463~464쪽.

14 1919.2.12, 위의 책, 468쪽.

되는 부분이다.

(다)는 이광수가 동경에서 상해로 탈출한 직후 상해에서 허영숙에게 보낸 편지로 판단된다. 여기서 이광수는 허영숙과 더불어 나혜석의 상해 행을 권유하고 있다. 나혜석과의 동행을 권유하는 이유는 이광수가 나혜석의 옛 애인인 '최승구 타입'의 남자를 중매하겠다는 생각 때문이다. 이 시기면 나혜석과 그의 장래의 남편인 김우영의 사이가 이미 연인 관계에 접어들었던 시기인데 이광수의 이러한 권유를 어떻게 해석해야 할지 모르겠다.

일단 이 시기 이광수의 여자관계를 바라보는 주위 유학생의 시선 중에는 대단히 비판적인 것이 발견된다. 예컨대 당시 발표된 아래의 글 같은 경우 이광수로 짐작되는 인물[16]의 여자관계에 대한 맹렬한 비판이 나타난다.

> "어느 곳에셔 工夫하는 留學生인대, 무슨 文學大家이니 무슨 天才이니 무엇이니 하고 쩌드는 生員임이 자식짜지 낫코 살든 안해다려 너는 사람이 아니니 가거라 햇놋코 아즉 離婚도 다 되지 아니하였는대 그져 이處女 져處女의게 참사랑을 가젓다 하며 結婚請求를 한다더라 …… 그者가 或是 글쓴 것을 보면 自己가 그갓흔 일을 하더래도 아즉도 덜 깨인 우리 朝鮮社會에셔는, 反對치 안토록

---

15 김윤식은, 나경석이 허영숙을 자신의 배우자로 꿈꾸었기에 그녀와 이광수의 교제를 반대했다고 하는데, 편지의 내용 구절로만 보면 그와 같은 이유로 반대한 사람은 나경석이 아닌 조○○이다.

16 인용문의 "文學大家", "天才"는 이광수임을 암시해준다. 그리고 이광수임을 알려주는 결정적인 단서는 인용문에서와 같이 이광수에게는 당시 본처 소생의 4,5세 되는 아들이 있었고(장남 '진근'은 1915년생), 1892년생인 이광수의 나이가 당시(1918년) 26세 정도가 된다는 점이다.

하겟다는 主義이더라. 그 文學大家는 道德을 등진 者오, 그 가슴속에는 더러운 野心만 잔득 품은 밋친 文學家오, 머리 썩은 天才이다. 只今 그 아들은 四五歲 되엿다 하더라. …… 그리고 그가 只今二十五六歲되엿다 하더라. …… 나는 그 者를 文學大家라 아니하고 色魔大王라고 하겟다."[17]

특히 위 인용문에서 "이處女 져處女의게 참사랑을 가졋다 하며 結婚 請求를 한다"는 구절은 그냥 흘려들을 수 없다. 다시 말해 이 구절은 나경석이 왜 이광수가 자신의 여동생뿐만 아니라 허영숙과 교제하는 사실에 대해 부정적이었는지를 짐작케 하는 부분이다. 하여튼 이쯤 해서 이광수와 나혜석 사이의 관계에 대한 사실을 정리해볼 필요가 있다. 이광수와 나혜석 사이에는 남녀관계로서의 무엇인가가 있었던 듯은 싶다. 그러나 앞서 설명한 여러 정황으로 미뤄 보건대 그것은 아마도 나혜석을 향한 이광수의 짝사랑이 아니었나 싶은 추측을 해보게 한다. 왜냐하면 이광수의 작품이나 자료들에서는 나혜석을 암시하거나 실제로 그녀와 관련된 언급들이 자주 등장하는 데 비하여, 나혜석의 것에서는 이광수와 관련된 언급이 전혀 나타나지 않는다는 사실 때문이다.

물론 남녀의 내밀한 관계란 알 수 없는 것이고 더욱이 나혜석이 여자의 입장이기 때문에 그럴 수도 있다는 생각이 들기는 한다. 그러나 나혜석은 자신의 애인이었던 최승구와 관련해서는 자주는 아니더라도 몇몇 언급을 하고 있다. 그리고 남편 김우영과의 연애에 관련해서는 극히 내밀한 이야기조차 공개하고 있다. 그렇지만 이광수에 대한 언급은 전혀

17 柳志永(八克園), (俗歌喜劇) 「理想的 結婚」, 『三光』 1호, 1919.2, 30~31쪽.

없다. 이는 나혜석을 짝사랑했다고 전해지는 염상섭이 나혜석을 주인공으로 몇 편의 소설을 쓰고 있음에도 불구하고,[18] 막상 나혜석은 염상섭에 대해 어떠한 언급을 한 사실이 없다는 점과 마찬가지의 경우라 할 수 있다. 이는 나혜석이 이광수와 무슨 관계가 설령 있었다 치더라도 이광수에 대한 특별한 감정은 없었던 것이 아닌가 하는 추측을 갖게 한다. 그러나 이 글에서 중요한 건 둘 사이에 사랑의 관계가 있고 없음이 아니라, 애정 또는 연애의 문제를 바라보는 두 작가의 태도 및 시각의 차이이다. 이러한 차이가 그들의 문학의 성격을 대조적으로 만들고 있다.

3. '연애'에 대한 두 작가의 태도 —낭만화와 현실적 문제의식

앞서 살펴본 바와 같이 이광수와 나혜석의 관계가 어떠했는지 확실히 알 수 없다. 그러나 실제로 이들은 각자 다른 자를 상대로 새로운 시대의 남녀로서 열정적인 연애를 실천해나갔다. 이광수는 자신의 이러한 경험들을 여러 작품을 통해 허구화하고 있다. 앞서 밝혔듯이 이광수의 소설에는 나혜석으로 짐작되는 인물이 수차례 등장한다. 그리고 「무정」에서, 형식이 영채를 버리고 선형을 선택하는 소설적 상황은 마치 이광수가 실제로 본처와 이혼하고 신여성과 결합할 수밖에 없는 상

18 나혜석을 모델로 한 「해바라기」(1924년) 및 이를 개작한 「신혼기」, 그리고 「추도」 등이 그것이다.

황을 연상케도 한다.[19]

그리고 이광수는 이러한 자신의 상황에서 나왔음직한 연애 사건들을 문학 작품을 통해 감상적으로 낭만화 하고 있다. 이 시기 이광수의 단편에는 실연을 당한 주인공의 절망과 비탄 등 허무주의가 작품 전체를 지배한다. 가령 실연을 당한 주인공은 시베리아의 무인지경으로 탈출을 한다든지(「어린벗에게」), 중이 되고 싶다든지(「방황」), 자살로 생을 끝맺음 한다(「윤광호」)는 식의 반응을 드러낸다. 이러한 허무주의는 마치 실연을 당한 이광수가 실제의 애인을 향해 낭만적인 사랑, 죽음을 대신하는 사랑이란 문학적 상상으로 자신을 미화하고, 낭만화 하는 데서 나온 것은 아닐까 하는 생각을 갖게 한다. 왜냐하면 이광수는 어떤 경우에는 그러한 연애의 실패를 감상주의가 아니라 정반대로 낙관적 이상주의의 방향으로 바꾸어 자기변명도 하기 때문이다. 예컨대 「크리스마슷밤」, 「어린벗에게」에서는 연애의 실패를 민족이라는 거창한 대의 또는 명분으로 바꿔치기 한다.

> 나는 幸인지 不幸인지 한 새 愛人을 만낫다. 그는 누구뇨 배달이엇다. 나는 이 새 愛人을 爲하야 獻身하기로 決定하엿다. 마치 失戀한 사람이 或 僧侶도 되며 或 慈善事業家도 되는 모양으로.[20]

---

19 하타노 세츠코는 "영체에 대한 형식의 '무정'에는 작자 자신이 저버릴 작정이었던 아내에 대한 미안함과 꺼림칙함이 반영되어 있다."고 추론한다.(『『무정』을 읽는다』, 소명출판, 2008, 316쪽)

20 「크리스마슷밤」, 위의 책, 38쪽.

만일 다른 무엇(아래 말하랴는)이 나를 救援하지 아니하엿던들 나는 永遠히 죽어바리고 말앗슬 것이로소이다. 그 「다른 무엇」은 다름 아니라 「同族을 爲함」이로소이다. 마치 人生에 失望한 다른 사람들이 或 削髮爲僧하고 或 慈善事業에 獻身함가치 人生에 失望한 나는 「同族의 敎化」에 내 몸을 바치기로 決心하야 이에 나는 새 希望과 精力을 어든 것이로소이다.[21]

작품 안에서 별로 필연성도 없이 민족이라는 명분으로 연애에서 실패한 상황을 호도하려는 모습을 볼 것 같으면, 마치 자기의 연애 행위에 '민족'을 위한 봉사라는 명분을 부여하고 연애에 맹목적인 것처럼 보였던 이전의 자기 태도를 해명하고 있는 것이 아닌가 하는 생각이 들게 한다.[22] 그리고는 이광수 단편의 주인공은 자신의 열정적 연애를 민족이라는 것에 비하면 부질없는 것으로 치부해버린다.

이에 비해 나혜석의 작품에는 자신의 연애 체험을 연상케 하는 작품이 하나도 없다. 나혜석은 연인이었던 최승구가 25세의 젊은 나이로 죽은 직후 일시적으로 발광 상태에 이르기까지 했다고 한다.[23] 나이 21세의 처녀가 가졌을 만한 충격적 상황을 충분히 짐작해볼 수 있다. 나혜석은 그 후 신랑과 함께 신혼여행 대신 옛 애인 최승구의 묘지에 찾아가 비석을 세우고 돌아왔다는 유명한 일화까지 있지 않은가? 그러나 나혜석은 자신의 글에서 살아생전 최승구를 제대로 간호하지 못했던 회한의 감정을 간단히 피력할 뿐, 최승구와 관련되거나 이를 연상케끔

---

21 「어린 벗에게」, 위의 책, 121쪽.

22 위의 책, 20쪽.

23 이상경, 앞의 책, 91쪽.

하는 작품은 남기지 않았다. 당연히 나혜석 작품에서는 이광수와 같이 이상화하거나 낭만화 할 연애의 사건이 아예 존재하지 않는다. 연애는 나혜석 개인사에서는 지극히 강렬하고 진실한 것이었을 터이지만 어디까지나 그것은 사적인 문제였다.

이광수는 물론 그의 소설에서 연애의 문제를 단순히 개인의 사사로운 문제로 국한시키지 않는다. 이광수는 소설의 주인공이 자신과 같이 기혼남이었기 때문에 연애에서 좌절을 당하는 상황을 봉건적 인습의 문제와 연결을 짓는다.[24] 다시 말해 강제적 조혼으로 애정도 없는 아내를 둬 기혼남이 될 수밖에 없는 처지 — 막상 이 부분은 잘 그려져 있지 않고 생략되어 있다 — 이다. 그리고 이에 반발하여 자유의사에 따른 연애를 실천하고자 하나 인습에 방해를 받는 주인공의 처지를 빌어 봉건적 혼인 제도를 맹렬히 비난한다. 그러나 기혼남이라는 조건은 현재의 상황에서도 사랑의 장애요인이 되는 것이 아닌가? 어떻게 보면 여기서도 이광수 특유의, 자신의 사적인 체험을 일반적인 문제로 비약시키는 경우와 마주치게 된다. 이광수는 이 시기, 즉 본처와의 이혼을 진행하면서 신여성들과 교제하고 최종적으로 허영숙과 결합하게 되는 시기에 봉건적 혼인 제도를 비판하는 글들을 집중적으로 발표한다.[25] 이는 당시 자신의 처지를 다양한 글들을 통해 합리화하는 것은 아닌가 하는 인상마저 준다.

---

24 「무정」에서 '기혼자'라는 상황은, 이형식이 이미 어린 나이에 영채의 아버지에 의해 영채와 혼약이 되어 있는 것으로 허구화되기도 한다.

25 이 시기 논설의 형태로 발표한 이광수의 이러한 글들을 모아 보면 아래와 같다. 「朝鮮家庭의 改革」, 『매일신보』, 1916.12.14~22; 「早婚의 惡習」, 『매일신보』, 1916.12.23~26; 「혼인론」, 『매일신보』, 1917.11.21~30; 「자녀중심론」, 『청춘』 15, 1918.9.

그러나 나혜석의 경우 이광수가 반발했던 봉건적 인습의 문제는 정작 연애가 아닌, 새로운 교육을 받은 여성의 사회적 정체성 문제와 관련하여 제기한다. 그녀의 대표작 「경희!」(『여자계』, 1918.3)에서는 일본으로 유학 간 여주인공이 방학 때 귀국해서는 아버지로부터 학업을 중단하고 시집을 갈 것을 강요받는 상황이 그려진다. 부모에 의해 강제적으로 이뤄지는 조혼의 인습 때문에 남성과 달리 교육의 기회를 박탈당할 수밖에 없는 상황에서 신지식인 여성이 자신의 사회적 정체성에 대하여 고민하며 인습에 저항도 하고 좌절하기도 한다. 이는 결코 이광수 소설의 연애와 같이 감상적으로 낭만화 될 수 있는 성격의 것이 아니고 지극히 현실적인 문제이다.

요컨대 이광수는 자신이 체험한 연애의 문제를 시대적 의제와 연결하여 봉건적 인습의 타파를 부르짖는다. 그러나 이는 어떻게 보자면 사회적 의제를 빌어 자신의 개인적 상황을 변명하거나 합리화 한 것은 아닐까 하는 생각을 갖게 한다. 그리고 그의 자유연애 지상주의가 설득력이 없는 것이 이를 민족이라는 대의 같은 것에 비교하면 하찮은 일에 불과한 것으로 상황에 따라 달리 생각하기 때문이다. 이런 것으로 미뤄볼 때 이 시대의 '자유연애'라는 의제는 진정성이 없는 유행거리, 기껏해야 이 시기 남성 지식인이면 한번 해보고 싶은 로망 같은 것은 아니었을까 하는 생각을 갖게 한다. 나혜석은 자신의 절실했던 실제의 연애 체험에도 불구하고 결과적으로 그것은 단지 개인의 일이었을 뿐, 오히려 그의 작품에서 제기된 중요한 시대적 의제는 신지식인 여성의 사회적 정체성이기 때문이다.

4. 유학생 형상화의 문제 – 고립과 연대

1910년대 나혜석은 두 편의 단편을 남겼다. 두 편 모두 여자 유학생을 주인공으로 하고 있다. 1910년대 이광수 역시, 그의 단편소설 대부분은 유학생을 주인공으로 하고 있다. 그런데 두 작가의 단편에 등장하는 이들 유학생 주인공은 여러 면에서 대조적이다. 일단 이광수와 나혜석 두 작가는 예술과 삶의 관계라는 측면에서 대조적인 특징을 보여 준다. 나혜석의 경우 삶과 예술이 통일되어 있다면, 이광수의 경우 그와 반대로 분열되어 있다고 볼 수 있다. 여기서 삶과 예술의 통일이란 삶과 예술이 동일하거나 하나가 되어야 한다는 말이 아니라, 한 작가의 인격 안에서 또는 책임의 통일 속에서 내적으로 상호침투가 되어야 한다는 것을 의미한다.[26]

나혜석이 1910년대에 남긴 글들은 문명개화라는 거창한 추상적인 대의가 아닌, 새로운 문명개화의 현실에 처한 지식인 여성으로서의 구체적 실존을 주요한 내용으로 한다. 그녀의 수필, 잡문들을, 비슷한 시기에 씌어 진 이광수의 것과 비교해보면 그 내용이 극히 사적이고 협소한 것일지언정 진솔하다는 느낌을 받는다. 그녀의 「잡감」(『학지광』, 1917.4)은, 유학생 학우회 망년회에 동료 여학생과 참석하여 남자 참석자들의 "싸움터 같은" 격론의 현장을 경험하면서 생각의 실마리를 찾는다. 여학생들은 남자들의 연설을 흉보기도 하지만, 한편으론 다소곳이

26 미하일 바흐친, 김희숙 · 박종소 역, 「예술과 책임」(『말의 미학』, 길, 2007) 참조.

앉아 남자들의 말이나 잠자코 듣고 있어야 하는 여자들의 처지에 대한 비판적 자기인식을 개진한다. 그리고 이러한 비판을 통해 지식인 신여성으로서의 각오를 다짐한다. 그런데 그러한 각오는 이광수와 같이 대중에게 결의를 제시하고 이를 따르라는 식으로 표현되기보다는, 신여성이 나아가야 할 길을, 불편한 신발을 신고 얼어붙은 호수를 지나 아무도 오르지 않은 눈 덮인 산정으로 가는 고난의 새벽길에 비유한다. 그 수사법에서 독자들과 더불어 자신의 진솔한 생각을 공유코자 하는 태도를 엿볼 수 있다. 나혜석의 글쓰기는 대중을 선도하기보다는 대중과 공동의 체험을 목표로 하는 특색을 보여준다. 즉 그녀의 글은 다소 도발적이되 타자를 섣불리 대상화하지 않는다.

이에 반해 이광수는 늘 "나는 내 동족에게 얼마나 警醒을 주고 위안을 주엇나?",[27] 또는 "내 눈은 일즉 사랑과 和平의 우음을 씌어 설업은 同胞의 慰勞가 되어 본 적도 업고 (…중략…) 惰眠에 빠진 者를 깨이어 준 적이 업스며 (…중략…) 一世를 覺醒하는 大說教와 萬人을 號令하는 獅子吼가 못 나오며"[28] 등으로 민족, 동포 등을 앞세워 거창한 결의를 전달하거나, 아니면 그러한 결의에 못 미치는 자신에 대한 과장된 비하가 극단적으로 오간다. 따라서 그의 글은 진솔성보다는 공허함을 갖게 한다. 그러한 결과로 이광수의 유학생을 주인공으로 한 단편소설에서 예술과 삶이 분열되어 있는 양상과 마주치게 된다. 이광수는 예술 바깥에 있을 경우, 소위 진화론적 자강주의에 입각한 문명지상주의자이다. 그러나 작가로서의 자의식을 보일 경우, 그의 분신으로 보이는

27 「二十五年을 회고ᄒᆞ야 愛妹에게」, 『학지광』, 1917.4, 51쪽.

28 「거울과 마조 안자」, 『청춘』 7, 1917.5, 82쪽.

유학생 주인공들은 반(反)문명론자 또는, 현실에 대한 비관론자로서 분열의 양상을 드러낸다. 물론 소설의 유학생 주인공이 유학생 '이광수'와 기계적으로 동일할 필요는 없다. 그러나 한 작가의 인격 아래 삶과 예술은 상호 내적으로 침투되어 있어야 한다. 가령 이광수 단편소설에서는 유학생 주인공이 왜 현실에 대해 비관하며 심지어는 왜 반(反)문명론자가 되는 지에 대한 예술적 필연성이 발견되지 않는다. 주인공의 자기 독백 식의 설명만이 동어반복의 형태로 계속된다.

> 나는 늘 寂寞하다. 늘 칩고 늘 괴롭다. …… 나는 저 큰 愛國者들이 하는 모양으로 「朝鮮과 婚姻하」지는 못하엿다. …… 나의 朝鮮에 對한 사랑은 그러케 灼熱하지도 아니하고 朝鮮도 나의 사랑의 對答하는 듯하지 아니하엿다. (…중략…) 世上의 義務의 壓迫과 愛情의 羈絆업는 사늘하고 외로운 生活! 올타 나는 그를 取한다.[29]

> "인류에 대한 사랑, 同族에 대한 사랑, 친우에 대한 사랑, 자기의 명예와 성공에 대한 渴望만으로는 만족지 못하게 되엇다. (…중략…) 그는 미지근한 추상적 사랑으로 만족지 못하고 쓰거운 구체적 사랑을 요구한다."[30]

물론 유학생 주인공이 현실에 절망하게 되는 직접적 이유는 앞서 살펴보았듯이 예의 실연의 체험 때문이다.[31] 실연이라는 개인 삶의 진실

29 「방황」, 『청춘』 12, 1918.3, 78, 82쪽.

30 「尹光浩」, 『청춘』 13, 1918.4, 72쪽.

31 앞서 「크리스마슷밤」과 「어린 벗에게」는 나혜석에게 실연당한 이광수의 개인적 사건

을 폄하하는 것은 아니지만, 그것이 동족, 또는 민족 현실에 절망하는 것으로 연결되는 과정에 어떤 예술적 필연성이 없고, 이해할 수 없는 비약만이 발견된다. 따라서 그러한 민족으로의 비약은 앞서 논증했듯이 연애에 실패하고, 현실에 좌절한 주인공이 자신의 일련의 행위들을 변명하고 합리화하는 것은 아닌가 하는 생각을 갖게 한다.

그리고 유학생을 주인공으로 한 이광수 단편은 나혜석에 비해서 서사로서의 예술적 조형성이 뒤떨어진다. 이는 이광수의 경우 유학생 주인공과 그를 둘러싼 주변 인물들 간의 관계가 형상화되지 않는 데서도 그 이유를 찾아 볼 수 있다. 즉 이광수 단편의 경우 주인공의 반복적으로 지속되는 고백적 자기 설명을 통한 자기반영이 있을 뿐이지, 그를 바라보는 타자의 시선이 결여되어 있다. 미적으로 유효한 구성요소로서의 파블라는 고백적 자기 설명으로만은 불가능하다. 예술적 창조를 위해서는 자신의 삶을 타인의 입으로 진술하는 것이 필요하다.[32]

이광수 소설의 유학생 주인공이 위치한 환경, 공간 역시 이를 간접적으로 시사한다. 이광수의 「어린벗에게」, 「방황」, 「윤광호」의 무대는 모두 주인공이 유학하고 있는 일본의 기숙사 내지 하숙방 이다. 그런데 그러한 공간들은 인물에 어떠한 의미 부여도 하지 않는다. 단지 중요한

을 소설화한 것일 수도 있다는 점을 얘기했다. 이광수가 스캔들의 성격을 가진 자신의 사적인 삶을 소설화한 것을 문제 삼을 필요는 없겠다. 그러나 문제는 작품 안에서 작중 주인공의 실연과 민족의 현실에 절망하는 과정의 관계가 예술적으로 전혀 설명이 되지 않는다는 사실이다. 한 개인의 사적 삶이 지닌 진정성을 폄하하는 것은 아니지만, 이광수의 경우 사적인 영역과 공적인 영역의 구별에서 혼란이 있는 것은 아니었던가? 흥미로운 것은 나혜석은 유학생계를 떠들썩하게 할 정도로 열렬히 사랑했던 연인과의 사별 사건이 있었음에도 불구하고 이와 상관없이 소설에서 그러한 주제가 중심이 된 적은 없다는 점이다. 물론 「회생한 손녀에게」에서 이를 잠깐 언급을 하고 있기는 하다.

32 미하일 바흐친, 앞의 책, 205쪽.

것은 이들 공간 안의 폐쇄적인 상황에 놓여 있는 유학생 주인공의 내면이다. 이런 점에서 폐쇄된 하숙방 안에 갇혀 있는 진학문의 「부르지짐(cry)」(『학지광』 12, 1917.4)도 이와 유사한 경우라고 볼 수 있다. 그리하여 이들 작품들에 등장하는 주인공 바깥의 인물들은 주체적으로 움직인다기보다는 모두 주인공의 사념 안에서 대상화되어 있다. 같은 시기 현상윤의 「핍박」(『청춘』, 1917.6)의 무대는 폐쇄적인 유학생의 하숙방은 아니다. 그곳은 일본 유학에서 돌아와서 마주치게 된 자기의 고향 마을이다. 그곳에는 "긴칼 느린 補助員"도 있고, "돈 모으는 법이 무엇임마?" 하고 물어보거나, "土地調査局 技手"를 부러워하는 고향 촌로들이 있는 고향이다. 적어도 주인공의 사념을 촉발하는 매개는 이들 고향 사람들이다. 그러나 이러한 고향사람들의 형상이 주체적이 아니라는 점에서 역시 주인공의 고립된 내면이 중심이 된다.

이에 비해 「경희!」는 유학생 주인공이 방학이 되어 고향집으로 돌아왔다는 점에서 「핍박」과 유사한 상황이다. 그러나 「경희!」의 유학생 주인공을 에워싸고 있는 타자들은 그의 가족 및 이웃이라는 점에서 다르다. 그리고 주인공은 이들을 바라만보는 것이 아니고 이들의 이야기를 듣고 이들과 이야기를 나누는 자세를 취한다. 따라서 이들은 유학생 주인공에 의해 대상화되지 않고 상호 주체적이다. 이들을 통해 유학생 주인공으로서 '경희'의 형상은 육체성을 얻는다. 대화가 거의 존재하지 않는 이광수, 현상윤의 단편소설과 달리 나혜석의 소설에 풍부한 대화가 펼쳐지는 것도 이와 관련된다.

이러한 점과 관련해서 유학생 주인공 바깥의 타자가 부재하는 1910년대 이광수의 소설문학은 과거 또는 전통에 대한 기억이 부재하는 소설같이 느껴진다. 즉 작가는 새롭게 등장한 유학생 주인공 계급이 자신의 뿌리인 과거의 기억과 어떠한 관련을 맺는 지에 대한 관심이 없다. 오로지 과거의 공간, 환경에서 절연된 고립된 예외자로서의 자기 반영만이 있을 뿐이다. 그리고 주인공은 혼자 힘으로는 빠져 나올 수 없는 허무에 빠진다. 인간은 기억 안에서 삶의 과거와 현재, 미래를 잇는다. 즉 기억이 정체성, 자기 동일성을 확보하게 해주는 것임을 감안할 때, 이광수 소설의 유학생 주인공은 그것과 절연되어 있어 과거와 현재, 공간과 공간이 겹치면서 만들어지는 삶을 보여주지 못한다.

오히려 이광수는 자신의 단편소설에서 그러한 타자와 절연된 유학생의 폐쇄적 자기 반영, 그렇게 함으로써 얻어지게 되는 고립된 예외자로서의 내면의 획득과 주관적 완결성을 근대문학의 주요한 징표로 보았던 듯하다. 그리하여 「어린 벗에게」, 「방황」 등에서 삶의 인과적 필연성을 부정하며 고독한 개인의 불가사의한 운명을, 혹은 무정형의 세계에 내던져진 개인의 절망감을 미적인 것으로 생각하고 있다. 이광수 소설의 유학생 주인공들은 이러한 고립적 개체를 그리기 위하여 대개 현실도피적이며 우울, 신경쇠약, 자살을 예찬하는 등 일종의 정신적 질병 안에 놓여 있다. 그러한 억압적인 신경증은 지식인의 한 표식이기도 하다. 이광수는 실제로 그런 발언을 한 적도 있다.

秀才는 흔히 神經質이라. 失意라든지, 落第라든지, 人生問題等 複雜幽玄한 哲學問題에 精神을 過勞하면 自然히 銳敏한 神經이 常軌를 脫하기 爲하기 容易한 것이다. 朝鮮에는 自殺者가 稀少하니 此는 自矜할 바가 아니요, 思想程度의 低함을 羞恥하게 여길 것이니 人類以下 低級部門에는 煩悶도 無하고 自

殺도 無하니라[33]

이광수의 이러한 짐과 비교할 때 나혜석의 유학생 주인공은 건강하고 낙관적이다. 물론 「경희!」의 주인공은 부모의 강혼 권유와 자신의 진로 사이에서 치열한 고민이 없는 것이 아니다. 그러나 그러한 가운데서도 주인공은 제반의 문제들을 주변 인물들과의 관계 안에서 그리고 있다는 점에서 그 근원에는 대중과의 연대가 자리 잡고 있다. 「경희!」의 유학생 주인공은 동경서 귀국하면서, 자신의 집의 여종의 자식들에게 장난감 선물을 마련하는 등, 지식인 자신을 둘러싼 이웃들에 대한 따듯한 감성적 연대를 보여준다.

이런 점에서 서간체 형식의 소설인 이광수의 「어린 벗에게」와, 이를 외형상으로 모방한 듯싶은 나혜석의 「回生한 孫女에게」(『여자계』, 1918.9)를 비교해보는 것은 흥미롭다. 양자 모두 일본 유학 생활에서 정신적으로 육체적으로 고단한 상황에 처한 유학생 주인공들의 모습을 보여준다. 그러나 그러한 고단한 상황에 대처하는 주인공의 모습은 대조적이다. 「어린 벗에게」는 연장자인 듯싶은 주인공 화자가 '어린 벗'인 청자에게 자신의 실연 체험을 고백하면서 현실에 절망하는 포즈를 취한다. 그러나 이러한 절망의 포즈를 통해 화자는 궁극적으로는 '어린 벗'인 청자에게 봉건적 인습의 타파를 설교하는 형식으로 나간다. 다시 말해 화자는 그러한 고백을 통해 청자와 연대의식을 갖기 보다는 교사의 입장에 놓여 학생인 청자에게 자신의 주장을 일방적으로 전하는 형식을 취

33 「東京雜信」, 『매일신보』, 1916.9.27~11.9, 『이광수 전집』 17, 1961, 476~477쪽.

한다. 더욱이 화자는 자신 역시 '조선인'임에도 불구하고 '어린 벗'을 포함한 '조선인' 독자를 대상화 한다. 이른바 '조선인'은 주인공 화자와는 다른 자들로 '그네'이며 '즘생'과 다름없는 비열한 존재다. 화자는 도처에서, "朝鮮人에 웨 淫風이 만흐뇨", "엇지하야 우리는 아름다온 사람을 보고 사랑하여 못쓰나잇가"[34] 등을 반복하면서 자신이 '조선인'임을 부끄러워 못 견뎌 한다.

「회생한 손녀에게」는 고단한 유학생활에 병이 들어 힘들어하는 유학생 소녀가 자신의 동료 유학생이 가져온 '깍두기'를 먹고 회생한다는 아주 사소한 내용을 담고 있다. 그러나 여기서 유학생 소녀의 병이 회복하는 계기가 이광수가 그렇게도 부끄러워하는 '조선인'의 '깍두기'라는 설정이 흥미롭다. 사실 '깍두기'는 "구진 싀오젓"(구진 새우젓)에 "맵되민온 苦초가루를 버무려 손으로 주물늑 주물늑 힉셔" 담은 "고린늬가 풀풀 나는" 일본인 등의 외국인에게는 낯선 야만의 음식처럼 보일 수도 있다. 그러나 화자는 이 "짜디짜고 맵디민운" 깍두기의 맛이 달콤하고 냄새도 좋은 서양과 일본의 "오무랫쓰(오므라이스)나 "스우프(수프), 팡(빵)"보다 좋다. 그리고 "라이스칼(라이스 카레)이나 미소시루"보다는 "싹두기를 먹어야 속이 든든해진다"고 말한다. 그리고 "싹두기 쌉질한 말국"이 뱃속에 가득 차야 소화도 잘 되어, 병상에 있던 손녀는 결국 "싹둑이로 영생하"게 되었다며 끝맺음을 한다.

적어도 「회생한 손녀」는 이러한 사소한 이야기를 통해 이야기하는 사람과 듣는 사람의 유대의식, 그리고 공감의 확대와 관련된 공동의 예술

---

34 「어린 벗에게」, 『청춘』 9, 1917.7, 107~108쪽.

체험을 갖게 한다. 자신을 간병해준 주인공에게 고마워하는 소녀에게, "오냐 네가 주는 할머니의 名稱을 나는 謝絶아니ᄒᆞ고 밧으련다. 그러고 어머니 업고 할머니 떠러져 잇는 외로운 너를 내 孫女로 貴愛하고 앳겨 주러 ᄒᆞᆫ다"[35]는 여성으로서의 자매애적 연대의식 등은, 이광수 소설의 어색하면서도 성에 대한 심리적 장애에서 자유롭지 못한 '자유연애' 모티프와 달리 건강한 느낌을 준다. 그리고 진정한 인간성과의 관계는 단지 추상적 사고의 대상이 아니라, 생생한 물질적이고 감각적인 접촉 속에서 실제로 실현되고 체험된다는 사실을 확인하게 된다. 그리하여 나혜석 소설의 화자는 이를 매개로 인간관계의 소원함을 넘어선 따뜻한 연대의 삶을 향한 나름대로의 길을 상상한다. 요컨대 이광수와 나혜석은 각각 자신들의 분신인 유학생 지식인의 형상화를 전자는 대중과의 분리를 통한 고립에서, 후자는 그들과의 연대 관계 안에서 꾀하고자 했다.

5. 맺음말

이광수와 나혜석은 같은 시기의 동경 유학생이자 부르주아 계몽주의자들임에도 불구하고 그들의 작품에서 보여준 문제의식, 문학적 표현 등에서 대조적인 특징을 드러낸다. 그들은 모두 근대적 과도기에 처

35 『여자계』, 1918.9, 61쪽.

한 신지식인으로 개인적으로는 자유연애들을 실천해가고, 이로 인해 당시 유학생 사회의 화제의 주인공이 되었다. 그리고 이광수는 자신의 작품에서 이러한 자유연애의 문제를 통해 봉건적 인습의 타파라는 사회적 의제를 제기한다. 그런데 이는 어떻게 보자면 이광수가 그러한 의제를 빌어 낭만적 감상주의에 빠지고 자신의 개인적 상황을 변명하거나 합리화 한 것은 아닌가 하는 생각을 갖게 한다. 이에 반해 나혜석은 자신의 절실한 실제 연애체험이 있음에도 불구하고 그것은 개인의 일로 간주하는 듯이 보일 뿐, 그보다는 오히려 신여성의 사회적 정체성이라는 현실적 문제를 통해 봉건적 인습의 문제를 제기한다.

그리고 이광수와 나혜석은 그들의 단편 작품에서 각각 자신의 분신으로 보이는 유학생 지식인을 형상화하고 있다. 그런데 그려진 유학생 지식인의 모습을 비교해볼 때, 이광수의 경우 삶과 예술이 분열되어 있는데 비해 나혜석은 그렇지 않다. 1910년대 나혜석의 산문들이 추상적인 대의가 아닌, 새로운 문명개화의 현실에 처한 지식인 여성으로서의 진솔하고 구체적인 실존을 내용으로 하는데, 이는 그의 소설들에서도 역시 일관되게 나타난다. 이에 반해 이광수는 예술 바깥에서는 사회진화론자 또는 문명지상주의자이나, 그의 단편에서는 자신의 분신인 듯싶은 유학생 주인공들은 반(反)문명론자 또는, 비관주의자로 그려내 분열의 양상을 드러낸다. 그리고 주인공들의 이러한 행위에서조차 그가 강조한 '실연' 등의 이유를 빼고는 예술적 필연성이 별로 발견되지 않는다.

끝으로 이광수는 자신의 단편에서 유학생주인공을 대중과 절연되어 폐쇄적 상황에 처한 고립된 예외자로 그리는데 반해, 나혜석은 그 대중이, 비록 유학생 주인공의 주변에 국한된 것일지라도 그들과의 연대를 나름대로 모색하는 것으로 그린다. 이는 유학생을 주인공으로 한 이광수 단편들이 나혜석의 그것들에 비해서 서사로서의 예술적 조형성이 떨어지는 결과를 낳게 한다. 이러한 점에서도 1910년대 나혜석의 단편은 이 시기 문학사의 중심에 놓여 있는 이광수의 단편들과는 또 다른 평가를 받아야 할 것으로 판단된다.

2부

한국문학과 근대 극복

중일전쟁 이후 일제의 언어 정책과 한국문학인의 대응

김재용

1. 동아시아 비교문학의 필요성

일본 제국주의는 동아시아 문학에 깊은 상처를 남겼다. 식민지 지배를 직접 받은 지역은 물론이고 간접적으로 점령을 당하였던 지역에서도 그 흔적은 결코 적지 않았다. 그 범위는 조선, 대만, '만주국'의 동북아는 물론이고 인도네시아를 비롯한 동남아 지역에까지 미쳤다. 그럼에도 불구하고 이들 지역에서 이루어진 이 시기 문학에 대한 연구는 국경을 넘어서지 못하고 국민국가 내에서 고립적으로 진행되었다. 각 국민국가 내부에서는 이 시기 문학에 대한 연구가 이루어지고 있지만 국경을 넘어서 동아시아 지역 전체 차원에서의 비교연구는 그다지 활발하지 않았다. 동아시아의 평화공존과 미래 지향적인 소통을 생각할 때 이러한 연구 정황은 결코 바람직하다고 할 수 없을 것이다. 이러한 상황을 타개하기 위해서는 각 국민국가 내에서 이 시기 문학에 대한 심화된 연구가 진행되어야 할 것이고 나아가 이를 토대로 상호간의 비교연구가 이루어져야 할 것이다.

일제 지배 하의 동아시아 지역의 문학어를 중심으로 한 문학계의 비교는 그 중의 하나일 것이다. 1937년 중일전쟁 이후 대만에서는 일본어 이외의 언어 및 문자생활이 금지되었다. 양규(楊逵)를 비롯한 많은 대만의 문학인들은 일본어로 창작을 하였다. 이 점은 일본어와 조선어 창작이 동시에 이루어졌던 조선의 경우와는 일정한 차이가 나는 대목이다. 이러한 차이가 빚어내는 긴장을 대만의 작가 용영종(龍瑛宗)과 조선의 작가 김사량(金史良)의 교류[1]에서 발견할 수 있다. 일제의 식민지 출신의 문학인이라는 공통점으로 하여 서로 역지사지(易地思之)할 수 있었던 이들은 이러한 기반 위에서 공통의 울분을 갖고 창작하였고 그렇기 때문에 서로 편지 교환을 하면서 위로하고 고무하기도 하였다. 이들을 묶어주는 것은 일제의 식민지 출신 작가로서 일본어로 작품을 발표하고 있다는 점이었다. 하지만 이들 사이에는 일정한 차이가 존재하였다. 김사량은 일본어로 창작을 하는 한편 조선어로도 창작을 하는 상황이었

1 이 두 작가가 주고받은 편지의 교류에 대해서는 下村作次郎의 『文學で讀む臺灣』(田畑書店, 1994)을 참고.

기 때문에 일본어로만 창작을 해야 했던 용영종과는 처지가 달랐던 것이다. 따라서 김사량이 일본에서 일본어로 창작을 하는 동기와 용영종이 일본어로 창작을 하는 동기는 약간 달랐던 것으로 보인다. 김사량은 조선의 진상을 조선 외부에 호소하겠다는 의지를 갖고 있는 반면, 용영종의 일본어 사용은 일본어 사용 이외에는 달리 작품을 쓸 수 없는 상황에서 비롯된 것이다.

일본의 점령지였던 '만주국'에서 활동하던 작가들은 일본어로 작품을 쓸 것을 강하게 요구받지 않았다. 이마무라 에이지(今村榮治)등의 경우처럼 스스로 일본어로 창작을 한 경우가 있기는 하였지만 이는 예외적인 상황이었다. 그렇기 때문에 중국 작가들은 한어로 작품활동을 하였고 이를 일본인들이 번역하였다. 당시 만주국 문단에서 일본인들이 중국인 작가의 한어 작품을 항상 오오우치 타가오(大內隆雄)의 번역을 통하여 읽었다는 널리 알려진 사실[2]에서 이러한 언어적 현실을 확인할 수 있다. 당시 일본은 만주사변 이후 국제사회로부터 강한 눈총을 받는 처지였다. 만주사변을 조사하러 온 릿튼 조사단과 그 보고서에 항의하는 차원에서 국제연맹을 탈퇴한 정도로 국제사회로부터 압력을 받고 있던 일제로서는 '오족협화(五族協和)'라는 틀을 강조하였고 이로 인해 일본어를 일방적으로 강요할 수 있는 상황이 아니었던 것이다. 그 동기가 무엇이든 일제는 '만주국'에서 과거의 구식민주의적 방식에서 탈피하여 신식민주의적 방식을 창안하지 않으면 안 되는 상황이었다.

이러한 조건 속에서 조선인 작가들은 언어적 자율성을 확보할 수 있

2 大內隆雄의 이러한 역할에 대해서는 岡田英樹의 글 「中國文學の飜譯者大內隆雄」(『文學にみる 滿洲國の 位相』, 研文出版, 2000)을 참고.

었다. 1936년 '내선일체(內鮮一體)'가 강요되기 시작할 무렵 억압적인 분위기를 피하여 만주로 건너간 염상섭(廉想涉)이 후에 '만주국'에서는 내가 조선인이요라고 말할 수 있었다고 하는 것이 바로 이러한 정황에서 나온 것이다. 조선에서는 항상 일본 국민으로서의 정체성만을 요구받았고 이는 더욱 가속화되는 상황이었는데 '만주국'에 건너갔을 때 거기에서는 스스로 조선인임을 내세워도 별다른 문제가 없는 것이다. '오족협화'를 활용하면서 조선인으로서의 자기 정체성을 어느 정도 확보할 수 있었던 것이다. 이런 점은 특히 언어에서 더욱 두드러졌다. 중일전쟁 이후 조선에서는 작가들의 일본어 사용이 강요되었지만 '만주국'에서는 언어적 통제를 받을 필요가 없었던 것이다. 조선어로 창작을 하는 것 자체가 문제가 되는 것이 아니었다. 조선의 작가들이 조선어로 작품을 쓸려고 했을 때 조선어이기 때문에 필요이상의 검열을 받았던 상황과는 근본적으로 차이가 났다. '만주국'을 실제 통제하였던 관동군에서도 조선 작가들이 조선어를 사용하는 것 자체를 문제삼을 수 있는 상황이 아니었다. 스스로 '오족협화'를 주장했기 때문에 조선인 작가들에게 일본어 사용을 요구했을 때 스스로 모순을 떠안는 결과가 나오기 때문이다. 염상섭이 '만주국'에서 활동하고 있는 조선인 작가들의 작품집인 『싹트는 大地』의 서문에서, 그리고 안수길(安壽吉)의 작품집 『북원(北原)』의 서문에서 조선인 작가들이 조선어로 글을 쓰는 것에 자부심을 느끼고 또한 '오족협화'를 주장하는 '만주국'이 그 표방과는 다르게 조선인 작가들의 문학을 외면하는 것을 통렬하게 비판하고 있는 것은 바로 이런 정황에서 이해될 수 있는 것이다. '만주국'의 조선인 작가들은 관동군 사령부의 검열을 직접적으로 받아야 했다. 실제 염상섭이 1939

년 말 그가 근무하던 조선어 신문『만선일보(滿鮮日報)』를 떠나 안동(安東)으로 간 것도 일제 관동군 사령부의 지나친 간섭 때문이었다. 하지만 작품의 내용과 달리 형식인 언어적 차원에서는 그 어떤 억압도 받지 않았던 것이다. 이 점이 당시 국내에서 활동하던 조선인 작가들과 다른 점이라 할 수 있다.

일본 식민주의 하의 조선의 문학을 일제가 직 간접으로 지배하고 있었던 대만과 '만주국'과 비교하여 보면 앞으로 더 많은 연구의 지평이 열릴 수 있는 가능성이 있을 것으로 기대된다. 그런 점에서 한국을 비롯한 동아시아에서 문학을 연구하는 사람들의 협동 작업이 더욱 긴요하다. 이러한 취지에서 필자는 중일전쟁 이후 일제의 식민주의적 언어 정책과 한국 문학인의 대응을 다루고자 한다.

이 글은 우선 시기를 식민지 지배 전체가 아니고 중일전쟁 이후로 한정한다. 그렇게 하는 것은 일본의 식민주의적 지배가 가장 극심하였던 시기가 중일전쟁 이후의 총동원 시기이기 때문이기도 하지만 그보다 이 시기의 일본 제국주의 지배는 중국 관내 지역을 넘어서 '대동아공영권'의 이름 하에 동남아 지역에까지 이르고 있기 때문에 비교연구가 한층 더 요망되는 지점이라 할 수 있기 때문이다. 중일전쟁 이전에도 한국의 작가들이 식민주의적 지배로 인하여 고통을 받았지만 중일전쟁 이후에는 그 이전과 비교가 되지 않을 정도로 혹독한 어려움을 겪어야 했다. 그리하여 이 시기에는 한국작가들의 식민주의에 대한 저항과 협력이 양극화되었기에 한층 심층적인 연구가 요구된다. 또한 중일전쟁 이전에도 대만, 조선 그리고 '만주국'이 일제의 지배하에 있었기 때문에 비교연구가 가능하고 또 연구해야 하지만 동남아를 비롯한 동아시아

지역 전체에 걸친 비교연구는 역시 중일전쟁 이후에 이르러서 가능한 것이기 때문에 이 시기를 중점으로 다루고자 한다.

식민주의적 언어정책과 이에 대한 한국 작가들의 대응을 다루는 이 글에서, 언어문제를 주된 대상으로 삼은 것은, 이 시기에 이르러 한국 작가들의 언어문제가 문학 창작에서 심각한 주제로 떠올랐기 때문이다. 일제는 식민지 지배 이후 한국의 작가들이 조선어로 창작을 하는 것에 대해서 간섭하지 않았다. 장혁주(張赫宙)의 경우처럼 조선의 작가들이 스스로 일본어로 창작하는 경우가 있기는 하지만 대부분의 작가들은 조선어로 작품을 창작하는 데 그 어떠한 방해도 받지 않았다. 하지만 중일전쟁 이후 한국 작가들은 일본어로 창작할 것을 강요받기 시작하였다. 중일전쟁을 앞두고 일제는 '내선일체' 이데올로기를 유포하기 시작하였으며 그 일환으로 조선어 대신에 일본어를 사용할 것을 강요하였다. 특히 작가들에게는 일반인들보다 한층 그 압력이 거세었다. 그리하여 이 시기 이후부터는 작가들에게 어떤 언어로 창작할 것인가 하는 문제가 작품의 세계와 관련하여 절대적인 중요성을 갖는 것으로 되어버렸다. 그렇기 때문에 이 시기 작가들의 문학적 창작을 고려할 때 언어의 문제는 절대적으로 중요하다. 따라서 이 글에서는 식민주의적 언어정책에 대한 한국 작가들의 다층적인 대응양상을 다루고자 한다.

2. 일본어 창작에 관한 논쟁

일제의 식민주의적 언어 정책에 대한 한국 작가들의 다층적 대응양상을 검토하기 위해서는 중일전쟁 이후 조선 문학계 내에서 일본어 창작과 관련하여 작가들 내에서 어떤 논의가 있었는가 하는 점을 우선 탐구하여야 한다. 중일전쟁 이후 한국의 작가들은 조선어와 일본어 두 가지의 언어로 창작을 하게 되었다. 일제의 강요에 의해서 조성된 이 국면에서 한국작가들은 조선어로만 창작하는 작가, 일본어로만 창작하는 작가 그리고 조선어와 일본어로 동시에 창작하는 작가로 나누어졌다. 당시의 문학적 현실이 이러함에도 불구하고 그 동안 한국문학 연구는 일본어로 된 창작에 대해서는 깊이 연구하지 못하였다. 그것은 이들 작품을 어떻게 볼 것인가 하는 시각이 제대로 구비되어 있지 못하였기 때문이다. 이러한 연구 상황이 쉽게 개선되지 않았던 것은 일본어로 창작된 작품은 한국문학의 범주에 들 수 없다는 인식과 또한 그것이 일본어로 쓰여졌기 때문에 친일작품이라는 인식이 덧붙여 있기 때문이었다. 이러한 이유로 하여 일제 말 일본어로 창작된 작품은 그 동안 연구의 대상에서 제외되었다. 하지만 최근에 와서 이러한 기존의 시각에 거리를 두면서 이들 작품을 적극적으로 해석하여야 할 필요성이 제기되기 시작하였다. 가장 주된 이유는 일본어로 창작된 작품들의 내용을 분석한 결과 이들 작품들이 모두 식민주의에 협력한 것이 아니라는 점이다. 일본 식민주의에 협력한 작가들이 일본어로 창작을 한 경우에는 예외없이 친일 작품이지만 일제 식민주의에 협력하지 않고 저항한 작가들이 일본어로 창작한 작품들은 결코 친일

문학이 아니기 때문이다. 일본어 작품의 이러한 복합적인 성격에 대한 인식이 나오기 시작하면서 이들 작품에 대한 연구가 이전과는 다르게 비교적 활발하게 이루어지기 시작하였다.

중일전쟁 이후 벌어진 이러한 복잡한 정황 속에서 이루어진 한국 문학가들의 고민과 대응을 파악하기 위해서는 우선 일본어 창작과 관련된 당시 문학가들의 고뇌어린 사유를 점검할 필요가 있다. '내선일체'가 거론되기 시작하는 1936년 말 이후로 조선인 작가들은 언어의 위기를 예민하게 느끼기 시작하였고 이후 이와 관련된 논의들이 봇물처럼 쏟아지기 시작하였으며 이는 해방직후까지 팽팽하게 지속되었다. 그렇기 때문에 우선 당사자들의 논의를 검토하여야 한다.

일본어 창작의 문제가 논쟁의 핵심으로 떠오르는 것은 중일전쟁 이후부터이다. 그 이전에도 일본어로 창작된 경우가 없는 것은 아니지만 그것은 중일전쟁 이후의 그것과는 현저하게 성격이 다른 것이다. 일본어 창작을 통하여 일본인 등 외부에 조선의 사정을 알리고 호소하려는 목적으로 이루어진 것이라 일본 제국주의의 국책과는 무관한 것이었다. 하지만 중일전쟁 이후에는 '내선일체'의 황민화 차원에서 이루어진 것으로 철저하게 국가에 의해 주도되었다. 일본 식민주의에 협력하는 이들에게는 이것은 위기가 아니고 새로운 기회였지만 식민주의에 직접 간접으로 저항하는 이들에게는 심각한 문제였다. 중일전쟁을 전후한 시기에 광범위하게 유포된 내선일체의 분위기 속에서 조선어의 위기를 예민하게 느끼고 이를 작품화한 작가는 이태준(李泰俊)이다. 1938년 1월 『삼천리문학』에 발표한 단편소설 「패강냉(貝江冷)」에서 일본어로 작품을 쓰라고 요구하는 평양부 의원인 김과 작가의 분신으로 여겨지는 현 사이의 대립이 적나라게 그려져 있다. 현이 서울에서 평양을 내려간 것은 조선어와 한문을 가르치면서 교사생활을 하던 친구 박이 조선어 시간을 줄이는 학교 당국의 방침 때문에 울적해 한다는 소식을 듣고 위로하기 위한 것이었다. 그런데 그곳에서 다른 친구인 김을 만나면서 심사가 뒤틀리기 시작한다. 조선어를 학교에서 가르칠 수 없는 것에 대한 강한 불만을 갖고 있는 현에게 이미 일본에 진출하여 일본어로 작품을 쓰고 있는 작가(아마 장혁주를 염두에 둔 것으로 보인다)를 모범적인 예로 들면서 현도 그렇게 방향전환을 하라고 요구한다. 조선어를 지켜야 한다고 생각하고 있는 현은 조선어를 버리라고 권유하는 김의 행각을 참지 못하고 컵을 던지고 만다. 이 작품은 제3차 조선 교육령(教育令)이 발표되는 1938년 3월 이전의 시점에 발표된 것이라는 점에서 자못 놀라운 바가 있다. 이태준은 그러한 법령이 시행되기 전에 이미 이를 예감하였기에 저항하는 심정으로 이러한 작품을 썼던 것으로 보인다. 시국의 흐름을 읽어내고 자기 식으로 대응하는 이태준의 날카로운 작가적 감각이 돋보이는 대목이다.

이태준과 같은 작가의 이러한 경고에도 불구하고 이 무렵에는 문학계의 본격적인 관심사의 대상이 되지 못하였던 것으로 보인다. 문학계 내에서 이 문제가 심각한 화두로 대두하게 된 것은 무한 삼진의 함락과 이후 전개된 일본 작가들의 중국행부터이다. 1938년 11월 하야시 후사오(林房雄)을 위시한 일련의 일본의 '펜부대'가 중국전선에 가는 도중 경성에 들러 조선인 작가들과 좌담회를 가졌는데 여기서 조선인 작가의 일본어 창작 문제가 튀어 나온 것이다. 다소 길지만 당시의 문단 분위기를 짐작하기 위해 좌담의 일부를 옮긴다.

이태준　잠시 아키다 선생에게 여쭙겠습니다만 아까 조선어로 써도 국어(일본어)로 써도 좋다고 하셨는데, 저희로서는 중요한 문제이기 때문에 본론에서는 조금 벗어나지 만 질문드리고 싶습니다. 내지의 선배들께서는 저희 조선 작가들이 조선어로 쓰 는 것을 진심으로 희망하고 계십니까 아니면 내지어(일본어–인용자)로 쓰는 게 좋은가입니다.

아끼타 우자크(秋田雨雀)　뭐지요, 잘 안들립니다만…….

임화　조선 사람은 내지어로 쓰는 게 좋은가 조선어로 쓰는 게 좋은가입니다.

아끼타 우자크: 우리 작가들의 요망, 그리고 대중들의 요망으로서 즉 대중을 대상으로 삼 는 작가는 국어가 좋다고 생각합니다.

무라야마 토모요시(村山知義)　그것은 말이죠, 조선문화를 조금이라도 많은 사람들에게 읽 히기 위해서 요컨대 내지 사람들의 공감을 얻기 위해서는 조선어로 쓴 것은 내지사람들이 읽을 수 없기 때문에 반응이 없다고 생각하고요. 역시 조선쪽에서도 실제로는 내지어가 보급되어 있으니까 실제로 이해시키려 한다면 국어로 쓰는 것이 널리 읽히게 되리라 생각하기 때문에 국어가 좋겠네요.

아끼다 우자크　국어로 써서 널리 읽히고 일부분을 조선어로 번역하면 되겠지요.

정지용(鄭芝溶)　양쪽으로 다 써도 좋다고 생각하는데

하야시 후사오　국어문제가 나왔는데 이것은 대단히 중요한 문제라 생각하는데 우리 입장에서는 조선의 제군에게 말씀드릴 것은 작품은 모두 국어로 써줬으면 하는 것입니다.

아끼다 우자크　그것을 번역하면 됩니다.

임화(林和)　그것은 커다란 문제입니다.

무라야마 토모요시　조선어로는 표현할 수 있지만 국어로는 표현할 수 없는 조선어의 특수한 것이라면 즉 뜻을 국어로 나타낼 수는 있어도 부족한 점이 있다면 대단히 유감이지만, 그렇지 않는 한 거의 이 정도가 되면 우선은 국어로 써도 지장이 없을 것 같으니까 조선어로 쓰지 않으면 안된다는 법은 없을 것 같군요.

이태준 사물을 표현하는 경우에 국어로는 정확하게 그 내용을 표현할 수 없는 것처럼 생각되기 때문이 아닌가 하는데요. 그것은 우리 독자의 문화를 표현하는 경우에 그 맛은 조선글이 아니면 표현하기 어려운 점이 있습니다. 그것을 국어로 표현하면 그 내용이 내지화 돼버릴 것 같은 기분이 드는 것이죠. 정말로 그렇습니다.

하야시 후사오 그것은 번역을 하면 됩니다.

무라야마 토모요시 양악으로 일본 카부키의 연주를 합니다. 현재의 음악으로 세계적으로 특수성을 지닌 것이 존재하지 않으면 안되고 조선의 고전적인 예술은 어디까지나 존재해야 한다. 이런 것은 정부로서도 보존해야 합니다.

임화 그런 박물관적인 것이 아니고 말입니다.

유진오(兪鎭午) 문제가 큽니다만, 국어로 지장이 없는 것은 써도 되지만 ,쓸 수 없는 것이 있습니다.번역적이고 내지사람들이 기뻐하며 아주 의미가 있는 것은 우리도 될 수 있으면 그렇게 하겠습니다만 조선글이 아니면 쓸 수 없는 것은 어쩔 수 없습니다.

무라야마 토모요시 그것은 물론 그런 입장도 있을 수 있겠지만 좀더 크게 보는 것이 좋습니다. 조선어로 쓰는 편이 낫다고 처음부터 마음을 굳히지 말고 보다 많은 사람에게 읽힌다는 점에 눈을 돌리는 것이 좋을 듯싶은데요.

임화 시를 지을 경우, 그 말에 담긴 감정 즉 문자 말입니다. 그것이 번역된 것으로는 의의가 없다는 것입니다.번역시는 아무래도 가슴에 와 닿지 않기 때문에 이것은 순예술적인 면에서 보아도 문화적으로 양해해야 한다고 생각합니다.[3]

조선어가 사라질 수 있다는 위기의식을 느끼고 이를 작품을 통해 경고한 바 있는 이태준으로서는 조선총독부경무국도서과장까지도 참석한 이 『경성일보(京城日報)』 주최의 좌담회에서 이 문제를 무심히 지나갈 수 없는 것이었다. 묘한 긴장과 첨예한 대립이 느껴지는 당시의 분위기를 전하기 위해 다소 길게 인용한 이 대목에서 우리가 우선 확인할 수 있는 것은 일본 작가와 조선 작가의 대립이다. 식민지적 무의식에 사로잡혀 있는 일본 작가들은, 정도의 차이는 있지만, 식민주의적 발상에 입각하여 발언을 하고 있다. 조선 작가들이 일본어로 글을 써는 것이 갖는 고통에 대해서 거의 느끼지 못하고 있는 것이다. 다음으로 확인할 수 있는 것은 조선 작가들 내부에 존재하는 차이이다. 이태준, 임화 등 식민주의에 저항하는 작가들의 경우 일본어로 글을 쓸 수 없는 이유를 강조하게 되는데 반해 유진오 등 이후 식민주의에 협력하는 작가들은 일본어로 글을 써는 것을 충분히 용인할 수 있는 입장을 보여주고 있다.

좌담이 있은 후 얼마 지나지 않아 조선의 문학가들 사이에 일본어 창작을 둘러싼 논쟁이 벌어졌다. 한효(韓曉)는 『경성일보』에 발표한 「국문문학문제」(1939.7.13~19)에서 조선의 작가들은 조선어로 작품 창작을 해야지 일본어로 해서는 안된다는 주장을 강하게 하였다. 이에 대해 일본의 식민주의에 협력하던 작가 김용제(金龍濟)는 『경성일보』에 발표한 「문학의 진실성과 보편성」(1939.7.26~8.1)에서 조선의 작가들도 이제 일본어로 창작을 해야 한다는 주장을 함으로써 한효의 논지에 대해 반박하였다. 일본어는 이미 동양의 국제어이고 또한 문화어이기 때문에 이를 사용하여야 된다

---

3 『경성일보』, 1938.12.6.

는 것이다. 예의 좌담에도 참석하여 조선어로 글을 써야 할 이유를 강조하기도 했던 임화는 「말을 의식한다」(1939.8.16~20)에서 날 때부터 사용하던 자연스러운 말 즉 생활의 구체적 경험이 묻어 있는 것만이 문학어가 될 수 있기 때문에 일본어로 창작을 할 수 없다고 주장하였다. 문학어로서의 조선어의 문제를 양자 다 보지 못한다고 동시에 비판하고 있는 임화의 견해는 궁극적으로 조선어의 역사적 성격을 견지한다는 점에서 식민주의적 언어정책에 대해서 비판하고 있는 것이라고 할 수 있다.

일본어 창작 문제는 당시 조선 문학계 내부에서 격렬한 논쟁의 초점이 되었던 문제였기 때문에 지상논쟁에서 끝나지 않고 이후 지속적으로 이어졌다. 당시 문학계 내부의 이러한 심리와 분위기를 바탕으로 이루어진 작품이 김사량의 「천마(天馬)」이다. 김사량은 1940년 6월에 일본어로 발표한 소설 「천마」에서 조선어로 작품을 써야 한다고 주장하는 평론가 이명식과 일본어로만 글을 써야 한다고 주장하는 평론가 현룡(玄龍)사이의 대립을 여실하게 그리고 있다. 조선어는 더 이상 필요없다고 하면서 모든 조선의 작가들이 일본어로 글을 써야 한다고 주장하던 현룡과 조선인의 8할이 문맹이고 또한 글을 아는 사람의 9할이 일본어를 모르는 마당에 조선어가 아닌 일본어로 글을 써야 한다고 주장하는 것은 현실과 맞지 않는 것이라고 주장하는 이명식(李明植)의 대립은 결국 이명식이 현룡에게 컵을 던지고 상해죄로 잡혀 가는 것으로 마무리된다. 현룡은 앞선 좌담에 참가하여 식민주의에 대한 협력을 노골적으로 드러내기도 했던 김문집을 원형으로 한 것이라면, 이명식은 작가 김사량의 분신에 해당되는 인물이라고 할 수 있다. 실제로 김사량은 이명식이 작품에서 했던 요지의 발언을 자신의 산문 「조선문화통신(朝鮮文化

通信)」[4]에서 그대로 하고 있을 정도이다.

김사량은 원칙적으로 조선의 작가들은 조선어로 창작을 해야 하지만 일본어로 창작을 해야 하는 절실한 이유가 있을 때에는 일본어로 창작을 하는 것을 허락해야 한다고 동시에 주장하고 있다는 점에서 「패강냉(貝江冷)」의 이태준이나, 좌담회에 참석하여 문학어로서의 조선어 없이는 창작을 할 수 없다고 주장한 임화나,조선어로만 글을 써야 조선문학이 될 수 있다고 주장한 한효 등과도 다른 것이다. 김사량은 소설 속의 인물 이명식의 입을 통해서도 자신은 쇼비니시트가 아니기 때문에 일본어로 글을 써는 것에 대해서도 인정하다고 하였고 자신의 산문 「조선문화통신」에서도 이와 유사한 입장을 보여주었다. 이처럼 당시 언어 문제를 바라보는 작가들의 관점은 협력이 아니고 저항하는 작가들 내부에서도 달랐다.

그리하여 이 시기 이후 식민주의에 협력하지 않는 조선인 작가들 사이에도 언어와 관련된 문제에 있어 분명히 다른 입장이 존재하였다. 첫째는 이태준처럼 검열을 의식하더라도 끝까지 작가는 조선어로 계속 글을 써야 한다고 주장하는 경우이다. 둘째는 김사량의 경우처럼 조선의 진상을 호소하기 위해서 일본어로 작품을 써야 할 필요성이 있을 때에는 일본어로 창작하는 것이 가능하다는 주장이다. 마지막으로는 한효의 경우처럼 조선어로 창작을 하여야만 되고 그렇지 못할 때에는 침묵을 지켜야 한다는 논리이다. 이러한 입장들 사이에 조정과 토론이 더 없는 상태에서 작가들은 일제 말의 터널을 통과하였기 때문에 해방이

4 文藝春秋社가 발간한 『現地報告』 1940년 9월호에 발표.

된 후에도 이 문제가 토론의 과제로 남게 되었다.

1945년 12월 남북의 문학가들이 한 자리에 모여 조선문학가동맹을 건설하기 위한 논의를 하던 무렵 이루어진 좌담회[5]에서 이태준을 위시한 작가들은 기존의 자신의 입장을 다시한번 되풀이하고 있다. 이태준은 "나는 붓을 꺾고 침묵을 지킨 분보담은 우리 민족에게 해독을 끼치지 않을 정도로는 조선어를 한마디라도 더 써서 퍼뜨린 편이 나았다고 생각합니다"라고 말하여 일본어로 창작활동을 한 작가나 침묵을 하였던 작가를 동시에 비판하였다. 김사량은 "우리말로 쓰는 것보다도 좀 더 자유스러히 쓸 수 있지 않을까, 탄압이 덜할까 생각하고 일어로 썼다느니보다 조선의 진상 우리의 생활감정 이런 것을 리얼하게 던지고 호소한다는 높은 기개와 정열 밑에서 붓을 들었던 것이오만 지금 와서 반성해볼 때 그 내용은 여하간에 역시 하나의 오류를 범하지 않았나 생각하고 있는 것을 솔직히 고백하는 바입니다"라고 말하였다. 김사량과 마찬가지의 정황에 놓여 있었던 한설야(韓雪野)도 "일본어로 쓴 소설의 내용에 있어서는 아무런 양심의 가책이 안될지라도 일본어로 붓을 들었다는 사실에 대해서는 자기 반성을 하지 않으면 안되리라고 생각합니다"라고 김사량과 비슷한 취지의 이야기를 하였다. 한효는 "붓을 꺾고 아무 것도 안 쓴 작가는 그들에게 무언의 반항을 한 것이라고 생각합니다. 그들은 우리들에게 결코 쓰지 말라고 강압한 것이 아니고 얼마든지 쓰되 반듯이 그들의 침략전쟁을 합리화하는 내용의 작품을 쓰라고 강요했으니깐요. 그러므로 아무것도 쓰지 않았다고 하는 것은 그것

---

5 「문학자의 자기비판」, 『인민예술』, 1946.10.

이 곧 하나의 반항이었다고 볼 수 있겠지요"라고 하여 조선어로도 일본어로도 창작하기 곤란했을 때 침묵을 지킨 것을 자랑스럽게 이야기하였다. 한효와 마찬가지의 정황에 놓여 있었던 이원조(李源朝)는 "조선어로 붓을 들 여지가 없어지고 조선말로는 활약할 수가 없어서 일본어로 붓을 든 사람도 있으니까 일어로 붓을 들었다고 전부 그를 일본에 협력했다고는 말할 수 없을 줄로 생각합니다. 검열을 통과하는데도 일어를 쓰는 것이 유리하지 않을까 하고 쓴 사람도 있고 일어로 쓰느니보다는 안쓰는 것이 낫다고 해서 안들었던 분도 있는데 나로서는 차라리 붓을 안들었던 것이 옳았다고 봅니다"라고 자신의 입장을 밝히고 있다. 조선어로 창작할 경우 대면하게 되는 곤경과 일본어로 창작할 때의 굴욕을 피하기 위해서는 침묵을 해야 한다고 주장하는 것이다.

해방후의 이 좌담회를 전체적으로 훑어 볼 때 분명한 것은 일제 말에 견지하였던 입장을 거의 그대로 고수하고 있다는 점이다. 약간의 타협을 했으라도 조선어를 지켜야 한다고 믿었던 이태준과 이기영(李箕永), 필요한 경우 일본어로 창작을 할 수 있다고 믿었던 김사량과 한설야, 조선어의 난관과 일본어의 굴욕을 피하여 침묵을 하였던 한효와 이원조 이들은 일제 말에 자신의 입장을 해방 후에도 그대로 이어나가고 있다는 점이다. 물론 두 번째에 해당하는 김사량과 한설야의 경우 부분적으로 자신의 일본어 창작을 비판하고 있지만 이것은 어디까지나 절대적인 차원에서 말한 것이지 당시 다른 문인들과의 비교에서는 결코 그렇지 않은 것이다. 이는 이태준이 조선어 창작을 고수한 것을 절대화하면서 일본어로 창작을 한 것을 "민족적으로 여간 중대한 반동"이라고 비난하는 듯한 논조로 이야기하고 이원조와 한효가 자신들이 침묵 한 것을 옹호하면서 다른 작가들의 방식을 비난하자 김사량이 그 자리에서 바로 반박하는 것에서 확인할 수 있다.[6]

이처럼 복잡하게 얽혀있어 한두마디로 규정하기 어려운 당시의 식민지 조선에서의 문학언어의 현실을 제대로 읽어내기 위해서는 당시 일제의 식민주의적 언어정책과 이것에 바탕을 둔 당시의 언어적 문학적 현실을 재구성할 필요가 있다.

3. 일제의 식민주의적 언어정책

당시 한국 작가들의 문학적 대응은 일차적으로 언어정책을 비롯한 당시 일제의 식민주의적 지배 정책과의 길항 속에서 나온 것이기 때문에 당시의 언어 정책과의 깊은 상관성 속에서 해당 작가와 작품을 읽어야만 그 대응의 의미를 제대로 읽어낼 수 있다. 이에 대한 전체적인 이

---

6 "절대적인 구렁이에 빠졌으면서도 희망은 꼭 있다고 생각한 분들이 붓을 꺾은 후 그나마 문화인적 양심과 작가적 정열을 어디다 썼는가요? 여기서 문제는 전개된다고 생각합니다. 쉽사리 갈라놓자면 문화를 사랑하고 지키는 문학자와 또 그래도 싸우려고 한 문학자 이 두 갈래 그러나 일언으로 말하자면 문화인이란 최저의 저항선에서 이보퇴각 일본전진하면서도 싸우는 것이 임무라고 생각합니다. 무엇을 어떻게 썼느냐가 논의될 문제이지만 좀 힘들어지니까 또 옷 밥이 나오는 일도 아니니까 쑥 들어가 팔장을 끼고 앉았던 것이 드높은 문화인의 정신이었다고 생각하는데 나는 반대입니다. 모두 앞날의 광명은 믿었던 처지로 만약 붓을 표면에서는 꺾었으나 그래도 골방 속으로 책상을 가지고 들어가 그냥 끊임없이 창작의 붓을 들었던 이가 있다면 우리는 그 앞에 모자를 벗지 않을 수 없습니다"라고 하여 일본어로 창작한 것을 비판하는 사람들에게 반비판하였다.

해가 없을 때 자칫 과녁을 빗나가기 쉽기 때문이다.

중일전쟁 이후 일본제국주의의 언어정책 중 문학에 깊은 영향을 준 것은 역시 1938년 3월에 발표된 제3차 조선교육령이다. 조선어를 필수 과목에서 선택과목으로 바꾸어버린 이 결정은 조선어 습득을 방해하고 궁극적으로 일본어를 상용할 것을 지향하는 것이기 때문에 조선의 문학계에 직접 간접으로 큰 영향을 미쳤다. 일제가 이러한 정책을 펼친 가장 큰 동인은 지원병 제도의 도입이었다. 당시 지원병이 되기 위해서는 보통학교를 졸업하여야 하는데 보통학교에서 일본어보다 조선어를 더 많이 배워서는 제대로 된 병사를 길러낼 수 없다는 판단이다. 일본 출신 병사들과 군대생활을 함께 하고 작전을 함께 할 때 일본어 소통이 되지 않으면 큰 장애가 오기 때문이다.

일제의 식민주의 언어 정책 중에서 조선의 문학계에 가장 큰 영향을 준 것은 1942년 5월의 '국어전해운동(國語全解運動)'[7]이다. 문학계에 미친 영향만을 고려할 때 이것은 앞의 조선교육령과는 비교가 되지 않을 정도로 직접적이기 때문에 이에 대해서는 상세한 논구가 필요하다. 또한 이것은 그 동안 우리 학계에서 제대로 조명된 바 없기 때문에 다소 길지만 당시의 내용과 여파에 대해 논할 필요가 있다. 조선총독부는 1942년 5월 5일 '국어전해운동'의 구체적 실시 요강으로 '국어보급운동요강'을 발표하였다. 이 요강은 첫째로는 국어상용에 대한 정신적 지도, 둘째로는 국어를 해득하는 사람들이 해야 할 일, 셋째로는 국어를 해득하지 못하는 사람들을 위해 해야 할 일로 세분되어 있고 나아가 문화방면

7 여기서 말하는 국어는 일본어를 가리킨다.

에 대한 방책도 들어 있다. 문화방면의 방책으로는 '문학 영화 연극 음악방면에 대해서 적극적으로 국어사용을 권장할 것, 라디오 제2방송에 국어를 보다 많이 삽입할 것 그리고 조선이 신문 잡지에 국어를 더욱 많이 집어넣을 것을 구체적으로 명시하고 있다.[8] 이 요강의 주요 내용은 학생들이 학교 바깥에서도 일일일어습득운동을 펼칠 것, 애국반 등 마을 단위에서 국어강습회를 조직할 것, 모든 국민학교에 국어강습회를 조직할 것, 국어를 잘 하는 집에 대해서는 '국어의 집'이라 하여 표창을 할 것 등의 세부시행조치들을 담고 있다. 이 조치는 그 동안 학교를 중심으로 학교 내부에서만 이루어지던 일본어 강습을 학교 바깥의 사회에까지 확장하여 일본어 보급을 확산시키고자 한 것이었다.

'국어전해운동'이 이 시기에 나온 것은 우연이 아니다. 1942년 5월에 일제는 조선에서 징병제를 시행할 것이라고 발표하였기 때문이다. 1944년부터 징병제(徵兵制)를 실시하기로 하면서 일본어 습득이 중요한 문제가 되었다. 일제는 태평양 전쟁을 치르게 되면서 많은 군사인력이 필요하였고 일본인만으로는 모자라기 때문에 식민지 출신의 조선인들을 징병할 필요성을 느끼게 되었다. 그 동안 시행한 지원병 제도로만으로는 불충분하다고 판단하였던 것이다. 그런데 오랫동안 군부 내에서 검토해오던 징병제를 실시하기로 발표하면서 가장 우려했던 것 중의 하나가 바로 언어 문제였다. 조선인들이 일본 제국의 군인으로 되기 위해서는 일본어를 해야 하는데 당시 조선의 일반 민중들의 일본어 보급률은 현저하게 낮았기 때문에 이 문제를 해결하지 않고서는 징병제의 성공을 기할

8 조선총독부, 『조선』(1942년 10월호), 39~40쪽.

수 없었던 것이다. 따라서 일본 제국주의는 조선의 모든 사람들이 일본어로 사용할 수 있도록 만들기 위하여 이른바 '국어전해운동'을 실시하기로 하였던 것이다.[9]

일본어를 전 국민이 상용하는 것을 더욱 적극적으로 추진하기 위하여 만들어진 이 조치는 당시의 문학계에 직접적으로 영향을 주게 된다. 일본어와 조선어로 번갈아 가면서 나오게 되어 있던 『국민문학(國民文學)』 잡지가 갑자기 일본어로만 된 잡지로 바뀌게 된 것도 바로 이 '국어전해운동' 때문이었다. 『국민문학』은 1941년 11월 창간될 무렵에만 하여도 1월, 4월, 7월, 10월 네 번은 일본어로, 나머지 8번은 조선어로 발간될 것으로 예정되었고 실제 1942년 5~6호 합본으로 나오기 전까지만 해도 이러한 약속이 지켜졌다. 그런데 1942년 5월 '국어전해운동'이 시작되면서 모든 호가 다 일본어로 나오게 되었다. 이후 『국민문학』은 일제 말까지 줄곧 일본어 작품만 실리게 되었다. 당시 조선의 작가들의 주된 작품발표 무대였던 『국민문학』의 위상을 고려할 때 이러한 조치는 파격적인 것이라 할 수 있다. 『국민문학』이 그 이전에 나왔던 『문장(文章)』과 『인문평론(人文評論)』을 폐간하고 그 대신으로 나온 것임을 고려할 때 이 잡지가 일본어로 된 작품만 싣는다고 하는 것은 당시 조선의 작가들에게는 일본어 창작에 대한 식민지 당국의 요구를 실감케 하는 결정적 계기였을 것이

---

9 '국어전해운동'이 발표된 후 각 잡지에는 조선총독부 관계자들이 직접 이에 관한 글을 써고 있다. 『춘추』 1942년 6월호에는 총독부 정보과에 근무하고 있던 重光兌鉉이 「국어보급운동의 趣意」라는 글을 발표하였고, 『신시대』 1942년 6월호에는 총독부 소속으로 보이는 星野相河가 「국어상용의 요소」란 글을 발표하였다. 그리고 총독부잡지인 『조선』 1942년 10월호에는 총독부 경무국 소속인 廣瀨續이 「국어보급의 신단계」를 발표하였다. 이러한 일련의 움직임은 조선총독부가 '국어전해운동'을 널리 선전하기 위하여 치밀하게 분담하여 조직한 것으로 보인다.

다. 이제 조선어로 작품을 쓸 경우 유일한 문학 전문지라고 할 수 있는 『국민문학』에는 작품을 실을 수 없다는 것이고 그렇기 때문에 이 잡지에 작품을 싣고자 한다면 당연히 일본어로 작품을 써야 한다는 무언의 압력이었다. 조선총독부는 조선의 작가들이 일본어로 작품을 써야 한다는 것을 개별적으로 압력을 가한 것이 아니고 이렇게 유일한 문학지인 『국민문학』을 일본어 전용으로 하라고 압력을 넣어 관철함으로써 그러한 효과를 달성하였던 것으로 보인다. '국어보급운동요강'에서 문학 방면에 국어를 적극적으로 사용할 것을 권장하는 것의 일환으로 이렇게 『국민문학』의 일본어화가 선택되었던 것으로 보인다.

하지만 조선총독부에 의해서 주도된 '국어전해운동'은 내부적으로 심각한 모순적 상황을 겪어야 했다. 당시 조선에서 일본어의 보급률이 10퍼센트밖에 되지 않는 당시 상황에서 일본어를 상용하게 한다는 것은 결코 쉽지 않은 일이다. 구체적 조치들, 특히 각종의 일본어 강습소를 통한 일본어 보급이 현실에서 잘 이루어진다 하더라도 보급률이 급성장하는 것은 아니었다. 당시 징병제가 1944년에 실시된다고 예정되어 있었지만 그때까지 일본어 보급률이 급작스럽게 높아질 가능성은 없는 것이다. 형편이 이러한데 전황은 오히려 1943년을 넘어서면서 일본에 불리하게 진행되어갔다. 전황이 나빠지면서 일본은 더 많은 조선의 사람들을 전쟁과 후방에 동원해야 하는데 정작 동원되어야 할 사람들이 일본어를 모르고 있는 상태에서 일본어만을 고집할 수도 없는 것이었다. 더 많은 조선의 사람들을 동원하기 위해서는 그들에게 선전을 하고 그들과 교섭을 해야 하는데 정작 그들은 일본어를 모르고 있는 것이다. 따라서 일본어 보급보다 더욱 중요한 전쟁 동원을 위해서 조선어로 선전해야 할 필요성이 대두되었고 그리하여 다시 조선어 사용을 인정하고 이를 활용하는 길을 모색하게 되었던 것이다. 이러한 딜레마를 가장 잘 보여주는 것이 조선어 방송이었던 제2라디오 방송을 없앴다가 다시 복구시키는 조치였다. 조선 사람들에게 전쟁의 동원을 선전해야 하는데 조선어 방송이 아닌 일본어 방송만으로는 그들에게 다가가기 곤란하였던 것이다. 그리하여 일본 제국주의는 1943년 11월 10일 경성제2방송국을 재개하고 조선어 방송을 다시 내보내게 되었다. 이런 상황은 비단 방송에만 한정된 것은 아니었다. 당시 잡지에서도 그대로 드러나게 된다. 조선총독부는 '국어전해운동'을 실시하면서 문화 잡지 방면에서 『국민문학』을 본보기로 일본어화하였고 이는 잡지의 독자들이 일본어를 능숙하게 해독할 수 있는 사람들이기 때문에 일본어로 간행되어도 달리 문제가 될 것이 없었기 때문이다. 따라서 해방될 때까지 『국민문학』은 일본어로만 발간되었던 것이다. 하지만 당시 전문 지식인들만이 아니고 일반 지식인과 민중들을 독자로 하는 잡지들은 『국민문학』처럼 할 수는 없었다. 『조광(朝光)』, 『춘추(春秋)』, 『신시대(新時代)』와 같은 종합 잡지들을 부분적으로 일본어로 된 글을 싣기는 하였지만 잡지 전체로 보면 한글로 된 글이 대부분이었다. 그렇게 할 수밖에 없었던 것은 이 잡지의 독자들 중에는 일본어를 해독할 수 사람들이 많이 포함되어 있기 때문이다. 이들을 전쟁에 동원하여 활용하기 위해서라도 이들 잡지는 부분적으로는 일본어로 된 글이 실리지만 전체적으로는 조선어가 주를 이루게 되었던 것이다. 즉 한글로 된 글을 많이 실었던 것은 잡지를 만드는 사람들의 반식민주의적 의지에 의한 것이라기보다는 조선총독부의 대중동원의 책략에서 비롯되었다고 보아야 훨씬 그 진실에 다가갈 수 있을 것이다. 이러한 점은 당시

지식인 독자가 아니고 일반 사람들을 대상으로 한 잡지를 보면 더욱 확연하게 알 수 있다. 농민들을 대상으로 한 잡지 『半島の光』은 잡지 제호가 주는 인상과는 다르게 전쟁 종료시기까지 일체 한글로 편집되었다. 이 잡지의 마지막 면에 아동들을 위한 한 면 정도의 일본어 강습면이 있기는 하지만 그것은 잡지 전체의 구성에서 거의 무시해도 좋을 정도이다. 이 잡지가 이렇게 전쟁말기까지 한글로만 나올 수 있었던 것은 이 잡지의 독자였던 농민들이 일본어로 된 글을 읽을 수 없기 때문이다. 농민들을 후방증산에 동원하기 위해서는 그들이 모르는 일본어로 선전하여도 헛수고일 뿐이고 그들이 아는 한글로 하는 것이 실효를 얻기 때문이었다. 한글로 된 글로 전쟁 동원이 많이 나오는 것도 바로 이러한 이유 때문이다. 이러한 양상은 대중들을 상대로 하는 잡지 『야담』에도 그대로 적용된다.

4. 한국 문학가들의 대응양상

일제의 식민주의적 언어정책의 복합성을 고려하면서 당시 조선의 작가들이 보여주었던 대응방식을 검토하여 보자. 앞서도 언급하였던 것처럼 당시 조선의 비협력 작가들은 세 가지로 나누어졌다. 첫째는 일본의 검열을 부분적으로 감안하더라도 조선어로 끝까지 써야 한다는 이태준 이기영의 입장, 둘째는 검열의 문제라든가 외부세계에 조선의 진상을 호소해야 한다는 문제 등으로 하여 일본어 창작도 가능하다는 김사량, 한설야의 입장, 셋째는 조선어 글쓰기의 곤혹과 일본어 글쓰기의 굴욕을 피해가기 위해서는 침묵을 해야 한다는 이원조와 한효의 입장으로 나누어졌다. 침묵을 한 작가의 경우 그 이상의 분석이 필요없지만 일본어로 창작을 할 필요성을 이야기한 경우와 부분적 타협이 있다 하더라도 조선어로 창작을 해야 한다는 경우는 더욱 정교한 분석이 필요하다. 이들 경우에 그들의 전략이 당시 일본의 식민주의 정책을 고려할 때 얼마나 효과적인 것이었는가를 구체적으로 검토하는 일이기도 하다.

우선 조선어와 일본어 두 언어로 창작을 했던 경우를 살펴보자. 한설야와 김사량은 각각 다른 동기로 일본어로 창작을 했다. 한설야가 일본어로 창작한 동기는 검열이 주된 원인이었던 것으로 보인다. 이 점은 일제 말 그의 일본어와 조선어 창작 양상에서 확인할 수 있다. 한설야는 1939년 이후 조선어와 일본어 두 가지로 작품 활동을 하였다. 그런데 그는 이 두 가지 언어를 사용할 때 나름대로 분명한 목표를 가지고 있었던 것으로 보인다. 일본어로 된 작품은 조선어로 된 작품보다 검열을 통과하기 쉽다는 점을 이용하여 한설야는 당시 일본어 작품에서는 훨씬 심각한 주제를 다루고 있는 것이다. 그가 일본어로 발표한 작품 「피(血)」(『국민문학』, 1942.1) 「그림자(影)」(『국민문학』, 1942.11)는 '내선통혼(內鮮通婚)'의 문제를 다루고 있는데 이것은 당시로서는 가장 민감한 주제 중의 하나였다. 특히 이 두 작품에서 공통적으로 '내선통혼'이 여러 가지 이유로 하여 좌절되는 것으로 되어 있기 때문에 더욱 그러하다. 그렇기 때문에 이들 작품들은 일본어가 아닌 조선어로 발표되기는 쉽지 않았을 것임에 틀림없다. 그렇기 때문에 일제의 검열이 덜한 일본어로 작품을 발표하였던 것으로 보인다. 실제 이들 작품은 일본어로 되었기 때문에 간신히 검열의 문을 통과할 수 있었는데 당시 문학계 특히 협력을 하는 작가들 사이에는 이러한 작품이 발표된 것에 대해 불쾌감을 공개적으로 드러내었을 정도이다.

당시 일본어로 작품을 발표하는 전략과 아울러 한설야가 개발한 방법은 조선어 작품이 실리고 있던 『야담』잡지를 활용하는 것이다. 앞서 언급한 것처럼 이 잡지는 본격적인 문학 잡지가 아니고 대중적인 통속 잡지였기 때문에 태평양 전쟁 이후에도 계속하여 조선어로 만들어졌다. 일제 총독부는 대중들을 국가총동원체제에 끌어들이기 위하여 일본어를 모르는 일반 민중들을 대상으로 하는 잡지에서는 조선어로 글을 쓰는 것을 묵인하였다. 그렇기 때문에 『야담』잡지는 계속하여 조선어로 편집될 수 있었던 것이다. 그 동안 이 잡지에 전혀 관심을 갖고 있지 않았던 한설야로서는 이 억압적인 조건 속에서 자신의 뜻을 드러내기 위해서는 이 잡지를 충분히 활용하는 것이 긴요하다고 판단하여 연거푸 두 편의 단편을 발표한다. 중국에서 오래 동안 살던 조선인이 결국 자기의 고국으로 돌아온다는 것을 담은 「젖」(『야담』, 1942.11)과 자신의 종족적(민족적) 정체성을 지키기 위하여 자결한 중국의 향비 이야기를 다룬 「향비애사(香妃哀史」(『야담』, 1943.2)이다. 이 두 작품은 앞서 발표한 일본어로 된 두 편의 작품과 다르게 일본인이 등장하지 않을 뿐만 아니라 고국의 중요성도 간접적으로 환기되고 있을 뿐이다. 「젖」에서는 향수를 통하여, 「향비애사」에서는 남편에 대한 애정을 통하여 드러나고 있는 정도이다. 따라서 일본인과 조선인의 결혼이 이루어질 수 없다는 것, 당시 당국의 시책에 정면으로 반대되는 주제를 다룬 「피」나 「그림자」와는 비교가 되지 않을 정도로 우회적인 작품이다.

이런 점들을 고려할 때 한설야가 일본어로 글을 쓴 것은 일본의 검열을 의식하고 이를 넘어서고자 했던 것이 분명하다. 그런 점에서 한설야는 당시 일본의 식민주의적 언어 정책을 제대로 파악하고 이를 우회적으로 활용하는 유격술을 발휘하였던 것으로 판단된다. 물론 한설야에게서도 조선의 진상을 알려야 한다는 동기가 전혀 없었던 것은 아니겠지만 중요한 것은 검열의 문제였던 것으로 보인다.

김사량은 한설야와는 다른 동기로 일본어로 창작을 하였던 것으로 보인다. 검열의 문제이기보다는 조선의 진상을 외부에 호소해야 한다는 것이 김사량의 일본어 창작의 동기였다. 이 점은 김사량이 동일한 작품을 일본어와 조선어로 동시에 발표하는 데서 확인할 수 있다. 소설 「유치장에서 만난 사나이」(『문장』, 1941.2)는 조선어로 조선에서 발표한 작품이고 이것과 동일한 내용의 작품인 「Q伯爵」(김사량 제2 소설집인 『고향(故鄕)』에 수록)은 일본에서 일본어로 발표된 작품이다. 또한 단편소설 「지기미」(『삼천리』, 1941.4)는 조선어로 조선에서 발표한 작품이고 이것과 동일한 내용의 작품인 「蟲」(『新潮』, 1941.7)은 일본에서 일본어로 발표된 작품이다. 이러한 것은 비단 소설에 한 하지 않고 수필에도 해당한다. 수필 「밀항」은 일본어와 조선어 두 개의 언어로 발표되었다. 이러한 현상은 이 시기 다른 작가들에서는 찾아 볼 수 없는 특이한 현상으로 김사량의 일본어 창작 동기를 밝히는 관건이 되는 작품이라 할 수 있다. 김사량은 조선어로 된 「밀항」을 『문장(文章)』지 1939년 10월에 발표한다. 이어서 같은 글을 당시 일본에서 나오던 일본잡지 『문예수도(文藝首都)』 1940년 8월호에 일본어로 발표한다. 동일한 작품을 이렇게 두 개의 지역에서 두 개의 언어로 발표하는 것은 각각 다른 독자층을 염두에 두고 이들 모두에게 알려야 할 필요성을 느꼈기 때문인 것으로 보인다. 일본어로 일본의 매체에 발표할 경우 그것은 일본의 독자들을 염두에 둔 것이고, 조선어로 조선의 매체에 발표할 경우 그것은 조선의 독자를 염두에 둔 것이라고 할 수 있다. 조선의 독자에게만 알리는 것이 불충분하다고 생각하고 같은 내용을 일본에도 전하기 위하여 일본어로 창작하여 일본에서 발표하였던 것이다. 이러한 것은 김사량의 일본어 창작동기가 일본어를 해독할 수 있는 조선 이외의 독자들에게 조선의 진상을 호소하려고 하는 것에서 출발했음을 확인할 수 있다. 물론 일본어로 창작할 때와 조선어로 창작할 때의 검열상의 차이가 일정하게 작용한 것은 사실이지만[10] 이것은 부차적이다.

한설야의 경우 검열을 피하는 것이 일본어 창작의 동기라면 , 김사량의 경우에는 검열의 아닌 다른 필요성 조선의 진상을 호소해야 한다는 절실성이 일본어 창작의 동기였던 것이다. 한설야는 지식인들이 보는 잡지는 일본어로, 일반 대중들이 보는 잡지는 조선어로 작품을 써도록 하는 것 그리고 일본으로 발표될 경우 조선어로 발표될 경우보다 검열의 정도가 약하다는 일본 당국의 언어정책을 거꾸로 이용하여 민감한 주제의 작품은 일본어로, 덜 민감한 작품은 조선어로 발표하여 자신이 지향하고자 하는 것을 드러내는 실효를 거두었다. 김사량은 일제 당국이 일본어로 창작해야 한다는 것을 역이용하여 조선어로 이미 발표된 작품을 일본어로도 발표하여 일본 독자들에게 조선의 진상을 이야기하는 효과

10 밀항을 다룬 일본어로 된 작품과 조선어로 된 작품 사이에는 부분적으로 차이가 난다. 일본어로 된 경우 검열의 흔적이 덜 한 것으로 보인다.

를 거두었다. 한설야와 김사량은 당시 일제의 식민주의적 언어 정책을 충분히 파악하고 이를 충분히 활용하면서 대응했던 것으로 보인다.

일제의 검열에 의해 부분적으로 굴절이 있다 하더라도 끝까지 조선어로 작품을 써야 한다고 생각하는 작가였던 이태준과 이기영은 보기에 따라서는 일제에 협력한 것으로 볼 수도 있다. 이태준의 경우 「별은 창마다」를 비롯하여 일제 말의 작품들 속에서 부분적으로 신체제에 호응하는 듯한 인상을 주는 대목이 발견되기 때문이다.[11] 하지만 이태준은 개인을 강조하면서 세계를 해석만 하던 기존의 관조적인 자신의 입장에서 집단을 강조하면서 세계를 개조하는 실천적 입장으로 바뀌면서 자신의 이러한 생각을 강조하기 위하여 작품을 썼고 그 과정에서 전체를 강조하는 일제 당국의 신체제론과 부합되는 결과를 부분적으로 야기한 것으로 보아야 할 것이다. 그런 점이 존재하기 때문에 검열관은 조선어로 된 이 작품들을 내보낼 수 있었던 것으로 보인다.

이기영의 경우 생산소설적 측면을 강하게 띤 일제 말의 작품들 『생명선(生命線)』(1942), 『동천홍(東天紅』(1942), 『광산촌(鑛山村)』(1943), 『처녀지(處女地)』(1944)를 일제에 협력한 것으로 볼 수도 있을 것이다. 이기영은 프로문학 그 중에서도 농민문학을 주로 창작하여 왔기 때문에 인간이 자연을 개조하여 생산력을 높이는 문제에 대하여 깊은 관심을 가지고 있었고 이것의 연장선에서 생산소설을 여러 편 창작하였다. 이 생산소설에서 그는

11 이태준의 경우 일제 말에 일본어로 된 작품 「제1호 선박의 삽화」라는 작품을 발표하였기 때문에 일관된 자신의 입장을 견지못하였다고 볼 수도 있다. 하지만 일본어 작품이 이 한편에 지나지 않는다는 것 그리고 이 한 편의 일본어 작품이 실제 이태준 자신에 의해 직접 창작된 것인가에 대한 의문 등으로 하여 이태준 자신의 일관된 입장은 지속되었다고 보는 것이 좋을 것 같다.

자신의 기본 입장을 계속 드러내기 위하여 작품을 썼고 그 과정에서 생산 증산을 강조하던 일제 당국의 신체제론과 부분적으로 부합되는 결과를 빚어낸 것으로 보아야 할 것이다.

이 두 작가의 경우 '내선일체의 황민화'라든가, '대동아공영권의 전쟁 동원'을 선동하는 그러한 작품들을 창작하지 않았다는 점에서 협력이라고 할 수 없을 것이다. 오히려 이들은 조선어로 작품을 썼기 때문에 일본어로 작품을 써는 경우와 달리 일제의 검열을 더욱 심하게 직접적으로 받아야 하는 상황이기 때문에 자신의 생각을 그대로 이야기할 수 없고 그러기 때문에 자신의 생각을 굴절시켜 표현할 수밖에 없는 처지가 아니었는가 하는 것으로 보는 것이 타당할 것 같다. 그 과정에서 부분적으로 일제의 시책이 튀어나오는 것으로 보아야 옳을 것이다.

중일전쟁 이후 일제의 식민주의적 언어정책과 이에 대한 한국 작가들의 대응양상을 살펴보았다. 향후 대만, 중국의 동북지역, 그리고 관내 지역의 문학과의 비교 연구가 이루어지면 한층 그 의미가 뚜렷히 드러날 수 있을 것으로 보인다.

김동리와 조선적인 것

일제 말 김동리 문학사상의 형성 구조와 성격에 대하여

한수영

1. 대항보편성(counter-universality)으로서의 '조선적인 것'

김동리는 만년의 한 수필에서 「무녀도」를 쓸 당시를 회고하며, "나는 우리 민족의 얼을 영원히 온 세계에 남겨야 하겠다고 생각했다. 그러기 위해서는 한국 고유의 가장 핵심적인 얼이 무엇인가를 찾아내어 그것을 문학적으로 형상화시켜야 하겠다고 생각했다. 기독교, 유교, 불교가 들어오기 이전 한국의 가장 중심적인 얼은 무엇이던가? 여기서 나는 샤머니즘과 만나게 된다"[1]고 말했다. 작가 자신의 이러한 회고에 비추어 보자면, 김동리 문학에 관한 가장 전통적인 평가, 즉 '무속신앙'이나 '화랑도'를 바탕으로 '토속적이고 전통적인 한국인의 원형적 삶을 가장 잘 형상화한 민족주의 작가'라는 평가가 크게 어긋난 것이 아님을 짐작할 수 있다. 그러나, 자신의 문학관을 대화 형식으로 풀어낸 또 다른 글에서, 김동리는 이런 평가에 대해 강한 불만을 나타내면서, 등단 무렵부터 자신의 문학이 훨씬 더 큰 기획을 밑자락에 깔고 있었음을 토로한다.

> 그러니까 일제 시대나 해방 이후나 일부 평론가들이 나의 「무녀도」, 「황토기」 따위 작품을 두고, 일제의 정책에 반항하기 위하여 민족을 찾는다, 민족의 고유한 것을 찾는다 하여 그 방법으로 그러한 샤머니즘이나 토속 세계를 파헤치게 되었다고 본다면 그것은 너무나 단순하고 피상적인 관찰이 아닐까? 물론 나의 다른 작품들과의 관계에서 볼 때 이러한 샤머니즘이나 토속이 그러한 일면의 의의를 띠고 있는 것도 사실이지만 그것은 어디까지나 부차적인 것이라고 보네. 나는 나대로 서양 사람들의 근대 문학 내지 현대 문학의 결론에서 출발하여 미래의 문학을 시도한 셈일세. 새로운 신의 성격을 찾고 새로운 인간의 구경을 탐구하는 문

1 김동리, 「내 문학의 자화상」, 『꽃과 소녀와 달과』, 제삼기획, 1994, 23쪽. 비슷한 내용의 발언이 여러 차례 반복되었다. 거의 유사하지만, 약간 다른 형태의 다음과 같은 발언도 있다. "'동양적'을 한국에서 찾자. 한국의 고유한 '넋'이나 '얼'은 무엇인가? 한인의 유교나 인도의 불교에 해당될 만한 한국 고유의 정신적 바탕은 무엇일까?" 김동리, 「창작의 과정과 방법－'무녀도'편」(『신문예』, 1958.11), 「무속과 나의 문학」(『월간문학』, 1978.8)에서도 같은 내용이 나온다. 본고에서는 자신의 문학을 최종 정리하는 말년의 발언이라는 점에서 「내 문학의 자화상」의 글을 인용한다. 『꽃과 소녀와 달과』는 1994년에 발간되었지만, 서영은은 원고가 김동리 자신에 의해 수합・정리된 것이 1989년이었다고 '후기'에서 밝히고 있다. 인용문은 그의 문학사상의 등록상표라고 할 수 있는 '순수문학론'이라는 기호의 '기의'가 대부분 '조선적인 것'을 중심으로 형성되고 있음을 보여준다.

학으로서, 시각을 동양으로 돌리고, 동양 하고도 한국으로 돌려서 손댄 게 샤머니즘과 토속과 불교, 그런 것이 되었다네.(밑줄 강조—인용자)[2]

이러한 발언에서 확인되는 중요한 사실 하나를 눈여겨 볼 필요가 있다. 김동리가 등단할 무렵부터 탐구했던 '한국 고유의 핵심적인 얼', 당대의 언어로 옮기자면 '조선적인 것'은, 하나의 '고유성'으로서 '민족' 내부로 환원되는 '특수성'에 머무는 것이 아니라, 서구(의 근대문학)가 봉착한 한계지점으로부터 새로운 돌파구를 여는 또다른 '보편성'으로 설정되어 있었다는 사실이다. 해방 전에 제출된 자신의 문학론에 대한 해방 이후의 설명이라는 점에서 일정한 '시차'가 존재하고, 사후에 확대하거나 보완되었을 가능성을 감안할 필요가 있지만, 김동리 문학을 관류하고 있는 일관된 흐름을 생각할 때, 그 자신이 등단 무렵부터 지니고 있던 최초의 문학적 기획이 해방 후의 발언과 크게 어긋난 것이라고는 생각되지 않는다. 예컨대 다음과 같은 글에서 생략된 '이유'에 해당하는 것이 해방 이후의 발언들이라고 볼 수도 있을 것이다. ,

모화나 태평이들이 이 시대 이 현실에 대하여 별반 의의를 가지지 못함은 내 자신 잘 알고 있으나, 그러나 인간이 개성과 생명의 구경을 추구하여 영원히 넘겨보군 할 그러한 한 개의 길이라고 나는 믿는 것이다. 끝으로 나의 작품 세계에 가끔 민속을 도입함에 대해서는 또 이밖에 나대로 다른 이유가 있으나 그것은 생략한다.(밑줄 강조—인용자)[3]

---

2 김동리, 「나의 문학을 말한다」, 앞의 책, 81쪽.

3 김동리, 「신세대의 정신—문단 '신생면'의 성격, 사명, 기타」, 『문장』, 1940.5, 92쪽. 원문

그런 점에서, 이 글은 김동리가 일제 말에 '조선적인 것'을 민족 내부로 환원되는 '특수성'이 아니라, 서양(의 근대)을 넘어서는 일종의 '대항보편성'으로 제시하고자 했음에 주목하고, 그러한 담론이 당대 전통담론의 논의구조에서 차지하는 위치와 그 인식론적 성격의 일단(一端)을 살펴보기 위해 쓴다.

그런데, 허두의 인용문에 등장하는 '한국', '한국 고유의 얼', '서양', '동양', '근대' 등은 경험적인 실재가 아니라 전부 일종의 '표상'들이다. 표상의 성립에는 기본적으로 두 가지의 기제가 작동되어야 한다. 우선 어떤 표상도 관계를 전제하지 않고 그 자체 독단적으로 존재할 수 없다는 것.[4] 동시에 표상은 표상의 대상에 대해 균질화된 동일성을 상상함으로써만 가능해진다는 사실이다. 김동리의 이 회고에 등장하는 표상들은, 실제로 우리가 경험할 수 있거나 개념적 실재로 포착할 수 있는 것들이 아니기 때문에, 표상이 실제로 그것이 가리키는 바의 내용으로 환원될 수 있는지, 혹은 환원된다면 표상과 내용은 일치하는지에 관해 어떤 기준도 마련할 수가 없다. 그보다 더 중요한 것은, 각각의 표상들은 이항대립의 구조 속에서 의미의 공간을 얻게 된다는 점이다. 예컨대, '한국' '동양' '서양' 등은 각각 지리적인 구체적 구획을 뜻하는 것이 아니라, '한국 / 동양', '동양 / 서양', 혹은 '한국 / 서양'과 같은 이항대립을 통해 서로가 서로를 구속하고 규제하는 관계 속에서 의미를 확보하게 되며, 이 이항대립은 공간적 구획이라기보다는 '근대'와 맞물리면서

의 한자 중 상당부분은 인용자가 한글로 표기했다.

4 니체의 『권력의지』에 등장하는 문장이다. 여기서는 고병권, 『니체—천 개의 눈, 천 개의 길』(소명출판, 2004), 159쪽에 정리된 내용을 빌려왔다.

오히려 시간적으로 구성되어 있다. 다시 말하면, 서양은 발전을, 동양이나 한국은 낙후나 퇴보를 표상한다. 따라서 이 구도는 당연히 비대칭적이고 권력적인 형태를 띤다.

이러한 표상들이 이항대립 구조 안에서 상호규제적으로 의미를 형성한다는 사실을, 김동리가 얼마나 의식하고 있었는가를 묻는 일도 중요하지만, 그에 앞서 우리의 궁금증을 유발시키는 것은, 김동리가 과연 어떤 위치에서 누구를 향해 표상형식에 기반한 이러한 문학적 포부와 의지를 나타내고 있었는가 하는 점이다. 예컨대 「무녀도」를 쓸 당시의 김동리는 '조선인 / 근대'의 위치에 있었던 것일까? 「무녀도」가 그의 의지대로 '조선적인 것'을 환유한다면, 그것은 '조선인'을 향한 것일까, '비조선인(서양인, 혹은 일본인)'을 향한 것일까? 혹은 그의 소망대로 '조선적인 것'이 '대항보편성'이 되어야 한다면, '동양적인 것'과는 어떤 관계에 놓이는 것인가?

이런 질문들은, 김동리의 '조선적인 것'을 서둘러 정치적 결과에 회부하는 일, 예컨대 그의 문학(론)을 두고 '친일 / 반일'을 따지거나, '전통론'이나 '동양론'이라는 당대의 담론 체계 안으로 포섭하여 일반화하는 작업보다도 좀더 근본적인 것이라고 생각한다.

하나의 문학사상으로서 지녀야 할 논리적 정치(精緻)함에 대한 질문을 일단 미루어 두고, 김동리의 이러한 포부와 희망이 그의 문학(론) 내부에서 최소한의 내적 일관성을 지닌 것이라고 추인한다면, '김동리와 조선적인 것' 혹은 '김동리의 조선적인 것'에 관해 기존에 제출된 몇 가지 해석과 평가는 다시 생각해 볼 필요가 있다.

김동리의 문학론을 여전히 '민족주의'의 자장 안에 배치해 두기를 원하는 쪽에서는 결코 동의하기 어렵겠지만, 김동리의 주장대로, 그의 문학론이 초기부터 '민족' 단위의 '자기동일성' 확보의 근거와 수단이 아니라, 서구의 근대에 맞서는 새로운 담론[5]으로서의 '보편성'을 지향하는 것이었음을 인정하는 순간, 일제 말 제국주의의 '동아시아론'[6]에 조응하고, 그 헤게모니에 편승한 논리의 하나였다는 사실을 부정하기는 어렵다. 홍기돈은 '근대 이후'를 지향한다는 점에서, 김동리의 '선(仙)의 이념'이 일제의 신체제론과 같은 방향으로 나아가는 것처럼 보일는지 모르지만, '그러나 이념의 중심에 선(仙)을 두는가 천황을 두는가는 아주 다른 것'이고 이것이 결정적으로 '친일인가 반일인가를 가르는' 중요한 기준이라고 주장한다.[7] 김동리를 굳건히 '민족주의'의 프리즘을 통해 이해하려는 이러한 입장은, 근본적으로 식민지 문학담론을 여전히 '친일 / 반일'의

5　김동리의 문학론을 한국 근대문학사상 초유의 '반근대적 기획'으로 적극 재평가한 것은 김윤식이었다. 그는 김동리의 '반근대적 기획'을 조연현 · 서정주로 이어지는 이른바 '문협 정통파'의 문학이론으로 범주화한다. 그가 파악하는 김동리 문학의 핵심은 '구경적 삶의 형식'이라는 명제로 압축되는데, 이 '구경적 삶의 형식'으로서의 문학이 파탄에 이른 '근대 세계'와 그것의 예술적인 반영인 '근대문학'을 넘어서서, 새로운 지평으로 나아갈 수 있다는 것으로 요약된다. 김동리에 대한 김윤식의 연구는 『한국 근대문학사상사 연구2－문협정통파의 사상구조』(아세아문화사, 1994) 및 『김동리와 그의 시대』(민음사, 1995), 『미당의 어법과 김동리의 문법』(서울대 출판부, 2002) 등으로 계속 연결된다.

6　19세기 후반부터 20세기 전반까지에 걸친 일본의 '동아시아론'을 지칭하는 '기표'는 매우 다양하다. 아시아주의, 동아론, 동양론, 동양 담론, 대동아론 등이 그것이며, 각각의 명칭에 대응하는 내용도 용어와 담론의 등장시기와 세부 명칭(예컨대, '동아신질서', '동아협동체론', '동아연맹론' 등)에 따라 다르다. 이 글에서는 일괄해서 '동아시아론'으로 표기하기로 한다. 일본의 '동아시아론'의 역사에 관해서는 竹內好, 『일본과 아시아』(서광덕 · 백지운 역, 소명출판, 2004) 및 윤건차, 『한일 근대사상의 교착』(이지원 역, 문화과학사, 2003)을 참조.

7　홍기돈, 「김동리 문학을 이해하기 위한 몇 가지 코드－'무녀도'를 중심으로」, 『작가세계』, 2005년 겨울, 64~65쪽. 동일한 주장이 실린 글로 「仙의 이념과 근대초극 논리의 민족적 설정－김동리 반일의식의 사상적 근거에 대하여」, 『어문론집』 33집, 중앙어문학회, 2005.6을 참조.

이분법적 구도 안에서만 읽고 있다는 점에서 단순함을 면하기 어렵다. 이러한 논리가 지닌 기본적인 문제점은, '근대'와 '근대 이후'가 '민족주의'와 어떤 지점에서 접속하거나 길항하는가를 조밀하게 검토하려 하지 않는다는 것이며, 제국주의의 헤게모니 담론에 대응하는 식민지 주체의 담론이 오로지 흡수와 동의로만 나타나거나, 제국의 담론이 지닌 그 자체의 균열과 모순을 역이용하려는 시도가 반드시 '친일'이나 '협력'으로 귀결되는 것은 아니라는 점을 깊이 고려하지 않는 것이다.

이와는 달리, 김동리의 문학론을 당대의 지배 이데올로기이자 헤게모니론으로 제출된 '동아시아론'의 직접적인 영향 아래 형성된 것으로 보려는 관점[8]이 대두되었으며, 이것이 '전통론'과 관련된 최근의 김동리 해석의 주된 흐름을 이루고 있다. 이 관점은, 김동리의 '반근대론'이 동시대의 일본의 '반근대론'과 인식론적으로 동형 구조를 이루고 있고 그 영향 아래에서 형성된 것이므로 전혀 새로운 것이 아니라는 점[9]을 전제하고 있으며, 논자에 따라서는 전전(戰前) 일본의 반근대론이 종국에 천황제 파시즘 국가로서의 '일본'을 용인하는 체제 이데올로기로 전

---

8 김동리의 전통론을 일본발(發) 동아시아론과 그에 대응하는 조선 지식인들의 논리 사이에 구축된 담론 환경을 배경으로 하고 있다는 전제 하에 검토한 최근의 논의는 김예림, 『1930년대 후반 근대인식의 틀과 미의식』(소명출판, 2004)을 참조. 김동리와 제국의 지식권력이 서로 다른 목적으로 '무속'에 주목했으나 결국에는 동일한 결론에 이르렀다고 본 신정숙의 논문도 흥미롭다. 신정숙, 「식민지 무속담론과 문학의 변증법」(국제한국문학문화학회, 『사이』 제4호, 2008.5) 참조.

9 김건우, 「김동리의 해방기 평론과 쿄토학파의 철학」, 『민족문학사연구』(통권 37호), 2008. 이 글에서 김건우는 일찍이 김동리의 창작방법을 일본의 九鬼周造와의 연관 하에 검토했던 김윤식의 논리를 더욱 적극적으로 밀고 나가, 김동리의 '순수문학론'을 둘러싼 세계관적 기반이 교토학파의 태두인 西田幾多郎의 존재론으로부터 빌려온 것이라고 주장한다. 해방 이후의 평론이 검토대상이긴 하지만, 김동리의 문학론이 해방전과 후를 넘나들고 있어서, 이러한 해석은 해방전의 김동리까지 확장될 수 있다고 본다.

락했듯이, 김동리의 문학론은 파시즘을 내장한 전통회귀론이라는 부정적 평가를 내리기도 한다.[10]

김동리의 '조선적인 것' 혹은 '전통론'을 이해하기 위해서는, 당대 담론의 콘텍스트를 통해 재구성해야 하며, 이러한 담론적 환경의 직·간접적 영향 아래에서 형성된 것이 김동리의 문학론이라는 시각에 대해 나는 기본적으로 동의하고 있다. 다만 이러한 평가나 규정만으로는 김동리 문학론이 지닌 개성(동시대의 유형적 유사성을 지닌 다른 담론들과의 '차이'를 뜻하는 것이고, 반드시 긍정적인 의미로 사용한 것은 아니다), 그리고 그 논리구조 내부에 잠재되어 있는 결락과 단층, 혹은 은폐되거나 증폭되는 이데올로기적 욕망을 충분히 읽어내기는 어렵다고 생각한다.

사상사의 맥락에서 보자면, '조선적인 것'을 매개로 한 김동리의 문학론은, '근대의 내부'에서 '근대의 바깥' 혹은 '근대의 극복'을 사유했던 무수한 시도의 하나에 속하는 것이며, 그러한 시도는 지금도 여러 가지 변종을 양산하면서 계속되고 있다. 그런 점에서, 김동리의 문학론을 비롯해, 일제 말 이른바 '전통론'이라는 담론장을 통해 제기된 많은 논의들이, '근대초극론'의 진원지인 일본 제국주의의 몰락을 거대한 '무덤'으로 삼아 일시에 종언을 고하는 것으로, 다시 말하자면 일본발 '동양담론'에 흡수·통합됨으로 말미암아 '탈근대'담론으로서의 유효성을

10 김철, 「김동리와 파시즘—'황토기'를 중심으로」, 『국문학을 넘어서』, 국학자료원, 2000. 김철은 김동리의 문학을 '근대성의 극단' 혹은 '초근대(超近代)', '울트라모더니티(ultra-modernity)'로 해석한다. 그는 김동리의 소설(또는 문학론)을 설화적 세계를 배경으로 한 퇴행적 복고주의나 전근대주의로 해석하는 방식, 또는 그 서사전략의 표면적 의미에 함몰해 '탈근대' 내지는 '반근대'로 해석하는 방식 둘 다를 부정하면서, 김동리야말로 근대성의 극단적 자기 확장의 욕망을 드러내는 '파시즘'적 산물이라고 본다.

상실하고 '제국발(發)' 헤게모니론에 동의하는 결과로 전락하고 말았던 것이라고 간단히 부정하는 것으로는 충분하지 않다.

이 글은, 우선 일제 말 김동리 문학론에서 '조선적인 것'이 하나의 표상으로 형성되는 인식론적 과정을 재구성하고, 그의 문학론에 빈출(頻出)하는 이러한 표상들의 이항대립 구조 내부에서 '조선적인 것'이라는 담론이 어떤 전략적 기반 위에 서있었던 것인가를 검토해 보기 위한 것이다. 그리고, 이를 통해 김동리의 문학론이 지닌 당대 전통담론에서의 개성, 그리고 그 의의와 한계를 비판적으로 검토해 보고자 한다.

2. '조선적인 것'의 형성과정과 이중구조 — 「불우선생」과 「화랑의 후예」의 거리

앞 절에서 잠시 살펴 보았듯이, 김동리는 '샤머니즘'을 통해 '조선적인 것'을 창출하는 과정에서 이중의 과제를 자신의 문학론에 부여하고 있었다. 엄밀하게 보자면, 그 두 개의 과제는 하나의 목적, 즉 김동리식 표현에 따르자면 '결론에 도달한 서양 근대'의 대안으로 기여하기를 소망한 것이지만, 이러한 목적에 이르기 위해서는, 전제되지 않으면 안되는 선행조건이 있었다. 그것은 '조선적인 것이 곧 동양적인 것'을 표상할 뿐 아니라, '조선적인 것'이 '동양적인 것'의 대표성을 띠어야만 하는 문제였다. '조선적인 것이 곧 동양적인 것'이기만 하면, 바로 '일본=동양'이라는 도식 아래 전개되고 있던, 일본의 동양담론을 넘어서기 어렵기 때문이었다. '조선적인 것'이 곧 '동양을 대표하는 것'이고, 이를 통해 '서양 / 근대'라는 보편성에 대응하는 일종의 '대항보편성(counter-universality)'을 설정하고자 한 것이 일제 말 김동리 문학론이 지닌 개성의 핵심이다.[11]

당대에 이미 다양한 전통담론들이 제기되었으며, 이들 중에는 위기에 봉착한 '서구 / 근대'라는 기존의 '보편성'에 맞서, '동양' 혹은 '아시아'의 사유와 문화가 그 대안적 보편성이 될 수 있다는 것에 공감한 논자들이 상당수 있었다. 그러한 논자들 중에서는 '조선적인 것'의 특수성이 '동양적인 것'이라는 대항보편성의 한 구성인자가 될 수 있다는 점을 강조한 경우도 많았다. 그러나, 김동리처럼 '샤머니즘'에 입각한 '조선적인 것'이 다른 모든 '동양적 가치'를 넘어서서 '대항 보편성'의 세계관적 기반이 되어야 한다고 주장한 논자는 없었다. 샤머니즘이 '조선적인 것'의 고유성, 혹은 특수성을 표상하는 인자(곧 특수자)가 아니라, 곧바로 '보편자' 그 자체로 설정되는 방식이다. 이러한 논리적 비약이 지닌 문제점은 그것대로 다시 검토해 보아야 할 사안이거니와, 그보다 먼저 우리의 관심을 끄는 것은, '조선적 고유성'을 확보하기 위한 김동리의 '전술적 타자화' 과정이다. 여기서의 '전술적 타자화'란, 샤머니즘을 '조선적인 것'의 대표성이자 곧 새로운 '보편자'로 만들기 위해, 그가 당대에 제출된 전통론이나 또다른 '조선적인 것'을 지우거나 배제하는 과정을 말한다. 즉, 그가 생각한 '조선적인 것'이 다른 논자들의 '조선적인 것'과

---

11 신정숙도 앞의 논문에서 이러한 점이 당대 전통담론의 영역 안에서 김동리 문학론이 지닌 독특한 지점이라는 점을 지적했다. 다만, 그는 '무속'을 매개로 '조선=동양'이라는 확장된 논리의 모순에 주로 논점을 맞추고 있어서, '조선적인 것'이 '동양적인 것'으로의 단순한 확장이 아니라, '동양적인 것'의 '대표성'으로 설정하고자 한 김동리의 기획과 그 인식론적 기반에 관심을 두고 있는 이 글의 논점과는 다르다.

구별되는 지점이라고 할 수 있다.

이를 규명하기 위해, 우선 이태준의 당대의 평판작 「불우선생」(1932)과 김동리의 등단작 「화랑의 후예」(1935)를 다소 조밀하게 대조해 읽어 보고자 한다. 주지하다시피, 일제 말의 '조선적인 것'에 관한 논의에서 잡지 『문장』과 그 중심 성원이었던 정지용, 이병기, 이태준 등이 차지하는 의미와 역할은 각별하다.[12] 특히 이 그룹의 핵심 멤버이자, 잡지의 주간을 맡고 있던 이태준의 '상고취향'은 '전통론'에서도 당당히 하나의 계보를 형성할 만한 것이었다.[13] 『문장』은 1930년대 중반의 조선학 운동의 연장선상에서 고전의 발굴과 재해석, 전통 장르의 부흥, 조선어 문장의 규범화 등에 앞장섰던 문화운동의 선도적 매체였다. 이러한 『문장』그룹의 전통지향과 김동리의 그것이 어느 지점에서 겹치고 나누어지는가를 살펴보는 것은 김동리의 '조선적인 것'의 형성과정을 이해하는 데 의미 있는 시사점을 던져 준다.

김동리의 소설 등단작인 「화랑의 후예」는 『조선중앙일보』의 1935년

---

12 『문장』의 전통론을 검토한 대표적인 연구로 황종연, 「한국문학의 근대와 반근대」(동국대 박사논문, 1991)와 한형구, 「일제 말기 세대 미의식에 관한 연구」(서울대 박사논문, 1992) 등을 위시해서, 최근의 차승기, 「1930년대 후반 전통론연구—시간 / 공간의식을 중심으로」(연세대 박사논문, 2002)와 이를 수정・보완해서 단행본으로 출간한 『반근대적 상상력의 임계들—식민지 조선 담론장에서의 전통・세계・주체』(푸른역사, 2009), 김예림, 『1930년대 후반 근대인식의 틀과 미의식』(소명출판, 2004), 정종현, 「식민지 후반기(1937~45) 한국문학에 나타난 동양론 연구」(동국대 박사논문, 2005) 등이 있다. 『민족문학사연구』 제31집(2006.8)이 특집으로 마련한 '일제하 '조선적인 것'의 기원과 형성'에 실린 논문들, 그 중에서도 조현일의 「「문장」파 이후의 문학에 나타난 조선적인 것—김동리의 '비극적인 것'을 중심으로」의 성과도 주목할 만하다.

13 이태준의 '전통론'에 관해서는 특히 차승기, 앞의 책과 배개화, 『한국문학의 탈식민적 주체성—이식문학론을 넘어』(창비, 2009)를 참조. 특히, 배개화는 '민족주의의 자기동일성'에 함몰되지도 않고, 제국주의의 헤게모니담론에도 동화되지 않은 '전통론'과 '조선학'의 가능성을 김태준과 임화, 그리고 『문장』파를 통해 확인하고자 시도한다.

도 신춘문예 당선작이었다. 그 전 해인 1934년 『조선일보』에 시 「백로」가 입선되면서 등단했지만, 중앙문단으로부터 별다른 반응이 없자 절치부심하여 새로 응모한 것이 「화랑의 후예」였다. 이 소설은 시골 문학 청년이었던 김동리의 존재를 서울 문단에 다시 부각시키는 영예로운 것이기도 했지만, 그에게 이태준의 에피고넨이라는 딱지를 붙여 준 불명예의 계기이기도 했다. 「화랑의 후예」가 이태준의 「불우선생」 냄새가 난다고 지적한 것은 박태원이었다.[14] 김동리는 후일 자서전 성격의 글에서 이때의 불쾌감을 다음과 같이 토로한다.

> 「화랑의 후예」가 당선되었을 때, 심사원이던 김동인씨로부터는 격찬에 가까운 말을 들었지만, 그달 월평에서는 박태원으로부터 이태준의 「불우선생」 냄새가 난다는 말을 들었던 것이다. 물론 박태원도 칭찬을 한 끝에 '다만……' 하고 덧붙인 말이긴 하지만, 잔뜩 코가 높아져 있던 나로서는 여간 화가 나지 않았다. 문체나 주제의 문제 같으면 모르지만, 소재의 공통점을 가지고 신인의 작품에 흠을 붙일 까닭이 무어란 말이냐 하는 불만도 있었지만, 하여간 그러한 불만이 제삼자의 솔직한 고백이라면 소재면에서부터 전인미답의 새로운 경지를 개척해 보이리라.[15]

'조선적인 것'을 대상화하는 방식에서 볼 때, 박태원의 '이태준의 에

14 박태원, 「신춘작품을 중심으로 작가, 작품 개관」, 『조선중앙일보』, 1935.2.13. "이 작품을 읽으면서 이태준씨의 「불우선생」의 냄새를 맡게 되는데 그 '냄새'가 결코 불쾌하지 않습니다."

15 김동리, 「自傳記」, 『김동리대표작선집』 6, 삼성출판사, 1967, 402쪽. 이 내용은 그의 사후 발간된 『나를 찾아서』(『김동리문학전집』 8, 민음사, 1997), 142쪽에서도 약간의 내용을 달리하여 반복 진술되고 있다.

피고넨'이라는 규정이나 그에 승복하지 못하는 김동리의 반발은 중요한 의미를 지닌다. 대부분의 김동리 연구는 '(그렇다면) 소재면에서부터 전인미답의 새로운 경지를 개척하리라'는 김동리의 의지를 문면 그대로 받아들이고, 그 이후에 발표된 「바위」, 「무녀도」, 「황토기」의 계열들로부터 김동리 문학의 고유성을 인정한다.[16] 그러나, 「화랑의 후예」를 「불우선생」과 대조하며 다시 읽어보면 표면의 유사함과는 달리 박태원의 평가에 김동리가 승복할 수 없었던 나름의 미적, 논리적 근거들이 존재하고 있음을 발견할 수 있다. 그리고, 이것은 김동리의 '조선적인 것'에 대한 인식이 이태준의 그것과 어떻게 다른 것인가를 이해할 수 있는 중요한 근거를 제공해 준다.

「불우선생」과 「화랑의 후예」의 가장 큰 차이는, 두 소설의 화자인 '나(혹은 우리)'가 묘사의 대상이자 주인공인 '송선생'과 '황진사'에 대해 유지하는 '태도'와 '거리'에서 비롯된다. 그리고 이것은 곧 '전통'이나 '조선적인 것'에 대한 심미적 거리나 태도와 연결된다. 우선 「불우선생」의 주인공인 '송선생'은 같은 여관에 기거하는 '나(우리)'의 존경의 대상으로 설정되어 있다는 점에서, 환멸의 대상인 「화랑의 후예」의 '황진사'와 뚜렷이 구별된다. '송선생'은 가난하고 남루하여 굶기를 밥 먹듯이 하며 여관에서 무전취식하고 있는 사람이지만, 도연명의 「어부사(漁夫詞)」를 암송할 만큼 고전에 해박하다. 고전에 관한 송선생의 박람강기에 "우

---

16 조현일, 앞의 글, 97쪽. 전반적으로 김동리의 미학적 기반이 『문장』 그룹과는 뚜렷이 구별되는 것이라는 점을 정확히 밝히고 있다는 점에서 주목할 만한 '김동리론'의 하나이지만, 그럼에도 「화랑의 후예」에 그런 중요한 단초가 내재해 있다는 사실에 주목하지 않고, "이태준의 「불우선생」의 세계에서 벗어나지 못하고 있다"고 평가한다.

리는 무조건하고 글소리만에 그에게 경의를 느끼었다"[17]고 고백할 정도로 급속한 호감을 느끼게 된다.

송선생의 행적과 행색에 더러 우스꽝스러운 대목이 없지 않지만, 소설 전반에 걸쳐 화자인 '나'가 유지하고 있는 '태도'는 '경의'에서 크게 벗어나지 않는다. 정서적으로 '나'는 송선생에 대해 연민과 동정심을 느낀다. 그러나, 그것이 '태도'의 주조(主調)가 아님은 소설의 말미에 재확인된다. 거리에서 우연히 송선생과 마주친 '나'는 허기를 호소하는 그를 위해 청요리집에 들어간다. 그리고 전차에 부딪혀 죽다 살아난 그의 얘기를 듣는다.

> "아무튼 불행중 다행이십니다."
>
> "욕이죠. 이렇게 살아나서 이선생을 또 만나는 건 반가워도 이렇게 신세지는게 다 욕이 안요?"
>
> "원 별말씀을……"
>
> 음식이 올라왔다. 나는 백알병을 들어 그의 잔을 가득히 부었다.
>
> "네……그런데 요즘 일중문제가 꽤 주의를 끌지요?"한다.
>
> "글세요 저는 그런 방면엔 문외한이올시다." 하니
>
> "그럴 리가 있소. 저렇게 발발한 청년시기에…… 요즘 극동풍운이 맹랑해지거든……."
>
> 하는 데는 불우선생은 돌연히 지난 여름 의신여관에서 보던 때와 같이 형형(炯炯)한 정렬에 눈이 빛나기 시작하였다. 그리고 그는 나의 음식을 먹으면서도 나를

17 이태준, 「불우선생」(이태준 단편집 『달밤』, 한성도서, 1934), 6쪽.

자기가 먹이는 듯 무엇인지 나를 압박하는 것이 있었다. (밑줄 강조–인용자)[18]

「불우선생」은 무엇보다도 강한 자의식의 소유자다. 구슬픈 목소리로 '도연명'을 암송하고 일본과 중국을 비롯한 동양 정세에 훤한 박람강기의 소유자이면서도 그것의 소용과 무용함을 이미 간파하고 있다. 천석꾼이었다는 화려한 과거에 사로잡힌 '시대착오자'가 아니라, 현재의 자신의 처지와 조건을 누구보다도 냉철하게 꿰뚫고 있다. 더구나 끼니도 해결하지 못하면서 극동의 정세를 논하는 그의 자세가 희화적으로 그려진 것이 아니라, 송선생에 비해 한참이나 젊은 '나'가 그런 국제정세에 무관심한 것을 '송선생'의 시각을 빌려 비판적으로 묘사하기까지 한다. 그러므로, 그의 남루와 걸식은 결코 비굴한 느낌을 주는 것이 아니라 '나'에게 '나의 음식을 먹으면서도 자기가 먹이는 듯한 압박감'을 주는 것이다. 송선생에 대한 화자의 이런 태도는 이태준이 유지하는 '전통' 혹은 '과거'에 대한 그의 고유한 인식과 긴밀히 연결되어 있다. 화자에게 '송선생'은 일종의 '노스탤지어적 지향'의 대상이다.[19]

'화자'로 하여금 '과거'를 환기시키는 하나의 계기 혹은 통로가 되고 있다는 점만 비교하자면, 「화랑의 후예」의 '황진사'는 '송선생'과 똑같은 기능을 하고 있음에 틀림없다. 그러나 '화자'가 대상인 '황진사'에 대

18 이태준, 「불우선생」, 앞의 책, 16~17쪽.

19 차승기, 앞의 책, 152~161쪽. 차승기는 이태준의 전통 의식을 '노스탤지어적인 것'으로 명명하고, 이러한 시간 의식은 "보다 충만했던 과거의 어떤 시간 혹은 배경으로 되돌아가고자 하는 강렬한 욕망, 그리고 이전의 시대를 그것이 실제로 존재했던 것보다 더 매혹적으로 만드는 방식으로 과거의 요소들을 선택적으로 결정화(結晶化)함으로써 이상화하고자 하는 경향"이라고 요약한다.

해 취하는 '심미적 거리'는 「불우선생」과 사뭇 다르다. '나'는 숙부의 강권에 못이겨 '조선의 심볼'들이 모여 있다는 '중앙여관'의 골방인 '관상집'에 간다. 이 소설의 서두에 등장하는 '조선의 심볼'은 소설이 전개되면서 구체적인 사물로 환유된다. '조선의 심볼'에 해당하는 계열체들은 황진사가 밥이나 용돈을 얻기 위해 '나'의 집에 가져오는 것들로, 천하명약이라고 건네준 '쇠똥 위에 개똥 눈 것', 친구 등에 얹어 온 '먼지 투성이의 작고 낡은 책상', '모퉁이가 다 닳은 필사본 주역'[20] 등이 그것이다. 문제는 그 어느 것도 '나'로 하여금 심미적인 친화나 동경을 유발하지 않는다. 황진사라는 인물, 혹은 그가 가져온 '심볼'들은 오히려 환멸과 냉소만을 자아낼 뿐이다.

> 나는 처음 관상소에서 그를 보았을 때부터 '하도 지모가 나지 않아 육효를 뽑아 보았노라'한 것을 들은 일이 있어서 그가 평소로 얼마나 이 '지략'과 '조화'를 부려 보고 싶어하는 위인인가를 짐작은 할 수 있었지만, <u>이와 같이 언제나 몸에 지닌 솔잎 한 줌과 네 귀 모즈러진 주역 속에서 우러난 음양 오행의 지모 조화가 겨우 '쇠똥 위에 개똥 눈' 흙가루 약과 친구의 책상을 들리고 다니는 것쯤인가고 생각할 때 내 자신도 모르게 한숨이 새여 나왔다</u>.(밑줄 강조－인용자)[21]

---

20 특히 「불우선생」의 도연명의 「어부사」와 「화랑의 후예」의 『주역』은 둘 다 중국의 고전(古典)이라는 공통점이 있지만, 텍스트 내부에서의 기능은 정반대다. 전자의 경우엔 화자에게 향수와 추모와 존경을, 후자의 경우에는 환멸과 조소를 자아낸다. 즉, 전자는 '동양적 세계'를 환기하는 '보편성'의 계기지만, 후자의 경우는 '조선적 고유성'을 확보하기 위한 '배제의 대상'으로 설정되어 있다.

21 김동리, 「화랑의 후예」(김동리단편집 『무녀도』, 을유문화사, 1947), 142~143쪽. 원 발표는 『조선중앙일보』, 1935.

시대와 자신과의 불화(不和)의 이유를 객관화하고 있는 한, '시대착오'는 발생하지 않는다. 그 점에서 '송선생'은 자의식이 강한 인물이며 '시대착오자'가 아니다. 그러나, '황진사'의 성격에서 가장 문제적인 점은 자기의 주제를 모른다는 것이다. 사람들이 농삼아 '황진사'라고 부르기 시작한 것을 '그 자신은 조금도 어색해 하지 않고 아주 뽐내고 진사 행세를 한다'든가, 처지가 딱해 과부장가라도 들게 하려고 '나'의 숙모가 중매를 서자, 오십 대 중반에 빈털터리인 자신의 처지를 돌보지 않고 숙모에게 불같이 화를 내며 "황후암의 육대손이 그래 남의 가문에 출가했던 여자한테 장갈 들다니 당하기나 한 소리요"라고 호통을 치는 장면이 그 증좌다. 황진사의 이런 행동에 대한 '나'의 반응은 언제나 '우습다'는 것이다. 이런 냉소적인 태도는, 길에서 조우한 황진사가 '나'에게 은밀히 털어놓은 조상이야기 대목에서 정점을 이룬다.

> 그는 나를 한쪽 구석에 불러 놓고, 지극히 중대한 사실을 발견했노라고 한다. 나는 사정이 전과 다른 형편에 있던 터이라(숙부의 피검을 가리킴-인용자) 혹시나 이런 데서 무슨 자세한 내용이나 알게 되나 하여 두군거리는 가슴을 누르며 긴장한 낯으로 그를 쳐다 보고 있는 것인데, 그는
>
> "아, 내 조상께서도 모르고 지낸 윗때 조상을 근일에 와서 상고 했구랴."
>
> 이런 엉뚱한 소리를 하였다.
>
> 나는 너무 어이가 없어 어리둥절해 있노라니,
>
> "왜 그루, 어디 편챦우."
>
> 한다. 괜챦으니 얼른 마저 이야기 하라고 하니,
>
> "아, 이런 수가…… 온, 내 조상이 대체 신라적 화랑이구랴!"[22]

피검된 숙부에 관한 무슨 소식이나 들을까 기대했던 '나'는, 아무 관심도 없는 '황진사'의 조상 얘기가 나오자 실망한다. '나'가 마지막으로 본 황진사는 엉터리 약장수의 들러리를 서다가 순사한테 붙잡혀 파출소로 끌려가고 있었다.

소설의 첫머리에 수 차례 반복해서 나오는 '조선의 심볼'이란 단어를 주인공 '황진사'와 등가(等價)로 연결해서 읽는 것이 기왕의 해석이라고 할 수 있는데, 이는 「화랑의 후예」를 조밀하게 읽지 않은 탓이다. 「화랑의 후예」는 오히려, '황진사'를 포함해 여관 골방을 메우고 있는 떨거지 인물들, 그리고 '엉터리 제조약'과 '낡은 책상', '닳아빠진 주역책' 따위의 골동(骨董)들이 '진정한 조선의 심볼'이 아님을 역설하는 논리로 구조화되어 있다.

요컨대, 「불우선생」과 「화랑의 후예」를 대조해서 읽음으로써 우리가 잠정적으로 얻어낼 수 있는 결론은, 김동리의 '조선적인 것'에 대한 지향이 이태준의 그것과 다르다는 것, 특히 이태준의 '전통'에 대한 지향이 조선이든 중국이든 '동양적인 것' 속에 포섭되는 방식으로 소설 안에 배치되어 있다면, 김동리는 그것을 단연 부정하고 있다는 점이다. 『주역』을 부정하는 것이 아니라, 그러한 동양의 위대한 고전이 '황진사'와 같은 파락호들에 의해 전유되는 '현실'을 부정하는 것이라고 해도 결론은 달라지지 않는다. '조선적인 것'을 통해 '동양적인 것'을 구상하는 김동리의 사유구조 내부에서 '역사화된 동양'은 처음부터 배제되어 있기 때문이다. 다시 말하면, 김동리에게 『주역』은 중국의 고전이고, 그

22 김동리, 「화랑의 후예」, 앞의 책, 152쪽.

세계에서 벗어나지 못하고 있는 '황진사'는 중국의 영향을 받은 '조선의 과거'일뿐, '조선의 고유성'을 표상하는 것으로는 간주되지 않는다. 역사화된 동양, 좀더 사태의 구체성에 어울리게 표현한다면, 중국(경우에 따라 인도)문화의 영향권 아래에서 형성된 유교나 불교라는 '역사화된 동양문화'의 하위범주로 '조선적인 것'이 설정되는 한, '조선적인 것'의 고유성은 확인하기 어려우며, 따라서 그것을 매개로 '서구 / 근대'에 맞서는 대항 보편성을 구축하는 것은 어려울 수밖에 없다. 따라서, '샤머니즘'은, 김동리의 선행연구[23]들이 잘 밝혀 주었듯이, 그의 문학에 내재하는 낭만주의적 성향에서 비롯된 신화적 세계로의 회귀욕구나 합리주의에 대한 거부, 자연과 생명에의 기투(企投) 같은 것에서 말미암는 부분도 분명히 존재하지만, 그의 문학론이 처음부터 설정하고 있던 '표상들의 집합구조' 내부에서 '조선적인 것'을 보편성으로 설정하기 위한 논리적 사유의 귀결점이기도 한 것이다. 그러므로, 「무녀도」는, '소재면에서 전인미답의 새 경지'를 열어 보이겠다는 김동리의 의지와는 별도로, '황진사'를 부정했을 때 '조선적 고유성'은 무엇을 통해 확인되는가에 대한 해답의 형식을 취하고 있는 셈이다.

23 낭만주의와 김동리의 문학을 연결지어 해석한 연구로는 진정석, 「김동리 문학연구」(서울대 석사논문, 1993)을 비롯해, 박철화, 「김동리 문학에 대한 오해와 이해」(『작가세계』, 2005, 겨울), 이찬, 「김동리 비평의 '낭만주의' 미학과 '반근대주의'담론」(『현대 한국문학의 지도와 성좌들』, 월인, 2009), 그리고 조현일의 앞의 글 등을 참조할 수 있다.

3. '대항 보편성(counter-universality)'이라는 미망

"기독교, 유교, 불교가 들어오기 이전 한국의 가장 중심적인 얼은 무엇이던가?"라는 스스로의 질문에 대한 대답의 귀결로 선택된 것이 '샤머니즘'이라고, 김동리는 스스로 주장한다. 논리적인 맥락에서 보자면, '샤머니즘'이 먼저가 아니라, '조선적 고유성'이 무엇인가를 확인하는 과정으로서의 '전술적 배제', 즉 '역사화된 동양'의 타자화가 이루어지고 난 결과로 등장한 것이 '샤머니즘'이라고 할 수 있다. '역사화된 동양'을 전제하고서는 결코 '조선적인 것'이 '동양적인 것'의 대표성을 얻기가 어려워지기 때문이다. 여기서 말하는 '역사화된 동양'이란 문명론적 구획으로서 '동양적인 것'에 포섭되는 것, 예컨대 불교나 유교와 같이 시간적으로 소급해 그 '기원'을 확인할 수 있는 '동양적인 것'을 의미한다. 이러한 '역사화된 동양'이 '동양적인 것'의 표상이 되는 한, '조선적인 것'이 '동양적인 것'이 되는 것은 불가능하다. 그것은, 마치 '서구 / 근대'가 외부로부터 들어온 '타자로서의 보편'이듯이, '동양적인 것' 역시 외부로부터 들어온 '타자(들)'이기 때문이다. 그러므로, 김동리는 '조선적인 것'의 고유성을 찾기 위해 '탈역사화'된 시 / 공간으로의 소급이 불가피해지는 셈이다. '샤머니즘'이야말로 이러한 '무시간성' 혹은 '탈역사성'의 표상공간으로 제격이라고 할 수 있다.

> '무녀도'가 한 무녀를 주인공으로 삼은 것은 그냥 민속적 신비성에 끌려서는 아니다. 조선의 무속이란, 그 형이상학적 이념을 추구할 때 그것은 저 풍수설과 함께 이

民族特有의 이념적 세계인 神仙觀念의 발로임이 분명하다.(이점 무녀도에서 구체적 묘사를 시험한 것이다) '仙'의 영감이 道詵師의 경우엔 風水로서 발휘되었고, 우리 모화(무녀도의 주인공)의 경우에선 '巫'로 발현되었다. '선'의 이념이란 무엇인가? 不老不死 無病無苦의 常住의 세계다.(자세한 말은 후일로) 그것이 어떻게 성취되느냐? 限 있는 인간이 限없는 자연에 융화되므로서다. 어떻게 융화되느냐? 인간적 기구를 해체시키지 않고 자연에 귀화함이다. 그러므로 巫女 '모화'에게 있어서는 이러한 '선'의 영감으로 말미아마 인간과 자연사이에 상식적으로 가로놓인 장벽이 문어진 경우다. (중략) 인간의 개성과 생명의 구경을 추구하여 얻은 한 개의 도달점이 이 '모화'란 새 인간형의 창조였고, 이 '모화'와 동일한 사상적 계열에 서는 인물로선 '산제'의 '太平이'가 그것이다. 모화나 태평이들이 이 시대 이 현실에 대하여 별반의의를 가지지 못함은 내 자신 잘 알고 있으나, 그러나 인간이 개성과 생명의 구경을 추구하여 영원히 넘겨보군 할 그러한 한 개의 길이라고 나는 믿는 것이다. 끝으로 나의 작품 세계에 가끔 민속을 도입함에 대해서는 또 이밖에 나대로 다른 이유가 있으나 그것은 생략한다.(밑줄 강조—인용자)[24]

'민족 본래의 고유한 것' 즉 원형으로서 '신선관념'과 그 현상형식의 하나로서 '무(巫)'의 세계를 상정하고, 그것이 현재의 세계에 여전히 유효한 것임을 강조하는 위의 논리는 주체의 발화 위치를 중심으로 놓고 볼 때, 다음의 발언과 선명한 대조를 이룬다.

세계의 어느곳을 물론하고 그 원시문화에 있어 무격의 역할이 절대하였던 것은

24 김동리, 「신세대의 문학정신」, 앞의 책, 91~92면.

주지의 사실이다. 넓은 의미의 무격적 종교는 실로 원시문화의 전반에 亘(긍)하여 그 정신적 기초가 되는 것이니 그러므로 우리가 원시문화를 연구함에 있어서는 이 무격적 신앙을 결코 泛然視할 수 없는 것이다. 원시시대뿐 아니라 이러한 신앙은 상고 세계를 지나 금일에 이르기까지 아즉도 오히려 그 세력을 우리들의 생활 속에 갖고 있으니 이것은 우리들의 모든 정신적 과학이 아즉도 무격적 그 것의 域을 완전히 버서나지 못한 탓일씨 물론이어니와 한편으로는 이 무격적 과학이 시대를 따라 그 시대 시대의 과학을 끄을어 온 까닭이었다.(중략) 이러한 무격적문화는 과학사상의 보급과 함께 당연히 없어질 것이며 또 없이하여 버리어야 할 것이지마는 그럴사록 우리는 학문을 위하여 그 자료의 모집에 만전을 기하여야 할 것이며 또 이것을 이러한 의미에서 이해하여야 할 것이다.(밑줄 강조—인용자)[25]

샤머니즘에 관한 연구에서 당대의 대표적인 민속학자였던 손진태와 김동리는 동일한 대상을 다루고 있지만, 그 발화의 위치는 사실 정반대의 위치에 놓여 있다고 할 수 있다. 손진태는 '근대적 주체'의 위치에서 '무'를 대상화하고 있는 것이다. 따라서 '무'는 단지 수집과 연구의 '대상'에 불과하며, 그것이 수집과 연구의 '대상'이 되는 이유는 '무격'이 지닌 '역사성' 때문이다. 더구나 그것은 자동적으로 소멸되거나 소멸해야할 어떤 '대상'이다. '무'의 세계나 그 세계에 속한 인간들과 발화의 주체 사이에 어떤 '연속성'도 존재하지 않는다. 그러나, 김동리에게 그것은 '역사성'의 대상으로서가 아니라, 현실의 어떤 모순, 예컨대 '인간과 자연 사이에 상식적으로 가로 놓인 장벽'을 무너뜨릴 대안적 세계이자, '인간

25 손진태, 「巫覡의 神歌」, 『문장』, 1940.9, 164~165쪽.

이 개성과 생명의 구경을 추구하여 영원히 넘겨봐야 할 한 개의 길'인 것이다. '자연과의 합일', '개성과 구경의 생명'은 그러한 원형으로서의 세계를 구성하는 일종의 '보편 원리'라고 할 수 있는데, 중요한 것은 이것이 김범부의 영향을 받은 것이든, 혹은 전래의 자연사상이든, '보편으로서의 서구'를 타자로 의식한 일종의 '대항 보편성'이라는 점이다.

그런데 한 가지 흥미로운 것은, 이러한 사유구조 안에서 과연 '일본' 또는 '일본적인 것'의 위치는 어떻게 처리되는가 하는 점이다. 1930년대 당대에 '전통론'의 자장 안에서 자기모색을 시도했던 많은 논자들은 '조선적인 것'을 통해 '동양적인 것'을 사유하는 과정에서, '일본=동양'이라는 제국주의의 헤게모니 담론과 어떤 형태로든 씨름해야 했다. '일본=동양'이라는, 일본발(發) '대항 보편성' 담론의 정치적 기능은, '서구 / 근대'라는 선행하는 보편성이 구축한 세계질서에 맞서, 아시아적 가치에 충실한 대안적 세계를 구축하는 데 기여하는 것이었다. 이를테면, 그것은 '반민족주의적 다민족적 국민국가'[26]를 아시아에 건설할 수 있다는 정치적 전망을 떠받치는 것이었고, 지금까지 실현된 적 없는 이 새로운 형태의 '비서구적 세계질서'의 가능성에 많은 논자들은 논리적으로 함몰되었다. 이러한 문학사적 현상을 떠올리면, 그 사유과정과 논리적 구조의 정합성 여부를 잠시 유보해 둔다고 가정할 때, 김동리는 스스로 내

26 사카이 나오키 · 니시타니 오사무, 『세계사의 해체』, 차승기 · 홍종욱 역, 역사비평사, 2009, 216쪽. 이른바 '세계사의 철학'에 내재하는 정치적 구상에 대한 이 해석방식은, 당대의 논의를 이해하는 데도 유용하지만, 전후에 일본의 우익이 미국 중심의 아시아재편 구도인 '집단방위체제'에 왜 동의하는가를 설명하는 것, 나아가서는 전전(戰前)의 사상체계가 전후의 냉전체제에 어떻게 계승 / 이월되는가를 설명하는 데에도 유용한 틀을 제공해 준다고 생각한다.

건 '조선적인 것으로서의 대항 보편성'이라는 기획 덕분에, 결과적으로 '일본=동양'이라는 담론에 포섭되지 않을 수 있었다.[27]

그러나, 김동리의 논의 구조 안에서 '일본적인 것'을 어떻게 사유하고 있었는가를 가늠하는 일은 쉽지 않다. 우선, '일본적인 것'에 대해 직접 언급하는 경우가 드물기 때문이다. 그러므로, '일본'에 대한 김동리의 생각을 추출하기 위해서는 약간의 우회적 접근이 필요하다. 우선 당대의 일본문학에 대한 김동리의 견해부터 검토해 보기로 하자.

> 당시 일반 독서가들이 盛히 읽든 톨스토이나 東京文壇의 諸家들에게 自己(김동리 자신을 가리킴—인용자)가 흥미를 갖게 된 것은 前擧한 諸家들보다 오히려 뒤의 일이었으니, 그때의 自己의 생각으로는 톨스토이는 너무 범속적이고 진부하고, 東京文壇의 諸家들은 그 작품세계가 너무 瑣細하고 貧弱하다는 것이었다.(밑줄 강조—인용자)[28]

이 인용문에 등장하는 '동경문단의 제가'들의 문학은 모두 근대문학일 터이고, 김동리가 이들에 대해 '쇄세하고 빈약하다'는 것은 물론 '근대문학'으로서의 그러한 성격을 말하는 것일 터이다. 이 글에 바로 이어서 김동리는 중국의 근대작가인 루쉰(魯迅)에 대해서도 언급하는 바, "신문학의 세례를 받은 지 아직 일천한 그네들 중에서, 그 작품의 결구나 필치에 무리가 과히 없는 점은 의외로 놀랍게 뵈었으나, 같은 단편작가로서라도

27 이 지점이 일제 말 김동리의 문학론과 개인사적 행적(일제 말의 절필)을 '민족주의'의 틀 안에 굳건히 자리매김하려는 논자들의 중요한 논거가 되기도 한다.

28 김동리, 「내가 영향을 받은 외국작가—요지경 팬의 변」, 『조광』, 1939.3, 270쪽.

체홉의 제작(諸作)에서 보는 그러한 심령적 요소가 빈약한 점이나, 모파쌍의 우수작(단편)에서 보는바, 영육의 알력(軋轢), 분열 등이 결핍한 점으로, 자기와 같은 기질의 소유자에게는 별로 신통치 않았다"[29] 고 낮추어 평가하고 있다. 스스로 표현하고 있듯이 '譯文濫讀으로 세계문학의 지식을 다 얻는' 과정에 대한 상세한 기술[30]에서 나타나는 것은, '세계문학', '일본문학', '중국문학'에 대해 그가 견지하고 있는 일종의 '위계'라고 할 수 있다. 이 때의 세계문학은 응당 '서양(의 근대)문학'을 가리키는 것이고, 그에 비해 '일본문학'이나 '중국문학'은 '결여로서의 근대문학'으로 설정되어 있었던 것이다. 해방 이후의 회고인 까닭에, 이러한 위계적 인식의 직접적인 근거로 삼기에는 다소 주저되는 면이 없지 않지만, 다음과 같은 청년시절의 교우에 관한 회고도 문학의 계서(階序)에 대한 김동리의 인식의 한 단면을 보여준다는 점에서 흥미롭다. 그는 젊은 시절 새로운 벗을 사귈 때 종종 그의 독서경향에 대해 묻곤 했다.

① 우리는 그(김석수—인용자)를 찾아갔다.(중략)첫눈에 당장 호감이 갔다. 그것은 그가 독학(獨學)의 문학도라는 데서 오는 인상인지도 몰랐다. 이야기를 해보니 세계문학에 대해서는 그다지 공부가 없는 듯했고 그 대신 일본 현역 작가—특히 사회주의 계통의 작가들에는 상당히 소상한 관심을 갖고 있었다. 따

29 김동리, 앞의 글, 같은 면.

30 김동리는 이 글에서 자신에게 영향을 끼친 작품과 작가를 (1) 자기의 초기 로맨티시즘에 영향을 준 작가, (2) 자기가 '소설'이란 것의 윤곽을 얻게 된 러시아 4작가, (3) 자기의 머리에 '희곡'이란 것의 윤곽을 넣어준 독일의 고전극작가, (4)근대극을 배워 준 스칸디나비아의 2작가, (5)프랑스의 지드와 발레리 등, 같은 지면의 다른 작가들의 설문에 비해 매우 구체적으로 자신의 서양문학 독서편력에 대해 설명하고 있다. 물론 이때의 '譯文'은 '일본어'로 번역된 서양의 문학작품을 말한다.

라서 나와는 독서 경향이나 문학관에 있어 일종의 거리감 같은 것이 느껴졌으나 (…후략…)[31]

② 그보다도 중요한 문제는, 그(최용—인용자)와 나의 문학관이 다른 데 있는 듯 했다. 그는 세계문학을 널리 읽는다기보다 일본 문학을 깊이 이해하는 편에 가까웠고 특히 도꾸도미 로까(德富蘆花)의 전집을 해독하고 있었던 것이다.[32]

이 때의 '세계문학'이란 물론 그가 읽은 독서 범위 내에서 한정하자면 도스토예프스키나 빅톨 위고 같은 18~20세기의 서구작가들의 작품을 가리킨다. 그는 "'세계문학'을 원서로 읽기 위해 '영어'공부를 시작했다가, 일역본 '세계문학전집'을 읽는 것으로 대신하기로 하고 영어 공부를 그만두었다"[33] 고 회고하기도 했다. '문학관이 다르다'고 완곡하게 에둘러 말하고 있지만, 기실 김동리는 '일본문학'을 서양문학의 하위에 배치시키고 있으며, 습작 시절의 문학청년이었던 자신의 관심사항이 아닌 것처럼 묘사하고 있다. (아울러 사회주의 계통의 일본 문학은 이중으로 배제되고 있다!).

'일본어'로 번역된 서양 문학작품들을 읽으면서도, 그것을 곧바로 서양의 문학을 직접 읽은 것처럼 오인하는, 이러한 '오도된 직접성'은, 세계문학이란 '영어'로 이루어진 문학이라고 상상하는 것만큼이나 한편으로는 단순하고 한편으로는 무지하다고 볼 수 있다. 물론 이러한 '오도된 직접성'은 김동리 개인의 무지라고만은 할 수 없다. 여기서, 번역

31 김동리, 「자전기」, 앞의 책, 386쪽.
32 위의 책, 395쪽.
33 위의 책, 377쪽.

을 통해 하나의 언어가 다른 언어로 옮겨지는 교환 회로는, 먼저 번역되는 언어와 번역하는 언어가 모두 균질적이고 통일적 체계를 가진 언어라는 표상을 통해 가능하며, 이 과정에서 체계적 통일체로서의 언어가 생산된다는 사카이 나오키의 '번역의 쌍형상화 도식'[34]을 다시한번 떠올리게 된다. 김동리처럼 일본어로 번역된 서양 문학작품을 읽는 경우, 이 번역의 교환회로는 삼중(三重)의 가상을 만들어내게 된다. 더구나 이중 번역의 과정[35]에서 1차 번역어의 역할과 위치가 종종 사라지거나 은폐되고 직역 텍스트를 읽는 듯한 착각에 빠지듯이, 김동리의 회고에서 '일본'의 위치는 '서양 / 조선'의 직접적인 이항대립 구도에서 사라지게 된다. 이중번역의 교환회로에서 '일본'이 사라지고 직접 '서양 / 조선'이 번역의 양단(兩端)을 형성하는 것처럼 인식하는, 일종의 '착시'현상이 나타나듯, 문학의 위계에 관한 인식, 즉 '근대문학'으로서의 보편성과 그 결여에 관한 인식에서도 동일한 현상이 나타난다. 이것을 '일본 괄호치기'라고 부르는 것은 어떨까.

'서구 / 근대'를 하나의 보편으로 상정하는 동안은, '비서구'의 일원으로서의 일본과 한국과 중국의 위계는 그다지 중요한 것이 아니다. 왜냐하면, 정도의 차이는 있지만, 그것이 '결여로서의 근대'인 점은 모두 동

34 酒井直樹, 후지이 다케시 역, 『번역과 주체-'일본'과 문화적 국민주의』, 이산, 2005, 118~129쪽.

35 정확하게 말하자면, 서구 여러 나라의 문학작품을 일본어로 번역한 '일역(日譯)텍스트'를 읽는 것은 '이중번역의 과정'이라고는 할 수 없다. 그러나 '서구 텍스트-일본어 번역 텍스트-(조선어가 모어인)조선인 독자'라는 구조를 염두에 둔다면, 번역어인 '일본어'가 다시 '조선어'로 '(가상)번역'되는 실제의 독서과정을 생각하지 않을 수 없고, 그런 의미에서 결국은 '일역된 서구의 텍스트'는 일종의 '이중번역' 과정을 통해 조선인 독자가 읽게 되는 셈이다.

일하기 때문이다. 앞의 인용문에서 확인되듯이, '내게 영향을 준 외국문학'에서 당대의 '동경문단'과 중국 최고의 작가 '루쉰'이 모두 '빈약하고 신통치 않은 것'으로 폄하될 수 있는 것은, '조선문학'이 그것보다 더 뛰어나서라기보다는, '결여로서의 근대문학'인 점에서는 어차피 같은 처지에 놓여 있다는 인식 때문이다.

그런데, '서구 / 근대'로 구축된 보편성의 세계가 균열을 일으키면서 '근대'에 대한 인식에 커다란 전환이 일어나고, 그에 연동되어 일종의 '대항 보편성'에 관한 강렬한 욕망이 형성되면서, 사정은 달라지게 되었다. 주지하다시피, '서구 / 근대'가 하나의 보편성으로 통용될 수 있었던 것은 일원론적인 시간 인식 때문이었다. 서양의 근대는 앞선 '시간'에 속하는 세계였고, '비서구'는 그 서양의 문화를 전범으로 삼아 열심히 뒤쫓아 가면서 배우고 모방하기를 갈망했다. 1930년대 접어들면서 국내외에서 나타난 일련의 사회문화적 현상들로 인해, 그 때까지 유지·존속되어 오던 '근대성의 가치'에 관해 회의와 전도(顚倒)가, 그리고 주체와 대상의 관계 구도에 일정한 인식의 변화가 초래되었다. 타율적 근대화의 과정을 밟고 있고, 그 과정에서 식민지로 전락한 상태이긴 하지만, 추구해야 할 가치와 대상은 여전히 '서구 / 근대'이며, 이러한 근대화의 과정을 밟고 있는 동안은, 스스로를 '보편적 주체'로 상정할 수 있었다. 그러나 이 때의 '보편 주체'는 개념적으로 입도선매(立稻先賣)한 것일뿐, 실제로 그들에게 '서구 / 근대'와의 '시간적 거리'는 아득한 것으로 인식되고 있었음에 틀림없다. 바로 이 '시간적 거리', 즉 '서구 / 근대'로부터 한참 낙후되었다는 사실이, 중국과 일본의 근대문학을 '보잘 것 없는 것'으로 폄하할 수 있었던 김동리 나름의 자신감의 원천이었다고 할 수 있다. 그것은, 앞서 말한 것처럼, '결여로서의 근대'라는 동심원 내부에서의 '차이'에 불과한 것이었기 때문이다.

그러나 '서구 / 근대'라는 '보편'으로서의 가치와 대상에 균열이 나타나고, 그에 수반되어 '주체'의 위치에도 일정한 수정이 불가피해진 상황이 일어나게 되면서 사태에 관한 인식이 달라지게 되었다. 이러한 인식의 전환기에 김동리가 꿈꾸었던 것은, "결론에 도달한 서구문학에서부터 새롭게 시작하여 미래의 문학을 준비하는 것"[36]이었고, '결론에 도달한 서양문학'이 봉착한 '보편성의 위기'를 타개할 '대안의 보편성'을 '조선적인 것'으로 구성하는 것이 김동리 문학론의 야심찬 기획이었던 것이다. 이 과정에서, '서구 / 근대'라는 보편성을 추구할 때 '결여로서의 근대'로 '괄호'속에 묶였던 '일본적 근대'는, 보편성의 진행축이 '전통' 혹은 '과거'를 향해 역전하면서 다시 '결여로서의 동양 / 비서구'로 김동리의 인식 구조 안에서 '괄호' 속에 묶이게 된다. 명징하게 말하고 있지는 않으나, 그의 논리적 회로 안에서 '일본'은 '결여로서의 근대'이자 동양적 가치를 창출할 대표성으로서도 각인되기 어려웠던 탓이다. 요컨대, 김동리의 사유구조 내부에서, '일본'은 '근대'라는 축을 중심으로 놓았을 때도 '결여태(缺如態)'였지만, '반근대' 혹은 '탈근대'로서의 '동양적인 것'이라는 역행축(逆行軸) 안에서도 또다른 '결여태'였던 것이다.

사카이 나오키는 "미리 타자에 대한 관계가 한정되어 있지 않다면 자기에 대한 관계도 한정할 수 없다"는 자기동일성 형성의 메카니즘을 전제로 '일본사상(의 가능성 혹은 고유성)'이라는 문제를 본질적으로 '모방성

36 김동리, 「나의 문학을 말한다」, 앞의 책, 81쪽.

에 대한 욕망'으로 규정한다.

> 일본사상사를 발화구조로 볼 때 알게 되는 것은 일본사상사가 서양사상사와 대결하는 것으로 발상된다는 것이며, 서양에 사상이 있었다면 일본에도 사상이 있었어야 한다는 대칭성과 평등에 대한 요청에 의해 지배된 형태로 발상된다는 것이다. 서양에 철학이 있었다면 일본에도 철학이 있어야 한다는 결여의식으로부터 일본사상사는 출발할 수밖에 없었다.(중략)일본사상사의 자기 언급적인 성격은 모방성에 대한 욕망을 매개로 해서 비로소 가능해진 것이다.[37]

그러므로 김동리에게 '민족 본래의 고유한 것'은 겉으로는 이미 주어진 그러나 오래도록 잊혀진 '원형'을 소환하는 간단한 행위로 포장되지만, 이것이 가능하기 위해서는 먼저 '민족 본래의 것이 아닌 것'이 무엇인지 상상되지 않으면 안되는 내부의 논리가 따로 작동하고 있다. 김동리에게 그것은 무엇보다도 '서양'이었다. 대부분의 비서양 근대 지식인들이 그러하듯이, 그에게도 서양은 '상상된 보편성'의 세계로 미리 설정되어 있었다는 점이고, 그는 이것을 종종 '서양'과 '세계'를 구분없이 사용함으로써, '서양=세계=보편'이라는 도식에 깊이 침잠되어 있었다. '전통론'과 당대의 '동양담론'이 촉발시킨 '근대' 인식의 커다란 전환기를 맞이하면서도, 이러한 미망(迷妄)은 '대항 보편성'으로서의 '동양적인 것'을 고민하는 데에도 그대로 반복되어 나타났다.

대항보편성에 대한 김동리의 욕망은, 그가 폄하했던 중국의 작가 루

37 酒井直樹, 앞의 책, 113~114쪽.

쉰과, 루쉰을 필생의 화두로 설정했던 타케우치 요시미(竹內好)의 '루쉰관(觀)'을 떠올리게 만든다. 앞서 살펴 본 것처럼, 김동리는 루쉰에 대해 "그 작품의 결구나 필치에 무리가 과히 없는 점은 의외로 놀랍게 뵈었으나, 같은 단편작가로서라도 체홉의 諸作에서 보는 그러한 심령적 요소가 빈약한 점이나, 모파쌍의 우수작(단편)에서 보는바, 영육의 軋轢, 분열 등이 결핍한 점으로, 자기와 같은 기질의 소유자에게는 별로 신통치 않았다"[38]고 한마디로 일축한다. 루쉰을 어떻게 이해하고 평가할 것인가는 다양한 관점이 있을 수 있고, 그 점에서 '단편작가로서의 기법적 역량'이나 '영육의 알력'이라는 측면에서 그를 대단찮은 작가로 폄하한 김동리의 관점이 문제될 이유는 없다. 그러나, '조선적인 것'을 '서구/근대'의 몰락의 대안이자 일종의 '대항 보편성'으로 설정하고자 했던 그의 욕망에 비추어 보자면, 그의 이러한 '루신' 이해는 그의 근대 인식이 지닌 제한성을 이해하는 중요한 단서가 된다.

다케우치 요시미는 루신에 대해 이렇게 말한다.

> 루쉰과 같은 인간은 유형(類型)으로서 보자면 후진국형이고, 루쉰과 같은 문학가를 탄생시킨 중국문학은 후진국문학일 것이다. 중국문학을 후진국문학으로서 비추는 일본문학의 눈은 중국문학을 올바르게 비추는 것일 터이다. 올바르게—정말로 '올바르게'다. 카메라처럼 올바르게 시공간을 이차원으로 다시 끌고 들어와서 보여주는 것으로의 '올바르게'이다. 그것은, 자신은 역사 속으로 깊숙이 파고 들어가지 않고서 역사라는 코스를 달려가는 경마를 밖에서 바라보는 것이다. 자신이 역

38 김동리, 「내가 영향을 받은 외국작가—요지경 팬의 변」, 앞의 책, 270쪽.

사에 깊숙이 들어가지 않기 때문에 역사를 충실하게 하는 저항의 계기는 놓치게 되지만 대신에 '어떤 말이 이길까'는 잘 보인다. 중국말은 뒤처지고 있다. 일본말은 자꾸자꾸 앞지르고 있다. 그것은 그렇게 보인다. 그리고 그렇게 보이는 것은 올바르다. 올바르게 보이는 것은 자신이 달리지 않기 때문이다.(중략) 국수주의와 일본주의가 유행했던 적이 있었다. 그 국수와 일본은 유럽을 추방한다는 것이지, 그 유럽을 확장했던 노예적인 구조를 추방하는 것은 아니었다.[39](밑줄 강조-인용자)

타케우치 요시미의 논법을 빌리자면, 김동리의 '대항 보편성'에 관한 담론적 욕망은 '보편'에 관한 미망을, '대항 보편'이라는 또다른 미망으로 대체하는 방식으로 구조화되어 있다. 그것은 무엇보다도 두 개의 역사적인 질문을 소거(消去)한 상태에서 이루어진 것이다. 예컨대, 김동리의 문학론 내부에는 '서구의 근대'가 무엇인가에 대한 '역사적 물음'이 없다. '서구 / 근대의 몰락', 혹은 그것이 문명사적으로 명운(命運)을 다했다는 것은, 그 자신의 진지한 탐구로부터 비롯된 것이 아니라, 이미 선재적인 조건이다. 동일한 이유로, '조선이 경험한 근대는 무엇인가?'에 대한 물음도 제기되지 않는다. 서론에서 이미 밝혔듯이, 이런 구체적인 질문들이 그의 문학론 내부에서 천착되지 않는 것은 '서양 / 동양' '근대 / 반(전)근대'와 같은 표상형식이 지닌 추상성이 이미 이러한 '역사적 질문'을 봉쇄한 상태에서야 가능했기 때문이다.

---

39 竹內好, 서광덕 · 백지운 역, 『일본과 아시아』, 소명출판, 2004, 50~60쪽. 루쉰에 관한 타케우치의 이해방식을 인용한 것은, 그의 견해에 동조하기 때문이라기보다는, '루쉰'을 이해하는 방식이 김동리의 그것과, 특히 '근대'에 대한 이해라는 측면에서 선명하게 대비되기 때문이다.

4. 맺음말

이 글은, 샤머니즘이 과연 위기에 봉착한 서구의 근대 문화를 대신하는 새로운 사상일 수 있는가에 대한 답을 구하기 위해 마련된 것은 아니다. 사상의 내용보다는, 그것이 등장하게 된 인식론적 구조에 관한 하나의 시론이다. '서구 / 근대'라는 균질적인 보편자는, 그것 자체가 이미 하나의 추상이자 미망(迷妄)이다. 그러므로, 그것을 '타자'로 삼아 설정된 '대항 보편자'의 성격 역시 추상과 미망을 벗어나기 어렵다. '서구 / 근대'는 '동양 / 전근대'의 대립물이 아니라, 이미 '동양 / 전근대'가 '서구 / 근대'를 구성하고 있는 인자(因子)다. 김동리의 문학론에서 느끼게 되는 가장 아쉬운 지점은, 그의 사유가 시종일관 표상에 사로잡혀 있다는 것이다. 앞서 말한 바 있듯이, 김동리에게는 '조선이 경험한 근대'가 무엇인지에 대한 천착이 전혀 나타나지 않는다. 이를테면, "서양문화가 일정한 거리에까지 물러선 것처럼 동양문화도 한번은 어느 거리 밖에 물러가서 우리들의 새로운 관찰과 평가에 견디어야 할 것"[40]을 주문하는 정도의 성찰이 보이지 않는다.

같은 아시아에 속한 작가 '루쉰'에 대한 그의 평가와, 어떤 아시아 작가보다도 '근대'에 관한 사유의 독창성에서 독보적이었다고 '루쉰'을 평가하고, 평생 그를 '학습'하는 것을 아시아 지식인으로서의 공안(公案)으로 삼았던 타케우치 요시미는, 이 지점에서 좋은 대조를 이룬다. 타케

40 김기림, 「'동양에 관한 단장」, 『문장』, 1941.4, 241쪽.

우치 요시미에게 평생의 공안이었던 '루쉰'이, 김동리에게 근대문학으로서의 '완숙한 기법의 결핍'이라는 이유로 일언지하에 '신통찮다'는 평가를 받았던 것은, 단지 취향이나 문학관의 문제 때문은 아니다. 그것은 일차적으로, 자기 당대의 삶을 역사화하고, 이질성과 '차이'로 가득 찬 이 세계를 균질적인 상상의 시・공간으로 설정하는 보편성의 미망에 빠지지 않으려는 태도의 유무에서 비롯된다. 표상의 공간은, 기본적으로 표상되는 대상을 균질적으로 상상함으로써만이 가능하다. 그런 점에서, '서양 / 동양'이나 '서양 / 조선' 혹은 '근대 / 반근대' 등은 모두 표상들인 동시에 허구적 실재들이다. 김동리에게 왜 '샤머니즘'이 '조선적인 것'의 고유성의 표징인가에 대한 대답을 기대하기란 어렵다. '샤머니즘'이 과연 조선적 고유성이 될 수 있는가 없는가 하는 것은 부질없는 질문이다. 김동리의 사유구조 안에서 '샤머니즘'이 '조선적인 것'이라는 표상의 '의미' 부분을 담당하는 이치는, 마치 '의미'가 기호에 내장된 속성이 아니라, 구조 안에서의 '차이' 때문에 발현되는 것과 유사하다. '서구 / 근대'의 위기는 '비서구(동양) / 전통'의 새로운 가능성으로 전화되며, 이 대안적 가능성은 인간적 진보나 발전의 척도인 '역사적 시간'을 넘어선 곳에서만 가능하다. '역사화된 동양'이 전제되는 한 '조선적인 것'이 동양적 가치를 대표할 수는 없다. '샤머니즘'은 이런 구조론적 사유의 과정을 통해 '조선적 고유성'이라는 '기의'를 획득한다. 그리고, 이것을 매개로 한 '대항 보편성'에의 강한 욕망이, 민족적 차이를 무화시키며, 서양에 맞서는 또다른 보편성의 세계, 즉 '반민족주의적 다민족적 국민국가'의 구축이라는 헤게모니 담론에 그가 함몰되지 않도록 만들었다. 이 귀착점을 무엇이라고 부르든 상관없지만, 이 과정에서 우리가 경험한 근대는 무엇인가, 그리고 그것은 어떻게 극복이 가능한가 하는 질문의 대답을 구하기는 어려울 것이다.

‘재만(在滿)’이라는 경험의 특수성

정치적 아이덴티티와 이민족의 형상화를 중심으로

한수영

1. ‘재만(在滿)’[1]이라는 경험의 시·공간적 특수성

식민지 시기 재만 조선인 문학이 지닌 특수성을, 민족주의에 기반한 자기동일성으로의 환원(혹은 제국주의의 타자로서의 경험)과 그 대척점에 서

1 이 글에서는 해방전 ‘만주(국)’에 장기체류했던 사람들의 삶을 ‘재만’이라고 잠정적으로 부른다. 일시적인 방문자나 여행자 또는 다양한 이유에 의거한 단기체류자는 ‘재만’의 범주에 포함시키지 않았다.

있는 '의사제국주의적 욕망의 투사'라는 이분법적인 해석의 카테고리를 넘어 어떻게 새롭게 해석하고 자리매김할 수 있을 것인가에 관한 모색은 여전히 중요한 과제가 아닐 수 없다. 여기에서 제국주의의 타자, 혹은 민족주의에 바탕을 둔 자기동일성으로의 환원적 시각이란, '재만' 문학을 해석하는 한국문학사의 가장 오래 되고 전통적인 시각, 즉 '재만'의 경험과 그 문학적 형상화를 '친일 / 반일', '협력 / 저항' 혹은 '수난 / 개척'과 같은 이분법적인 약호로 묶어내는, 기존의 이해방식을 가리킨다. 이러한 '친일 / 항일' 또는 '수난과 저항'이라는 표상형식은 '제국주의의 타자로서의 경험', 즉 '피해자'로서의 인식을 반복・재생산함으로써, 실제 '이산'과 더불어 형성된 재만 조선인들의 다양한 삶의 중층성과 욕망의 층위들을 충분히 이해하는 데는 명백한 한계가 있다.[2]

민족주의에 기반한 '제국주의의 타자'로 '재만'의 경험을 규정하는 기존의 재만문학 해석은, 최근의 탈식민주의 연구 및 그에 연동된 탈민족주의적 관점의 대두로 인해 새로운 국면을 맞게 되었다. 이 새로운 관점은 식민지 시기 조선인들에게 '만주'가 '제국주의의 타자'로서의 경험을 강요받는 공간만이 아니라, 오히려 '의사(擬似) 제국주의적 욕망'의 대상 공간이기도 했음을 강조하는 것으로 압축된다.[3] 이러한 시각에서의 '재만' 경험이란, 제국주의의 타자인 '조선인'들이 자신들의 타자성

---

2 민족주의 이데올로기에 기반하여, '재만'의 경험을 '제국주의의 타자'로 규정하는 이러한 시각에 대한 상세한 설명과 비판은 한수영의 「만주의 문학사적 표상과 안수길의 '북간도'에 나타난 '이산'의 문제」(『친일문학의 재인식－1937~45년간의 한국 소설과 식민주의』, 소명출판, 2005)에서 이루어지고 있다.

3 연구사적 맥락에서 이러한 시각을 보여주는 주목할 만한 연구로 김철, 「몰락하는 신생(新生)－'만주'의 꿈과 '농군'의 오독(誤讀)」(『상허학보』 9집, 2002) 및 이경훈, 「만주와 친일 로맨티시즘」(『한국 근대문학연구』, 2003 상반기)을 들 수 있다.

을 '만주'라는 또 다른 식민화된 공간을 통해 '식민주의자로서의 욕망'을 투사하는 것으로 설명된다. 그동안 우리가 견지해 왔던 '만주'공간의 문학사적 표상이 궁극적으로 우리 민족이 근대사의 초입에 경험했던 '피해자' 내지는 '제국주의의 타자'로서의 역사적 경험을 계속 재생산하는 데만 기여해 왔던 점에 비추어 볼 때, 이러한 새로운 시각은 그 재생산의 이데올로기적 근원인 '좁은 민족주의'의 한계를 일정 정도 극복하고 있다는 점에서 의의가 있다. 특히 '만주국'이라는 새로운 형태의 '근대국가'가 지닌 복잡한 성격을 감안할 때, 이러한 시각은 '만주'를 단지 '친일과 항일', 혹은 '수난과 저항'의 도식으로 접근해서는 도저히 해명할 수 없는 유이민자(流移民者)들의 욕망과 무의식을 해명하는 데 일정하게 기여할 수 있다.

그러나, 이 관점은 자칫하면, '제국주의나 피식민지나 다 똑같다. 피식민지도 기회나 조건만 되면 얼마든지 제국주의 주체가 될 수 있다'는 것으로 귀결될 가능성이 농후하다. 그래서 종국에는 역사의 진행과정에서 나타나는 구체적이고 현실적인 정황들이 몇 개의 '약호'에 묶이거나 또는 해체됨으로 말미암아, 공통되는 요소만 부각되고 차이나는 부분은 가려질 가능성이 있다. 따라서 이런 분석틀에 의한 접근법이 시도될 때는 '식민지적 무의식'이라는 큰 약호의 외곽에 놓여 있는 차별성들에 대한 깊은 천착이 절실해진다.

필자는 식민지 시기 재만 조선인문학의 특수성을 이해하고, 기존에 제출된 이러한 두 개의 해석 카테고리를 넘어 서기 위해 '이주자—내부의 시선'이라는 개념틀을 제시한 바 있다.[4] '이주자—내부의 시선'이란, 범박하게 정의하자면 말 그대로 '재만'의 경험을 '만주(국)'에 살았던 사람의 처지와 상황에서 들여다봐야 한다는 것을 뜻한다. 그러한 맥락에서, 이 글은 '이주자―내부의 시선'에 입각해 '재만'의 경험과 그 문학적 형상화를 살펴 온 기왕의 연구방법과 시각의 연장선상에 놓여 있다. 그러면서도, '조선인'이 '만주(국)'에 산다는 것은, '조선인'이 '조선'에 살거나 혹은 '만주(국)' 이외의 다른 나라에 사는 일과 어떤 차별성을 띠는 일인가에 대해 다시 한 번 검토할 기회를 갖기 위해 쓴다.

'해방전 / 재만'이라는 시·공간적 경험의 특수성을 어떻게 이해하고 재구성해야 할 것인가 하는 질문을 떠올릴 때, 일본의 한 만주국 연구자의 다음과 같은 제안은 하나의 환기점을 시사한다. 야마무로 신이치는 만주 연구에 '공간 감각'이나 '공간 심성'이라는 새로운 관점이 부가될 필요가 있음을 역설하면서, 안자이 후유에(安西冬衛)라는 일본의 한 모더니스트 시인의 짧은 시 한 구절을 소개한 뒤 이렇게 말한다.

> 여기서 파악된 공간감각은 만주라는 공간을 실제로 체험하지 못하면 결코 알 수 없는 것이 아닐까. 그것은 또한 내가 처음 그 땅에 섰을 때 사로잡힌 감각이면서 하늘과 대지의 거대함과 인간의 한없는 왜소함이라는 공간감각의 절대적인 격차에 대한 통각이 결여된 것에 대한 반성에 다름 아니었다. 한없는 대평원 너머로 끝없이 계속되는 지평선 저쪽에 심홍빛의 석양이 져가는, 일본에 살고 있는 한 절대로 체험할 수 없는 공간의 광활함을 체험할 수 있는 공간이기 때문에 시간감각으로도 공간감각으로도 일본에서 길러진 상식이 통용되지 않는 위상에 설

4 이에 대해서는, 한수영의 「친일문학 논의와 재만조선인 문학의 특수성―안수길의 소설과 이주자―내부―농민의 시선」을 중심으로」(『친일문학의 재인식』, 소명출판, 2005)에서 자세히 설명한 바 있다.

수가 있었고, 그러한 다른 차원에 대한 감각에 휩싸인 채 빨려 들어가는 세계를, 안자이는 언어화 하였음에 틀림없다.[5]

야마무로 신이치의 이러한 제안은, 물론 일본인을 향한 것이다. 그러나 잠재적으로는, 일본인을 포함해서, 20세기 초반의 '재만'의 경험이란 무엇인가를 고민하는 모든 이들에게 해당되는 것이라고 읽어도 무방하다. 그의 제안은, 제안 자체로서의 타당성 여부보다도, '재만'의 경험과 그 경험을 토대로 산출된 문학을 몇 개의 제한된 '약호'에 의해서만 읽어온 기존의 우리의 해석 지평에 대한 재고(再考)의 필요성이라는 측면에서 좀 더 큰 의미가 있다.

야마무로 신이치의 '공간 감각'은 해방 후 안수길의 단편 「여수(旅愁)」(1949)에 나오는 다음과 같은 장면을 '재만 경험'의 특수성이라는 맥락에서 해석하고자 할 때 하나의 유용한 틀을 제공해 준다.

그러나 그것보다도 철은 이러한 풍경을 대하자, 이내 만주가 연상되었던 까닭이다.

넓은 만주, 탁 트인 만주, 활개를 치고 다녔자 거칠 것이 없었던 만주, 우리 민족정신이 맥맥히 깃들여 있고 선열의 핏방울이 엉켜있는 만주, 거기에, 철에게는 요람의 땅이었고 젊음의 정열을 쏟았던, 아름답기도 하려니와 추억도 많은 만주였다.

---

5 야마무로 신이치, 윤대석 역, 『키메라—만주국의 초상』, 소명출판, 2009, 354쪽. 참고로 본문에 인용된 안자이의 시는 「봄」이라는 제목이며 내용은 다음과 같다. "나비 한 마리가 달단(韃靼)해협을 건너갔다." 달단해협은, 사할린과 러시아 사이에 놓인 좁은 해협이며, '달단(韃靼)'은 '타타르족'을 가리키는 한자다. 재만작가 박계주의 단편, 「딸따리족」(해방 후 「무명지사의 최후」로 제목을 고침)의 딸따리족도 바로 이들을 가리킨다.

이러한 만주기에 철은 하루의 피로를 늦추노라 다방에서 레코오드를 들을 때나 덕수궁 연못가에 호젓이 앉을 때나, 생각이 만주를 향하여 저절로 달음질 쳤고, 만주와 관련된 추억을 더듬을 때, 희귀하게도 마음의 여유가 찾아들기도 하였다. (…중략…)

물론 무변한 평야는 아니었다. 사래 끝간 데를 모를 한전(旱田)만도 아니었다.

청복을 입은 만주사람의 모습도 눈에 띄지 않았다.

그러나 철은 가까운 곳에 안계를 가로막고 있는 산을 산으로 보지 않았다. 정연한 논배미를 논으로 보지 않았다. 산은 밀어다 지평선 저쪽에 넘겨버리고 논배미는 메꿔 사래 긴 고량(高粱)밭으로 바꾸어버렸다.

이렇게 관념 속에서 장난을 하고 있노라니, 철 자신이 실제로 만주에 온 듯, 지금 '아지아'호의 호화로운 이등을 타고 봉천에서 신경으로, 신경에서 할빈으로, 묘망한 광야를 허탈된 마음으로 질주하는 듯한 환각을 일으켰다.[6]

소설의 주인공 '철'은 식민지 시기에 만주에서 오랫동안 살다가, 해방 후 고국으로 귀환한 인물이다. 귀환 후, 그는 서울에서의 새 생활에 적응하지 못하고 힘들어 한다. 그럴 때마다, 그는 해방 전에 살던 '만주'를 그리워하는 향수병에 시달린다. 나는 이러한 정서를 '만주 노스탤지어'라고 명명한 바 있는데,[7] 일종의 '역(逆)향수'라고 할 수 있는 독특한 정서는 조국의 산천과 삶이 오히려 낯설고, 이역의 공간인 만주의 산하와 삶이 더 풍요롭고 친숙한 것으로 다가오는 '낯선 고국'과 '정든 이역

6 안수길, 『제 3인간형』, 을유문화사, 1954, 16~17쪽.

7 한수영, 「만주 혹은 체험과 기억의 균열－안수길의 만주배경 소설과 그 역사적 단층」, 앞의 책을 참조.

(異域)'이라는 역설적인 구도에 의해 성립되고 있다.

야마무로의 '공간 감각'을 다시 이 '만주 노스탤지어'에 대입해 보면, 이러한 귀환 후의 '향수'는, 단순히 '식민지－고향상실 / 해방－귀환'이라는, 공간 심성의 민족주의적 해석만으로는 해결되지 않는 '잉여'가 존재한다는 점을 재삼 발견하게 된다. 다시 말하자면, '만주'는 제국주의에 의해 고향으로부터 추방당한 '조선인'이 어쩔 수 없이 정착해 살아야 했던 곳이고, '조국'은 그렇게 자신의 땅으로부터 유배당했던 '조선인'들이 되찾은 '해방의 공간'만은 아니라는 것이다. '재만'의 경험은 그것을 포함하되, 그 '너머'에 존재하는 것이며, 그 '잉여'야말로, '재만'이라는 시공간의 체험을, 그 외부에 서있는 사람으로서는 참으로 추체험하거나 재구성하기 어렵게 만드는 부분이라고 할 수 있다.

서울에서 부산으로 향하는 기차 안에서 내다 본 풍경에, 만주의 광활한 평원을 겹쳐 놓고 일종의 '환시'에 빠져드는 '철'의 의식 상태는, 이를테면 '재만'이라는 경험을 '친일 / 반일' , '협력 / 저항' 혹은 '수난 / 개척'과 같은 이분법적인 정치적 약호로 묶어내는, 기존의 이해방식과는 다른 지점에 서있다. 기본적으로, '재만'의 체험은, 제국주의가 강요한 '디아스포라'이며, 자기에게 익숙한 공간으로부터 벗어나야 하는, 일종의 강제된 '탈공간(delocation)'의 경험에서 비롯된다. 따라서, '재만'의 경험을 '제국주의의 타자'라는 관점에서 읽는 것은 일차적으로 정당한 독법(讀法)이라고 할 수 있다. 그러나, '재만'체험의 상당 부분을 차지하는 '만주국'만 하더라도, 기본적으로 그것이 일본제국의 연장으로 존재했던 것은 분명한 사실이지만, 다른 한편으로는 '인공국가'로서의 특수성과 그 나름의 고유한 국가 아젠다를 보유하고, 그것을 실행해 나가는 과정에서 제기되는 '국가로서의 자율성'과 '제국(의 하위범주)으로서의 종속성' 사이에서 길항하고 있었다. '재만'의 체험은 바로 그 '사이'에 존재한다.[8]

그러므로, 재만 조선인은 '제국주의의 타자'인 동시에 피식민인이면서도, '만주'라는 공간 안에서는, 일방적인 '타자'로서만이 아니라, 위계화된 질서 내부에서 또다른 '타자'를 만들어 내는 '주체'의 위치에 머물기도 했다. 더욱이, '철'과 같이 '만주'의 자연과 토양, 혹은 풍경의 외연에 압도당해, 자신도 모르게 그것이 일종의 '숭엄미'의 경험으로 내장된 경우의 '만주' 체험은, 정치적 상상력의 바깥에 존재하는 '어떤 것'이다.

그런 점에서, '재만'이라는 시공간적 경험과, 그것의 외화(外化)인 문학 텍스트를 제대로 읽기 위해서는, 우선 민족주의에 기반한 '주관적 동일화'의 폐쇄 회로에서 벗어나는 일이 필요하다. 이 '주관적 동일화'의 기제가 계속 작동하는 한, '재만'의 경험은, 경험 그 자체로서 읽히거나 이해되기 어렵고, 시종일관 '본토인의 시각'으로 해석하게 되며, 따라서 일시적이고 유동적이며, '이주'를 강제한 원인(즉 식민주의)만 제거되면, 바로 '귀환'으로 전환될, 임시의 '고향상실(unhomeliness)'에 불과한 것으로 이해하게 된다. 그러나 '이주자'는 단일한 표상으로 묶이는 집단이 아니다. 이주자 집단 내부는 입만(入滿) 동기와 경로, 이주 단위, 거주지역과 직업, 성별과 학력 등에 따라 매우 다양한 이질적 특징들을 드러낸다.[9] 그

---

8 이 '사이'를 개념적으로 확장하면 이른바 '트랜스 / 내셔널(trans / national)'이라는 만주국 특유의 중층적 아이덴티티로 연결될 것이다. 이런 관점에서 만주문학을 검토한 연구로 정종현, 「근대문학에 나타난 '만주' 표상—만주국 건국 이후의 소설을 중심으로」(『한국문학연구』, 동국대 한국문학연구소, 2005)를 들 수 있다.

9 김경일 · 윤휘탁 · 이동진 · 임성모, 『동아시아의 민족이산과 도시—20세기 전반 만주의 조선인』, 역사비평사, 2004. 참조.

러므로, '이주'를 하나의 독립적인 단위로 떼어내지 않고, '고향상실'과 '귀환'이라는 연결 고리의 중간에 위치시킨 채, 궁극적으로 그 어딘가에 귀속되어야 할 유동적 행위로만 읽어내면, '이주'와 더불어 형성되는 '정주(定住)'의 의지를 왜곡하게 될 공산이 크다.

아울러, 근대 초기, 한민족이 가장 대규모로 경험한 '이주' 혹은 '이산'의 경험을 현재화하는 데에도 적지 않은 걸림돌이 된다. '재만'의 경험을 가진 동아시아의 나라들, 예컨대 한국과 북한, 일본과 중국은 저마다의 이유로 '만주'에 관한 기억을 억압하거나 통제, 관리하고, 때로는 전유해 왔다. 그런 까닭에 '재만'의 다양한 삶과 경험들은, 제한된 몇 개의 표상 형식에 흡수되거나, 거기에 적절하지 않을 때는 배제되곤 했다. 이러한 '선택 / 배제'의 작동구조 바깥에서는, 과잉된 만주의 '기억'들이 실상과 다른 방식으로 '분출'된다.[10] 그러므로 '재만'이라는 경험의 역사화와 대상화는, 민족주의에 기반한 주관적 동일화를 넘어서고, 몇 개로 제한된 '기억의 정치적 약호'를 넘어선 지점에서 새롭게 시작할 필요가 있다. 이 글은, '재만'경험의 특수성 중에서도, 특히 '국적(國籍)'이라고 번역할 수 있는 내셔널 아이덴티티(national identity)와 '민족적(民族籍)'으로 번역할 수 있는 에스닉 아이덴티티(ethnic identity), 이 두 개의 정체성의 '사이'에서 존재해야 했던 식민지 시기 '재만 조선인'의 삶과 의식이 문학 텍스트에 어

10 예컨대, 중국의 '동북공정'으로 야기된 한국 사회의 대응양상과 '고토회복' 이데올로기, 그리고 대중문화에서의 '만주'의 기억들, 특히 모험과 연애와 로망의 공간으로 표상되는 한국영화에서의 그것에 대해 비판적 거리두기가 필요하다. '만주웨스턴'의 계보를 내세우며 개봉된 「좋은놈 나쁜 놈 이상한 놈」(2008)이 그 최근의 사례다. 한국영화의 '만주웨스턴'과 민족주의의 길항관계를 규명한 최근의 글로는 한석정, 「만주 웨스턴과 내셔널리즘의 공간」(『사회와 역사』 제84집, 한국사회사학회, 2009)을 참조할 것.

떻게 반영되고 있는가를 살피고, 아울러 이른바 '오족(五族)', 혹은 그 이상의 다수 민족이 함께 살아가야 했던 '만주국' 특유의 복합민족적 상황 아래에서, 재만 조선인들의 타자에 관한 인식이 어떻게 형성되었던가를 중점적으로 살펴보고자 한다. 네이션(nation, 이 글에서는 '국민'의 의미로 쓴다)과 에스닉(ethnic, 이 글에서는 '민족'의 의미로 쓴다) 사이의 길항과 모순은, 물론 자신들만의 민족국가가 없는 식민지 주체에게서 공통적으로 드러나는 현상이기는 하지만, '만주(국)'에서의 그것은 한층 더 복잡하고 중층적이라는 특징을 드러낸다. 아울러, '다민족적 국민국가'를 표방했던 '만주국' 안에서의 인종과 민족에 관한 '공존 / 연대'나 혹은 차별적 위계의식의 문제는, '재만'의 경험을 통해서만 추출될 수 있는 독특한 현상이 아닐 수 없다. 본고에서 이 두 가지 현상에 집중해 '재만'이라는 경험의 특수성을 재구성하고 재해석하려는 의도도 이에서 비롯된다.

2. '민족'과 '국민' 사이에서

재만작가의 한 사람이었던 김창걸의 「절필사」에는 다음과 같은 흥미로운 대목이 등장한다.

> 나는 네 조대나 겪은 사람이다. 너무 어릴 때 일이여서 잘 기억은 되지 않지만 망국조선을 겪었고 그뒤 곧 일제의 통치를 겪었다. 일제의 조선강점으로 하여 온

> 가족이 고향을 떠나 간도땅으로 들어왔고 간도 와서는 일제통치의 '연장'시기에 가정의 파산을 당해보았다. 간도에 와서는 구중화민국시기에 관헌들의 직접적 통치를 받게되여 억울한 '문턱세'까지 물지 않으면 안될 형편을 당해보았다. 그뒤 '만주국'이 되어 지금 '만주국'이란 세상에서 살고 있으니 겨우 30년에 이렇게 네 조대의 풍진을 겪고 있다. '네 조대에 대한 체험', 이것은 간단한 것이 아니라고 본다.(밑줄 강조-인용자)[11]

연보에 의하면, 김창걸은 1911년 생이므로 구한국(대한제국)의 신민(臣民)이었던 적은 없었다. 그러나, 그의 정치적 귀속의식이 그 시기를 포함하고 있으므로, 회고를 존중하자면, 그는 '대한제국의 신민-일본국민-만주국 국민'이라는 정치적 아이덴티티를 거쳐 왔으며, 만주국 국민이 되기 이전에는, 일본 '국민'으로서 중화민국의 통치 아래 '치발역복(治髮易服, 머리를 만주족처럼 만들고 만주족의 의복을 착용하는 것-필자)'으로 상징되는 '국적변경'을 강요받거나, 일본의 앞잡이라는 '오명'을 감수하며, 조선인 이주농민으로서의 간난신고를 겪어야 했을 것이다. '이주자-내부의 시선'으로 '재만'의 경험을 이해하고자 할 때, 가장 먼저 제기되는 것은, '재만'의 경험이란 우선 국적(國籍, national identity)과 민족적(民族籍, ethnic identity)의 중층성이 야기하는 복잡한 상황 아래에서 삶을 영위한다는 사실을 인지하는 일이다. 아쉽게도, '네 조대에 대한 체험, 이것은 결코 간단한 것이 아니라고 본다'는 선언적인 구절 뒤에, 이러한 국적

11 김창걸, 연변대학 조선언어문학연구소 편, 『중국조선민족문학대계 11』, 흑룡강조선민족출판사, 2002, 271쪽. 맞춤법은 원문을 따랐음. 이하 인용문의 맞춤법도 원문에 의거함. 이 글은 1943년에 씌어졌으나 공간(公刊)되지 않다가 1982년에 발표되었다.

과 민족적의 중층성이 그의 삶에 어떤 영향과 결과를 가져왔는가를 자세히 밝히고 있지는 않다. 김창걸은 해방 이후 한반도로 귀환하지 않고 만주에 잔류했으므로, 그의 정체성의 변천사에는 일본의 패전 이후 '국민당'과 '공산당'의 치열한 내전에 관한 경험과, 마침내 '중화인민공화국'의 '국민'으로 귀착되는 이행과정이 추가되어야 할 것이다.

역시 재만작가의 한 사람이었던 박계주의 소설 「처녀지」에는 이러한 정치적 아이덴티티의 중층성이, 그것을 전혀 의식하지 않고 살아가던 한 사람을 어떻게 혼란에 빠트리는가를 상징적으로 보여주는 장면이 나온다.

> "호적(戶籍)은 어느 나라에 있어?"
>
> 서슬이 퍼래서 계속해 묻는다.
>
> "호적이라능 게 무시게오?"
>
> "이 놈아, 네 국적말이다."
>
> "국적이라능건 또 무시겜둥?"
>
> "이런 천하에 멍텅구릴 봤나! 아, 그래 국적두 모르고 입대 살았어?"
>
> 하고, 한바탕 깔깔 웃어대더니,
>
> "네 국적이 조선에 있어서 황국신민(皇國臣民), 이를테면 일본사람이 됐느냐, 그렇잖으면 만주국에 입적해서 만주국 백성이 됐느냐 말이다."
>
> 하고, 성을 펄쩍 내며 묻는다.
>
> "나는 조선사람이오."
>
> "이 놈아, 조선사람인줄 누가 모른대?"
>
> 그는 다시 깔깔 웃는다.

"그럼 왜 조선사람인줄 알면서 나보구 일본사람이냐 만주국사람이냐 하구 묻소?"

산ㅅ사람은 더 의심할 여지가 없다고 생각했다. 조선사람인줄 빠안히 보면서 일본사람이냐 만주국사람이냐 묻는 그 한가지만 보아도 분명히 정신상태가 온전한 사람의 말일 수는 없잖은가.[12]

「처녀지」의 주인공인 '산사람'은 바깥 문명사회와 거의 두절한 채 사십 년 가까이 백두산 산록 원시림 속에서 화전과 사냥, 그리고 벌목으로 생계를 이어가는 인물이다. 그러나, 국유림이던 산사람의 삶의 터전이 개인에게 불하되고, 그 소유주가 된 일본인이 벌목을 금지하면서 산사람은 '소유권침해' '절도' 등의 죄목으로 경찰에 불려가게 된다. 소설의 한 구절처럼 "야만답게 무교양했으나 야만답길래 도리어 이들에게서 단순함과 소박한 미를 발견"[13]하게 되는 것이고, 그것을 파괴하는 '현대문명', 예컨대 소설 속에서 '기차' '소유권' '노동과 임금' 등으로 상징되는 문명적 질서를 다른 대척점에 설정한 것이 이 소설의 기본 구도이다. 백두산 자락 원시림 안에서 문명 세계와 사십여 년간 소통하지 않고도 자족적인 삶이 가능할 수 있다는 상상력 자체가, 앞서 말한 '만주'의 공간 감각과 연결되는 것인지도 모른다. 그런 점에서, 산사람이 정치적 아이덴티티를 묻는 경찰 앞에서 느끼는 '혼란'은 오히려 너무 초

12 박계주, 앞의 책, 551쪽. 박계주의 회고에 의하면 이 소설은 1941년에 쓴 소설이지만, 검열 문제로 해방전에 발표할 기회를 얻지 못했다고 한다. 따라서, 해방 이후에 발표하면서 가필했을 가능성을 배제할 수 없지만, 인용 부분은 주인공인 '산사람'의 '비문명화상태'를 나타내고 있다는 점에서, 가필의 가능성 여부와 상관없이 인용하기로 한다.

13 박계주, 앞의 책, 538쪽.

보적이고 유치한 면이 없지 않지만, '산사람'의 혼란이 연장된 지점에, '재만 조선인'의 삶이 유지되고 있다는 점에서는, 역설적으로 매우 상징적인 대목이라 하지 않을 수 없다.

소설 속의 경찰은 '산사람'을 위협하고 소리를 지르기는 하지만 딱히 나쁜 사람이라고는 볼 수 없다. 물론 대화가 도무지 통하질 않아 홧김에 산사람의 뺨을 때리기는 하지만, 그로서는 산사람을 입건하기 위해서는 최소한의 그의 '정치적 아이덴티티'를 확인할 필요가 있었던 것이다. 마찬가지로, '산사람'의 대답 가운데 "그럼 왜 조선 사람인줄 알면서 나보구 일본사람이냐 만주국사람이냐 하구 묻소?"라는 구절을 '민족주의적'으로 읽는 것도 일종의 '과잉해석'일 것이다. 다시 말하면, 소설에 나오는 '산사람'이 조선 사람의 민족적 정체성을 고스란히 유지하고 있는 '긍정적 인물'로 해석하는 것은 서사전개의 논리에 비추어 온당한 것이 아니라는 것이다. 오히려, 소설은 '산사람'이 국적(國籍)과 민족적(民族籍)의 혼란이 발생하는 만주국 현실과 무관하게 살아온 인물이며, 그로 인해 생기는 오해와 갈등의 원인을 이해할 지적 능력이 없는 인물이라는 점에서, 서사의 대립구도는 '문명 대 자연'에 가까운 것이라고 보는 것이 온당할 것이다.

원시림이 갑자기 철도공사판으로 변하고, 알 수 없는 말들로 '네가 누구냐?'라고 묻는 혼란 가운데서 산사람은 더 깊은 산속으로 숨어들어가기로 마음먹지만, 최종적으로는 꾸렸던 짐을 풀고 '문명세계의 내부'에 남기로 결정한다. 결국 그는 '네가 누구냐?'라는 질문에 대답하지 않을 수 없는 환경에 놓이게 된다. 어쩌면 산사람은 죽을 때까지 '조선 사람이면서도 일본 사람이고, 일본사람이면서도 만주국 국민이기도 한 자신'을 이해하지 못할는지도 모른다. 그러나, 그의 자기 인식 여부와는 상관없이 '재만'이라는 삶은 그러한 중층적인 정체성의 어떤 틈새를 비집고 유지되지 않으면 안되는, 특수한 것이라는 사실을 기억할 필요가 있다.

실제로 재만 조선인의 국적 문제는 '만주국' 건국 이후에 복잡한 행정적 · 정치적 문제로 부각되었다. '만주국'에서의 재만 조선인의 국적 문제를 검토한 한 연구자에 따르면, 일본은 조선을 강제로 합병한 이후, 식민지인 조선인들에게 일괄적으로 일본국적을 부여한 후에는 '국적' 선택과 이탈에 관한 일체의 자유를 부여하지 않는 정책을 유지했다.[14] 그러다 보니, 조선에서 만주국으로 이주한 재만 조선인의 경우, 일본 국적을 지닌 채, 행정적으로는 만주국 국민으로서 생활해야 하는 모순에 처하게 된다. 이중국적을 허용하거나, 국적 선택의 자유를 보장하면 간단히 해결될 수 있는 문제이나, 일본은 그런 조치를 적극적으로 취하지 않았다. 우선 이것은 '국적'에 관한 국제법상의 통념이자 기본원칙이라 할 수 있는, '국적 비강제주의'와 '국적 선택권의 존중'에 위배되는 것이었다. 타나카 류이치는, '만주국' 시기(1932~1945) 전체에 걸쳐 '국적법'은 끝내 만들어지지 못했고, 각 시기에 따른 특별법이나 행정조례로 '국적'문제를 해결했으며, '국적'문제의 사태가 그렇게 흘러간 근본적인 이유 중의 하나는, 특히 재만 조선인의 법적 지위에 관련해서 살펴볼 때, '내선일체'라고 하는 '조선' 중심의 식민지배 정책과, '오족협

14 田中隆一, 『滿洲國と日本の帝國支配』, 有志舍, 2007, 135쪽. 이하 재만 조선인의 국적에 관한 일반적 논의는 이 책의 정리에 의거한 것임. 특히, 제7장, 「「滿洲國民」の 創出と 在滿朝鮮人 問題」를 참조.

화'라고 하는 '만주국' 중심의 지배 정책 사이에 필연적으로 생겨날 수밖에 없는 모순 때문이었다고 분석했다. 만주에 거주하는 '조선인'의 법적 지위 및 기타 행정적인 제반 권리와 의무의 실현 문제에 있어서 '내선일체' 정책의 연장선상에 놓인다는 것은 '일본인'과 동등한 지위를 갖도록 한다는 말이다. 그에 반해, '오족협화'의 차원에 놓인다는 것은, 재만 조선인을 만주국의 다른 민족들인 한족, 몽골족, 만주족 등과 같이 취급한다는 것을 의미한다.

재만 조선인의 입장에서 보자면, '만주국' 내에서 '일본인'과 동등하게 취급되고, '일본인'이 누리는 법적·행정적 지위, 권익 및 의무를 누리는 것이 훨씬 더 유리한 것이 사실이었다. 비록 '만주국'이 '오족협화'라는 국책 슬로건을 내걸었고, '만주국'이 세워지고 난 뒤 '치외법권 철폐'를 통해 '오족협화'를 구현하려고 노력하는 제스추어를 보였지만, 여전히 '만주국' 내에서의 '일본인'의 지위는 다른 민족들의 그것과 뚜렷이 구별되는 특별한 자리를 차지하고 있었기 때문이다. 하나의 예로, '치외법권 철폐'(1936)가 이루어진 후에도, 일본인의 교육행정권은 여전히 만주국측에 이관되지 않고 일본측에 남겨진 것만 보아도 알 수 있다. 문제는, 재만 조선인의 경우인데, '일본인'으로 간주하여, 그 교육행정권을 일본측에 둘 것인가, '만주국민'으로 간주하여 만주국측에 이관할 것인가에 관한 논란이 필연적으로 제기되었기 때문이다.[15]

---

15 조선총독부는 간도성(間島省)의 주요 포스터에 조선인을 기용한다는 것을 조건으로 간도의 이양을 결정하고, 그에 따라 1937년 1월 1일, 일본과 만주 양국간에 '만주국에 있어서의 치외법권의 철폐 및 남만주철도부속지행정권의 이양에 관한 일본국과 만주국간 조약'을 체결하고, 만철(滿鐵) 연선(沿線) 주요지를 제외한, 재만조선인 교육행정권을 조선총독부가 만주국에 이양하기로 했다. 田中隆一, 앞의 책, 134쪽.

재만 조선인의 '국적' 문제가 지닌 난맥상과 복잡함은 제국주의 지배 주체의 입장에서 보자면, 법적·행정적 권리와 의무의 차원에서, '일본 신민'으로 볼 것인가 '만주국 국민'으로 볼 것인가, 혹은 '내선일체'에 근거할 것인가 '오족협화'에 충실할 것인가의 문제로 귀결되는 것이지만, 재만 조선인의 처지에서는, 단지 '국가' 차원의 법적·행정적 문제만이 아니라, 실제로 '만주'라는 공간에서 점하고 있는 경계인적 위치로 인해 생존과 직결되는 매우 민감한 사안이 아닐 수 없었다. 왜냐하면, 국적(國籍)에 관한 문제는 단순히 법적·행정적 지위 문제에 국한되는 것이 아니라, 민족 또는 인종간의 문화적 차이와 이질성에 의해 유발되는 에스닉 아이덴티티의 문제가 중첩되어 나타나기 때문이다.

'민족'과 '국민' 사이에 형성되는 이러한 정체성의 중층적 구조로 인한 모순과 갈등이 가장 집약적으로 드러나는 경우가, '재만 조선인'에게 있어서의, '토지상조권' 문제와 '치외법권' 문제였다고 할 수 있다. 잘 알려져 있다시피, 만주국이 들어서기 전, 중화민국은 조선인의 토지소유를 법적으로 허가하지 않았다. 토지를 소유하기 위해서는 '치발역복'을 하고 국적을 변경해야만 했고, 그렇지 않으면 '차명지주'(이른바 '홑주인')를 내세워, 서류상의 지주와 실제 소유주가 다른 '이중적 소유구조' 형태를 취해야만 했다. 이 과정에서 제기되는 여러 가지 사기와 협잡, 정치적 경제적 불이익은, '토지'를 매개로 한 재만 이주농민들의 또 다른 고통이었다.

'자연과의 싸움', 혹은 '수전법'을 모르는 '중국 농민과의 싸움'이라는 구도로 전개되기 마련인, '만주 개척 서사'의 구도를, '민족'과 '국민' 사이에 형성되는 정치적 아이덴티티의 문제틀로 바꾸어 제시하려고 했던 대표적인 예로 재만 작가 안수길의 「벼」(1940)를 들 수 있다.[16] 「벼」는 안수길이 해방 전에 쓴 소설 중에 가장 문제적인 작품인 동시에, 지금도 여전히 '친일 시비'의 공방전에서 빠지지 않고 등장하는, 대표적인 친일(親日) 혹은 친만주국(親滿洲國) 소설이라는 혐의를 받고 있는 작품이다. 이 소설을 둘러싼 친일 시비는 중국 관헌의 탄압과 중국 농민의 무지와 폭력을 넘어서기 위해 주인공 '찬수'가 일본 영사관의 힘을 빌린다는 데서 비롯되고 있다.

소설은 만주국 건국 4년 전인 1928~29년 무렵, 만주의 매봉둔이라는 조선인 집단부락을 배경으로 하고 있다. 초기 이주자인 홍덕호를 위시한 조선 이주농민들은 원주민인 중국농민들의 몰이해와 억압, 그리고 자연재해와 싸우면서 10여 년 동안 매봉둔을 개척해 왔다. 그 사이 여러 차례 중국인 현장(縣長)이 바뀌었지만, 대체로 부패하고 무능하여 조선 농민들이 뇌물로 다독거려 큰 탈 없이 잘 지내오던 터였는데, 새로 부임한 젊은 소현장은 북경의 대학을 졸업하고 일본 유학 경험도 있는 청년 엘리트인 데다, 강한 배일사상으로 무장한 열혈 민족주의자인 동시에 뇌물과 협잡이 통하지 않는 청렴한 청년정치가였다.[17] 이러한 신임 현장은 매봉둔의 조선인 농민들의 오랜 숙원인 학교설립 요청을 허락하지 않을 뿐 아니라, 오히려 조선농민들을 매봉둔에서 소개(疏開)시키려고 함으로써 첨예한 갈등을 낳게 되었다. 소현장으로 대표되는 중

16 「벼」는 해방 후에 상당 부분이 개작되어 재간(再刊)되었다. 「벼」의 개작 양상과 그 의미에 대해서는 한수영, 「만주, 혹은 체험과 기억의 균열－안수길의 만주 배경 소설과 그 역사적 단층」을 참조할 것.

17 「벼」에 등장하는 '소현장'의 인물 성격과 서사적 기능에 관해서는 다음 절인 '인종적 위계와 타자들'에서 좀 더 자세히 설명되고 있다.

국인의 입장에서 보자면, '재만 조선인'은 '피식민지인'이라기보다는, '준(準)일본인'으로서, 그들이 정착하고 뿌리를 내리는 곳에는 어김없이 그 배후에 일본 경찰과 군대가 '치외법권'을 방패삼아 '자국민의 보호'를 명분으로 주둔하게 되며, 중국인들에게 이는 곧 영토주권에 관한 침탈로 간주되었다. 재만 조선인은, 일본에 대해서는 피식민지인, 즉 제국주의의 타자인 동시에 피해자이지만, 중국인의 입장에서 보자면, 비록 에스닉 아이덴티티는 일본인이 아니라고 하더라도 엄연히 '일본 국적'을 가진 '법적(法的) 일본인'이었다. 주인공 '찬수'를 비롯한 조선 이주 농민들에게 가장 중차대한 문제는, 새롭게 개척한 매봉둔을 삶의 터전으로 지켜내는 것이었고, 이를 위해 매봉둔의 젊은 지도자 '찬수'가 선택한 것은, '법적 일본인'으로서의 권리, 즉 '치외법권'의 보호막에 기대어 중국 관헌의 탄압을 이겨내는 것이었다. 소설의 말미는, 중국 관헌들의 대열 앞에서 자신들이 개척한 수전(水田)에 납작 엎드려 일체의 저항을 포기한 채, 사람을 보내 연락을 취한 길림의 일본영사관으로부터 무언가 소식이 오기를 간절히 기구(祈求)하는 '찬수'와 조선 농민들의 모습으로 끝을 맺고 있다.

「벼」는 만주에서 조선인의 위치가 얼마나 모순적인가를 여실히 입증하고 있다. 그 '모순성'은 다른 말로 바꾸면, 때로는 제국주의에 의해 자기의 땅을 박탈당한 식민지인이면서, 동시에 개척지를 보존하기 위해서는 '일본인'으로서의 '법적 지위'를 요청하고 구가할 수밖에 없는 '의사(擬似)식민주의자'의 위치에 놓인다는 것을 뜻한다. 「벼」를 둘러싼 친일 시비가 전자의 위치에 입각해 후자를 부정하는 데서 비롯된 것이라면, '재만'의 경험을 '의사 제국주의'의 욕망으로 읽는 것은 이러한 모순적 위치로부터 '후자'만을 부각시킨 것이라고 할 수 있다. 그러나, '재만'의 경험이란, 사실상 그 두 가지 위치의 어느 한 곳에 수렴되는 것이 아니라, 「벼」에서 여실히 드러나듯이, 그 두 지점의 '사이' 어딘가에 존재할 수밖에 없는 것이었다.

3. 인종적 위계와 타자들

일본의 대동아공영권은 '반민족주의적 다민족적 국민국가'를 지향한 것으로 요약할 수 있다.[18] 실제로 그러한 이념이 얼마나 실현되었는가의 물음과는 별도로, 제국의 공간적 확장이 이루어지고, 다양한 민족이 살고 있는 아시아를 제국의 체계 아래에 포섭하기 위해서는, 그러한 이념의 창출이 불가피했을 것이다. 이른바 '만주국'은, 대동아공영권의 이데올로기였던 '반민족주의적 다민족적 국민국가'의 최초의 실험장이자 산실이었다. 이를테면, '오족협화'라는 만주국의 국시(國是)는 '반민족주의적 다민족적 국민국가'의 '만주국'판(版)이라고 할 수 있다. 이 절에서 살펴보려는 것은, 만주국 통치 주체의 '협화 이데올로기'가 제국의 헤게모니 담론으로서 지니는 내실이나 기만성 여부가 아니라, '재만'의 경험을 통해 수많은 민족과 접촉하면서 살아갈 수밖에 없었던 당시의

18 사카이 나오키 · 니시타니 오사무, 차승기 · 홍종욱 역, 『세계사의 해체』, 역사비평사, 2009, 216쪽.

조건 속에서, '다른 민족들'은 조선인의 눈에 어떻게 비치고 인식되고 있었는가 하는 점이다. 당시의 만주에는 이른바 '오족'이라고 불리는 '일본인, 조선인, 한족, 만주족, 몽골족' 이외에도 백계 러시아인을 비롯하여 소수민족까지 합하면, 십오륙 개의 민족들이 할거하고 있었다.[19]

소박한 계급담론에 입각해 초기 만주 이주농민의 삶을 형상했던 최서해의 소설에서 '중국인'(혹은 만주인)은 흔히 포악하고 인정사정없는 '지주'의 모습으로 등장한다. 「홍염」(1927) 같은 소설의 중국인 지주 '인가'가 대표적인 형상이라고 할 것이다. 이러한 중국인 형상은, 그의 다른 소설에서 등장하는 조선인 악덕 지주나 부자와 동일한 위상을 지니므로, 외국인이나 이민족의 형상이라기보다는, 지배계급으로서의 '지주'라는 범주로 동일화된다. 만주 개척서사에서의 중국인 형상은, '수전 농법'을 이해하지 못하고, 조선 이주농민들을 괴롭히고 못살게 구는 '원주민'으로 등장하거나, 원주민과 한 통속이 되어 조선인을 괴롭히는 악덕부패 경찰, 또는 마적패로 등장한다. 이 모든 중국인들은, 조선 이주농민들의 삶을 위협하고 척박하게 만드는 '적대적 존재'들이다. 이러한 시각에 고착되는 한, '재만'의 '오족' 혹은 '다민족'이 '제국주의의 타자'로서 연대의 대상이 되거나, 혹은 '국시'를 실현해 갈 '협화'의 대상으로 설정되는 것은 불가능하다.

한 가지 흥미로운 점은, '만주국' 건국 이후의 소설에서, '만주국' 건국 이전의 농촌이 중국인 지주의 행패나 마적의 출몰로 고통스런 공간으로 그려질수록 '만주국' 건국의 정당성이 역설적으로 강화된다는 점이다.[20]

---

19 한 자료는 "만주국 시절의 하얼빈에는 50개의 민족집단과 45개의 언어가 혼재하고 있었다"고 한다. 한석정 · 노기식 편, 『만주, 동아시아 융합의 공간』, 소명출판, 2008, 6쪽.

그러므로 악덕 중국인 지주나 부패 경찰의 형상은, 특정한 민족의 형상을 악인으로 묘사한다는 점에서 '협화'의 정신에는 위배되지만, 과거의 농촌에 만연했던 그러한 구습(舊習)이 제거되는 새로운 세계로서의 '만주국' 건국의 정당성을 강화하는 한은, 계속 허용되는 셈이다. '전자'의 경우는 '수난의 서사'로 수용되고, '후자'의 경우는 '친일 혹은 국책협력'의 서사로 읽히는 모순적인 '독법'이, 기존의 '재만' 텍스트를 읽는 지배적인 방식의 하나였다. 그 점에서, 중국인의 이러한 관습화된 형상화는, 사실(事實) 여부와 상관없이, 독해의 정치적 콘텍스트를 구성한다고 할 수 있고, '독해'에 따른 이러한 콘텍스트야말로, '재만'텍스트가 지닌 또다른 특수성이라고 할 수 있을 것이다. 다시 말하자면, 중국인의 타자화를 통해, 재만 조선인 작가는 '수난의 서사가 강화되는 효과'를 얻고, 만주국의 통치주체는 '만주국의 정당성을 확보하는 효과'를 얻게 된다는 점이다.

박계주의 「인간제물」이라는 단편에 묘사된 만주인의 형상을 보자. 이 소설에는 세 부류의 악덕 만주인(중국인)들이 등장한다. 만주인 지주와 그의 아들, 그리고 '지나경관들'이다. 탐욕스런 만주인 지주 팡개는 소작인들을 철저히 착취하고, 그의 아들 팡룩싼은 호시탐탐 아름다운 철규의 아내 '연히'를 노린다. 동네 청년 갑수의 방해로, '연히'를 겁탈하

20 재만 조선농민의 수난사를 다루는 많은 소설들에서 '시기'를 가리키는 문장이 따로 붙거나 소설의 첫머리에 제시되는 것이 그 예라고 할 수 있다. 안수길의 「벼」(1941)의 첫문장은 "만주 건국 이년전 여름이였다'로 시작된다. 박계주의 「인간제물」(1938)은 제목 밑에 "이것은 만주국이 왕도낙토로 건립되기 전 약 십년전 이야기다'라는 문장이 부가되어 있다. 이태준의 「농군」(1937)도 "이 소설의 배경 만주는 그전 장작림의 정권시대임을 말해둔다"라는 부기가 제목 아래 붙어 있다. 물론, 이것은 검열을 의식한, 불가피한 작위적 설정이며, 실제로 만주국이 '왕도낙토'임을 의미하는 것은 아니지만, '수난'의 서사를 강화하기 위한 목적으로 중국인이 '타자화'되고, 그 결과 만주국의 정당성이 서사의 구조를 통해 획득된다는 점은 피하기 어렵다.

려던 계획이 수포로 돌아가자. 팡룩싼은 경찰과 짜고 갑수를 도박죄로 감옥에 가둔다. 노름을 한 적이 없는 갑수는 완강히 저항하지만, 이런 일에 이골이 난 중국경찰들을 당해낼 도리가 없다.

> "왕바 차우니! 이거, 노름이 안노라?"
>
> 하고 경관은 다시 철규의 빰을 후려갈긴다.
>
> 물론 투전을 놀줄을 모르고 도박할줄 모르는 철규의 주머니에 화투장이나 투전장이 있을 리가 만무한일이오 경관들이 자기 손에 미리 화투장과 투전장을 몰래 쥐고 철규의 주머니에 넣어서 조사하다가 화투장을 발견한듯이 꿈여낸 것이다.[21]

수난과 개척의 서사가 중국인을 타자화하는 방식과는 구별되지만, 이효석의 『벽공무한』(1940)의 주인공 '천일마'의 눈에 비친 중국인의 형상 역시 이러한 차별과 위계에 의한 구획을 넘어서지 못하고 있다.

> 일마는 눈을 비비면서 침침한 폼을 창으로 내다보았다. 자주 지나고 자주 보는 곳이라 별로 신기할 것이 없었고 그 까닭에 하룻밤 잠도 푹 이루었던 것이나 구내에서 느릿느릿 일들을 하고 있는 쿠리의 무리와 그것을 감독하는 역원들의 자태를 바라볼 때 역시 시대의 변천과 역사의 움직임이라는 것을 느끼지 않을 수 없었다. (…중략…) 물론 그 위대한 정리는 아직 시작이 되었을 뿐이요 완성까지

21 박계주, 앞의 책, 425쪽에서 인용함. 이런 비슷한 상황은 안수길의 「원각촌」(1942)에도 등장한다. "이번에는 또 무슨 트집일가…… 주민들은 그가 나타날때마다 공포를 느꼈다. 순경과 짜고 마슬방에 들어가 요나 방석밑에 화투목을 몰래 밀어넣고 곳 순경으로 하여금 수색케하여 집어가고 그것을 내놓게할터이니 칭커(請客＝交際)와 벌금으로 수십원 받은후 순경과 난호아먹는 일은 작난에 속하는 것이요……". 안수길, 앞의 책, 37쪽.

에는 앞날이 먼 듯하다. 가령 차가 떠나기 시작해 역 부근의 긴 빈민지대를 지날 때 일마가 문득 빙그레 웃음을 띠인 것은 둑 아래에서 바로 지나는 기차를 향해 한 사람의 만주 사람이 바지를 벗고 유유히 용변을 하고 앉은 것을 본 까닭이다. 신선한 아침 공기 속에서 한 폭의 유머의 풍경이라고 할까. 역 구내에서의 어마어마한 풍경과는 거리가 먼 한 폭이다. 이런 풍속까지가 정리되려면 참으로 몇 세대의 시간이 필요할지 모른다.(밑줄 강조—인용자)[22]

경성에서 하얼빈까지 가는 기차의 중간기착지인 '봉천역'에서, 주인공 '일마'는 노천에서 용변 보는 중국인을 목격한다. '웃음'으로 감싸기는 했지만, 중국인을 보는 일마의 시선은 명백히 근대적 위생관(衛生觀)에 근거해 있으며, 그 중국인은 비록 같은 시간과 공간에 있지만, '몇 세대 뒤쳐진' '정리되어야 할' 인간으로 설정되어 있음은 숨길 수 없다. 같은 날 오후에 도착한 '하얼빈'에서 일마의 시선과 감각은 완연하게 달라진다.

키타이스카야가(街)에 들어서니 감회는 한층 더하다. 좌우편에 즐비한 퇴물이며 그 속에 왕래하는 사람들이며—거기는 완전히 구라파의 한 귀퉁이다. 외국에 온 듯한 느낌에 일마는 번번이 마음이 뛰노는 것이었다. 여름보다 남녀의 복색들이 달라진 것이 또한 새로운 흥을 돋아준다.

"이곳에 들어서면 웬일인지 올 곳에 왔다는 느낌이 난단 말야."(밑줄 강조—인용자)[23]

---

22 이효석, 『벽공무한』, 창미사, 2003, 18쪽. 최초 연재는 『매일신보』, 1940.1.25~7.28이며 원제는 『창공』. 이효석은 엄밀한 의미에서 '재만작가'라고 할 수는 없다. 그러나, 인종적 위계에서 조선인 주체가 놓이는 위치를 대조적으로 보여준다는 점, 그리고 그것을 가능케 하는 공간이 '만주'였다는 점에서 인용한다.

23 이효석, 앞의 책, 49쪽.

철로 연변의 노천에서 용변보는 '중국인'의 대척점에 놓이는 것은, 하얼빈 거리를 누비는 '유럽인'들이다. 일마는 '중국인'을 타자화하고 하얼빈의 '유럽인'을 욕망한다. "올 곳에 왔다는 느낌"이라는 말보다 '일마'의 욕망을 더 실감나게 드러내 주는 것은 없을 것이다. 그 점에서 '일마'의 하얼빈 교향악단 초청과 백계 러시아 미녀 '나아자'와의 결혼은, '서구'를 모방하고자 하는 '일마'의 욕망을 환유하는 '계열체'다.

박계주의 「사형수」(1940)는, 한족들에게 차별받는 '만주족'을 동정하는 시각을 보여준다. '왕덕'이라는 마적단 두목 출신의 사형수가 형장으로 끌려가 처형당하는 과정을 자세히 묘사한 이 소설에서, 박계주는 '인간제물'에서의 중국인 묘사와는 다른 각도에서 '만족'들이 '한족'에 대해 지니는 열등의식과 차별에 대한 저항을 대변한다. 주인공 '왕덕'은 만주족 출신으로, "어려서 집을 뛰쳐나와 학문에 욕심이 나서 고학으로 가진 고생을 하면서 공부했었으나 오랑캐(兀良哈)의 후예라는 혈통의 차별로서 번번이 야먼(衙門)에 등용되지 못하였"[24]고, 그로 인해 한족의 국가인 '중화민국'에 반역을 하게 되었던 인물이다. 왕덕의 이러한 모순적인 태도, 즉 "오랑캐라는 차별대우 때문에 더 오랑캐의 냄새를 풍길려고"[25] 마적질에 몰두하는 것은, 만주족 출신들에 전반적으로 만연된 '열등의식'과 동궤를 이루는 것이라고, 소설은 설명한다.

> 그는 오늘까지 누가 자기더러 고향이 어디냐고 물으면 어느 틈엔가 입은 마음의 명령도 기다리지 않고 얼른 싼둥(山東)이라 대답해버리고 마는 것이었다. 그

---

24 박계주, 앞의 책, 466쪽. 원제는 「오랑캐」.

25 위의 책, 467쪽.

렇게 대답해지는 것이 한없이 괴롭고 비위에 거슬렸으나 본능은 곧 잘 그러고야 만 만족스러웠던 것이다.

그것은 왕덕 한 사람에게만 한한 심리가 아니요, 만주에 널려 있는 여진족의 후예치고 누구나 다 만주에 자기 고향이 있다는 사람은 약에 쓰재도 없다. 그ㅎ 도록 혈통이 다른 한족(漢族)으로 외모를 장식하려 들었고, 오랑캐라는, 소위 쌍 놈의 대접을 받기가 싫어서 노상 자기 고향은 쿵즈(孔子)가 탄생했다는 양반의 나라 싼둥셩(山東省)의 아무데노라고 대답하는 것이다.[26]

물론 이러한 시선은, 제국주의의 타자로서 형성되는 '연대의식'이라고 보기는 어렵다. 소설의 말미에, 왕덕을 포함한 세 명의 마적의 시체를 둘러싸고, 옷가지를 서로 나누어가지려는 중국인 거지떼의 추잡한 소동을 배치함으로써, 신분차별과 가난이라는 거대한 질곡에서 헤어나오지 못하는 '중국'이 다시 '타자화'되고, '왕덕'은 다만, 그러한 질곡을 헤쳐 나가기 위한 올바른 전망을 확보하지 못하고 주관적으로 반항하다가 비참히 죽어가는 인물로 그려지고 있기 때문이다. 노골적으로 협화 이데올로기를 드러낸 일종의 '프로퍼갠더' 소설인 한찬숙의 「초원」에는, 드문 사례로서 '몽골족'이 등장한다. 소설은 조선인 축산기사 '임봉익'과 몽골족 처녀 '마루도'의 사랑을 서사의 중심축으로 설정해두고 있지만, 기본적으로 주인공 '봉익'은 "몽고땅의 미개한 민족을 지도하기 위하여 자청하고 대륙으로 진출한 큰 뜻"[27]을 품은 청년으로, 소설의 외곽을 형성하는 '이민족간의 통혼' 모티프에도 불구하고, 민족간

26 위의 책, 467쪽.

27 한찬숙, 앞의 책, 628쪽.

의 철저한 위계, 즉 '문명 / 야만', '미개 / 계몽' 혹은 '근대 / 비근대'라는 이분법적 구획에 근거한, 협화미담의 저열함을 넘어서지 못한다.

조선 이주 농민의 개척서사를 다루면서도, 중국인을 타자화하는 관습화된 방식에 의거하지 않고, 오히려 중국인을 민족적 자존심을 지닌 하나의 인격체로 묘사함으로써, 수난과 개척의 서사가 좀 더 조밀한 정치적 맥락 안에서 형성될 수 있게 만든 것은, 앞서 언급한 안수길의 「벼」라고 할 수 있다. 이 소설에 등장하는 중국인 '소현장'의 형상은, 재만 소설 어디에서도 발견하기 어려운 객관성을 확보하고 있다.

소현장은 조선 이주농민들이 모여 사는 매봉둔의 신임현장이다. 이주 초기부터 치면 네 번째로 갈려 온 소현장은, 지금까지의 중국인 관리와는 전혀 달랐다. 그는 조선 이주농민들에게 대단히 적의에 찬 태도를 드러내는데, 그것은 이전의 현장과는 달리 그가 철저한 반일사상을 지녔기 때문이다.

민국 십칠 년(소화 삼년) 장개석의 북벌(北伐)이 성공하여 동년 시월 십일부터 동삼성(東三省)에도 청천백일기가 나부낀지 불과 반 년이 남짓한 때라 그들은 종래의 매관매직의 부패한 정치를 쇄신하고 삼민주의에 의거한 새롭고 힘센 정치를 펴야 된다고 지방에는 소위 정예분자를 발탁하여 파견하였다.

거기에 발탁되어 온 것이 소현장이었다.

그는 북경의 대학을 졸업하자 동경에 가서도 모대학에서 정치를 배운 일이 있어 지식으로나 패기에 있어서나 또는 정치적 의식에 있어서나 가위 진보적인 인물이었다.

한현장이나 양현장 같은 돈으로 현장의 자리를 사고 돈만 주면 죽일 놈이라도 살리고 친분만 있으면 아무리 어려운 일이라도 그래야지 하고 허락하는 정치가에 비긴다면 국책에 충실하고 의식적인 정치를 행하는 데 있어는 소현장은 발탁될 만한 자격이 충분히 있었으나 그것은 중국이란 국가로 보아 그런 것이고 매봉둔 주민에게는 정예분자가 아닌 물렁물렁한 한현장이나 양현장 편이 더 무난하였다.

소현장의 정치적 목표는 배일에 있었다. 그는 배일사상으로 무장을 하였다. 소현장은 부임하는 날부터 전 현의 관리명부를 조사한다, 현직관리의 인물고사를 한다. 맨먼저 인적 전용의 정비에 힘을 썼다. 능률이 없는 관리는 사정없이 파면시키고 뇌물먹은 관리도 조사하여 처벌하였다. 반면에 인재는 착착 등용하는 등 그의 급진성을 여지없이 발휘하였다.[28]

「벼」의 소현장에 대한 형상화의 강점은, 조선 이주농민에게는 적대적임에도 불구하고, 객관적으로는 훌륭한 소장 정치가로 묘사되고 있다는 점이다. 기존의 개척 서사가 중국인 농민과 경찰을 무지몽매한 인물이나 이주 조선농민을 배척하는 적대적 원주민으로 묘사함으로써, 상대적으로 개척과 수난의 어려움과 그 성취를 빛나는 것으로 만드는 구도에 충실했다면, 「벼」는 '관습화의 전략'을 버림으로써, 오히려 현실적 긴장을 확보하고 있는 셈이다. 「벼」에서 소현장을 객관적으로 형상화한 안수길의 시선은, 해방 후에 만주 시절을 회상하면서 쓴 「효수」(1965)나 「나자 머자니크」(1969)에서 더욱 빛을 발하게 된다.[29] 「효수와 「나자 머자니크」

28 안수길, 『중국조선민족문학대계 10－안수길』(연변대학 조선언어문학연구소 편), 흑룡강조선민족출판사, 2001, 259~260쪽. 원문에 문맥이 다소 맞지 않는 부분이 있으며, 이것을 나중에 작가가 매끄럽게 고쳤으나, 여기서는 원문 그대로 인용한다.

29 이 소설들이 안수길이 '만주 콤플렉스'로부터 해방되는 데 있어 어떤 의미를 지니는가에 대해서는 한수영의 앞의 책, 「만주, 혹은 체험과 기억의 균열－안수길의 만주배경 소설

에서는 만주국 시기의 '오족(五族)'에 대해 조선인들이 지니고 있던 위계적 시선과, 특히 중국인을 타자화한 데 대한 통렬한 반성적 시각이 두드러진다는 점에서 주목할 만하다. 재만의 경험을 다룬 소설들이 관습적으로 취하고 있던 전략, 즉 위계화된 인종적 질서의 재생산을 통해 배타적인 민족적 자기동일성을 확보하고, 이를 통해 '개척'과 '수난'의 서사를 강화하는 방식을 벗어나, 재만의 경험이 진정으로 역사화될 가능성을 이 텍스트들이 보여주고 있다. 그러나 '재만'의 경험이 지닌 특수성의 문학적 재구(再構)는 여전히 풍요로운 가능성을 지닌 미답의 공간이다.

4. 맺음말 — 다시 '재만'이라는 경험의 특수성을 생각하며

'과거'의 역사화 또는 대상화가 항상 그렇듯이, '재만'의 경험을 대상화한다는 것은, 궁극적으로 '지금 / 여기'라는 '현재성'의 문제의식으로 귀결된다. 한국에서 '재만'의 '기억'은 오랫동안 억압되거나 관리되어 왔다. 그리고, 필요에 따라 그것은 다시 '분출'한다.[30] 이 글은 '재만'의 경험을, 경험 그 자체가 지닌 역사적 특수성이라는 측면에서, 기왕의

과 그 역사적 단층」에서 자세히 다룬 바 있다.

30 교과서를 중심으로 한 '만주'의 기억은 신주백, 「분단과 만주의 기억」(한석정 · 노기식 편, 『만주, 동아시아 융합의 공간』, 소명출판, 2008)을, 만주에 관한 '망각'과 '기억의 균열'에 관해서는 김경일, 「신경의 조선인 — 신경실무학교를 사례로」(같은 책에 수록)를 참조.

민족주의적 자기동일성이나 정치적 약호로 묶는 방식이 아닌 다른 이해의 가능성을 환기하려는 의도에서 썼다. '재만'의 경험이 지닌 특수성에서 '언어'문제는 새로운 관심을 요구하고 있다. 만주국의 '국어'는, 식민지 조선에서 그랬던 것처럼 '일본어'가 아니었고, '일본어', '만어' '몽고어' 3종의 언어가 공용어의 차원에서 동시에 '공식어'로 채택되었으며, 모든 공문서는 '일본어'와 '만주어' 두 가지 언어로 작성되었고, 몽골자치지역에서는 '만주어'와 '몽골어'로 작성되었다.[31] 그런데, 제도와 현실의 차이 때문에, 혹은 '공식어'가 실제 언어환경에서 차지하는 위상 때문에, 복잡다기한 만주국 내에서의 '언어혼용' 혹은 '언어 혼종' 현상이 빚어졌다. 일본어와 중국어(특히 표준중국어인 북경어와 방언), 만어가 뒤섞인 다중언어 환경에서의 조선어 등등은 머릿속으로 떠올리기만 해도, 언어혼용의 '만화경'이 그려지는 장면이 아닐 수 없다. '일본어'가, 일본의 다른 식민지였던 '조선'이나 '대만' 등과는 달리, '공식어'이자 '국가어'로서 그다지 위력을 발휘했던 것이 아니고, 오히려 '만주국'이라는 특이조건 아래에서는 일상생활 차원에서 미미한 것이었다면, 공식과 비공식, 혹은 제도와 현실 사이에 '전도된 위계'가 설정될 가능성은 없었던 것일까? 그러니까, '만주국' 내에서의 '일본어'의 지위가 다른 식민지와는 달랐다면, 다른 방식으로 형성되는 '언어들'의 위계는 무엇이었을까, 그리고 '협화어'라는 이름의 일종의 '피진(pidgin)'의 소통범위와 기능은 무엇이었을까. 공공영역과 제도 안에서의 위계가, 그 영역을 벗어난 공간에서 전도되거나 허물어진다면, 바로 그러한 '위계의 전도와 붕

31 천춘화, 「만주 개척 서사에 나타난 '교육'과 '계몽'의 문제」, 동국대 BK21 한국어문학사업단 주최 『차세대포럼』 발표문(2009.11.20) 참조.

괴'가, 실제로 '다중언어사회'로서의 만주국에서 '언어혼용'을 검토해야 할 지점이기 때문이다.[32]

이 글에서는 제대로 언급하지 못했지만, 재만 소설 속에는 여러 명의 퉁스(通詞, 통역사)들이 등장한다. 그리고, 조선어와 중국어, 혹은 조선어와 일본어가 혼용된 방식의 대화가 자주 등장한다. '재만'이라는 공간의 특수성은 바로 이러한 '언어혼용' 가운데에서도 구체적이고 감각적으로 발현된다. 나아가, '재만'의 경험이, 해방 이후, 중국에 잔류한 재중동포의 삶에, 그리고 북한으로 귀환하거나 남한으로 돌아온 귀환자들의 삶에 어떤 그늘을 드리우고, 그들의 삶에 일종의 '분광기(分光器)'로서 어떤 역할을 한 것인지도 살펴보지 않으면 안된다. 그 점에서, '재만'의 경험과 그 속에 형성된 만주의 인식과 표상의 분석은 이제 새로운 전환기에 놓여 있는 것이라 생각된다.

32 오카다 히데키는 『문학에서 본 '만주국'의 위상』(최정옥 역, 역락, 2008)에서, 만주국에서의 '협화어' 또는 '일만어'의 위상과 기능에 대해 비교적 자세한 고찰을 시도했다. 오카다는 주로 일본어가 중국인 작가에게, 그리고 중국어가 만주에 거주하는 일본인 작가에게 미친 상호작용이라는 관점에서 접근했는데, 이러한 다중언어적 상황 아래에서 재만 조선 작가들은 어떤 언어적 혼용을 노출했던가 하는 것은 새로운 연구를 필요로 하는 영역이라고 할 수 있다.

이찬 시의 낭만성과 비극성

유성호

1. 이찬의 생애와 시적 궤적

시인 이찬(李燦, 1910~1974)을 우리가 지금 살피는 것은, '근대'의 여러 양상과 징후들을 매우 짧은 시간 동안 실험하고 폐기해온 한국 근대시사의 음영(陰影)을 재현하는 일인 동시에, 지금까지 한국 근대사를 규율해온 여러 동인(動因)들을 '시(詩)'라는 창을 통해 들여다보는 일이기도 하다. 그만큼 이찬이 걸어온 60여 년의 시간은 불구적인 한국 근대시사의 여러 표징들을 단층적으로 그리고 집약적으로 드러내는 표상이고, 그는 한국 근대시의 여러 궤적들을 단시간에 차례차례 구현해간 흔치 않은 시인이라고 할 수 있다.

이찬은 함경남도 북청 출신이다. 파인(巴人)의 「북청 물장수」로 유명한 바로 그곳이다. 그는 경성 제2고보를 졸업하고 연희전문과 릿쿄대학과 와세다대학에서 수학하였다. 동경에서 임화를 만나 사회주의 세례를 받았고, 1931년 '동지사'를 결성하여 카프에 가담하였다. 1932년 5월 귀국하여 검거되어 2년 가까운 세월을 수감되어 있었고, 만기 출소한 후 낙향하여 시집 『대망(待望)』(1937), 『분향(焚香)』(1938), 『망양(茫洋)』(1940) 등을 잇달아 펴냄으로써 당시 국경과 변방 지역의 정서를 첨예하게 보여주는 작품 세계를 구현한다. 일제 말기에는 몇 편의 친일시를 발표했으며, 해방 후에는 조선문학가동맹에 참여하였다가 고향으로 돌아가 북한문학의 맹장으로 활동하였다. 이처럼 그의 생애는 고향을 떠나, 서울과 동경에서 근대의 빛과 어둠을 두루 경험하고 표현한 후 고향으로 돌아간, 일종의 원환 회귀형의 것이라 할 수 있다.

그는 1928년 『신시단(新詩壇)』 창간호에 「잃어진 화원」, 「봄은 간다」 등을 발표하며 등단한다. 초기시에서 강렬한 정치 의식과 계층 의식을 결속한 세계를 보여준 그는, 구속과 수감 그리고 만기 출소라는 휴지기를 거치는 동안 시세계의 확연한 단층을 형성한다. 1937년 이후 그는 고향에 돌아가 한만 국경지대를 돌아다니면서 많은 시편을 썼다. 이때의 시세계가 바로 시인 이찬을 대표하는 경향으로 평가할 수 있는데, 실제 생활에 충실한 범부(凡夫)로서의 정서적 세목을 드러내는 성향과 식민지 시대의 비극성을 내면화하면서 그것을 북국 정서와 결합하는 성향을 동시에 보여주게 된다. 그가 펴낸 세 권의 시집은 이 시기를 집약한 성과라 할 것이다. 그러다가 해방과 분단이라는 경로를 거치는 동안, 이찬은 한 사람의 시인으로서는 감당하기 힘든 여러 험로를 다 걸어간 근대 시사의 흔치 않은 시인으로 귀결하게 된다.

여기서 우리는, 매우 단층적이면서도 변형과 굴절이 심한 성취를 이루어온 한 시인의 궤적을 통해, 한국 시의 모더니티가 얼마나 허약한 동일성과 자의식으로 구성되어왔는가 하는 뚜렷한 실증과 함께, 근대의 우울과 맞서면서 끝끝내 '시'라는 실천 행위를 놓지 않으려 했던 한 비극적 영혼과 만나게 될 것이다.

2. 낭만성과 프로시

이찬의 제1기 시편은 등단 후 보여준 초기 낭만성의 세계이다. 제2기는 프로시와 옥중 체험을 담은 시편들을 쓴 때이고, 제3기는 이찬 시의 핵심이랄 수 있는 이른바 '북국 정서'가 드러난 비극성의 시편들을 쓴 때이고, 제4기는 내면 침잠과 전쟁 협력의 시편들을 쓴 때이며, 마지막 제5기는 월북 후 보여준 이른바 '수령 형상'의 문학적 단계라고 할 수 있을 것이다. 이러한 도정은 그가 우리 근대시의 여러 극단들 예컨대 '낭만주의시', '프로시', '옥중시', '친일시', '북한시'의 궤적을 두루 밟아온 예외적 시인이었음을 선명하게 알려준다. 이러한 극단적 변모와 굴절을, 그것도 길지 않은 시간 동안 치러온 그의 내면은 과연 어떤 기원을 가진 것이었을까. 등단작이라고 할 수 있는 다음 시편을 읽어보자.

> 북쪽 나라 — 눈바람 불어치는 거칠은 벌판에
> 외로이 모여 선 산향나무의
> 남국을 그리우는 쓰린 마음을
> 뉘라서 알아주리!
> 두견 우는 비애의 호젓한 미지를
> 초생달의 엷은 빛만
> 입을 씻고 흘러라
> 말갛고 — 노랗고 — 또 — 하얗고 — 빨간 —
> 채색의 풀꽃이 무르녹던 화원도
> 눈 나리기 전 그 옛날의 환상이어니
> 지금은 어둔 컴컴한 빛 속에 파묻혔어라
> 그렇다고 그대여! 내 마음은 막지 말아라
> 이 몸은 열두 번 죽어 두더지가 되어서라도
> 손발톱이 다 닳도록 눈벌판을 헤매어서
> 기어이 잃어진 화원을 찾아보고야 말려노라
>
> —「잃어진 화원」 전문(『신시단』, 1928.8)

같은 지면에 발표된 작품에서 이찬은 "네가 왔다 해도 / 나라는 꽃은 피지도 않고"(「봄은 간다」)라는 의미심장한 알레고리를 내뱉는다. '춘래불사춘(春來不似春)'이라는 관용구를 "나라는 꽃은 피지도 않고"라고 표현함으로써, 식민지 지식인의 깊은 시대적 자의식을 드러낸 것이다. 그러한 자의식의 기저(基底) 위에서 그는, 눈바람 부는 거친 북국에 외롭게 서 있는 '산향나무'라는 상관물을 통해 "채색의 풀꽃이 무르녹던 화원"을 그리워하는 마음과, 어두움 속에 파묻혀버린 "잃어진 화원"을 두더지가 되어서라도 찾겠다는 만만찮은 결의를 동시에 내비친다. 그의 나이 스무 살 때이다. 그리고 그는 "거지반 빈주먹으로 현해탄을 건너는 키다리 청년"(「가라지의 설움」, 『대망』)의 모습으로 동경에 가서 그곳 유학생 기관지에 발표한 시편을 통해 "허물어진 그대들의 화원에 새로운 봄을 맞이하려거든 / 사벨을 펜을 뿔곽을 곡괭이를 가지고서 / 이곳으로 그대들의 일터로 줄달음질하여 나아오라!"(「일꾼의 노래」, 『학지광』, 1930.4) 고 노래할 만큼, '잃어진 화원', '허물어진 화원'에 대한 동경과 갈망을 현저하게 보여준다. 이때 우리는 잃어버린(허물어진) 어떤 세계에 대한 동경과 갈망이야말로 이찬 시의 깊은 수원(水源)이며, 바로 이러한 지향이 '낭만성'의 핵심 요소라는 데 상도(想到)하게 된다.

우리는 흔히 낭만주의의 정신적 기조(基調)를 '동경(憧憬)'에서 찾는다.[1] 이러한 '동경'의 배경에는 '극성(極性)의 원리' 곧 양극적 대립에서 삶의 완성을 기하는 운동 혹은 그러한 대립을 고차원적 제3자로 극복하는 운동의 원리가 놓여 있고, 그만큼 모든 것을 포괄하는 통일성을 추구하는 것이 낭만주의의 핵심이 됨을 알 수 있다.[2] 유토피아적 열망을 토대로 통일성을 지향하는 이러한 낭만적 상상력은, 찰스 테일러가 한 "우리 감정에서 발견하는 진리의 개념들은 다양한 형태의 낭만주의

1 지명렬, 『독일낭만주의연구』, 일지사, 1988, 14쪽.

2 지명렬, 「낭만주의와 동경의 문제」, 김용직 외편, 『문예사조』, 문학과지성사, 1983, 61쪽.

적 충동을 정당화하는 중요한 개념"[3]이라는 지적에서 보듯이, '진리'에 가까운 어떤 세계를 열망하는 충동과 태도를 핵심 요소로 삼게 된다. 바로 그 '낭만성'의 충동과 에너지가 이찬 시편으로 하여금 오래도록 여러 차원의 '화원(花園)'을 향하게끔 한 것이다.

이러한 낭만적 속성이 극단화되고 고조화한 것이 바로 '프로시'의 형식일 것이다. 이찬은 와세다대학 재학 시절 '무산자사'와 깊은 관계를 맺었고, 이때 비로소 식민지 조선의 구체적 현실로 직핍해 들어가게 된다. 그의 이러한 변화는 당대 노동자들의 삶에 대한 관심으로 적극 이월하게 된다. 그때 『무산자(無産者)』가 발매 금지되고 임화가 구속되는데, 그때의 심회를 이찬은 "우리의 유일한 기관지요 전위적 지도적 임무에 노력하는 '무산자'는 어떠하냐. 발금(發禁)에 또 발금 위 없는 경제적 곤궁과 피압(被壓)에 탄식하고 있다. 카페 바에서 웨이트리스의 값싼 웃음을 살 돈은 있어도 부유한 우리 학생 분들의 고국을 위한, 인류를 위한, 우리의 일에는 일문의 기조(寄助)가 없다 개탄함은 활동하는 어느 동무의 말이다. 더욱이 근일에도 오륙 인의 동무가 끌려갔다가 행이 나오기는 하였다만 그러나 임화 형만은 아직 그 속에서 신음하고 있다"[4]고 말한 바 있다. 이러한 이찬의 임화 의존은, 그의 프로시 창작에서, 임화가 실험하고 보편화했던 이른바 '단편서사시'의 외관을 현저하게 취하는 면모로 이어지게 된다.

---

3 Charles Taylor, *Sources of The Self : The Making of the Modern Identity*, Harvard University Press, 1989, pp.368~369.

4 이찬, 「동무에게 보내는 편지(片紙)」, 『학지광』 1930.4.

가고야 말려느냐

순아

너는 참 정말 가고야 말려느냐

산길로 삼백 리 물길로 육십 리

저 낯선 마을 낯선 거리 실 뽑는 공장으로

가고야 가고야 말려느냐

응 — 가난한 네 집을 위해서거든

가난한 네 집 살림을 위해서거든

칠순에 풍 나 누운 네 아버지와

육순에도 품팔이하는 네 어머니를 위해서거든

내 아무리 이리도 서러운들

내 아무리 이리도 안타까운들

오 어찌 너를 막을 수 있겠니 건잡을 수 있겠니

내 만일에 고용살이하는 신세가 아니었던들

고용살이로 삼사 명 식솔을 기르는 신세가 아니었던들

하더라도 하더라도

네가 가려는 그곳이

네가 가려는 그 공장이

그의 말같이 그 모집원의 말같이

"일 헐하고 돈 많이 나고 대우야 아주 좋고—" 하다 하면야 했으면야

—「가고야 말려느냐」 부분(『조선일보』, 1932.5.6)

이 시편은 이른바 '단편서사시' 형식을 취하고 있다. 당대 카프의 시 창작 방법 가운데 일종의 계급성에 바탕을 둔 새로운 탐색 형식을 일러 '단편서사시(短篇敍事詩)'로 명명한 이는 김기진이다. 그것은 비록 편의적이고 과도기적인 명칭이었지만, 당시로서는 꽤 파장이 큰 창작 방법이자 양식 명칭이었다. 이러한 명명과 기율의 파장은 당대 프로시의 화법과 어조에 두루 걸쳐 작용하였는데, 특히 김기진이 임화의 「우리 오빠와 화로」에 대해 상찬한 대목은 당시 프로시가 나아가야 할 올바른 대중화의 방향타를 제시한 것으로 평가받기에 이른다. 이러한 '단편서사시'의 광범위한 창작과 비평은, 근대 시사에서 1920년대에 나타난 감상적 낭만주의의 보편적 감염 이후 거의 처음으로 이루어진 전(全)문단적 현상이었다고 할 수 있다. 아무튼 그것은 독특한 서간체 서술과 배역시(配役詩)적 요소로 인해 '대중화'라는 현실적 요구와 '리얼리즘시'라는 미학적 요구를 동시에 모색하는 흔적을 남긴다. 이러한 '단편서사시'의 집중 창작으로 인해 "이찬의 시는 서사성이나 이야기를 내포하는 경우가 많다"[5]는 평가를 얻게 된다. 하지만 이찬의 단편서사시 양식은, 나중에 임화 스스로 자기 비판한 장면에서 입증되듯이, 화자의 일방적 진술에만 의존하다 보니 인물의 구체성이 떨어지고 시편 전체는 일정하

5 윤여탁, 「이찬 시의 현실인식과 변모 과정에 대한 연구」, 윤여탁 외편, 『한국 현대 리얼리즘 시인론』, 태학사, 1990, 92면.

게 감상성을 띨 수밖에 없었다는 지적을 여전히 유효하게 안고 있다고 할 수 있다.

위 시편의 화자는 '순이'라는 청자를 향한 '말건넴'의 발화를 통해 "낯선 마을 낯선 거리 실 뽑는 공장으로" 떠나는 그녀의 삶을 드러내 보여준다. 가난한 집안 살림과 병들고 빈곤한 부모를 위해 떠나는 그녀를 향해 화자는 '설움'과 '안타까움'을 토로한다. 물론 화자 역시 '고용살이하는 신세'이고 '삼사 명 식솔'을 길러야 하는 노동자의 처지이다. 마치 "피・감정・생각・기억조차 잃은 / 뼈만 남은 한 사나이"(「기계 같은 사나이」, 『대중공론』, 1930.6) 같은 존재로 그는 서 있다. 그는 순이가 가는 그 공장이 좋은 조건이기만을 바라고 있지만, 시편 후반부에서 "오오 샛별 같은 네 눈초리 / 붉은 네 볼 — 조그만 네 손길 / 이루 이루 만나도 다시 볼 수 없겠구나 찾아볼 수 없겠구나"라고 한 것으로 미루어, 그곳이 평탄치 못하고 험난한 생을 기다리고 있는 공간일 것임을 징후적으로 드러낸다. 이러한 이찬의 단편서사시는, 노동자의 국제 연대를 강조한 「사과(謝過)」나, 「아내의 죽음을 듣고」, 「잠 안 오는 밤」, 「지고야 말다니」 등의 시편으로 이어지게 된다. 이 시편들은 한결같이 '동경'과 '환멸'을 양가성으로 하는 낭만성을 구체적으로 보여주는 실례들이다. 모든 것을 사물화하는 데 대한 강력한 항의로서의 낭만성, 동경의 에너지로서의 낭만성, 그 동경이 현실에서 실현 불가능할 것이라는 환멸의 낭만성이 그의 프로 시편들을 감싸고 있었던 것이다.

이러한 시편들을 쓴 후 이찬은 이른바 '별나라사건'으로 투옥된다. 그러다가 1934년 9월 "허구한 세월 삼년의 낮과 밤"(「만기」)을 감옥에서 보내고 만기 출소한다. 정확하게 1년 10개월을 겪은 옥중 경험은 그에게 말할 수 없이 혹독한 기억을 준 듯하다. 작품 「면회」와 「만기」는 이때 그가 느꼈던 고통과 침잠의 강도를 선명하게 증언해준다. 출소 후 귀향한 이찬은 인쇄업과 양조업에 종사하게 되는데, 이때 경험한 생활적 구체성이 그에게 가장 중요한 시적 덕목을 불러오게 되는 되는 것이다.

3. 비극성의 구현과 변형

이찬 시편들 가운데 '프로시'는 그가 펴낸 시집에 전혀 수록되지 않는다. 아마도 귀향한 후 생활에의 헌신과 시작에의 충실을 도모한 그가, 지난 시기의 관념적이고 낭만적인 시편들을 배제하고 싶었던 듯하다. 아니면 언제나 새로운 '화원'으로 줄달음치던 그가, 생활에의 곤고(困苦)와 싸우면서, 지난 시기의 급진성을 넘어선 구체적 현실로 돌아서려고 했던 것인지도 모른다. 어쨌든 그는 이 시기에 이르러 우리 근대 시사에 이찬만의 북국 정서 시편을 남기게 된다. 파인과 이용악과 백석이 남긴 북방 시편들과 정서적 동질성을 가지면서도 현저하게 '비극성'으로 경사한 세계를 보여주는 것이다.

> 가고야 말려느냐 가고야 말아
> 너는 너는 참 정말 가고야 말려느냐

이민이라 낼 아침 첫차에 실려
이역 천리 저 북만주 가고야 말려느냐

아 잡아보자 네 손길 이게 마지막이냐
이리도 살뜰한 널 내 어이 여의는가

야속하다 하늘도 물은 왜 그리 지워
너희네 부치던 논밭뙈기 다 빼낸단 말이냐

하더라도 행랑살이 내 집 살림 절박치 않다면
내 너를 보내랴만 꿈속엔들 보내랴만

아아 다 없고 황막한 그 땅 네 얼마나 쓸쓸하랴
철철 추위 혹독한 그 땅 네 얼마나 괴로우랴

사시장장 가여운 네 생각 내 어찌 견디리
자나깨나 그리운 네 생각 내 어찌 배기리

언제나 내 일자리 얻어 집 형편 좀 피울 날
누가 믿으랴 여자 귀한 그곳에서 널 그때까지 두마는 말

아아 안겨다오 내 품에 이게 마지막이냐
이리도 살뜰한 널 내 어이 여의는가

울지 말아라 울지 말아라 나도 따라 울어를 지니

어허이구 월아 너는 참말 가고야 말려느냐

—「북만주로 가는 월이」 전문(『대망』, 1937)

이 작품에는 한만 국경 지역의 비극적 분위기가 짙게 서려 있다. 이른바 '유이민시'에 해당할 이 시편은, 철저하게 타의에 의해 디아스포라의 운명을 받아들이고 있는 당대 유이민의 삶이 역시 '말건넴'의 발화에 담겨 있다. 우리는 여기서 유이민의 광범위한 확산 과정을 일종의 '비극성'의 시선으로 포착하고 있는 이찬 시편의 동선을 확인하게 된다.[6]

이미 앞에서 경험한 "가고야 말려느냐"라는 외침으로 이 시편은 시작된다. '이역 천리 저 북만주'는 월이가 "부치던 논밭뙈기 다" 빼앗기고 떠나는 곳이다. 화자 역시 "행랑살이 내 집 살림"의 절박함에 놓여 있다. '황막한 그 땅' 혹은 '추위 혹독한 그 땅'에서 쓸쓸하고 괴롭게 살아갈 월이를 생각하면서 화자는, 스스로 "일자리 얻어 집 형편 좀 피울 날"을 기약한다. 하지만 월이는 속절없이 떠나고 그 북만 이역은 귀환할 수 없는 가혹한 디아스포라의 지역으로 화한다. 식민지 현실의 첨예한 동력을 관찰하고 표현하는 시인의 이러한 비극성의 시선은, 그의 시로 하여금 "거기에는 적어도 파시즘의 거센 폭위 아래서 신음하는 우리 사

6 윤영천, 『한국의 유민시』, 실천문학사, 1987, 118쪽. 다음 진술을 참고할 수 있다. "그런데 우리가 유의해야 할 것은, '무엇 때문에 그 곳으로 갔는가.'와는 전혀 무관하게 만주 유이민들은 그 전체 기간 동안 줄곧 강도 높은 고통을 치렀다는 점이다. '합방'으로 말미암아 일체의 반제국주의 해방 운동부면이 심각한 타격을 입은 데 따른 정치적 망명이민의 국외유출현상이기 때문이기도 했지만, 이는 극히 부분적인 것에 불과했을 뿐 만주유이민의 압도적 다수는 일제의 혹독한 식민통치의 정직한 산물이었으며, 망명 이민들과는 다른 의미에서 이들의 만주 생활사는 한시도 편할 날이 없었던 것이다."

회의 감정이 흐르고 있는 것"[7]이라는 평가를 가능케 하고 있는 것이다. 이러한 비극성은 국경 지방을 경험하면서 씌어지는 시편에서 더욱 선연하게 모습을 드러낸다.

시월 중순이언만
함박눈이 퍼—ㄱ 퍽……
보성(堡城)의 밤은 한 치 두 치 적설 속에 깊어간다

깊어가는 밤거리엔 '수하(誰何)' 소리 잦아가고

압록강 굽이치는 물결 귓가에 옮긴 듯 우렁차다

강안(江岸)엔 착잡(錯雜)하는 경비등, 경비등
그 빛에 섬섬(閃閃)하는 삼엄한 총검

포대는 산비랑에 숨죽은 듯 엎드리고
그 기슭에 나룻배 몇 척 언제 나의 도강(渡江)을 정비코 있나

오호 북만의 십오 도구(道溝) 말없는 산천이여
어서 크낙한 네 비밀의 문을 열어라

---

7 김용직, 「이데올로기와 국경 의식－이찬론(論)」, 『한국현대시사 1』, 한국문연, 1996, 622쪽.

여기 오다가다 깃들인 설움 많은 한 사나이

맘껏 침통한 역사의 한 순간을 울어나 볼까 하노니

—「눈 나리는 보성의 밤」 전문(『조선문학』, 1937.1)

함박눈 내리는 한만 국경 '보성'에서는 '수하(誰何)' 소리가 들렸다가 사라지고, "압록강 굽이치는 물결"만이 화자의 위치를 선명하게 알려 준다. 이어지는 "강안(江岸)엔 착잡(錯雜)하는 경비등, 경비등"과 "그 빛에 섬섬(閃閃)하는 삼엄한 총검"은 일련의 전쟁이 이어지는 시대에 대한 정확한 재현이고, "기슭에 나룻배 몇 척 언제 나의 도강(渡江)을 정비코 있나"는 정향(定向) 자체를 불가능하게 하는 현실이 매개된 표현이다. 북만 산천은 그렇게 커다란 "비밀의 문"을 간직한 채, "오다가다 깃들인 설움 많은 한 사나이"로 하여금 "맘껏 침통한 역사의 한 순간을 울어나 볼까" 하는 비원(悲願)을 허락할 뿐이다.

하지만 이 시편에서 "막연하나마 미래에 대한 희망을 기대하는 발전적 면모"[8]를 읽는 것은 무리라고 생각된다. 왜냐하면 이 시편은, 1930년대 후반 "알누장안(岸) 팔백 리 불안한 지역"(「결빙기」, 『비판』, 1937.2)의 삼엄하고도 착잡한 풍경을 통해, 당대 닫힌 현실의 비극성을 선명하게 부조할 뿐이기 때문이다. 이를 두고 "침울한 북국의 정경 묘사와 유랑 체험을 통한 국경 지역의 삶의 애련"[9]을 담은 성과라고 지적한 사례는 시편의 정조와 근접하게 가 닿아 있는 경우라 할 것이다. 이 작품에 담긴 시

8 김윤태, 「이찬의 시세계」, 『한국 현대시와 리얼리티』, 소명출판, 2001, 50쪽.

9 이동순, 「우리 시의 변방 체험과 북국 정서」, 이동순 외편, 『이찬 시 전집』, 소명출판, 2003, 576쪽.

인의 시선과 감각은 "희미한 등불 아래 간혹 나타나는 무장 삼엄한 일경(日警)들"(「국경의 밤」, 『조광』, 1936.2) 같은 데서 더욱 직접화되어 나타나는데, 이러한 "대륙적"[10] 서정의 폭과 품이 이찬 시가 거둔 가장 고유한 영역이 아닐까 한다.

주지하듯 '비극성(悲劇性)'은, 어떤 이상적 상태를 바라는 주체의 소망이 좌절되고 나서 발생하는 일종의 미적 범주이다. 특히 예술에서의 '비극성'은, 실재 세계 속에서의 이상적인 것의 몰락이자 실재하는 것 속에서의 이상적인 것의 패배로 규정된다. 그렇게 '비극성'은 실재하는 것과 이상적인 것 사이의 특수한 관계이기 때문에, 다른 미적 범주들과 마찬가지로 특수한 역사성을 가지게 된다. 예컨대 중세 봉건 귀족들에게는 중세 이념과 봉건 지배 체제의 몰락이 비극적이었지만, 새로운 이상을 가진 이들에게는 그 이상의 패배로 해석되는 사건들이 비극적인 것이다. 이것은 '비극성'의 진정한 가치가 올바른 역사에 대한 해석 행위가 뒤따랐을 때 비로소 구현될 수 있다는 점을 뜻한다. 엥겔스(F. Engels)가 '비극성'을 "역사적으로 필요한 요구와 그 실현의 실제적 불가능 사이의 모순"이라 말한 것은 바로 이 점을 지적한 것이다. 우리 근대시사에 나타난 '비극성'은, 식민지 시대의 불가항력적 운명을 승인하면서도 동시에 그에 저항하는 역설에서 생성되어왔다. 1930년대 후반 이찬 시의 비극성 또한 이러한 맥락과 범주를 한껏 충족하고 있다 할 것이다. 그런가 하면 이찬은 예의 '비극성'을 자신으로 향할 때에는, 환멸과 침잠의 정서를 견고하게 결속하는 모습을 보여준다.

---

10 박세영, 「이찬 시집 『대망』을 읽고」, 『동아일보』, 1937.12.6.

다람쥐
다람쥐
대아지 둥아리 속
조그만 다람쥐

다람쥐는 오늘도 달린다
돌기만 하는 쳇바퀴
달리고 달리고 또 달려도
돌기만 하는 쳇바퀴

오호 쳇바퀴도 이지러진 일 년의 날이여

그러나 다람쥐
안타까운 네 눈동자엔
아직도 뜨을에의 갈망이 사라지지 않았구나

—「갈망」 전문(『대망』, 1937)

오늘도 반복적으로 쳇바퀴를 돌리는 조그만 '다람쥐'는 고스란히 시인 자신의 자화상이 아닐 수 없다. 이러한 형상은 "겨레의 영락을 보고 / 멀리 이웃의 무상조차 제 것으로"(「포플라」, 『분향』) 만든 자신에 대한 자책으로 이어지기도 하고, "한밤중 거리 위에 나를 발견하고 스스로 민소(憫笑)를 보내며 돌아서는 때가 있다"(「이 사람을 보아라」, 『시건설』, 1940.2)는 쓸쓸한 고백으로 이어지기도 한다. 그만큼 환멸과 침잠 속에서 "남

몰래 잃어지는 나를 발견하던 그 순간"(「잃어지는 나」, 『분향』)을 노래하는 이찬은, 그렇게 쳇바퀴마저 이지러진 1년 동안을 돌아보면서, 스스로 "아직도 뜨을에의 갈망이 사라지지 않았"음을 절감한다. 그러나 그 "뜨을에의 갈망"이 강렬한 의지에 의해 구축되어 있는 것은 아니다. 오히려 그것은 일종의 자기 환멸과 침잠에 감싸여 있을 뿐이다. 그는 이렇게 고백한다.

> 기억도 새로운 카프 말엽 우리들 몇이 비애의 성사로부터 사바의 첫날을 맞이하던 궂은 비 나리는 늦가을 밤 비전주여행(非全州旅行)의 유일한 벗 세영(世永) 형과 격구(隔久)한 피차의 궁금을 풀다.[11]

백철의 고유한 표현인 '비애의 성사'를 빌려오는 것만으로도 이찬 시편의 퇴행을 예감할 수 있다.[12] 그래서 임화도 이때의 이찬 시편을 두고 "회고적 감상주의"[13]라고 일갈했을 것이다. 어쨌든 '잃어진 화원'을 찾아 동경으로, 카프로, 감옥으로, 고향으로 돌고 돌아 왔지만, 여전히 그의 눈에는 "뜨을에의 갈망"이 어른거린다. 그 갈망은 그래서 '잃어진 화원'에 대한 그의 지속적 의식을 암시해주는 에너지가 된다. 그런데 그 '화원'은 일제 말기, 그의 시편들 속에 대일 협력의 광장으로 바뀌어 나타난다. 그의 '잃어진 화원'은 어느 순간, 제국의 승리를 통한 '잔칫날'

---

11 이찬, 「윤곤강의 시집 『대지』를 읽고」, 『조선문학』, 1937.6.

12 여기에서 '비애(悲哀)의 성사(城舍)'를 '감옥'의 은유로 풀이하는 시각은 재고되어야 할 것이다. 김응교, 『이찬과 한국 근대문학』, 소명출판, 2007, 59쪽.

13 임화, 「담천하의 시단 일년」, 『문학의 논리』, 학예사, 1940, 640쪽.

의 환각으로 나타나게 되는 것이다.

전승의 깃발 나부끼는 다양한 하늘을 나의 날이 풍선처럼 부풀어 올라

놓아다오 놓아다오
내 진정 날고프노라 날고프노라

불타는 적도직하 무르녹는 야자수 그늘 올리브 코코아 바나나 파인애플 훈훈한 향기에 쌓인 —

그것은 자바라도 좋다 하와이라도 좋다
그것은 호주라도 좋다 난인(蘭印)이라도 좋다
나는 장군도 싫노라 총독도 싫노라
나는 다만 지극히 너와 친할 수 있는 한 개 에트랑제—로 족하나니

깜둥이 나의 여인아
어서 너의 기—타를 들어……

미친 듯 정열에 뛰는 손끝이여
우는 듯 웃는 듯 다감한 음률이여

들려다오 마음껏 — 해방된 네 종족의
참으로 참으로 기쁜 네 노래를

오 오래인 인고에 헝클어진 네 머리칼을 쓰다듬으며 쓰다듬으며
나도 아이처럼 즐거워보련다 이웃 잔칫날처럼 즐거워보련다

—「어서 너의 기—타를 들어」 전문(『조광』, 1942.6)

'전승의 깃발'이 '불타는 적도직하'에서 펄럭이는 제국의 전쟁 수행에 시인은 적극 화답한다. 그곳에는 대동아로 통합되는 '훈훈한 향기에 쌓인' 변형된 '화원'이 있다. 그 '화원'이 구체적으로 어디인지는 상관이 없다. 다만 시인은 '자바 / 하와이 / 호주 / 난인(蘭印)'으로 이어지는 태평양전쟁의 지역적 세목들, 그리고 '장군 / 총독'도 무색케 하는 범부로서의 소망을 노래할 뿐이다. "미친 듯 정열에 뛰는" 손끝과 음률로 노래하는 이국의 여인 역시, 피정복의 맥락도 모르는 채 '해방'된 종족의 기쁜 노래를 부르면서 "오래인 인고"에서 벗어난다. 시인도 어느새 "아이처럼 즐거워" 에트랑제의 시선으로 "이웃 잔칫날처럼" 그 시간을 맞이한다. 이러한 변형된 '화원'을 향한 시선은 「전사(餞詞)」로 이어지고, 몇 편의 희곡 창작으로 이어지기도 한다.[14]

주지하듯, 근대 이후 부단한 자기 갱신과 형식 미학 탐구의 길을 걷던 우리 근대시는 1935년을 고비로 결정적인 외적 간섭을 맞게 된다. 카프 해산을 계기로 진보적 언어들이 자취를 감추게 되고, 1937년 6월에는 '수양동우회 사건'으로 민족운동의 기운은 결정적 쇠잔을 맞는다. 그 해 일어난 중일전쟁과 1941년 태평양전쟁 등으로 상황은 더욱 악화되어가는데, 일본 제국은 "조선에 세계 최고의 황도문학을 수립하고자" 조선문인

14 이찬 친일문학의 경개(景槪)와 실질에 대해서는 김응교, 앞의 책, 103~161쪽 참조. 상세한 자료와 주석이 있다.

보국회를 세우고, 일본과 조선의 궁극적 동일화를 위해 내선일체(內鮮一體), 일시동인(一視同仁)의 구호를 내건다. '내선일체'는 중일전쟁으로부터 태평양전쟁에 이르기까지 일제의 조선 지배의 최고 통치 목표였을 뿐만 아니라, 한일병합 이래 일본의 조선 지배의 기본 방침인 동화정책의 극한화였다.[15] 이때 모국어의 근원적 박탈을 경험한 시인들은 절필과 칩거로 소극적 저항을 택한 경우도 있었지만, 미증유의 전역(戰役)을 치르면서 차츰 일본 정책에 동화되어 '성전(聖戰)'의 구호에 자신의 몸을 내맡기게 된다. 이찬 시편은 이러한 일제 말기의 문법에서 한 치도 벗어나지 않는 환각 속에서, 시대의 비극성을 전혀 반대의 방향으로 향하게 하면서, 변형된 '화원'을 찾아간 작업의 일환이었다고 할 수 있을 것이다.

4. 새로운 '화원'을 찾아

이른바 '도적처럼' 찾아온 을유 해방은, 시인들로 하여금 여러 충격적 변화를 경험케 했다. 그 가운데 가장 뜻 깊은 것은 모국어의 회복일 것이다. 그동안 모국어를 근원적으로 박탈당한 채 식민지 시대를 살아온 시인들에게 모국어의 회복은, 새로운 정체성 탐색과 정립에 필요한 결정적 모티프와 에너지를 선사하였다. 특히 일제 말기에 일본어로 써

15 김원모, 「춘원의 친일과 민족보존론」, 이광수, 김원모 · 이경훈 편역, 『동포에 고함』, 철학과현실사, 1997, 312쪽.

야만 발표가 가능했던 상황에 비하면, 모국어를 되찾은 해방 후의 조건은 더없이 강조되어야 한다. 또한 우리 문학은 해방을 맞아, 일제 때 불가피하게 행해졌던 친일 행위에 대한 자기 반성을 필연적으로 요청받게 된다. 이는 당시에 매우 중요한 윤리적 과제로 제기되었는데, 그럼에도 불구하고 그것은 격화되는 이념 대립과 현실화된 분단 과정에서 점차 희석되어간다. 결국 '해방'은 우리 역사의 물줄기를 정치적 · 언어적 · 윤리적 근원에서부터 바꾼 일대 전기를 마련했으면서도, 분단 체제가 형성 · 완결되면서 미완의 가능성으로 자기 전개를 멈추게 된다. 이 미증유의 가능성으로 숨 쉬던 해방기를 맞아 이찬은, 비교적 빠른 변신을 통해 일종의 자기 회귀의 모습을 보여준다. 그는 다시 민족사의 방향을 계급의식의 시선으로 바라보게 되는데, 이러한 변화 혹은 회귀가 그로 하여금 이후 북쪽에서 가장 정열적으로 그리고 성공적으로 활동할 수 있게 한 감각이라고 할 수 있을 것이다.[16]

> 코스모스 우거진 연천 마을엔
> 한글 공부 소리 박넝쿨보다 더 낭자하고
>
> 아우라지 나루는 새 서울의 나루여서
> 야반 준령 오십 리 길도 멀지 않았다

16 이찬 시 전편을 모은 이동순 외편, 『이찬 시 전집』에는 이찬의 해방기 시편으로 「현해탄」(『문학예술』 창간호)을 싣고 있다. 하지만 이 시편은 안막(安漠)의 작품 「현해탄(2)」이다, 이동순 외편, 위의 책, 231쪽. 『문학예술』 창간호 참조.

나루는 기망(旣望)의 달빛이 백사(白砂)를 깔고
묘망(渺茫)한 금반 위에 은(銀)장기를 두고

나룻배는 한 척인데
서울 손은 천에도 또 몇몇 천

기다려도 기다려도 못 건너는 나루에
삼칠제(三七制)의 새 소식이 새 소식을 부르니

나루지기 할아버지의 늙은 볼에도 웃음이 돌며
휘연히 아오라지의 긴긴 밤도 밝아오는 것이었다

—「아우라지 나루」 전문(『우리문학』, 1946.2)

해방기에 씌어진 시편들은 환희와 좌절, 갈등과 화해, 저항과 순응, 반목과 평정, 반성과 변명의 서사를 고스란히 드러내면서 다양한 갈래를 형성한다. 그만큼 이 시기는 우리 시인들에게 혹독한 반성과 함께 새로운 국가 건설이라는 이중적 과제를 부여하였다. 이찬 역시 이러한 과제 가운데 국가 건설의 흥분과 기대를 숨기지 않는다. 하지만 자신의 일제 말기 시편들에 대한 반성적 성찰의 언어는 결국 던져지지 않은 채, 새로운 '화원'을 다시 찾아나서는 그의 모습만이 단층적으로 나타날 뿐이다.

1945년 9월 서울로 오면서 씌어졌다는 이 시편의 부기로 보아, 이찬은 해방이 되고 한 달 후 고향을 떠나 옛 동지들이 있는 서울로 온 것 같다. 그 도정에서 그는 "한글 공부 소리"를 감격 속에 듣고 '서울'로 가는 길목의 아우라지 나루를 흥분 속에서 바라본다. “나룻배는 한 척인데 / 서울 손은 천에도 또 몇몇 천……”이라는 대목에서 해방 후 새로운 국가를 열망하며 귀환하는 이들의 모습이 나타난다. “삼칠제(三七制)의 새 소식”은 그가 새로운 ‘화원’을 북쪽에서 찾을 수밖에 없었던 저간의 사정을 기표 그대로 말해준다. 그 ‘새 소식’이야말로 나루지기 할아버지의 볼에도 웃음이 떠돌게 하며 아우라지 나루에도 새로운 새벽을 알려주는 ‘화원’의 회복 소식이 아니었을까. 그 ‘화원’을 아예 표제로 삼은 다음 작품은, 이러한 이찬 시의 궁극적 귀결을 보여주는 듯하다.

꽃이 피련다!

오래인 영락의 화원에
갈망의 봄이 깃들어
아지아지 잎 푸르고 봉오리 맺고
바야흐로 백 가지 꽃 난만히 피련다

이 꿈 아닌 눈앞을
그리도 그리던 향기 목메게 풍기고
그리도 못 잊던 단꿀 떨기마다 흘리며
여기 꽃은 꽃마다 웃음지어 그대들을 맞으련다

어서 오라 모—든 봉접(蜂蝶)
어서 모으라 모—든 봉접

이제 그만 그 무의미한 허공의 저회(低廻)들을 그만두고
이제 그만 그 어리석은 잡초 속의 고집들을 버리고

화원은 그대들의 청황(青黃)을 묻지 않는다 적백(赤白)도 가리지 않는다
화원은 말로 천봉만접(千蜂萬蝶) 그대들의 것
다—만 화원의 슬픈 날도 좀먹던 버러지떼만 물러가고
모—든 봉접은 화원으로 이 화원으로!

—「화원(花園)」 전문(『승리의 기록』, 1947)

'오래인 영락의 화원'은 식민지 시대에 그가 말한 '잃어진 화원'과 등가의 표현일 것이다. 그런데 그 불모의 '화원'에 봄이 깃들어 푸른 잎과 봉오리 그리고 꽃이 난만히 피었다. 꿈에나 가능한 그 '화원'에서 화자는 "웃음지어 그대들을" 맞고자 한다. 그 "모—든 봉접(蜂蝶)"들은 이 '화원'을 가능케 했던 이들이고, "무의미한 허공의 저회(低廻)"와 "어리석은 잡초 속의 고집"은 새로운 국가 건설에 방해가 되는 일체의 낡은 것들일 것이다. 청황과 적백도 묻지 않지만, 그럼에도 "슬픈 날도 좀먹던 버러지떼"만은 배제한 새로운 '화원'이, 그의 고향 북쪽에서, 그야말로 '현실적으로' 완성되어가고 있는 것이다.

지금까지 우리가 읽어온 이찬 시의 미학은, '근대'의 여러 양상들을 매우 짧은 시간 동안 실험하고 폐기해온 한국 근대 시사의 음영을 그대로 보여주는 표상이 아닐 수 없다. 그는 변화하는 현실에 대한 빠른 변모 그리고 자기 자신에 대한 성찰 부재를 어쩔 수 없는 부정적 속성으

로 거느린 채 시를 이어갔다. 초기 시편과 프로시에서 동경의 '낭만성'을 짙게 보여준 그는, 1930년대 후반 시편들에서 '비극성'의 첨예한 풍경들을 보여주었다. 그리고 그러한 격랑에서 친일문학과 북한문학으로 몸을 옮겨갔다. 하지만 이러한 변모의 마디마다 그는 반성적 성찰의 언어를 스스로에게 던지지 않았다. 아마도 더 많은 자료를 발굴하여 이러한 간단치 않은 변모들 사이에 끼어 있는 이찬의 반성적 자의식을 검토해야 하리라 생각된다. 왜냐하면 그저 재빠른 지식인의 기회주의적 변신으로 그의 시세계를 일괄하는 것은, 사실에도 부합하지 않을 뿐만 아니라, 식민지 시대를 살아간 진보적 주체들의 예술적 최정점을 평가하지 못하는 퇴영적 관점을 초래할 수밖에 없기 때문이다. 그 점에서 격류 같은 '솟구침'과 '가라앉음'의 교차 곧 여러 '화원(花園)'의 변형을 통해 자신의 유토피아적 감각을 극대화하는 지속성을 보여준 이찬 시의 전모는 여전히 새로운 연구를 기다리고 있다 할 것이다.

궁극적으로 이찬 시편들은 우리 근대시의 부박하고도 불행했던 토양을 온몸으로 증언하면서, 한국 시의 모더니티가 얼마나 허약한 동일성과 자의식으로 구성되어왔는가를 실증한다. 하지만 그는 근대의 어두움과 맞서면서 끝끝내 '시'라는 실천 행위를 놓지 않았던 한 비극적 영혼이기도 하였다. 그는 그렇게 자신의 '잃어진 화원'을 찾아, 결국 북쪽에서 자신만의 궁극적 '화원'을 완성한다. 그렇게 "뜨을에의 갈망"의 길을 걷고자 했던 그가, 분단의 '화원'에서 꿈꾼 것은 결국 무엇이었을까. 우리가 다시 새겨보아야 할 근대문학사의 음영이 아닐 수 없다.

임화 시에서 '청년'의 의미와 역할

김신정

1. 서론

임화 시에는 '청년'이란 단어가 유독 빈번하게 등장한다. 가령, "사랑하는 용감한 청년", "세상에 가장 위대한 청년"(「우리 오빠와 화로」), "우리들 청년의 세대의 괴롭고 긴 역사의 밤"(「옛 책」), "청년들은 늘 / 희망을 안고 건너가, / 결의를 가지고 돌아왔다"(「현해탄」), "청년의 길은 참말 가혹하다"(「밤 갑판 위」) 등 임화 시에서 '청년'은 가장 눈에 띄는 서정적 주인공이자 시적 자아이며 식민지 지식인의 세대의식을 표현하는 매개체이자 기억과 회상의 대상이기도 하다.

지금까지 진행된 임화 연구에서는 시집 『현해탄』을 중심으로 '청년'의 형상과 그 의미가 주목되어왔다. 1930년대 후반의 정치적 정황 속에서 "시를 통해 고도의 정신성과 의지를 실현시키기 위해 만들어내는 긍정적 대상"으로 "청년"의 의미가 부각되었고,[1] 임화 시에 나타난 "근대 지식인의 운명", 또는 "가혹한 식민지 청년의 운명"을 통해 30년대 후반기 한국 시사의 긍정적 가능성에 대한 탐구가 이루어졌다.[2] 또한 『현해탄』의 '영웅적 비극성'을 통해 비극적 근대시인으로서 임화 시의 전개와 변이 양상을 고찰하였다.[3] '청년'의 반복적 양상에 좀더 집중한 연구로는 유종호와 이경훈의 글을 들 수 있다. 유종호는 임화 시의 '청년'이 "시인 자신의 모형"이며 "임화 자신의 변주이거나 확대"라고 보고 이를 "청년 임화의 주관적 낭만주의"를 뒷받침하는 구체적 증거로 해석하였다.[4] 이경훈이 주목하는 임화 시의 핵심은 '오빠—누이 구조'에 있다. 그의 관점에 따르면, 임화 시에서 '청년'은 "오빠와 누이의 관계"를 통해 매개되며, 그러한 관계 구조는 임화 문학에 한정되는 것이 아니라 "보편적으로 관철되는 식민지 문학의 양상"으로 해석된다.[5]

한편, 최근 역사학계와 국문학계에서 이루어진 일제 강점기 청년 담

1 김진희, 「반성과 거울의 양식—1930년대 후반 임화의 시」, 『한국 근대문학연구』 5권 1호, 2004.

2 이경수, 「임화 시에 나타난 '운명'의 의미」, 『어문논집』 44호, 2001.

3 유성호, 「비극적 근대시인의 시적 경로」, 『임화 문학의 재인식』, 소명출판, 2004.

4 유종호, 「바다와 청년의 낭만주의」, 『다시 읽는 한국 시인』, 문학동네, 61~79쪽.

5 이경훈, 「오빠의 탄생」, 『오빠의 탄생』, 문학과지성사, 2003, 42~44쪽.

론의 연구 성과에 따르면,[6] 임화 시의 '청년'의 형상을 좀더 거시적인 사회문화적 시각에서 확인할 수 있다. 구체적으로, '청년'이라는 말은 조선에서 이미 19세기 후반에 처음 사용되기 시작해 1905년 이후 사회 각 영역으로 확대되고 수용되었다. '기독교 청년회'를 중심으로 한 각종 '청년회', '친목회'가 광범위하게 확산되는 과정은 '새로운 것'을 창조하고자 하는 그 시대의 열정이 '청년'을 주체로, 혹은 '청년'을 가치지향하며 '청년'을 중심으로 집약되고 있음을 확인시킨다.[7]

임화 시의 '청년' 역시 한 개인의 고안물이라기보다는 19세기 말에서 192,30년대에 이르는 식민지 시대 청년 담론의 한 반영물이자, 한편으로는 당대의 청년 담론을 주도하는 문학적 상징이라고 할 수 있다. 달리 말해, 임화 시에 빈번하게 형상화되는 '청년'은 식민지 시대 청년 담론의 자장 안에서 형성된 반영물이자 청년 담론의 촉매제이며, 또한 유학생 지식인 집단, 또는 사회주의 운동 집단을 중심으로 한 세대 의식의 표상이자 시인 임화의 개인적 · 문학적 특성이 반영된 결과라고 볼 수 있다. 본고에서는 1930년대 임화 시에 나타나는 청년의 형상과 세대론적 의미를 살펴보고, 특히 임화 시에 나타나는 '청년'과 '여성'의 상관성에 주목하여 임화 시의 시적 자아로서의 '청년'의 특징, 그리고 '청년'이라는 자아 형성과 내면 표출 과정에 참여하는 '여성'의 역할을 규명하고자 한다. 이를 통해 본고의 작업은, 지금까지 작가론, 프로시론, 양식

6 이경훈, 「청년과 민족—『학지광』을 중심으로」, 『대동문화연구』 44집, 2003, 이기훈, 「일제하 청년담론 연구」, 서울대 박사논문, 2005; 소영현, 「미적 청년의 탄생」, 연세대 박사학위 논문, 2005. 본고에서는 청년 담론에 관한 최근 연구의 논의를 분석틀로 참조하였음을 밝혀둔다.

7 소영현, 앞의 논문, 13~29쪽 참조.

론, 비교문학론, 리얼리즘 시론, 주제의식과 시기별 변천 과정 등 다양한 시각과 방법에서 진행된 임화 시 연구에 또 하나의 관점을 보태는 길이 될 것으로 기대한다.

2. 청년의 영웅적 형상과 세대론적 의미

임화 시에 나타나는 '청년'의 형상에는 근대 주체의 특성들이 포함되어 있다. '청년'은 우선 과거와 단호히 결별하고 새로운 것을 창조하기 위해 모험을 감행하는 개척자들이다. "…… 어머니도, 고향도 / 나에게는 소용 없었다. / 나는 젊은 청년이다……"라고 외치며 고향을 떠나는 "열차"에 몸을 신고(「황무지」), "아득히 멀어"지는 "고향"을 바라보며 "나는…… 무엇이 되어 돌아갈 것인가?"(「海上에서」)를 스스로 질문하는 사람들이다. 고향을 떠난 청년들은 미답지의 새로운 영역을 개척하고자 하는 모험과 창조의 열망으로 가득차 있다. 그들은 기꺼이 "새 지도의 젊은 畵工의 한 사람"(「地圖」)이 되기를 꿈꾸며, "모든 것을 배워 모든 것을 익혀", "홰보다도 밝게 타는 별이 되"는 날을 "가슴" "설래"이며 고대한다.(「해협의 로맨티시즘」) 그런 의미에서 청년은 앞을 향해 달려가는 사람들, 진보와 발전을 추종하는 일종의 "진화론"[8]적 주체이다. 청년은

8 이경훈, 「오빠의 탄생」, 앞의 책, 2003, 47쪽.

"역사의 현실이 물결치는 대하 가운데서" "확고한 계획과 / 그것을 향하갈 독수리와 같이 돌진할 만신의 용기를 가지고"(「세월」) 나아간다. 그러므로 청년들에게 "흐르는 강물"은 "넓고 자유로운 바다"(「강가로 가자」), "넓고 큰 대양의 앞날"(「一年」)을 향한 예비의 시간이 된다. 보다 나은 미래를 위해 질주하는 청년은 "좋은 것, 더 좋은 것"(「세월」)을 추구하는 근대의 발전론적 시간관을 따른다.

'미래'를 책임질 청년들은 자신에게 주어진 직분을 기꺼이 떠맡는다. 비록, 그들에게 부과된 "무거운 임무는 / 곧은 잔등을 농군처럼 굽히"(「현해탄」)게 만들지만, "곁눈 하나 안 떠보고" "청년의 길에 충성"(「가을 바람」)된 그들은 "우리는 스스로 명령에 순종하는 청년이다"(「밤 갑판 위」)라고 외친다. "가혹"한 "청년의 길"(「밤 갑판 위」)은 그 길을 따르는 자들에게 때로 감당하기 어려운 고난과 희생을 요구한다. 그러나 청년들은 "비록 청춘의 즐거움과 희망을 / 모두 다 땅속 깊이 파묻는 / 비통한 매장의 날일지라도"(「현해탄」), 시대가 청년들에게 부과한 직분과 의무를 수행하고자 한다. 그러한 그들에게 "고난은" 오히려 "용기를 돋우고", "외로움은 / 나의 용기 위에 / 또 한 가지 광채를 더하"는 것일 뿐이다.(「어린 태양이 말하되」) "어떠한 두려움에도 / 허리를 굽히지 않"고 "아무런 권위 앞에서도 / 일찍이 머리를 숙여보지 않았던"(「주리라 네 탐내는 모든 것을」) 청년들은 "영웅의 정신"과 기개를 지닌 자들이다. 이때의 영웅은 고대적 영웅이 아니라 근대의 영웅이다.[9] 영웅이 되고자 하는 청년들은, 하늘이 내린

9 하늘이 내린 고대의 "영웅쥰걸"은 신이(神異)와 기적으로 온갖 장애를 극복하는 출중한 존재들이지만, 근대의 "적은 영웅"은 자신의 직분에 충실하고 목표를 향해 나아가는 '견인(堅忍)'의 노력을 통해 완성되는 존재이다.(소영현, 앞의 논문, 59~60쪽)

고대의 "영웅준걸"들에게는 있었으나 그들에게는 없는, "태양을 독점할 권력"과 "달을 소유할 힘"(「봄이 오는구나」)을 갈구한다.

이처럼 근대적 영웅, 진화론적 주체로 요약되는 임화 시의 '청년'은 19세기 말에서 식민지 말기에 이르는 식민지 지식인의 공통 경험과 공통의 의식을 반영한다. 임화의 '청년'은 식민지 청년, 근대 주체의 역사적 경험 속에서 자기 세대의 특징과 자기정체성을 성찰해나간다.

> 오오, 현해탄은, 현해탄은 / 우리들의 운명과 더불어 / 영구히 잊을 수 없는 바다이다 // (…중략…) // 오오! 어느 날 / 먼먼 앞의 어느 날, / 우리들의 괴로운 역사와 더불어 / 그대들의 불행한 생애와 숨은 이름이 / 커다랗게 기록될 것을 나는 안다. / 1890년대의 / 1920년대의 / 1930년대의 / 1940년대의 / 19××년대의 / …………… / 모든 것이 과거로 돌아간 / 폐허의 거칠고 큰 비석 위 / 새벽 별이 그대들의 이름을 비칠 때, / 현해탄의 물결은 / 우리들이 어려서 / 고기떼를 좇던 실내처럼 / 그대들의 일생을 / 아름다운 전설 가운데 속삭이리라
>
> —「현해탄」 부분

1890년대에서 1940년대로, 다시 미래로 이어지는 무수한 '청년'들은 기본적으로 식민지 유학생 세대의 경험과 의식을 공유하고 있다. 식민 모국과 식민지 사이에 놓인 현해탄을 건넌다는 것, 그것은 개인의 "평안이나 행복"에 안주하는 것이 아니라 공동체의 이익과 목표를 우선적으로 추구하는 길을 뜻한다. 청년들이 민족이나 국가가 요구하는 '영웅'일 수 있는 것은 이들이 공동체의 운명을 개척하는 길과 그들 자신의 '운명'을 동일시하고 있다는 것을 의미한다. 식민지 지식인의 공통의 역사 경험

과 의식 속에서 자기 존재를 규정해나가면서, 한편에서 임화 시의 '청년'은 식민지 유학생 세대의 공통성과 구별되는 자기 세대 특유의 세대 의식을 보여준다. 일반적으로 식민지 유학 세대가 공동체의 운명을 개인의 운명과 동일시하고 그것을 청년의 자각으로 연결시키고 있다면, 임화의 세대 의식은 식민지 유학 세대의 공통적인 '청년성'에 '계급성'이 더해진 양상을 보인다. 그 '계급성'은 임화 시의 '청년'의 형상을 통해 사회주의적 전위 의식으로 구체화되고 있다. '단편서사시' 계열에 속하는 「우리 오빠와 화로」, 「네 거리의 순이」, 「병감에서 죽은 녀석」 등에 그려지는 "근로하는 청년", "세상에 가장 위대한 청년", "사랑하는 위대한 산아희" 등은 사회주의 전위로서의 청년, 즉 사회주의 이념으로 무장한, 투쟁과 해방의 주체로서의 새로운 청년상이라고 할 수 있다. 임화가 단편서사시를 발표하던 1920년대 중반은 사회주의 청년 담론이 사회 전반을 주도하던 무렵이었고, 그런 점에서 임화의 시는 1920년대 청년 담론의 한 반영태, 구체적으로 1920년대 중반 무렵 사회주의 운동 주체를 중심으로 표상되었던 '전위'[10]의 문학적 형상을 창조하고 있다. 이같은 사회주의적 전위로서의 청년상, 즉 "위대"하고 "용감"한 "동모"였던 '청년'의 형상은 1920년대 중, 후반 프롤레타리아 시 창작기에 집중적으로 나타나며, 30년대 중반 이후에는 '청년'의 고뇌와 갈등, 좌절을 통해 자기 세대의 '운명'에 대해 진지하게 성찰하는 모습을 보인다. 가령, 청년은 "그윽한 / 고

10 '전위'는 1920년대 사회주의 담론이 주창한 청년 주체의 중심상이다. 이기훈은 그의 논문에서, '전위'로서의 청년의 특징으로 '청년성'과 '계급성'을, 그리고 둘을 매개하는 핵심적 기제로 '자각'이 중요한 개념으로 부각되었음을 지적한다.(이기훈, 앞의 논문, 136~152쪽 참조)

향의 별 아래 / 우리는 / 태양과 달과 / 지구와 恒星이 / 운행해가고 / 未久에 / 역사가 지내갈 / 넓은 길에다 / '아스팔트'를 / 깔지 않았느냐"(「한여름 밤」)라고 청년의 '명예'로운 과거를 회상하면서 한편에서는 "감당하기 어려운 괴로움"과 "참아야 할 고난"(「어린 태양이 말하되」), 동시에 외부의 시련이 그들의 "가슴 속에 묻어 놓은 / 自信과 굳은 信念"(「다시 인젠 天空에 星座가 있을 필요가 없다」)을 확인하고 있다.

임화 시의 '청년'이 식민지 근대 주체로서의 역사적 공통 감각과 사회주의 전위로서의 세대론적 특징을 공유하는 가운데, 임화 개인의 감상적 '청년'의 기질은 그의 시의 청년상을 역동적으로 만드는 중요한 요인이 된다. 임화 시에 나타나는 '청년' 주체의 감격과 감탄, 고조된 감정의 표현 등은 일반적으로 청년기의 인간이 갖는 특징들을 집중적으로 표출한 것이면서, 임화 시 특유의 좌절과 우울의 포즈가 복합적으로 부가된 것이다. 청년기의 공통성과 시인 특유의 감상성이 결합된 임화 시의 '청년'은 공동체 의식과 이념성, 계급성 등을 내면적인 차원에서 조명하고 있다. 그리고 그 내면성의 시선은 한편으로는 청년으로서의 "명예"와 "자랑", 감격 등 자기 긍정의 태도에서, 또 다른 한편에서는 청년이 감당해야 하는 고뇌와 좌절, 우울과 슬픔 등 자책과 연민의 감정에서 확보된다. 이처럼 이념성과 감상성, 투쟁성과 내면성이 결합된 임화 시의 '청년'은 자기 세대에 대한 자부심과 연민, 시대에 대한 부채의식과 자책감 등 대단히 복잡한 의식을 보여준다. 그의 시에서 청년 의식의 복잡성을 뚜렷하게 확인시키는 대상은 '청년의 죽음'이라는 문학적 주제이다. 「다시 네거리에서」, 「현해탄」, 「九月 十二日 —1945년, 또 다시 네거리에서」 등의 시에는 시적 주체의 발화를 통해 '청년의 죽음'이 간접적으로 주제화되고 있다. 이때 '죽음'이란 육체적 죽음과 정신의 죽음을 모두 의미한다. 예를 들면, 청년들 가운데 "어떤 사람은 건너간 채 돌아오지 않았다 / 어떤 사람은 돌아오자 죽어갔다 / 어떤 사람은 영영 生死도 모른다 / 어떤 사람은 아픈 패배에 울었다"(「현해탄」). '죽음'이란 "사랑하는 옛 벗"의 투쟁과 고난, 죽음을 의미하는 것이기도 하지만, "살아서 죽는 우리들"(「주리라 네 탐내는 모든 것을」)의 정신적 좌절 상태를 뜻하는 것이기도 하다.

'죽음을 맞이하는 청년'이라는 존재는 임화 시에서 사실상 1945년을 기점으로 사라져간다. 해방 이후의 임화 시에는 '청년'이라는 단어 대신에 '동무'와 '동포', '전우'와 같은 말들이 등장한다. 이같은 단어의 대체는 해방 직후의 사회·정치적 상황에서 기인하는 것이기도 하지만, 식민지 말기 임화 시에 반복적으로 주제화되는 '청년의 죽음'과 좀더 깊은 연관을 맺고 있다고 판단된다. 그것은 일차적으로 식민지 유학생 세대의 역사적 경험—유학 이전의 단호한 결의와 열정, 그리고 귀향 이후 식민지 조선에서의 실의와 좌절의 구조에서 기인하는 것이며, 보다 근본적으로는 30년대 후반 임화의 정신적 상황—이른바 '낭만적 정신'의 극대화와 혼돈 상태에서 비롯되는 것이다. 세대론과 개인적 특징을 총괄해볼 때, 결국 '죽음'이란 '청년'이 견지한 근대적 시간관의 막다른 귀결점을 비유하는 것으로 볼 수 있다. 임화의 다른 표현을 빌자면 그것은 "시민문화의 종언"이며 "역사주의적 입장에서 인류사회를 광대한 미래로 인도"하고자 했던 '낭만적 정신'의 예기된 종착역이다. 그런 점에서 '청년'에게 다시 '영웅'이라는 이름을 붙일 수 있다면, 그를 근대의 영웅이자 비극적 영웅이라 칭할 수 있을 것이다. 청년은 누구보다 명민한 근대주의자이자 근대의 파국을 직감하거나 혹은 스스로 체험했던 사람들이다. 해방 이후 임화의 시에서 그 '청년'의 존재는 자취를 감추지만, 전쟁기 북한에서 창작된 시들은 청년을 다시 불러내면서 비극적 영웅으로서의 청년의 형상을 또다른 방식으로 뚜렷하게 각인하고 있다.

> 불의 뜨거움을 믿는 / 원수에게 조선 청년의 피가 / 불보다 뜨거움을 알게 하라 / 석벽의 두터움을 믿는 / 원수들에게 조선 청년의 가슴이 / 석벽보다 두터움을 알게 하라 / 강철의 굳음을 믿는 / 원수들에게 조선 청년의 결심이 / 강철보다 굳음을 알게 하라 // (…중략…) // 불굴한 조선 인민의 / 한 아들이 / 죽음을 겁내지 않고 / 돌진하는 앞길엔 / 불도 석벽도 강철도 / 한낱 티끌 / 천 리의 멀음도 / 눈앞에 지척임을 / 사모쳐 느끼게 하라 // 눈발 부현 하늘 / 어느 곳에서 조국은 / 나의 가는 길을 바라보고 섰느냐 / 종일토록 울어 끊지 않는 / 바람 속 어느 곳에서 어머니는 / 나의 마지막 숨결 소리를 / 들으려는 것이냐 // (…중략…) // 전우들이여 내가 나고 자라서 큰 / 은혜로운 조국의 땅이여 / 그것을 위하여 싸우고 / 목숨 바치려던 / 그리운 모든 것이여 / 잘 있으라 // 그리하여 / 나의 손 / 나의 머리 / 나의 가슴이 / 원수의 포대를 안고 / 돌처럼 굳어 움직이지 않거든 / 아 / 나의 소대야 / 우리 동무야 / 흰 눈을 적신 / 나의 붉은 피 위에 // 사랑하는 조국의 깃발을 꽂으라 /
>
> —「흰 눈을 붉게 물들인 나의 피 위에 — 1950년 12월 25일 황해도 신계 부근 602고지 전투에서 적 화점을 몸으로 막아 전사한 김창권 동무를 위하여」 부분

한국전쟁 기간 중 "적 화점을 몸으로 막아 전사한" 실존 인물 "김창권 동무"의 최후를 그린 이 시는 청년의 비극적 영웅성을 인상적으로 형상화하고 있다. 초기 단편서사시에서 대체로 청년이 시적 대상으로서 간접화되어 등장한 반면, 이 시에서 청년은 시적 주체로 등장해 격정적

어조로 최후의 말을 남기고 있다. "사랑하는 조국"을 위한 자신의 직분에 충실한 청년은 생의 마지막 순간까지도 "인민의 아들", "어머니"의 아들로서의 직분을 결코 잊지 않는다. "원수"에 대항해 죽음으로써 자신의 의무를 다하는 "조선 청년"의 비극적 최후는 근대의 비극적 영웅으로서의 청년의 형상을 깊이 각인시키고 있다. 여기서 청년의 비극적 영웅성과 더불어 특기할 것은 그의 과도한 감상성이다. 위 시에서도 드러나듯이, 최후의 전투를 앞둔 청년의 목소리는 감정적으로 매우 고양되어 있으며, 특히 어떤 부분에서는 사적인 감정에 몰입된 모습을 보여준다. 이처럼 비극적 영웅이자 동시에 예민한 센티멘털리스트로서의 청년의 또다른 특성은 다음 절에서 살펴보기로 한다.

3. 청년과 여성의 상관성

임화 시에 나타나는 청년의 형상 가운데 특기할만한 점은 '청년'이 대체로 다른 사람과의 관계 속에서 그려진다는 것이다. 즉, 청년은 가족관계나 연인관계와 같은 사적인 인간관계 속에서 등장한다. 가령, 청년은 "우리 위대한 오빠"(「우리 오빠와 화로」)이자 "근로하는 모든 여자의 연인"이며 "사랑하는 동모"(「봄이 오는구나」)이자, "내 사랑하는 오직 하나뿐인 누이동생 순이"의 "귀중한 사내"(「네 거리의 순이」)이기도 하다. 또한 청년은 "어머니의 아들"(「바람이여 전하라」, 「흰 눈을 붉게 물들인 나의 피 위에」)이며 “귀여운 피오닐” “영남이의 형님”(「우리 오빠와 화로」)으로 등장하기도 한다. 이처럼 시적 공간 안에서 대체로 개인적인 인간관계의 대상으로 등장하는 청년은 투옥이나 가난, 죽음 등으로 인해 가족의 비극을 낳은 주인공이기도 하다. 이를테면 “사랑하는 우리 오빠”는 “불상한 永南이와 순이”를 놓아둔 채 투옥되었고(「우리 오빠와 화로」), “젊은 날을” 함께 “의론”하던 “용감”한 “동모”는 “병감(病監)에서 죽”어간다(「病監에서 죽은 녀석」). 청년의 비장한 죽음은 “너무나 많은 슬픔과 / 이길 수 없는 원한과 분노”에 휩싸인 그들의 “어머니들”에게 더 큰 “슬픔”과 고통을 안겨주는 일이 된다. “동모”는 “늙은 어머니의 스름과 원한 속에서 죽어”간다(「어머니」).

임화 시에서 이처럼 “조국”의 “미래”와 “진리” 탐구를 추구하는 청년의 시련이 개인적 비극으로 형상화되는 과정은 이 시를 읽는 독자의 공감과 연민을 불러일으킨다. 이처럼 청년과 그 가족(또는 연인, 동지)의 개인적 사연이 시적 정황 가운데 중심으로 부각되는 경향은 임화의 단편서사시를 비롯해 정치적 선전선동성이 강한 작품에서 특히 두드러지게 나타난다. 대표적 단편서사시인 「우리 오빠와 화로」에서 가족의 이별, 오빠의 투옥, 오빠를 향한 그리움, ‘불상한’ 어린 남매의 처지 등과 같은 사적(私的) 감정이나 개인적 비극은 공적 차원에서 보편적으로 확대되는 과정을 거친다. 즉, ‘오빠’의 갑작스런 투옥으로 곤란에 처한 어린 남매, 그러한 상황과 감정을 담담하게 진술하는 여동생 순이의 자각과 결의의 과정, ‘화젓가락’이라는 정서적 상관물이 매개하는 감정의 고양 과정, 그리고 ‘단편서사시’라는 형식을 차용한 서사화 전략 등은 서정적 인물의 사적인 감정과 경험이 식민지 사회의 공적 영역과 서로 얽히며 동일화되는 구조를 작동시킨다. 이를테면, 오빠를 잃은 어린 누이의 슬픔과 고통은 청년 투사의 개인적 측면을 부각시키는 역할을 하지만, 또 한편에서 누이의 슬픔은 "오빠와 형님을 잃은 수업는 계집아희와 동생"의 보편적인 감정, 그리고 "이 나라" 또는 "공장" 등에서 일어나는 공적 차원의 사건으로 확대되어 나간다.

임화 시에서 사적 감정의 공공화 경향은 독자의 공감을 불러일으키고 감정을 고조시키며 궁극적으로 정치적 선전선동성의 효과를 극대화하는 역할을 한다. 이 과정에서 주목해야 할 부분은 '청년'의 개인적 삶, 인간적인 면모를 강조함으로써 청년의 '영웅성'을 또 다른 차원에서 보완하고 그의 '위대함'을 한층 설득적으로 부각시키고 있다는 점이다. 다음의 인용시는 청년 투사의 삶과 내면을 개인적인 측면에서 포착함으로써 청년의 '영웅성'과 대중의 전투성을 고조시킨 사례라고 할 수 있다.

> 오빠는 파란 얼골에 피곤한 웃음을 웃으시며 / …… 네 몸에선 누에 똥내가 나지 않니 ─ 하시든 세상에 위대하고 용감한 우리 오빠가 웨 그날만 / 말 한마듸 없이 담배 연기로 방 속을 메워버리시는 우리 우리 용감한 오빠의 마음을 저는 잘 알었에요 / 천정을 향하야 귀여올라가든 외줄기 담배 연긔 속에서 ─ 오빠의 강철 가슴 속에 백힌 위대한 결정과 성스러운 각오를 저는 분명히 보았에요
>
> ─「우리 오빠와 화로」 부분

> 눈바람 찬 불상한 도시 종로 복판에 순이야! / 너와 나는 지나간 꽃 피는 봄에 사랑하는 한 어머니를 / 눈물 나는 가난 속에서 여의었지! / 그리하여 너는 이 믿지 못할 얼굴 하얀 오빠를 염려하고, / 오빠는 가냘핀 너를 근심하는, / 서글프고 가난한 그날 속에서도, / 순이야, 너는 마음을 맡길 믿음성 있는 이곳 청년을 가

졌었고, / 내 사랑하는 동무는 …… / 청년의 연인 근로하는 여자 너를 가졌었다

—「네 거리의 순이」 부분

위의 「우리 오빠와 화로」에서 '누이'의 사적 감정이 "위대하고 용감한" "우리 오빠"를 매개로 공적 차원으로 확대되어 갈 때, '누이'의 시선에 의해 포착된 '오빠'의 내면은 공공을 향한 "위대한 결정과 성스러운 각오"를 보여주고 있다. 또한 「네 거리의 순이」에서 "청년의 연인 근로하는 여자" '순이'는 "근심", "사랑", "눈물" 등 현실에 대한 청년의 내면 감정을 표출하는 실질적인 매개 역할을 하고 있다. '청년'은 '순이'를 통해 자신의 감정을 지각하고 표출할 수 있는 계기를 얻고, 또한 그 감정 표출의 계기를 통해 투쟁적이고 영웅적인 '청년'의 형상을 구체화한다. 앞에서도 밝혔듯이, 투쟁적이면서도 동시에 고뇌하는 '청년'의 형상은 그 형상에 역동성을 부가한다는 면에서 뿐만 아니라 대중설득과 교화의 차원에서도 매우 효과적이라고 할 수 있다.

여기서 임화 시에서 '청년'의 내면으로서의 의미를 갖는 '감정'[11]이 많은 시에서 여성을 매개로 표현되고 있다는 점이 주목될 필요가 있다.

---

11 감상적인 임화 시의 청년은 어떤 점에서 1920년대 동인지 세대의 청년상과 유사한 특징을 보인다. 20년대 후반 임화의 단편서사시에 그려지는 시적 주체의 감상성, 그리고 30년대 중반, 시집 『현해탄』의 '청년'들이 보여주는 다소 과장된, 좌절과 고뇌, 우울의 감정과 포즈는 20년대 동인지 문학에 등장하는 "눈물이날듯한憂愁와 全身이사라지는듯한 感傷"적인 경향의 청년들과 비슷한 면모를 보이고 있다. 그러나 동인지 세대 청년들의 기복많은 감정 표현이 그 자체로 '도덕'에 대항하는 감정해방론적 특징과 아울러 여성적인 성향을 드러내는 반면, 임화의 청년들에게 '감정'은 궁극적으로 '행동'의 원천이자 '행동'을 향한 요구로서 그 의미가 중요시된다. 20년대 동인지 청년들에게 감정 자체가 해방적인 측면을 지녔던 반면, 임화 시에서 '감정'이란 사유, 이지, 행동, 더 나아가 타인의 감정과 행동 등을 매개하는 매개체로서의 특징을 지닌다.

위에 인용된 두 편의 시에서도 나타났듯이, 임화 시에서 여성은 '청년'의 내면을 드러내는 매개체로서 자주 등장한다. 여기서 흥미로운 지점은, 그렇다고 '청년'의 형상 자체가 여성적이라거나 또는 그의 시에서 여성성의 주제가 구현되는 것은 아니라는 점이다. 임화 시에서 여성은 청년의 '영웅성'을 부각시키기 위한 보조자 혹은 대변자로서 등장한다고 볼 수 있다. 위의 인용시 뿐만 아니라 「우산받은 요꼬하마의 부두」, 「어머니」 등의 시에서 여성의 감정, 그리고 여성이라는 존재는 '청년'과 사적인 관계로 얽힌 채, 청년의 '위대함'과 '성스러움'을 증언하거나 청년의 감상성을 정당화하기 위한 알리바이를 제공한다. 이같은 특징은 청년, 즉 남성 스스로가 여성적인 성향을 지니고 그를 통해 기존의 이분법적 젠더 구분의 경계를 허무는 비판적 논리를 구성하고자 했던[12] 20년대 동인지 세대와 구별되는 특징이라고 할 수 있다. 임화 시의 '여성'은 여성주의적 경향이나 근대적 질서에 대한 비판 의식과는 무관한 존재이다. '여성'은 청년의 남성성—영웅성과 가부장적 특징을 부각시키기 위한 일종의 매개 장치로서의 역할을 하고 있으며, 그런 의미에서 임화 시에서 '여성'이라는 기호의 육체성은 부재한다고 말할 수 있다. 그와 달리, 상상적 인물로서의 여성을 매개로 자기 존재를 정립하는 청년—센티멘탈 맨의 모습이 중심적으로 형상화되고 있다.

이처럼 여성을 매개로 사적 감정을 공공화하며 청년의 영웅성을 부각시키는 과정 중에서 특히, 임화 시에 드러난 사적 감정의 특징과 양상에 주목할 필요가 있다. 초기 단편서사시에서 '사적 감정'은 시인 개

12 소영현, 앞의 논문, 144~148쪽 참조.

인의 감정이 아니라 허구적 인물을 빌어 표현된다. 일종의 배역시라고 할 수 있는 단편서사시에서 시적 정조의 중심이 되는 것은 '순이'와 같은 여성, 혹은 영웅적 청년의 개인적 감정이다. 그런데 서정시의 장르적 관습상 독자는 흔히 시적 주체와 시인을 동일시하도록 기대되는 경향이 있다. 더욱이 임화의 시가 대중 집회 등과 같은 공공 장소에서 낭송의 형식으로 재현될 때, 시적 전달 과정에서 '사적 감정'의 주체는 시인 혹은 낭송자와 같은 실존 인물로 받아들여지는 효과를 낳는다. 시인은 '청년' 혹은 '누이'라는 가면을 쓴 채 가공 인물의 감정을 재현하며, 독자는 허구적 인물의 개인적 삶과 사적 감정으로부터 정서적 감염과 '행동'의 변화를 요구받게 된다. 임화 시에서 시인, 시적 주체, 그리고 '청년', '누이'가 맺는 동일성의 관계는 그의 최후의 창작기인 한국 전쟁기의 시편에서 문제적인 양상으로 나타난다. 그것은 우선, 앞 절의 「흰 눈을 붉게 물들인 나의 피 위에」에서 시화되었듯이, 허구가 아닌 실존의 '영웅적' 인물이 시적 주체로 전면에 등장하는 방식이며, 또한 시인 자신 '가면'을 벗고 개인의 삶과 사적 감정을 직접적으로 드러내는 방식이다. 1950년 12월에 창작된 「너 어디에 있느냐—사랑하는 딸 혜란에게」가 후자의 경우에 해당된다.

> 아직도 / 이마를 가려 / 귀밑머리를 땋기 / 수줍어 얼굴을 붉히던 / 너는 지금 이 / 바람 찬 눈보라 속에 / 무엇을 생각하여 / 어느 곳에 있느냐 // 머리가 절반 흰 아버지를 생각하여 / 바람 부는 산정에 있느냐 / 가슴이 종이처럼 얇아 / 항상 마음 아프던 / 엄마를 생각하여 / 해 저무를 들길에 섰느냐 / (…중략…) // 사랑하는 나의 아이야 // (…중략…) 아버지는 지금 / 물소리 맑던 낙동가 가에서 / 악독한

원수들의 손으로 / 불타고 허물어진 / 숱한 마을과 도시를 지나 / 우리들이 사랑하던 / 서울과 평양을 거쳐 / 절벽으로 첩첩한 산과 / 천리 장강이 여울마다 우는 / 자강도 깊은 산골에 와서 / 어데메에 있는가 모를 / 너를 생각하여 이 노래를 부른다 // 사랑하는 나의 아이야 // (…중략…) 이 동안 / 우리들 모두의 / 고난한 시간이 흘러 / 너는 남방 먼 곳에 / 나는 아득한 북방 끝에 / 천리로 또 천리로 떨어져 / 여기에 있다 그러나 들어라 // 사랑하는 나의 아이야 // 이러한 도적의 침해에 / 우리 조선 인민이 어느 / 한 번인들 굴해 본 적이 있으며 / 한사코 싸워 물리치지 / 아니한 때가 있었는가 / 보라 우리 영웅적 인민 군대는 / 벌써 청천강을 건너 / 평양을 지나 / 다시금 남으로 남으로 내려가고 / 형제적 우리 중국 인민 지원 부대는 / 폭풍처럼 달려와 / 미구에 너의 곳에 / 이를 것이다 / 기다리라 // 사랑하는 나의 아이야 // (…중략…) // 너 지금 어느 곳에 있느냐 (1950.12)

—「너 지금 어느 곳에 있느냐—사랑하는 딸 혜란에게」 부분

시인 개인의 감정이 드러나거나 혹은 실존 인물의 개인적 측면이 부각되는 위의 두 편의 시에서 더 이상 사적 감정은 공적 감정으로 고양되거나 확대되지 않는다. 전쟁 기간 중 '전선문고'의 형태로 출간된 시집 『너 어느 곳에 있느냐』(문화전선사, 1951)는 '조국해방'을 위한 전쟁의 당위성과 전쟁 영웅의 '영웅성'을 선전함으로써 전투와 승전의 의지를 대중적으로 고취시키는 데 목적이 있었다. 그러나 위의 시에서 가면을 벗은 시인 혹은 실제 인물의 날[生] 감정은 "조선 인민 군대"나 "조선 청년"의 영웅적 형상으로 매개되지 못한 채, 공적·객관적 영역과 단절되고 분리된 형태로 제시되고 있다. 주지하다시피, 이 시집은 전쟁 이후 북한 체제에서 임화의 정치적 숙청 과정에 원인을 제공하였다고 알려

져 있다.[13] 이 시집에서 '사유'와 '행동'으로 매개되지 못한 사적 감정, 그리고 '어머니', '딸 혜란'처럼 육체성을 지니고 등장한 성별적 여성의 존재는 식민지의 '청년'이자 카프의 서기장, 대표적인 사회주의 시인으로서 인간 임화가 전쟁 중에 겪는 고뇌의 상황을 직접적으로 보여주고 있다. 그러나 시인의 내면 풍경이 즉자적으로 드러날 때 시적 형상화라는 예술적 가공의 틀은 사라지고 오직 개인의 감상에 몰입한 시인, 자기 연민에 가득찬 센티멘털리스트의 형상만이 남고 있다.

임화 시에서 여성은 마치 양날의 칼과 같은 이중의 역할을 한다. 여성은 '청년'의 영웅성과 주체성, 남성성을 보충하고 부각시키는 존재로서 주체의 강화에 기여한다. 여성은 또한, 공적 자아, 집단 주체로서의 특성을 보여주는 '청년'의 육체에 구체적 실감을 부여하며, '청년'의 투쟁적인 삶과 갈등하는 내면을 사적인 차원에서 조명하고 포착하는 역할을 한다. 임화 시에서 각성과 구원, 독려의 대상으로 등장하는 '여성'은 '청년'이라는 존재를 보강하고 그에 동일화되며, 남성은 여성을 포섭하고 동일화함으로써 더 강력한 주체로서의 면모를 보이게 된다. 「네거리의 순이」, 「어머니」, 「우산 받은 요꼬하마의 부두」 등의 시는 근대적 보편 자아로서의 '청년'과 타자로서의 '여성'의 특성이 뚜렷하게 형상화된 시편들이며, 주체의 중심성이 강화되는 『현해탄』 시편들의 경

---

13 『너 어느 곳에 있느냐』에 대한 북한 문단의 평가가 처음부터 비판적이었던 것은 아니다. 한효, 안함광 등은 「흰 눈을 붉게 물들인 나의 피 위에」, 「너 어느 곳에 있느냐」, 「바람이여 전하라」 등의 작품들에 대해 긍정적인 평가와 찬사를 아끼지 않았다. 그러나 1953년 「전국작가예술가대회」에서의 공개적 비판과 그해 8월의 재판 이후 임화에 대한 공식적 평가는 크게 변화하게 된다. 자세한 과정에 대해서는 오성호, 「임화의 월북 후 활동과 숙청」, 『현대문학의 연구』 21, 2003, 501~522쪽 참조.

우 다소 추상화된 주체의 특성이 드러나기도 한다.

한편, 임화 시에서 여성은 일종의 시적 발화 장치로서, 성별적으로 '나'와 다른 존재로서의 특성을 부각시키고, 시적 자아의 서정적 운동을 역동적으로 만드는 역할을 한다. 특히 임화의 경우, 강력한 주체의 실존을 지향하는 반면 자아의 내면을 들여다보고 드러내는 데는 그리 익숙하거나 자유로운 태도를 보여주지 못한다. 그것은 시인 스스로 집단의 주체이자 공적 자아로서의 특성에서 벗어난 개체로서의 자기 표현에 익숙하지 못한 때문이라고 볼 수 있다. 여기서 '여성'은 시적 자아의 내면에 억압된 타자적 특성, 즉 감각, 욕망, 정념 등을 일깨우고 이끌어내는 존재라고 할 수 있다. 그러나 이같은 성격이 또 하나의 다른 극단으로 나아가는 경우, 공적 자아의 이면에 억압된 사적 자아를 즉자적으로 노출시키며 자아의 객관화에 실패하는 모습을 보이기도 한다. 단편서사시에서 노출되는 감상성이나 「너 지금 어디에 있느냐」에 나타나는 사적 진술은 그 대표적인 경우라고 할 수 있다.

4. 청년의 시적 형식화

비극적 영웅성, 센티멘털리즘으로 요약될 수 있는 '청년'의 미학적 특성은 임화 시의 형식적 특징을 통해서도 확인할 수 있다. 장거리 시행의 긴 호흡, 감탄과 의문, 돈호법과 도치, 설의법 등으로 시적 주체의 감정 표현을 조절하며 점차 고조시키고, 때로는 급작스럽게 비약시키는 방법은 임화 시 고유의 형식적 특징이다.

> 순이야, 누이야! 근로하는 청년, 용감한 사내의 연인아!
> 생각해보아라, 오늘은 네 귀중한 청년인 용감한 사내가
> 젊은 날을 부지런한 일에 보내던 그 여윈 손가락으로
> 지금은 굳은 벽돌담에다 달력을 그리겠구나!
> (…중략…)
> 자 좋다, 바로 종로 네거리가 예 아니냐!
> 어서 너와 나는 번개처럼 두 손을 잡고,
> 내일을 위하여 저 골목으로 들어가자,
> 네 사내를 위하여,
> 또 근로하는 모든 여자의 연인을 위하여 —
>
> —「네 거리의 순이」 부분

> 영리한 새여 — 아즉도 양심의 불씨가 꺼지지 않은 조그만 심장이여!
> 불룩 내민 그 귀여운 가슴을 두드리면서
> 이렇게 소리처라!
>
> "오라! 어둠이여! 울어라! 폭풍이어!
> 노호하라! 死와 암흑의 '마르세이유'여!
>
> 그렇지 않은가!

누구가 대지로부터 스며 오르는 생명인 봄의 樹液을

누구가 청년의 가슴 속에 자라나는 영웅의 정신을 죽엄으로써 막겠는가

암흑인가? 폭풍인가? 雷鳴인가?

—「암흑의 정신」 부분

위의 인용시를 통해서도 확인할 수 있듯이, 임화의 시에는 시적 발화의 직접적인 대상이 자주 등장한다. 위의 「네 거리의 순이」에 등장하는 '순이', 「암흑의 정신」의 "영리한 새"가 그에 해당되며, 그밖에도 「우리 오빠와 화로」, 「젊은 순라의 편지」 등과 같은 단편서사시의 '오빠', '형님' 뿐만 아니라 '동포', '동모', '적', '전우' 등 불특정 대상에 이르기까지 광범위한 대상들을 시적 청자(聽者)로 포함하고 있다. 대체로 편지체, 독백체, 연설체의 형식을 띠는 임화의 시에서 시적 공간 속에 구체적으로 등장하는 청자의 존재는 시어와 어조, 문장의 구조와 시행의 길이 등 세밀한 부분에 이르기까지 영향을 미친다. 유달리, 명령문과 감탄문, 청유형의 문장이 자주 등장하고, 반복과 열거의 수사법이 빈번하게 활용되는 양상은 시적 공간 속에서 청자의 존재 방식을 고려하는 다양한 증거라고 할 수 있다. 여기에 한 가지 추가되어야 할 점은, 임화의 시 가운데 많은 작품이 공공 장소에서 낭송의 형식으로 전달되었다는 점이다. 특히 1920년대 후반의 단편서사시와 해방 이후의 기념시, 행사시, 그리고 전쟁기의 시들은 대부분 대중 집회나 청년회 등의 크고 작은 행사에서 대중을 선전선동하기 위한 정치적 목적으로 창작되었다. 따라서 시인은 창작과 발표 과정에서 가상의 존재로서의 청자 뿐만 아니라 실제 인물로서의 청중을 고려하게 된다. 임화 시의 다양한 수사적 전략으로 인

해 시적 주체의 주관적·사적 감정은 청자와의 정서적 상호작용 속에서 점차 객관적·공적 형태로 고조·확대되는 양상을 띤다.

강한 청자지향성을 띠는 임화의 시에서 청자의 존재 방식은 크게 두 가지 유형으로 나누어진다. 「우리 오빠와 화로」와 같은 편지체 형식의 시에서 청자는 텍스트 안의 청자—'오빠'와 텍스트 밖의 청자—대중이라는 두 가지 형태로 등장한다. 친오빠를 향한 누이의 개인적 감정은 시적 전달 과정에서 가상의 청자, 혹은 실제 대중을 향해 확장된다. 또한 독백체가 강한 30년대 중반의 시에서 화자는 텍스트 내적 청자—청년, 혹은 화자 자신을 향해 고뇌와 비탄의 정조를 토로한다. 앞의 편지체, 혹은 연설체의 시가 대중을 향한 청년의 정치적 발언에 가깝다면, 후자의 독백체는 청년 자신의 내면적 독백이거나 청년을 낳은 세계—근대를 향한 청년의 "찬가(讚歌)"라고 할 수 있다. 임화 시의 강한 청자지향성은 결국 '청년'의 발화를 형식화하는 다양한 양식의 공통성을 집약한 것이다.

청년의 시로서 임화 시가 보여주는 또 하나의 형식적 특징은 표준어 지향성이다. 임화의 표준어 지향성에 대해서는 표준어 확립을 통한 근대어의 정립을 최우선의 과제로 설정하고 근대어로서의 조선어의 가능성에 대한 고민과 실험으로 해석하는 경향이 강하다. 본고의 관점에서 그의 표준어 지향성은 청년의 미학과 형식적 특징으로 해석할 수 있다. 근대의 선발 주자인 청년은 누구보다도 앞서 '새 것'을 추구한다. 전통과 과거와 단절하고 오직 앞을 향해 전진하는 청년들에게 과거의 언어인 한자, 그리고 "봉건적 隔離의 유물"인 방언보다는 한글—표준어의 확립이 미래를 향한 진보와 발전, 그리고 대중의 설득에 긍정적인 역할을 할 것으로 판단한 것이다. '문학어(文學語)'에 대한 임화의 관점 또한 그의 표준어 지향성을 뒷받침하는 단서를 제공한다. 그는 기본적으로 문학어가 "生活의 言語의 특수한 일종"이며 "日常語 그것의 현실성을 부정하지 않"[14]는 말이어야 한다고 본다. 그의 관점에 따르면, 인간이 일상적 제 생활 가운데서 느끼고 의욕하는 바를 직접적으로 이야기하는[15] 언어를 구현하는 것, 그러기 위해 구체적인 생활감정을 시어로 표현하는 일이 시인의 중요한 임무로 요구된다.

임화 시의 표준어지향성, 현실지향성은 그의 시작 과정에서 한계와 강점이라는 두 가지 면으로 동시에 작용한다. 일단 표준어 지향성으로 인해 방언, 고어, 토착어 등을 의도적으로 사용하지 않게 되면서, 그의 시어의 폭은 크게 제한될 수밖에 없었다. 당대의 정지용, 백석, 서정주 등에 비할 때, 사물에 대한 묘사나 그에 대한 정서적 표현 면에서 상대적으로 그의 시적 형상화의 폭은 한계를 보인다. 이러한 한계는 때로 조선어 사용자의 생활감정을 구체적으로 담는다는 임화 시의 목표 성취 과정에도 부정적으로 작용하였다고 판단된다. 그러나 표준어를 지향하고 언어의 구체성과 현실성을 중시하는 임화의 시어는 낭송 형식을 통한 공공 장소에서의 시적 전달에는 적합한 형태였다고 평가할 수 있다. 임화는 문자 매체를 통해 '읽는 시', '보는 시'보다는 낭송자의 구연을 통해 '듣는 시', 함께 '낭송하는 시'의 향유 방식을 선호했다고 판단된다. 임화 시의 시어 특성과 청자지향성은 자기 세대의 의식과 경험을 공유하고 그것을 타인 — 청년 자신, 노동대중, 어머니, 순이 등 — 과 소통하려는 '청년'의 욕망에서 기인한 것으로 해석할 수 있을 것이다.

---

14 임화, 「언어의 마술성」, 『문학의 논리』, 서음출판사, 1989, 342쪽.

15 임화, 「언어와 문학」, 임규찬 · 한기형 편, 『카프비평자료총서 III』, 태학사, 1989, 295쪽.

5. 결론

시적 자아로서 임화 시의 '청년'에는 근대적 보편 자아로서의 역사적 공통 감각과 사회주의 전위로서의 세대론적 특징이 나타난다. '새로운 것'을 향해 모험과 도전을 감행하고 자신에게 부과된 직분에 충실한 태도는 근대 주체로서의 청년의 특성을 공유하는 것이라고 할 수 있다. 임화 시에 나타나는 '청년'의 중심적 특징은 사회주의 전위로서의 형상으로 집약된다. 투쟁과 해방의 주체이자 신념과 성찰의 수행자이며 고뇌와 좌절을 겪는 사회주의적 전위로서의 청년상은 일제 강점기와 해방기 임화의 시에서 중심적인 형상으로 나타나고 있다. '적'에 대항하고 낡은 세계를 개혁하고자 하는 강한 주체로서의 '청년'은 식민지 현실에 좌절해가는 비극적 영웅의 모습을 재현한다.

임화의 역사관과 문학관을 고려하자면, 그의 시에 나타나는 강한 주체의 주관성은, 시인 자신 비평문을 통해 밝히고 있는 '낭만성' 또는 '낭만정신'과 관련된다고 볼 수 있다. "현실과 이상—꿈이 모순하고 조화하지 않는 가운데서 그것을 통일 조화시키려는 치열한 행위적 의욕의 표현"[16]으로서 문학을 이해하는 임화의 관점에서는 현실과 이상 사이의 격차를 메우려는 강한 주체의 주관성이 중요하게 대두되며, 사회주의 전위로서 스스로 투쟁의 의욕을 고취시킨다거나 청중을 설득하는 임화 시의 보편적 구조 또한 이같은 주체의 능동적 역할에서 비롯되는

16 임화, 「위대한 로만정신」, 『동아일보』, 1936.1.1~1.4.

것이라고 할 수 있다.

청년의 특성은 여성과의 관계 구조에서 좀더 뚜렷하게 드러난다. 임화 시에서 여성은 한편으로는 '청년'이라는 존재를 보충하고 그에 동일화됨으로써 근대적 보편 자아로서의 '청년'의 중심성을 강화하며, 또 한편으로는 '청년'의 내면에 억압된 감정, 감각, 욕망 등을 일깨우는 타자적 존재로서 시적 자아의 서정적 발화 과정을 역동적으로 만드는 역할을 한다. 결국, 임화 시에서 타자로서의 여성의 전유(專有)는 '청년'이 근대적 보편 자아로서 자신의 존재를 구축해나가는 과정과 동시에 억압되고 결핍된 존재로서의 '청년'의 균열상을 구체적으로 보여준다. '여성'을 매개로 엇물리는 두 개의 관계 구조는 임화 시에 나타난 두 개의 자아—강한 주체로서의 근대적 보편 자아와 센티멘털리스트로서의 나르시스적 자아, 또는 공적 자아와 사적 자아라는 서로 다른 두 개의 자아의 균열과 공존의 상황을 확인시킨다. 임화 시가 기본적으로 '누군가를 향한 발화'에 충실한 구조라고 할 때, 그 때의 누군가란 교화와 설득의 대상으로서의 타자 — 여성이자, 시적 자아의 내면에 밀착된 존재로서의 타자 — 다른 자아로서의 '여성'이라고 할 수 있을 것이다.

일제 말기 임화의 문학비평과 이중과제론

하정일

1. 볼세비키화론에 대한 자기비판과 새로운 모색

1930년대 중반에 접어들면서 한국 근대문학은 거대한 전환기를 맞이한다. 그때까지 한국 근대문학의 중심축을 이루어왔던 계몽의 문학이 심각한 위기에 처하면서 한국 근대문학의 한 순환과정이 끝나게 된 것이다. 이후 반(反)계몽적 경향의 문학들이 대거 등장해 계몽의 전통과 경쟁하다가 총력전체제의 광풍에 너나 할 것 없이 휘말려들게 되었음은 잘 알려진 일이다. 30년대 중반에 계몽의 문학이 만난 전환기적 도전은 일차적으로는 일제 파시즘의 강화라는 정치적 요인에서 비롯된 것이라 할 수 있다. 이 점을 가장 극명하게 보여준 것이 카프의 해산이다. 카프문학운동이 가장 급진화된 문학적 계몽 기획이었다는 점에서 카프의 강제적 해체는 계몽 전통의 위기가 돌이킬 수 없는 대세가 되었음을 말해주는 상징적인 사건이었다. 카프문학운동의 절정기는 볼셰비키화가 진행되던 30년대 초반이었다. 그러나 이 시기는 동시에 카프의 몰락이 시작되던 때이기도 했다. 두 차례에 걸쳐 카프 맹원들에 대한 대대적인 검거와 구속이 이루어지면서, "국제 프롤레타리아트의 세계적인 단일한 유기적 메카니즘 가운데 자기를 결부시키고 명확한 계급적 기초 위에 선 조선프롤레타리아트의 조직적 기구 가운데 우리들의 예술운동이 자기의 프롤레타리아적인 진실히 계급적인 기초"[1]를 다지고자 했던 볼셰비키화운동은 시도도 못해본 채 좌초되고 말았다. 당파성과 프롤레타리아 국제주의로 요약되는 볼셰비키화론은 프로문학이 한국 근대문학의 우이(牛耳)를 쥐었다는 자신감에 바탕한 것이었다고 할 수 있다. 그런데 그러한 기세가 일제 파시즘에 의해 일거에 꺾인 것이다. 카프의 해체를 계기로 계몽의 전통은 급속히 쇠잔해간다.

하지만 프로문학운동의 위기는 외적인 요인 때문만은 아니었다. 볼셰비키화론이 주창한, 당파성과 프롤레타리아 국제주의에 입각한 문학운동이라는 구호 자체가 위기의 내적 요인이었다. 이 구호에는 두 개의 의미가 담겨 있었다. 하나는 당파성이라는 이름의 계급 중심주의이

1 안막, 「조선 프로예술가의 당면한 긴급한 임무」, 『중외일보』, 1930.8.16.

며, 다른 하나는 일거에 근대 이후로 도약하자는 프롤레타리아혁명론이었다. 자본주의 제3기론에 근거해 볼세비키화론은 '프롤레타리아 전위의 눈'으로 표상되는 계급적 당파성의 관철과 프롤레타리아 국제주의에 입각한 전지구적 계급투쟁을 프로문학운동의 핵심 목표로 설정했거니와 이 명제들에는 민족과 근대로 압축되는 한국적 근대의 특수성이 사상(捨象)되어 있었다. 볼세비키화론은 이 문제들이 전지구적 계급투쟁에 승리하면 자동적으로 해결될 것이라고 생각했던 것으로 보인다. 이러한 생각이 착각이었음은 이후의 역사가 증명해 주었다. 민족과 근대의 문제를 포괄하지 않고는 전지구적 계급투쟁을 수행하는 것이 불가능할 뿐 아니라 전지구적 계급투쟁이라는 발상 자체가 자본주의 근대의 복잡성을 읽지 못한 논리였기 때문이다. 볼세비키화론에는 무엇보다 식민지적 특수성에 대한 인식이 부차화되어 있었다. 볼세비키화론은 서구 자본주의를 일종의 보편으로 여겼고, 조선사회가 그러한 보편의 방향으로 나아갈 것으로 예상했다. 요컨대 볼세비키화론 역시 일종의 서구 중심주의에 빠져 있었던 셈이다.[2]

식민지적 특수성을 부차화한 볼세비키화론이 민족과 근대라는 문제에 소홀했던 것은 당연한 이론적 결과였다. 카프가 민족통일전선인 신간회에 극히 부정적 입장을 취한 것이나 일제의 파시즘화에 적절하게 대응하지 못했던 것도 이와 관련이 깊다. 카프의 해체를 전후해 프로문학은 볼세비키화론의 계급 중심주의와 프롤레타리아혁명론에 대한 자기비판을 적극 수행하기 시작한다. 이러한 자기반성은 프로문학에만

2 이에 대한 좀더 자세한 비판으로는 하정일, 「프로문학과 식민주의」, 『탈식민의 미학』, 소명출판, 2008, 227~230쪽 참조.

국한된 것이 아니라 한국 근대문학의 새로운 방향을 찾으려는 노력이기도 했다는 점에서 중요한 의의를 갖는다. '식민지적 특수성'에 대한 새로운 인식과 사회주의 리얼리즘의 '조선적 구체화'에서부터 본격화된 프로문학의 세 번째 방향전환은 부르주아 민주주의에 대한 적극적 해석과 긴밀히 연관되어 있었다. 파시즘과의 대결이라는 새로운 정세는 '민주주의의 수호'라는 공통항을 매개로 부르주아 민주주의와 사회주의의 연대를 촉구했고, 그것은 민족문학에 대한 재평가로 구체화되었다.

부르주아 민주주의적 가치에 대한 재인식은 근대성에 대한 적극적 평가로 이어졌다. 이른바 '이중과제론'이 그것이거니와 이 이중과제론을 가장 선도적으로 문학에 도입한 이론가가 바로 임화이다. 프로문학의 새로운 모색을 임화를 통해 조명해보려는 것은 그래서이다. 이중과제론은 해방 직후에 '문화상의 부르주아 민주주의변혁'론으로 체계화되면서 진보적 민족문학운동의 기본 노선이 된다. 그런 점에서 해방직후의 민족문학운동을 임화가 이끌게 된 것은 30년대 후반의 선구적 작업의 연장선상에 놓여 있다고 할 수 있다. 따라서 본고는 30년대 후반에서 40년대 초반까지의 임화의 문학비평을 중심으로 이중과제론의 구체적 내용을 개괄적으로 정리해보도록 하겠다. 이러한 작업을 통해 우리는 30년대 후반부터 해방직후에 이르는 임화 문학비평의 일관된 문제의식을 확인할 수 있을 것이다.

2. 이중과제론과 민족어

임화는 「조선 신문학사론 서설」에서 신경향파문학을 "조선의 시민적 문학이 해결해야 할 것을 미해결 채로 남긴 과제까지도 계승받아 실로 모든 영역의 개척자로서의 운명을 가지고 출발한"[3] 문학으로 규정한다. 이렇게 된 것은 민족 부르주아가 해결해야 할 '근대적 숙제'가 '자본주의적 발전의 특이한 부자연성'과 '토착 부르주아의 미약성'으로 말미암아 중도반단으로 끝남에 따라 그 과제를 프로문학이 떠안게 되었기 때문이다. 임화가 '근대적 의미의 민족문학'[4]을 조선문학의 당면과제로 생각한 까닭도 여기에 있다. '근대적 의미의 민족문학'은 시민계급의 역사적 과제였지만, 그것이 여전히 미완성의 상태로 남아 있고, 따라서 시효가 끝난 부르주아문학을 대신해 프로문학이 중심이 되어 그것을 해결해야 한다는 것이 임화의 구상이었다.

민족문학의 건설이 조선문학의 당면과제라는 주장은 이전 볼세비키화 시기의 입론(立論)과 비교하면 결정적인 '방향전환'임에 분명하다. 볼세비키화론이 자본주의 제3기론에 근거해 프롤레타리아혁명의 문학적 전위를 자임했다는 점에서 그러하다. 그런데 이제 임화는 프로문학

---

3 임화, 「조선 신문학사론 서설」, 『임화문학예술전집』 2－문학사, 소명출판, 2009, 430쪽.

4 임화, 「조선문학의 신정세와 현대적 제상」, 『임화문학예술전집』 4－평론 1, 소명출판, 2009, 539쪽. 임화는 이 글에서 프롤레타리아문학이 진정한 의미의 조선문학=민족문학의 수립을 위한 주류적 담당자라고 말한다. 프로문학의 역사적 성격과 위상을 규정하는 임화의 초점이 탈근대에서 근대성의 성취로 전환되었음을 분명하게 확인시켜 주는 대목이다.

이 아니라 민족문학이 문학운동의 당면과제라고 말하고 있는 것이다. 이러한 방향전환을 가능케 해준 것이 바로 부르주아 민주주의변혁론이다. 임화는 레닌의 톨스토이론을 인용해 그가 "고정화된 프롤레타리아××(혁명—인용자) 견지에서가 아니라 러시아 역사의 부르주아 데모크라시의 과정 가운데 문제 해명의 제기점(提起點을) 든 것"[5]에 주목해야 한다고 말한다. 요컨대 임화는 프롤레타리아혁명론을 일종의 공식주의로 격하하면서 부르주아 민주주의 변혁의 관점에서 근대문학을 바라볼 필요성을 강조하고 있는 셈이다. 여기서 부르주아 민주주의변혁론이란 한마디로 프롤레타리아가 주체가 되어 근대성을 실현하고 그에 바탕해 근대 극복으로 나아가자는 구상이다. 따라서 임화가 말한 '국제적 내용과 민족적 형식'의 민족문학이란 바로 프롤레타리가 주체가 된 근대문학을 가리킨다. 이 문학은 근대적 과제의 해결을 수행한다는 점에서 '근대적 의미의 민족문학'이지만, 프롤레타리아가 주체라는 점에서 사회주의혁명의 계기를 품고 있는 '이행기의 문학'이다. 그런 점에서 그것은 '이중과제'[6]를 부여받은 문학이다.

---

5 임화, 「조선신문학사론 서설」, 앞의 책, 390쪽. 여기서 임화는 춘원의 문학을 부르주아 민주주의의 견지에서 접근해야만 그것의 성취와 한계를 입체적으로 이해하는 것이 가능하다고 말한다. 그러면서 임화는 "춘원으로부터 낭만파에 이르기까지의 각 시대의 제경향이 전대의 단순한 대립표(對立表)로서 일면적으로 이것을 계승하였다면 신경향파문학은 그 모든 것의 전면적 종합적 계승표(繼承表)"(419쪽)였다고 강조한다. 이는 신경향파문학과 프로문학이 근대문학, 특히 부르주아 민족문학이 해결했어야 할 과제들을 완성할 역사적 임무를 부여받았다는 의미이다.

6 임화는 1936년에 발표한 「조선어와 위기하의 조선문학」(『임화문학예술전집』 4-평론 1, 소명출판, 2009, 598쪽)에서 이중과제를 '이중의 중하(重荷)'라고 표현한다. 이중과제론은 코민테른 4차대회에서 정식화된 바 있다. 1922년에 열린 코민테른 4차대회는 「동양문제에 대한 일반 테제」를 채택하는데, 이 테제에 따르면, 식민지 및 반식민지 국가의 사회주의운동은 "한편으로는 국가적 · 정치적 독립 획득을 위해 투쟁"하고 "다른 한편

임화가 「언어와 문학」(1934)에서부터 민족어의 문제에 지속적인 관심을 기울인 것도 그 연장선상에 놓여 있다. 임화는 이 글에서 민족어의 확립을 '언어상의 부르주아적 혁명'이라고 부르면서 프로문학이 "그 절정에 있어서도 완성하지 못한 문학 · 언어상의 민주적 개혁의 임무까지 그 어깨에 짊어져야"[7] 한다고 말한다. 주목할 것은 임화가 바람직한 문학어를 "만인에 의하여 이야기되고 만인이 곧 이해할 수 있는 말"[8]이라고 규정하고 있는 점이다. 임화는 「시와 시인과 그 명예」(1936)에서는 그것을 한마디로 일상어라고 단언하는데, 임화에 따르면 일상어야말로 "모든 것을 표현하기에 부족함이 없는 어휘를 가진 것이고, 또 그것만이 국한된 언어보다 많은 사람을 감동시킬 일반성을"[9] 가진 언어이다. 왜냐하면 "무조건적으로 문학작품은 생활적 필요와 이해를 같이하는 동족의 대

으로는 독자의 계급적 이익을 위한 투쟁"을 벌여나가는 이중과제를 부여받았다.(「동양문제에 대한 일반 테제」, 편집부 편역, 『코민테른 자료선집』 3, 동녘, 1989, 264쪽) 코민테른 4차대회는 반제통일전선을 사회주의운동의 기본방침으로 확정한 최초의 대회였다. 그러나 코민테른 5차대회에서 볼세비키화 테제가 제출되면서 반제통일전선 전술은 급속히 좌선회한다. 볼세비키화 노선은 6차대회에서 더욱 강화되었다가 7차대회에서 반파시즘 인민전선론을 채택하면서 수정된다. 7차대회의 반파시즘 인민전선론과 반제통일전선론은 4차대회의 노선을 계승하면서 반제통일전선을 전술적 방침에서 전략으로 격상시켰다. 카프의 볼세비키화론은 5차와 6차 대회의 좌편향적 볼세비키화 노선을 반영한 것이었다. 반면에 볼세비키화론에 대한 자기반성의 결과물인 이중과제론은 4차대회의 반제통일전선 전술에 직결되어 있다. 그런 점에서 이중과제론은 4차대회 노선으로의 복귀를 뜻한다고 할 수 있다. 30년대 중반에서 후반으로 이어지는 임화의 사유의 연속성과 변화는 4차대회와 7차대회의 그것과 그대로 조응한다. 코민테른 반제통일전선론의 역사에 대해서는 김성윤 편역, 『코민테른과 세계혁명』 1, 거름, 1986, 193~196쪽; 민정구 편역, 『통일전선론』, 백산서당, 1987, 139~145쪽; 편집부 편역, 「해제」, 『코민테른 자료선집』 3, 동녘, 1989, 44~58쪽; 편집부 편역, 『민족해방운동』 2, 도서출판 조국, 1990, 172~184쪽 참조.

7 임화, 「언어와 문학」, 앞의 책, 482쪽.

8 위의 글, 461쪽.

9 임화, 「시와 시인과 명예」, 앞의 책, 492쪽.

다수를 위하여 씌어지는 것"[10]이기 때문이다. 그러한 문학작품이 일상어에 바탕해야 함은 너무도 당연한 일이다. 임화는 민족문학을 부르주아 민족문학과 사회주의 민족문학으로 나누면서, 후자가 전자가 이루지 못한 근대적 과제를 완성해야 할 임무를 떠맡았다고 보았다. 민족어의 문제 역시 마찬가지다. 임화는 '계급적 내용을 민족적 형식'에 담은 사회주의 민족문학만이 민족어의 완성, 즉 일상어의 가능성을 극대화함으로써 최량의 문학어를 창출할 수 있다고 강조한다. '자본주의적 발전의 특이한 부자연성'과 '토착 부르주아의 미약성'으로 인해 부르주아 민족문학은 이러한 과제를 해결할 능력을 상실했기 때문이다.

임화가 내선공학제에 반대하고 조선어학회의 맞춤법 통일안에 지지서명을 한 것 또한 민족어의 확립이 부르주아 민주주의변혁의 과정에서 반드시 해결하고 가야 할 '근대적 과제'라고 생각했기 때문이다.[11] 이와 관련하여 흥미로운 것이 백석 시의 방언에 대해 복고주의 혹은 지방주의라고 강하게 비판한 점이다. 앞에서 지적했다시피 임화는 '동족의 대다수'가 사용하는 일상어를 민족어와 문학어의 중심에 놓았다. 이기영의 『고향』을 높이 평가한 것도 그래서거니와 임화는 생산 민중이 구사하는 '고유의 조선어'가 『고향』에 농축되어 있다는 사실에 주목했다. 하지만 방언의 남발은 민족통합의 문화적 표상인 민족어의 확립에 심각한 저해 요인이 된다고 임화는 판단했다. 임화가 백석의 시 세계를 무조건 비난한 것은 결코 아니다. 오히려 임화는 백석의 시가 농촌의

10 임화, 「조선어와 위기하의 조선문학」, 앞의 책, 601쪽.

11 문학인들의 맞춤법 통일안 지지 성명에 대한 자세한 설명으로는 최경봉, 『우리 말의 탄생』, 책과함께, 2005, 223~228쪽 참조.

삶과 습속과 풍경을 '시인의 고운 감수성'에 의해 노래했다고 긍정적으로 평한다. 특히 임화는 "이 시인의 방언에 대한 고려와 그 시적 구사는 전인미답의 것이라고 해도 과언은 아니리라"고 하면서 백석의 방언 구사력을 상찬한다. 이는 임화가 방언 자체를 부정적으로 생각하지는 않고 있음을 보여준다. 달리 말하면, 방언의 필요성이나 가치를 임화가 인정하고 있었다는 것이다. 임화가 문제삼은 것은 방언이 '생생한 생활'과 연결되지 못한 채 "오직 이제 막 소멸하려고 하는 과거적인 모든 것에 대한 끝없는 애수" 혹은 "현대화된 향토적 목가"를 표현하기 위해 이용될 경우이다. 백석의 시가 거기에 해당된다고 임화는 보았다. 임화에 따르면, "일반화되지 않은 특수한 방언"을 남용하는 것은 '생생한 생활성' 혹은 사회성의 결여를 분식(粉飾)하는 일이다. 요컨대 방언의 남용으로 상징되는 지방주의란 결국 지방색으로 포장된 반(反)사회성의 한 표현에 지나지 않는다는 것이 임화의 해석인 셈이다.[12]

그 연장선상에서 임화는 "조선문학의 특성을 '조선색'이나 '지방색'에서만 발견하려는 자가 있다면 그는 조선문학을 식민지문학으로 고정화하려는 자"라고 혹독하게 비판하기도 한다. 지방주의가 식민주의를 내면화하고 있다는 것인데, 이는 복고적 민족주의에 숨어 있는 식민적 무의식에 대한 날카로운 통찰이라 할 수 있다. 이 발언에는 문화적 복고주의로서의 지방주의가 제국의 '에그조티즘'의 제물이 되어 "자기의 현재를 회고에 의하여 망각케 하는 좋은 대상"이 될 수 있다는 경고가 담겨 있다. 에그조티즘이란 "퇴화된 시민문학이 자기들의 조상이 정복

12 임화, 「문학상의 지방주의 문제」, 『임화문학예술전집』 4－평론 1, 717~720쪽.

한 식민지를 바라봄으로써 일정한 심리적 만족"을 얻으려는 '소비적 취미'와 깊숙이 연동되어 있기 때문이다.[13] 그런 점에서 임화의 방언 비판은 중앙 중심주의와는 무관하다. 이 점은 다음과 같은 대목에서도 재확인할 수 있다.

> 그들(조선의 부르주아문학－인용자) 가운데 최량의 작가인 춘원, 동인, 빙허, 상섭 등의 제 작가들을 통해서 총성과를 본대도 한 개 보편적인 조선어의 용모, 그 문학어로서의 정확한 달성을 구해보기 어렵다.
>
> 사견으로서 보면 이들 가운데 예술적으로도 그렇고 언어적 표현의 영역에서 최고의 수준에 섰다 할 상섭의 문학에 있어서도, <u>소시민 중류 인민의 가정적 협애성에 제약된 경성말</u>, 그리고 그 경성말을 한 번 표준어적 보편성에까지 높일 만한 조선어 고유의 일반성을 발견하여 그 기저에서 예술적 형상으로 창조하지 못하였다.[14] (밑줄 강조－인용자)

당대 최고의 작가인 염상섭조차도 '서울 중류계층의 언어'라는 지역적·계급적 제한성을 벗어나지 못했다는 임화의 비판은 사실상 조선어학회의 표준어 규정을 비판한 것이기도 하다.[15] 조선어학회의 맞춤법 통일안을 지지했던 임화가 동일 학회의 표준어 규정에는 비판적인 까닭은 무엇일까. 거기에는 민족주의에 대한 임화의 이중적 시선이 개재

13 위의 글, 710쪽.

14 임화, 「조선어와 위기하의 조선문학」, 앞의 책, 596쪽.

15 1933년에 조선어학회가 제정한 「한글 맞춤법 통일안」은 표준어를 "현재 중류사회에서 쓰는 서울말"로 규정하고 있다. 김민수, 『국어정책론』, 고려대 출판부, 1973, 730쪽. 임화가 염상섭 문학의 언어에 대해 말한 것과 똑같은 내용이다.

되어 있다. 민족어의 확립이라는 근대적 과제와 관련해서는 연대하되 지방주의나 중앙 중심주의 또는 부르주아 헤게모니 같은 반(反)민중적 경향에 대해서는 단호하게 반대하는 것이 그것이거니와 이러한 이중적 시선은 바로 프롤레타리아가 주체가 되어 근대성을 실현하려는 부르주아 민주주의변혁론에 기반한 것이라 할 수 있다. 임화가 보기에 염상섭 문학의 '소시민 중류 인민의 가정적 협애성에 제약된 경성말'은 지역적으로나 계급적으로나 '표준어적 보편성'에 못미치는 것이었다. 왜냐하면 지역적으로는 중앙 중심주의에 빠져 있고 계급적으로는 부르주아 헤게모니에서 자유롭지 못하기 때문이다. 요컨대 '만인에 의해서 이야기되고 만인에게 곧 이해되는 말'이 아닌 것이다. 그렇다면 대안으로서의 '프롤레타리아 주체'란 어떤 것인가. 임화는 지방주의에 대해서는 세계문학을, 중앙 중심주의와 부르주아 헤게모니에 대해서는 '동족의 대다수가 사용하는 일상어'를 제시한다. 전자가 국제주의와, 후자가 민중과 직결되어 있음은 물론이다. 말하자면 프롤레타리아 주체의 요체로 사회주의와 계급성을 거론하고 있는 셈이다. 그러면서 임화는 여기서도 예의 이중과제론을 제기한다. 즉 참다운 민족문학은 "부르문학이 해결치 못한 언어상의 시민적 · 민주적" 과제를 해결하면서 프로문학 고유의 '새로운 언어적 세계'까지 개척해야 한다는 것이다.[16] 그럴 때 그것은 사회주의문학으로 이행하는 내적 계기가 된다는 것이 임화의 구상이었다.

이러한 구상은 임화의 다른 글들, 가령 사회주의 리얼리즘론에서도

16 임화, 「조선어와 위기하의 조선문학」, 앞의 책, 598쪽.

마찬가지로 관철된다. 임화는 사회주의 리얼리즘을 "국제문학의 일폭인 조선문학사의 결론이어야 할 것"이며 "실로 우리의 문학에만 적용되는 구체적인 전략과 같은 것"[17]이라고 강조한다. 따라서 사회주의 리얼리즘은 "중심을 가진 문학계가 비진보적인 작가를 재교육하는 방법이, 중심 없는 문학계에 있어서 양심적 작가가 자기를 재건해가는 방법으로 적용"[18]되어야 한다. 사회주의 나라에서 사회주의 리얼리즘이 수행하는 역할과 식민지 조선에서 사회주의 리얼리즘이 맡은 역할이 달라야 한다는 것인데, 임화는 이를 사회주의 리얼리즘의 '조선적 구체화'라고 명명한다. 임화는 '조선 현실의 특수성'을 근거로 사회주의 리얼리즘을 반대하는 논리를 '특수주의'라고 단호하게 비판했다. 하지만 그와 동시에 임화는 사회주의 리얼리즘의 일방적 추수를 거부하면서 '조선적 구체화'를 주문했다. 이러한 입장은 '보편의 특수화'라 규정할 수 있을 터인데, 주목할 것은 임화가 보편과 특수 가운데 특수 쪽에 방점을 찍고 있다는 사실이다. '조선문학사의 결론', '우리 문학에만 적용되는 구체적인 전략', '중심 없는 문학계에 있어서 양심적 작가가 자기를 재건해가는 방법'과 같은 발언들이 특수를 가리킨다는 점에서 그러하다. 이 특수는 '근대적 의미의 민족문학', 곧 '문화상의 부르주아 민주주의 변혁'과 깊이 연동되어 있다. 그런 점에서 임화의 사회주의 리얼리즘론은 당파성의 원칙, 즉 '프롤레타리아 주체'에 기반해 근대성을 구현하려

---

17 임화, 「사회주의 리얼리즘 검토」, 임규찬 · 한기형 편, 『카프비평자료총서』 7, 태학사, 1990, 204~205쪽.

18 임화, 「주체의 재건과 문학의 세계」, 『임화문학예술전집』 3-문학의 논리, 소명출판, 2009, 63쪽.

는 미학적 방법론이라고 요약할 수 있다.

이처럼 30년대 중반을 전후한 시기의 임화의 문학비평은 부르주아 민주주의변혁론에 바탕한 이중과제론을 프로문학운동에 적용하고 실천하려 한 노력이었다고 할 수 있다. 그것은 근대적 의미의 민족문학의 건설—민족어의 확립—사회주의 리얼리즘의 조선적 구체화를 주요 내용으로 삼고 있는데, 이때의 민족문학은 일종의 이행기 문학이 된다. 말하자면 민중이 주체가 되어 근대적 과제를 수행함으로써 사회주의 문학의 초석을 놓는 이행기적 문학이 바로 민족문학인 것이다. 동시에 그 민족문학은 사회주의단계가 되면 소멸된다는 점에서 과도기적 문학이기도 하다.[19]

3. 근대적인 것의 선차성과 지역문학으로서의 조선문학

중일전쟁 이후 조선사회가 총동원 혹은 총력전의 시대로 접어들면서 임화의 문학비평은 다소간의 변화를 겪는다. 여기서 '다소간의 변화'라는 말이 의미하는 바는 시대의 변화에 따라 또 한 번의 변화를 보여주지만, 임화 문학비평의 전체상이라는 맥락에서 보면 동질적이고 연속적이라는 의미이다. 말하자면 부르주아 민주주의 변혁론과 이중과

19 이에 대한 좀더 자세한 설명으로는 하정일, 「마르크스로의 귀환」, 『임화문학연구』, 소명출판, 2009, 145~149쪽 참조.

제론은 일관되게 견지되고 있다는 것이다. 이 시기 임화의 문학비평이 보여주는 가장 큰 특징은 프로문학을 민족주의문학과 함께 문학적 근대성을 실현하고자 한 양대 기획 중의 하나로 규정한다는 점이다. 이는 임화가 근대적인 것의 선차성을 보다 중시하고 있다는 뜻이다. 그런 점에서 프롤레타리아 주체를 통해 근대 이후로의 계기성을 강조했던 이전의 입장과 비교하면 일단 분명한 변화라 할 수 있다. 가령 본격소설의 이상을 온전히 구현할 수 없었던 핵심 원인으로 "서구적 의미의 완미한 개성으로서의 인간 또는 그 기초가 되는 사회생활"의 불철저성을 지적한 것은 임화가 근대적인 것의 선차성을 얼마나 중시하고 있는지를 극명하게 보여준다. '서구적 의미의 완미한 개성'이란 전형적인 부르주아적 근대성의 하나이다. 그런데 볼세비키화를 주도했던 임화가 부르주아적 근대성을 본격소설의 가장 중요한 기반으로 평가하고 있는 것이다. 근대성에 대한 임화의 생각이 근본적으로 변화했음을 실감하게 되는 대목이 아닐 수 없거니와 다음과 같은 구절에서 우리는 임화의 그러한 변화상을 보다 일목요연하게 확인할 수 있다.

> 결국 이때까지의 조선소설이 고전적 의미의 소설, 소위 본격소설의 면모를 잃지 않았더라는 것인데, 물론 먼저도 언급한 것처럼 그것은 완성된 전통적 성격으로서가 아니라 미완의 그러므로 완성에의 지향으로 표현된 것이었다.
>
> 그것은 물론 문학에(혹은 문화에) 있어 근대적인 것의 완성을 도모코자 하던 광범위한 노력의 일 부면이었다.
>
> 그러면 소설이란 문학 '장르'의 본격성을 유지시키는 정신적 원천이 된 작가들이 가진 문학정신의 대립은 어떤 의미를 갖는가.

> 태준과 민촌은 (혹은 설야와 춘원이라도 좋다) 일목에 요연한 차이를 가진 작가이다. 그럼에 불구하고 『고향』이나 『제2의 운명』, 또는 『황혼』과 『흙』과 같은 작품이 가지고 있는 공통성을 어찌 볼 것인가.[20] (밑줄 강조－인용자)

우리 근대소설사가 문학적 근대성을 완성하기 위한 과정이었음을 설명하는 이 구절에서 임화가 강조하고 있는 것은 프로문학과 민족주의문학의 '공통성'이다. 그 공통성이란 크게 세 가지로 정리된다. 첫째, 양식상의 공통성으로서 인물과 환경의 조화. 둘째, 근대문학의 미학적 과제인 개성적인 것과 사회적인 것의 통일. 셋째, 본격문학의 토대로서의 이념. 임화는 이 세 가지가 민족주의문학과 프로문학을 관류하는 '공통성'인 동시에 문학적 근대성의 핵심이라고 강조한다.[21] 37년까지만 해도 임화는 프로문학과 민족주의문학의 '차이'를 부단히 지적해왔다. 그러던 임화가 38년 이후 '차이'보다는 '공통성'을 보다 강조하기 시작한다. 물론 '차이'를 말하지 않는 것은 아니다 가령 「소설문학의 20년」 같은 글에서는 프로문학이 부르주아 리얼리즘을 발전적으로 계승하여 리얼리즘의 수준을 한 단계 끌어올렸다고 평가하기도 한다. 하지만 그 차이를 말하는 톤이 대단히 낮아진 것은 부인할 수 없는 사실이다. 그에 비해 '공통성'에 대한 강조는 그 비중과 톤이 훨씬 높아지고 뚜렷해졌다.

이러한 변화는 파시즘의 시대가 초래한 '민족'과 '근대'의 동반 위기

---

20 임화, 「본격소설론」, 『임화문학예술전집』 3－문학의 논리, 293쪽.

21 이에 대한 좀더 자세한 설명으로는 하정일, 「1930년대 후반 문학비평의 변모와 근대성」, 『분단 자본주의 시대의 민족문학사론』, 소명출판, 2002, 21~26쪽 참조.

의 소산이라 할 수 있다. 1930년대 중반부터 임화는 민족과 근대로 표상되는 부르주아 민주주의적 가치들을 재평가하기 시작했다. 민족문학론과 이중과제론은 그 과정에서 제출된 새로운 구상이었다. 그러나 30년대 중반만 해도 임화의 궁극적 시선은 근대 이후에 맞추어져 있었다. 민족과 근대라는 식민지적 특수성으로 말미암아 근대 이후로 이행하기 위해서 불가피하게 거쳐야 할 계기였을 뿐이다. 하지만 민족과 근대가 동반 위기에 처하게 되자 상황은 일변한다. 이행의 계기였던 것이 이제는 반드시 지켜내야 할 원칙이 된 것이다. 임화가 30년대 말부터 근대적인 것의 선차성을 중시한 것은 그러한 맥락에서 나온 것이라 할 수 있다. 임화가 이식성의 문제에 주목한 것도 이와 밀접히 연관되어 있다. 민족의 위기와 근대의 위기의 접점에 이식성이 자리 잡고 있기 때문이다. 이식성이 한국 근대문학의 구성원리가 된 것은 식민화라는 민족적 위기 때문이며, 이식성으로 말미암아 근대적 과제의 해결이 지연되는 근대의 위기가 발생했다고 임화는 생각했다. 따라서 이식의 해체와 극복은 민족과 근대의 동반 위기를 극복할 수 있는 핵심 고리가 된다. 임화가 신문학사 연구를 통해 이식의 역사적 연원과 그 결과를 분석하고 이식이 자기해체로 이어지는 내적 변증법을 탐문한 것은 바로 이식성의 극복을 통해 민족과 근대의 동반 위기를 타개하고자 한 문제의식의 발로(發露)였던 셈이다.[22] 그런 만큼 이 시기 임화의 대타의식 또한 민족과 근대를 공유하는 민족주의문학보다는 이른바 '내지문학' 쪽에 맞춰진다.

---

22 임화의 이식문학사론에 대한 좀더 자세한 설명으로는 하정일, 「이식 · 근대 · 탈식민」, 『탈식민의 미학』, 소명출판, 2008 참조.

'내지문학'에 대한 대타의식은 「동경문단과 조선문학」에서 집중적으로 나타난다. 임화는 이 글에서 일본문학에 대한 대타의식을 두 측면에서 표명한다. 하나는 가와카미 데쓰타로의 발언을 인용해 조선문학을 "일본 현대문학의 식민지적 출장소도 아닌 세계문학이 이 이십세기라는 시대에 지방적으로 개화한 근대문학의 일종"[23]으로 정의하고 있는 것이고, 다른 하나는 조선문학에 대한 일본문학의 관심이 "조선 급 대륙에 대한 시국적인 관심도 있거니와 그와 못지않게 깊은 슬럼프에 빠진 일본문학이 방수로를 구하여 방황하는 표현"[24]이라고 해석하고 있는 것이다. 전자는 조선문학을 일본문학의 '지방문학'이 아니라 세계문학의 '지역문학'으로 규정하는 논리이다. 이렇게 조선문학을 규정하면 일본문학 역시 또 하나의 지역문학이 되는 셈이니, 조선문학과 일본문학의 관계는 세계문학이라는 보편성 아래에 편제된 별개의 지역문학이 된다. 요컨대 일본문학과 조선문학의 관계는 중심과 주변의 우열관계가 아니라 나름의 특수성을 지닌 대등한 관계인 것이다. 후자는 조선문학의 독자성 내지는 우월성에 대한 언명이다. 전자의 시각에서 보면, 조선문학에 대한 일본문학의 관심은 '시국적 필요'라든가 '주변부문학의 포섭'으로 설명될 수 없다. 그러한 설명이 가능하려면 한쪽이 다른 한쪽에 헤게모니를 행사할 수 있어야 하는데, 일본문학과 조선문학은 헤게모니의 행사가 어려운 독립적이고 대등한 관계이기 때문이다. 따라서 일본문학이 조선문학에 관심을 갖게 된 이유를 달리 설명해야 하는데, 임화는 그것을 일본문학의 침체에서 찾는다. 요컨대 일본문학이

23 임화, 「동경문단과 조선문학」, 『임화문학예술전집』 5－평론 2, 소명출판, 2009, 224쪽.
24 위의 글, 222쪽.

침체에서 벗어나기 위해 조선문학의 역동성에 주목하게 되었다는 것이다. 이러한 임화의 언명은 일본문학과 본질적으로 구별되는 조선문학의 독자성에 대한 분명한 선언이다.

조선문학의 독자성에 대한 임화의 생각은 당시로서는 대단히 급진적인 것이라 할 수 있다. 이 점은 조선문학의 독자성을 나름대로 강조했던 최재서와 비교해보아도 확연히 드러난다. 최재서 역시 "조선문학은 충분히 독창성을 가진 문학"이라고 말하지만, 그것은 "일본문학의 일환으로서 조선문학이 있는 것"임을 전제로 한다. 최재서는 일본문학과 조선문학의 관계를 영국문학과 스코틀랜드문학의 관계와 같은 것으로 설정한다. 다시 말해 스코틀랜드문학이 "영문학의 일부분이지만 스코틀랜드적 성격을 견지"하고 있는 것처럼 조선문학 역시 그러하다는 것이다. 그러면서 최재서는 조선문학을 아일랜드문학에 비유해서는 안된다고 경고하는데, 그것은 아일랜드문학이 "영어를 사용하고 있지만, 정신은 처음부터 반영(反英)적이며 영국으로부터의 이탈"을 목표로 하고 있기 때문이다.[25] 이처럼 최재서는 조선문학을 일본문학이라는 중심의 주변에 포진한 '지방문학'의 일종으로 위치지우고 있다. 다만 조선문학이라는 지방문학은 나름의 전통과 개성을 갖고 있기 때문에 그 독자성이 존중되어야 한다는 것이다. 그렇게 보면, 최재서의 구상은 세계문학—일본문학—조선문학이라는 수직적 계선(系線)으로 이루어져 있다. 따라서 최재서가 말한 지방문학으로서의 조선문학의 독자성은 자치론의 문화적 표현이라 할 수 있다. 이러한 구상으로는 중심

25 최재서, 노상래 역, 「조선문학의 현단계」, 『전환기의 조선문학』, 영남대 출판부, 2007, 71~72쪽.

대 주변 혹은 중앙 대 지방의 위계구조를 결코 벗어날 수 없기 때문이다. 반면에 임화는 세계문학이라는 보편 아래 일본문학과 조선문학을 별개의 지역문학으로 배치한다. 특히 임화가 조선문학이 "일본 현대문학의 식민지적 출장소"가 아니라는 가와카미 데스타로의 발언에 적극 동조하고 있는 것은 임화가 조선문학이 일본문학의 '지방문학'이라는 최재서 식의 구상을 전면 부정하고 있음을 분명하게 보여준다. 더구나 조선문학에 대한 관심을 침체에 빠진 일본문학의 방황의 한 표현으로 해석하는 대목은 독자적 '지역문학'으로서의 조선문학에 대한 임화의 자부심이 얼마나 강렬한지를 뚜렷하게 환기해준다.

「언어를 의식한다」에서도 그러한 대타의식을 발견할 수 있다. 임화는 이 글에서 "작가에게는 쓰기 편하고 독자에게는 읽기 편한 언어"가 '좋은 언어'라고 주장한다. 당연히 조선인 작가와 조선인 독자에게는 조선어가 가장 좋은 언어가 된다. 왜 그런가.

> 문학에 있어서 좋은 언어란 생각을 적절하고 충분히, 또 아름답게 표현하며 또한 그것을 많은 사람이 쉽게 읽을 수 있는 언어이다.
>
> <u>이러한 언어란 언제나 그 풍토에서 사람들이 일상적으로 말하고 읽고 듣는 언어이다</u>.
>
> (…중략…)
>
> 잉글랜드 열도에서 일찍이 영어 대신에 지금은 사어가 된 켈트어가 사용된 시대가 있었고, 또 마찬가지로 앵글로 색슨어가 유행하기 시작한 시대에도 켈트어가 가족법에 대한 관습법처럼 잔존하기도 했다.[26] (밑줄 강조—인용자)

이 구절에서 임화가 말하고자 하는 요지는 '좋은 언어'란 대다수 사람들이 사용하는 일상어라는 것이다. 이러한 정의는 임화가 일찍이 「언어와 문학」이나 「조선어와 위기하의 조선문학」에서 바람직한 민족어의 기준—동족의 대다수가 사용하는 일상어—으로 제시한 것과 똑같다. 따라서 '좋은 언어'란 곧 민족어와 동의어가 된다. '생각을 적절하고 충분히, 또 아름답게 표현'하는 언어라든가 '많은 사람이 쉽게 읽을 수 있는 언어'라는 발언들도 「언어와 문학」이나 「조선어와 위기하의 조선문학」에서 누차 강조되던 것들이다. 그런 점에서 임화는 '좋은 언어'라는 은유를 통해 실제로는 민족어를 옹호하고 있는 셈이다. 요컨대 1930년대 중반 이래 민족어에 대한 임화의 생각은 일관된다는 말이다. 반대로 '나쁜 언어'란 "읽기에도 표현하기에도 부적절하고 불충분한" 언어이다. 조선인 작가와 조선인 독자의 입장에서는 자연스럽게 일본어가 떠오른다. 대다수의 조선인들에게 일본어는 읽고 쓰기에 '부적절하고 불충분한' 부자연스러운 언어이기 때문이다. 이러한 언어관은 일본문학과 조선문학을 별개의 지역문학으로 여기는 임화의 구상과도 그대로 조응한다.

이와 관련하여 "언어에 대한 의식을 뭔가 폴리티칼하게, 어떤 의미에서는 내셔널리즘 같이 해석하려는 생각은 일찍이 프로문학 전성기에 언어에 대한 관심을 예술지상주의적이라든가 반동적이라든가 하는 식으로 무리해서 폴리티칼하게 생각하려고 한 조책(粗策)한 사고와 대단히 공통점이 있"[27]다는 발언에 유의할 필요가 있다. 이 발언을 언어 문

26 임화, 「언어를 의식한다」, 『임화문학예술전집』 5—평론 2, 492쪽.
27 위의 글, 493쪽.

제에 대한 정치적 접근을 비판한 것으로 해석해서는 곤란하다. 여기서 임화가 비판하는 대상은 언어 민족주의와 볼세비키화론이다. '프로문학 전성기'란 볼세비키화가 진행되던 30년대 초반을 가리킨다. 임화가 민족어 문제에 관심을 집중하던 30년대 중반과는 무관한 시기인 것이다. 언어를 표현의 도구 내지는 수단으로 탈정치화시키고 있는 것 또한 문자 그대로 이해해서는 안된다. 왜냐하면 일상까지도 정치적 동원의 대상이 된 총동원체제에서 탈정치화란 총동원이라는 단일한 정치논리에 대한 우회적 거부를 뜻하기 때문이다.[28] 그런 점에서 '언어는 표현의 수단이다'라는 명제를 수행적으로 읽으면, 거기에는 고도의 정치적 메시지, 곧 국어(일본어) 상용론에 맞서 민족어를 지키려는 의도가 숨어 있다고 할 수 있다. 이를 보더라도 민족어에 대한 임화의 생각이 30년대 말에도 여전함을 유추할 수 있다.[29]

이처럼 임화는 38년 이후 민족의 위기가 전면화되자 다양한 방식으로 민족적인 가치들을 지키고자 했다. 물론 민족적 가치를 지키려는 임화의 노력은 민족주의와는 다른 기획에 바탕하고 있다. 민족과 근대의 상

28 일제 말기의 한국문학에서 탈정치화가 갖는 탈식민 저항성에 대한 좀더 자세한 설명으로는 하정일, 「일제 말기 김정한 문학과 탈식민 저항의 세 유형」, 『탈식민의 미학』, 384~391쪽 참조.

29 그런 점에서 「언어를 의식한다」를 소수어 혹은 주변어의 권리 주장으로 해석하는 것(윤대석, 「언어와 식민지」, 『식민지 국민문학론』, 역락, 2006, 113~114쪽)은 민족어와 민족문학에 대한 임화의 일관된 생각을 감안할 때 무리한 해석이라 할 수 있다. 임화가 조선문학을 일본문학에 포섭된 '지방문학'이 아니라 독자적인 '지역문학'으로 보았다는 점을 보더라도 민족어의 권리 주장으로 해석하는 것이 훨씬 실상에 가깝다. "언어는 국경표지가 아니다"라는 임화의 발언 역시 언어의 민족성에 대한 부정이라기보다는 언어의 역사성에 대한 강조로 이해하는 것이 좀더 적절하다. 근대에 국한해서 말하면, 언어의 민족성과 언어의 역사성은 서로 겹친다. 그렇게 보면, '국경표지'는 오히려 국가성을 가리키는 것이라고 볼 수 있다.

관관계를 추급하면서 근대 극복의 가능성을 탐색하고 있다는 점에서 그러하다. 이러한 임화의 구상은 근대의 위기에 어떻게 대응할 것인가 하는 문제에서 극명하게 드러난다. 임화는 「시민문화의 종언」에서 서구 근대의 위기가 "장구히 구하기 어려운 파국에 들어"섰다고 진단한 바 있다. 따라서 임화는 이제부터 근대의 극복이라는 문제를 진지하게 고민해야 한다고 말하면서, 그 대안으로 두 가지를 제시한다. 하나는 "전통과의 교섭—즉 이식문화의 주체화 과정 가운데서 근대문화가 자기의 한계를 초월할 계기를 발견"하는 것이며, 다른 하나는 "서구문화가 몰락의 한계를 초월하는 과정 가운데서 전통이 이식문화를 주체화하는 계기가 발견"[30]되는 것이다. 전자가 이식문화의 주체화를 통한 근대 극복의 길이라면, 후자는 서구문화의 자기극복의 길이다. 임화는 당연히 전자에 주목하는데, 특히 농촌문화의 민중적 전통에서 이식문화의 주체화 가능성을 찾는다. 그것은 "상층과 하층의 엄격한 아세아적 격절 가운데서 상층은 주로 이식된 지나문화에 의하여 생활하고, 하층은 주로 고유문화의 연장 가운데서 기천년을 살아왔기 때문"[31]이다. 말하자면 이식문화에 개입해 그것과 상호교섭하면서 새로운 문화를 창조하는 밑거름이 될 전통이 하층의 민중문화 속에 살아숨쉬고 있다는 것이다.

임화는 이식문화의 주체화를 통한 근대 극복의 길을 '이중과제'[32]로 명명한다. 이식문화의 주체화라는 근대적 과제와 근대 극복이라는 과제를 함께 해결해야 하기 때문이다. 이중과제를 회피할 수 없는 까닭은

---

30 임화, 「농촌과 문화」, 『임화문학예술전집』 5—평론 2, 327쪽.

31 위의 글, 325쪽.

32 위의 글, 326쪽.

두 가지이다. 첫째는 이식성이 폐기되지 않는 한 '현대문화의 일반 과제를 푼다는 것'이 불가능하기 때문이고, 둘째는 근대 극복과 무관한 주체화는 "근대문화의 한계를 자기문화 가운데 배태"하기 마련이기 때문이다.[33] 물론 두 과제 사이에는 선후관계가 존재한다. 이식문화의 주체화가 먼저이고 근대 극복은 그 다음의 일이다. 다만 두 과제는 분리 불가능하게 연동되어 있다. 이식문화의 주체화가 이루어지지 않고는 근대 극복으로 나아가는 것이 불가능하다는 점에서 그러하다. 그렇게 보면, 38년 이후에도 임화는 민중이 주체가 되어 근대성을 실현하고 그에 바탕해 근대 극복으로 나아간다는 구상을 여전히 유지하고 있다고 할 수 있다.(이러한 구상은 해방직후까지 일관되게 이어진다) 30년대 중반과 차이가 있다면, 이 시기의 임화는 민족적 가치라든가 근대적 과제의 선차성을 보다 강조했고, 그런 점에서 부르주아 민주주의변혁을 이행기라는 측면보다는 단계론의 관점에서 이해하고 있었던 점이라고 할 수 있을 것이다. 이는 달리 말하면 임화가 근대주의 쪽으로 좀더 중심 이동을 했음을 의미한다. 이러한 중심 이동은 민족과 근대의 동반 위기가 낳은 결과라 할 수 있다. 하지만 전체적으로 보건대 30년대 중반 이후 임화의 문학비평은 이행기론이든 단계론이든 근대적 의미의 민족문학 ―문화상의 부르주아 민주주의변혁―이중과제론의 이론체계를 벗어나지 않고 있다. 이것이 일제 말기의 프로문학비평이 나아간 최고의 지점이자 최후의 한계였다.

33 위의 글, 326~327쪽. 임화의 이중과제론에 대한 좀더 자세한 설명으로는 하정일, 「일제 말기 임화의 생산문학론과 근대극복론」, 『탈식민의 미학』, 소명출판, 366~371쪽 참조.

4. 이중과제론의 의의와 한계

지금까지 30년대 중반에서 40년대 초반에 이르는 임화의 문학비평을 개괄적으로 살펴보았다. 논의의 초점은 민족과 근대에 대한 임화의 생각에 맞춰졌다. 그것은 일제 말기 임화의 사유가 민족과 근대라는 문제를 중심으로 이루어졌기 때문이다.

임화는 카프의 해체를 전후해 볼세비키화론에 대한 철저한 자기반성을 수행한다. 임화가 보기에 자본주의 제3기론에 근거해 프로문학을 프롤로테리아혁명의 문학적 전위로 규정한 볼세비키화론은 두 가지의 치명적인 문제점을 지니고 있었다. 하나는 모든 문제를 계급성의 차원으로 환원하는 계급 중심주의이고, 다른 하나는 식민지적 특수성의 부차화였다. 이로 인해 프로문학운동이 일제 파시즘의 공세에 무력하게 굴복하고 말았다는 것이 임화의 진단이었다.

그러한 자기반성을 통해 임화는 민족과 근대라는 문제를 새롭게 바라보기 시작한다. 이는 부르주아 민주주주의적 가치들에 대한 재인식과 깊이 연관되어 있다. 다시 말해 부르주아 민주주의의 핵심 가치인 민족과 근대라는 문제를 해결하지 않고는 근대 이후로 이행할 수 없다고 임화는 판단한 것이다. 임화가 일종의 탈근대론이라 할 수 있는 프롤레타리아혁명론을 폐기하고 근대성의 완성을 통해 근대 극복으로 나아가고자 한 부르주아 민주주의변혁론을 수용한 것은 그런 연유에서이다.

30년대 중반부터 임화는 '근대적 의미의 민족문학'의 건설을 조선문학의 당면과제로 제시한다. 그러나 그 건설의 주체는 프롤레타리아를 중심으로 한 민중이 되는데, 그것은 토착 부르주아가 주체가 된 민족문학의 건설이 실패로 끝났기 때문이다. 그래서 민족문학의 건설이라는 근대적 과제가 민중의 몫이 된 것이다. 다만 민중이 주체가 된 민족문학은 부르주아가 해결했어야 할 근대적 과제뿐 아니라 프로문학이 지향하던 근대 극복이라는 과제까지 짊어지고 있다는 점에서 부르주아 민족문학과는 성격을 달리한다고 임화는 생각했다. 그런 점에서 임화의 민족문학론은 일종의 이중과제론이라고 할 수 있다. 이중과제론은 민족어의 확립이라는 문제나 사회주의 리얼리즘을 수용하는 방식에도 그대로 관철된다.

이처럼 30년대 중반 임화의 문학비평은 부르주아 민주주의변혁론-근대적 의미의 민족문학의 건설-민족어의 확립-이중과제론을 중핵으로 하고 있다. 주목할 점은 이 시기의 이중과제론이 근대 이후로의 계기성을 보다 강조하고 있다는 사실이다. 말하자면 민족문학을 그 자체로서보다는 근대 이후로의 계기성에 초점을 맞춰 이해하고 있다는 것이다. 그런 점에서 민족문학은 사회주의문학의 초석을 놓는 이행기의 문학으로 규정된다.

30년대 말로 접어들면서 임화의 구상은 다소간의 변화를 겪는다. 이러한 변화는 총동원체제라는 시대적 변화에 따른 것이라 할 수 있다. 총동원체제는 민족과 근대의 동반 위기를 낳았고, 그에 따라 임화는 근대적인 것의 선차성을 보다 중시하기 시작한다. 프로문학과 민족주의문학의 공통성에 대한 강조는 그러한 맥락에서 나온 것이다. 요컨대 임화는 두 이념이 민족과 근대라는 가치를 공유하고 있다는 사실에 주목한 것이다.

그 연장선상에서 임화는 민족주의문학보다는 일본문학에 대한 대타의식을 강력하게 표명한다. 임화는 일본문학과 조선문학을 세계문학 아래 편제된 별개의 '지역문학'으로 배치한다. 조선문학을 '일본 현대문학의 식민지적 출장소'가 아니라 독자적인 지역문학으로 보는 임화의 관점은 조선문학을 일본문학의 주변부에 위치한 '지방문학'으로 규정한 최재서의 관점과 날카롭게 대비된다. 언어 문제에 있어서도 임화는 '좋은 언어'라는 비유를 통해 민족어의 가치를 거듭 옹호한다.

이중과제론 역시 그대로 견지된다. 특히 이 시기의 임화는 이식성의 해체를 통한 근대 극복의 길을 모색하는데, 이식문학사론 역시 그 연장선상에 놓여 있다. 다만 30년대 중반과 달라진 것은 근대성의 성취와 근대 극복을 선후관계로 자리매김하고 있다는 점이다. 요컨대 근대적 과제를 해결한 다음에 근대 극복으로 나아간다는 단계론적 발상이 보다 뚜렷하게 나타난다는 것이다. 이러한 변화는 근대적인 것의 선차성을 중시한 데 따른 자연스러운 이론적 귀결이라 할 수 있다.

이중과제론은 볼세비키화론의 단선적 사고에서 벗어나 근대성의 성취와 근대 극복을 총체적으로 바라볼 수 있는 시각을 제공했다. 그러나 이행기론이든 단계론이든 근대성의 성취와 근대 극복을 별도의 두 국면으로 구분하고 있는 것은 이중과제론의 치명적 한계였다. 이러한 이론 체계 속에서는 근대성이 완성될 때까지 근대 극복이 한없이 지연될 수 있기 때문이다. 그런 점에서 이중과제론은 결과적으로 근대주의의 한계를 벗어나지 못한 문제점을 안고 있다. 이러한 한계는 해방직후까지 그대로 연장되다가 「민족문학의 이념과 문학운동의 사상적 통일을

위하여」에 와서야 마르크스에 대한 새로운 독해를 통해 해결의 실마리를 찾게 된다.[34]

34 이중과제론의 한계와 그것의 극복 과정에 대한 자세한 설명으로는 하정일, 「마르크스로의 귀환」, 『임화문학연구』 참조.

순수문학 논쟁을 다시 읽는다

김환태와 이원조를 중심으로

하정일

1. 순수문학 논쟁의 숨은 쟁점

이원조와 김환태가 글을 통해 만나는 것은 이른바 '순수문학' 논쟁에서였다. 유진오와 김동리의 논쟁에 대해 자신의 입장을 밝히는 방식으로 두 비평가의 만남이 이루어지는데, 김환태가 김동리의 편에 서고 이원조가 유진오의 편에 섰음은 잘 알려진 일이다. 이후 두 사람의 삶에서 더 이상의 만남은 없었다. 김환태는 요절했고 이원조는 북에서 숙청을 당했다.

일반적으로 신세대 논쟁 혹은 순수문학 논쟁으로 불리고 있지만, 이 논쟁에는 보다 복잡한 의미들이 숨어 있었다. 식민지시대의 마지막 논쟁이라 할 수 있는 이 논쟁에는 최소한 세 가지의 숨은 쟁점이 담겨 있다. 첫 번째는 한국 근대문학의 두 계보, 즉 계몽론 대 자율성론의 마지막 대결. 두 번째는 파시즘에 대한 대응방식의 차이. 세 번째는 이식 문제를 둘러싼 시각차. 그런 점에서 논쟁에는 한국 근대문학의 역사 전체가 응축되어 있었다고 해도 과언이 아니다. 논의의 수준도 높지 않았고 논쟁 기간도 짧아 그다지 의미 있는 성과를 거두지 못했음에도 불구하고 우리가 순수문학 논쟁에 관심을 가져야 하는 까닭이 여기에 있다. 게다가 순수문학 논쟁이 해방 이후 한국문학의 기본 판도를 예비하고 있다는 사실까지 고려하면, 논쟁의 수준과 성과가 어떠하냐라는 문제와는 별개로, 이 논쟁이 갖는 의의는 만만치 않다고 할 수 있다.

순수문학 논쟁이 유진오와 김동리에 의해 주도됐고 김환태와 이원조는 거기에 끼어든 차원이었던 것은 분명하지만, 그 끼어듦의 과정에는 김환태와 이원조의 문학비평가로서의 정체성과 역사가 녹아 있다. 이 글에서는 세 가지 쟁점을 중심으로 그것들에 대한 두 비평가의 견해가 무엇이고 어떻게 다른지, 그러한 견해차가 왜 생겼는지, 그리고 거기에 담긴 문학사적 의미는 무엇인지를 고찰해보도록 하겠다. 그 과정에서 김환태와 이원조의 문학비평가로서의 정체성이 자연스럽게 드러날 수 있을 것이다.

2. 계몽론 대 자율성론

김환태가 유진오와 김동리의 논쟁에 개입해 쓴 글이 「순수시비」이다. 이 글에서 김환태는 유진오가 말한 '문학정신을 옹호하려는 의열한 태도'를 간직하고 있는 작가들은 구세대가 아니라 오히려 신세대 작가들이라고 논박하면서, "문학정신이란 결국 인간성의 탐구요, 그것에 표현의 옷을 입히려는 창조적 노력"이라고 설명한다. 그에 비하면 "주의(主義)란 문학정신의 방향 혹은 자세에 지나지 않는 것"이므로 구세대 작가들이 빠져 있는 '주의'는 문학의 본질이 아니라고 김환태는 비판한다.[1] 말하자면 구세대 작가들은 "강렬한 문학정신의 토양이 없이 문학상의 주의의 싹만 이식"해 '좋은 작품'을 제대로 산출하지 못했다는 것이다.

여기서 김환태가 문학정신의 핵심 지표로 꼽은 것이 인간성의 탐구와 창조적 표현이다. 유진오 역시 인간성의 탐구와 옹호를 문학정신의 본질로 거론했다는 점에서 인간성의 탐구는 신구 세대에게 공통된 것이 아니냐고 생각할 수도 있겠다. 그러나 김환태에게 인간성의 탐구는 '주의', 곧 이데올로기와는 무관한 어떤 것이라는 데 유진오와의 차이가 있다.(이 문제는 뒤에서 좀더 자세히 살펴보기로 하겠다) 김환태가 문학정신의 두 번째 핵심 지표로 든 창조적 표현은 구세대 작가들에게는 결여된, 신세대 작가들만의 특허에 해당한다. 사실 「순수시비」에서 김환태가 가장 강조하고 있는 문제가 바로 이것이다. 김동리 또한 '표현 없는 정신'의

---

1 김환태, 「순수시비」, 『문장』, 1939.11, 145쪽.

무의미성을 제기한 바 있거니와 김환태는 이 문제를 보다 치밀하게 검토한다. 흥미로운 것은 그가 창조적 표현의 정당성을 구세대 작가들 가운데 이태준, 박태원, 정지용에게서 찾고 있다는 점이다. 김환태에 따르면, 구세대 작가들 중 그나마 이 세 사람이 '좋은 소설과 시'를 썼는데, 그것은 이들이 이데올로기에 물들지 않고 '강렬한 표현의 노력'을 경주한 덕분이다. 그러면서 김환태는 세 작가가 "인간정신에 대한 심각한 탐구는 적었으나 강렬한 표현의 노력이 있었"기에 "그들의 문학정신은 의연한 것"[2]이라고 서술한다. 이 진술에서 우리는 인간성의 탐구와 창조적 표현 중 김환태가 창조적 표현 쪽에 좀더 무게를 싣고 있음을 확인할 수 있다. 이는 그가 자율성론의 계보에 놓여 있음을 의미한다.

한국의 근대문학과 근대문학비평은 크게 계몽의 문학과 자율성의 문학으로 분류될 수 있는 두 계보의 경쟁으로 전개되어 왔다. 계몽기 이래 계몽의 문학이 중심을 이루었고, 자율성의 문학은 1920년대부터 한국 근대문학의 한 축으로 거기에 도전했다. 이러한 구도에 균열이 생기기 시작한 것이 1930년대 중반 무렵을 전후해서 였는데, 카프의 해체는 판도의 변화를 예고하는 상징적인 사건이었다고 할 수 있다. 카프가 계몽 전통의 가장 급진적인 분파였다는 점에서 그러하다. 일제 파시즘의 강화에 따라 카프가 강제 해산되면서 계몽의 문학은 심각한 동요에 빠지게 되었고, 그 틈을 비집고 한국문학의 새로운 주류로 급부상하기 시작한 것이 자율성의 문학이었던 셈이다. 그렇게 보면, 순수문학 논쟁은 계몽의 문학과 자율성의 문학 간의 마지막 대결이었다고 할 수 있

2 위의 글, 146쪽.

다. 이 논쟁 이후 계몽의 문학은 한국문학의 중심에서 빠른 속도로 밀려나기 때문이다.

김환태는 등단할 때부터 자율성의 문학을 적극적으로 옹호했던 문학비평가이다. 등단 글인 「문예비평가의 태도에 대하여」에서부터 "경화된 소위 객관적 규준을 천재의 정신의 작품에 적용하기를 삼가야 합니다."[3]라면서 계몽의 문학에 대한 거부감을 표출했던 김환태는 「예술의 순수성」에서 '사회생활로부터의 예술의 자유'를 예술의 순수성의 필수조건으로 제시한다. 그에 따르면, 예술가의 창작태도는 "그 자신을 위하여 활동하는 자기목적적인 태도요, 결코 딴 목적을 위한 수단이 아닙니다."[4] '사회생활로부터의 예술의 자유'가 곧 자기목적성이라는 말인데, 이러한 주장은 전형적인 예술지상주의적 발상이다. 김환태는 자신의 주장을 뒷받침하는 논리적 근거를 개성과 천재에서 찾는다. 이광수의 「문학이란 하오」 이래 개성과 천재는 자율성론의 핵심 명제였다. 김환태 역시 마찬가지다. 그가 프로문학을 비판한 것도 같은 맥락에서이다. 김환태는 프로문학이 목적의식과 사상을 강요함으로써 천재와 개성을 말살했다고 비난한다. 목적의식은 공리적 의식이고 사상은 전제적이기 때문에 예술의 존재가치를 부인하게 마련이며, 그로부터 산출되는 결과는 '팜플렛이나 포스터'지 예술품이 아니라는 것이다. 김동리도 「신세대의 정신」에서 프로문학이 문학을 이념의 노예로 전락시켰다고 비난하면서 프로문학이 몰락한 지금이야말로 "인간의 개성과 생명의 해방을 고조하며 나아가서는 그것의 구경적(究竟的) 의의를 추구"[5]

3 김환태, 「문예비평가의 태도에 대하여」, 『김환태전집』, 문학사상사, 1988, 19쪽.
4 김환태, 「예술의 순수성」, 위의 책, 22쪽.

할 새로운 기회라고까지 주장한 바 있거니와 김환태의 「순수시비」 또한 비슷한 시각을 보여준다. 김환태와 김동리가 하나같이 프로문학을 맹렬하게 비난한 것은 프로문학이 계몽의 문학을 상징하는 일종의 표상이었기 때문이다. 그 연장선상에서 김환태는 "계몽문학이란 결코 순수한 문학정신의 소산은 아니다"[6]라고 단언하는데, 여기서 우리는 김환태가 계몽성과 자율성을 철저하게 대립적인 관계로 바라보고 있음을 확인할 수 있다.

당연히 김환태는 예술가에게 진정으로 필요한 것은 '경화된 사상'이 아니라 "사상(事象)에 있어서의 관념적 내용을 직관하고 구상화하는 감각적 상상"이라고 말한다. 감각적 상상이 창조적 표현과 직결되어 있음은 물론이다. 그렇게 보면, 김환태가 창조적 표현을 문학정신의 요체로 본 것은 그가 등단 때부터 일관되게 견지해온 자율성론의 자연스러운 귀결이라 할 수 있다. 그런 점에서 김환태가 순수문학 논쟁에 끼어든 것은 김동리 혹은 신세대 문학을 옹호하기 위해서인 동시에 계몽의 문학에 대한 그의 지속적인 거부감의 한 표출인 셈이다.

이원조는 김환태의 「순수시비」를 비판하면서 논쟁에 개입한다. 이원조의 비판은 김환태의 주장에 담긴 논리적 모순에 집중되어 있다. 특히 이원조는 이태준, 박태원, 정지용의 문학이 인간성의 탐구는 부족하지만 창조적 표현의 노력이 있었으므로 문학적 성공을 이룰 수 있었다는 김환태의 해석을 문제 삼는다. "본래부터 문학정신은 표현의 노력이라고 했다면 몰라도 그 표현하는 내용이 인간성의 탐구라고 하고서

5 김동리, 「신세대의 정신」, 『문장』, 1940.5, 84쪽.

6 김환태, 「순수시비」, 앞의 책, 147쪽.

표현의 형상화에만 성공했다고 완전한 예술작품이라고 하는 것"[7]은 모순이라는 것이다. 이 발언에는 인간성의 탐구 운운했지만 김환태가 문학의 순수성의 요체로 생각하는 것이 결국 표현 아니냐는 비아냥이 담겨 있다. 따라서 이제 논의의 초점은 표현이 과연 문학정신의 요체가 될 수 있는가라는 문제로 모아진다.

이원조는 이 문제를 예술가와 장인의 비교를 통해 검토한다. 그는 예술가와 장인은 표현의 유무에 의해서가 아니라 인간성의 탐구가 있느냐 없느냐에 의해 구별된다고 강조한다. 이원조에 따르면, 인간성의 탐구야말로 예술가와 장인을 가르는 결정적 지표이다. 요컨대 예술가가 "아무런 사상적 고민도 없다면 그야말로 갖바치나 두부장이보다 나을 것이 어디 있"냐는 것이다. "모든 주의와 사상에 대해 귀를 막는 것이 순수"라면 결국 "무지몰식(無知沒識)할수록 순수하다는 말"이 되는데, 이는 상식적으로 보더라도 논리가 성립되지 않는다는 것이 이원조의 판단이다[8]. 표면적으로만 보면, 김환태가 창조적 표현과 함께 인간성의 탐구를 문학정신의 지표로 언급했다는 점에서 이원조의 비판은 지나친 감이 없지 않다. 그러나 「순수시비」의 전체 논조가 창조적 표현에 대한 일방적 강조로 짜여 있는 것은 부인하기 힘든 사실이다. 이원조는 바로 그 점에 주목했던 것이다.

이원조는 김환태와는 반대로 인간성의 탐구가 문학정신의 요체임을 극구 강조한다. 심지어 이원조는 문학이란 궁극적으로 인간성의 탐구이기 때문에, 결과적으로 실패하더라도 어떤 사상이든지 인간성의 탐

---

7 이원조, 「순수는 무엇인가」, 『문장』, 1939.12, 139쪽.

8 위의 글, 140쪽.

구에 도움이 되는 것은 모두 받아들이는 것이 차라리 순수한 문학적 자세라고까지 주장하기도 한다. 그런 점에서 그에게 "예술이 사상이나 주의로부터 절연을 해야 순수한 것"이라는 김환태의 생각은 "참을 수 없는 일"이 된다. 이원조에게 문학의 순수성은 "문학을 위해서 다른 일을 하느냐 다른 일을 위해서 문학을 하느냐"에 따라 결정된다. 말하자면 문학을 위해서 사상과 주의를 받아들이면 순수이고, 반대로 사상과 주의를 위해서 문학을 하면 비(非)순수이다. 따라서 인간성의 탐구를 추구하는 문학이 인간성을 보다 깊이 있게 이해하기 위해 사상이나 주의를 받아들이는 것은 너무도 당연한 일인 셈이다. 오히려 사상이나 주의로부터 절연하라는 김환태의 요구야말로 인간성에 대한 깊은 이해를 방해한다는 점에서 문학의 순수성과는 거리가 멀다. '무지몰식'해서는 인간성의 탐구가 원천적으로 불가능하기 때문이다. 같은 맥락에서 이원조는 이태준, 박태원, 정지용에 대한 김환태의 해석도 비판한다. 이원조는 이들을 "모든 주의에 대해서 귀를 막고 아무런 사상적 고민도 없이 표현에만 노력한" 작가로 해석하는 것은 그들의 문학에 대한 예의가 아니라고 힐난하는데, 이는 달리 말하면 그 작가들이 표현뿐 아니라 사상이나 주의에도 관심을 기울였다는 의미이다. 그렇다면 김환태는 자신의 자율성론을 정당화하기 위해 세 작가의 문학세계를 왜곡한 셈이다.

이원조의 김환태 비판은 나름의 이론적 뿌리를 가지고 있다. 이원조는 이미 오래전부터 신세대 작가들에 대해 회의적인 시각을 보여준 바 있다. 1935년에 발표한 「신인론」에서 이원조는 신진 작가들에게서 참다운 신인다움을 찾아볼 수 없다고 개탄하면서, 이러한 현상은 신진 작가들이 급변하는 시대와 현실로부터 유리돼 비판적이고 저항적인 문학정신을 잃어버린 탓이라고 지적했다. 요컨대 시대에 대한 고민과 잘못된 현실에 대한 저항의식이 사라졌다는 것이다. 이때의 시대와 현실은 아마도 일제 파시즘의 강화에 따른 사회정치적 위기를 가리키는 것으로 보인다. 이러한 해석의 근거는 한해 뒤에 발표된 「현단계의 문학과 우리의 포즈에 대한 성찰」에서 확인할 수 있다. 이 글에서 이원조는 현재가 문학의 정치적 실천이 불가능해진 위기상황이라고 진단하면서, 이러한 위기에 대처하는 대안으로 포즈론을 제기한다. 여기서 포즈란 진리에 대한 문학적 열망 혹은 현실에 대한 문학적 저항을 의미한다. 지동설을 부정하는 서약을 한 후 재판정을 나서면서 혼잣말로 '그러나 지구는 움직인다'고 중얼거린 갈릴레오의 행동이 문학적 저항이고 포즈라는 것이다.[9] 바로 그러한 의미에서의 문학정신이 신진 작가들에게 결여되어 있다고 이원조는 보았다. 1940년에 발표한 「1930년대를 검토한다」에서도 신세대 작가에 대한 이원조의 회의적 시각은 그대로 이어진다. 이 글에서도 이원조는 신진 작가들이 역사의식과 시대정신을 갖추지 못한 채 기술 실험에만 탐닉하고 있다고 비판하는데, 이원조의 김환태 비판 역시 그 연장선상에 놓여 있다. 비평적 일관성이란 측면에서 보자면, 이원조에게 인간성의 탐구란 곧 시대와 현실에 대한 문학적 저항에 다름 아니다. 그런 만큼 인간성의 탐구는 부족하더라도 창조적 표현력이 탁월하면 '완전한 예술품'이라는 식의 주장을 이원조로서는 도저히 용납할 수 없었던 것이다.

그런 점에서 이원조의 입각점은 철두철미하게 계몽의 문학에 놓여

9 이원조, 「현단계의 문학과 우리의 포즈에 대한 성찰」, 이동영 편, 『오늘의 문학과 문학의 오늘』, 형설출판사, 1990, 119쪽.

있다고 할 수 있다. 순수문학 논쟁을 계몽론과 자율성론의 마지막 대결이라고 부른 것은 그래서거니와 그 마지막 대결이 총동원체제라는 엄혹한 현실 속에서 벌어졌다는 것은 여러모로 의미심장한 일이다. 다음 장에서 좀더 자세히 살펴보겠지만, 거기에는 당시의 위기상황에 대한 계몽론자들과 자율성론자들 나름의 대응방식이 숨어 있기 때문이다. 따라서 이원조가 논쟁에 개입한 것은 신세대 논쟁의 차원이 아니라 계몽의 전통을 옹호하고 문학의 실천성을 설파하려는 숨은 의도에 따른 것이라 할 수 있다. 실제로 이원조는 "신인이 더 순수하냐 기성이 더 순수하냐"는 문제에는 관심이 없다면서, 중요한 것은 순수의 구체적 의미가 무엇이냐는 것이라고 말하고 있다. 이와 관련하여 이원조가 「교양론」에서 파시즘의 억압으로 "왜곡되고 위축되고 쇠약해진 지성의 비판능력을 어떻게 수정하고 연마하고 배양시킬"[10] 것인가가 한국문학 초미의 과제라고 주장한 데 주목할 필요가 있다. '순수의 구체적 의미'가 바로 지성의 비판능력을 가리키기 때문이다. 요컨대 이원조에게 순수란 곧 계몽인 셈이다.

순수의 구체적 의미에 대한 김환태와 이원조의 상반된 해석을 통해 우리는 순수문학 논쟁에 계몽의 문학과 자율성의 문학의 오랜 대결의 역사가 함축되어 있음을 확인할 수 있다. 이원조의 논쟁 참여는 김환태와 마찬가지로 그러한 문학사적 맥락 속에서 이루어진 것이자 자신의 비평적 일관성의 표출이기도 하다.

---

10 이원조, 「교양론」, 『문장』, 1939.2, 135쪽.

3. 파시즘에 대한 상반된 대응

김환태의 「순수시비」에서 흥미로운 주장 가운데 하나가 포우, 말라르메, 보들레르, 발레리의 문학에 대한 해석이다. 김환태는 이 대가들이 "결코 사실 속에 몰입했던 작가들이 아니라, 도리어 사실을 피한 작가들"[11]이었다고 설명한다. 이러한 설명은 유진오를 논박하는 과정에서 나온 것이다. 유진오는 「순수에의 지향」에서 "순수 중의 순수로 자타가 공인하는 그들의 문학은 실로 심각한 인간고의 표명이었"[12]다고 해석하면서, 신진 작가들이 이들을 본받아 '시대적 고민' 속으로 몸을 던지고 '사실의 격류'에 뛰어들 것을 요구했다. 이에 대해 김환태는 그들의 문학이 '인간고의 표명'이이었다는 해석에는 동의하되 그 인간고가 '시대적 고민'과 '사실의 격류'로부터 나왔다는 해석에는 단호하게 반대한다. 오히려 진실은 그들이 '사실을 피한 작가들'이라는 것이다.

필자는 이러한 김환태의 논리를 '사실 회피론'이라고 명명한 바 있는데[13], 이 사실 회피론에는 실로 많은 의미가 숨어 있다. 당시 문학비평가들이 사용하던 '사실'이라는 단어에는 최소한 세 가지의 의미가 담겨 있었다. ① 지성의 반대말로서의 사실. ② 파시즘의 상징으로서의 사실. ③ 일상생활이라는 의미에서의 사실. '사실'의 이 세 가지 의미는 대

---

11 김환태, 「순수시비」, 앞의 책, 149쪽.

12 유진오, 「순수에의 지향」, 『문장』, 1939.6, 136쪽.

13 하정일, 「'사실' 논쟁과 1930년대 후반 문학의 성격」, 『분단 자본주의 시대의 민족문학사론』, 소명출판, 2002, 48~52쪽 참조.

개 서로 중첩되어 있었다. '사실'이라는 용어는 첫 번째 의미로 발레리가 처음 제출했고 두 번째 의미에 주목한 백철의 '사실 수리론'을 통해 한국문학에 유포되었지만, 대다수 문학비평가들은 이 용어를 세 의미가 중첩된 것으로 종종 사용했다. 김환태는 일상생활이라는 의미로 이 개념을 썼지만, 그럼에도 불구하고 지성의 반대말이라든가 파시즘의 상징으로 해석하더라도, 당시의 지성사적 맥락을 감안하면, 별 무리가 없다. 특히 김환태의 사실 회피론을 파시즘과 관련시켜 이해하면, 그것은 일종의 현실도피론이 된다.

김환태에 따르면, 순수문학이란 사실을 피해, 즉 일상생활을 초월해 '전(全)인간적 존재'에 주목하는 문학이다. 김환태가 신세대 작가들을 옹호하는 까닭도 그들이 인간성을 '전인간적 존재'에서 찾으려 노력하고 있기 때문이다. 그에 비해 기성 작가들은 "사실의 격류 속에서 방황"하느라 '전인간적 존재'를 탐구하는 '진정한 작가적 고뇌'를 보여주지 못했다. 말하자면 일상생활 혹은 눈앞의 현실에 얽매여 그것 너머에 존재하는 인간의 존재론적 본질을 통찰하지 못했다는 것이다. 물론 「주제의 선택과 응시」 같은 글에서 김환태는 다소 다른 견해를 피력하기도 한다. 이러한 변화는 아마도 김환태가 표현만 중시할 뿐 인간성의 탐구에는 무관심하다는 이원조의 비판이 계기가 된 것으로 보인다. 이 글에서 김환태는 사실 혹은 일상생활을 전면 부정했던 「순수시비」와는 달리 문학이 '생활 사실'을 다루어야 한다고 인정한다. 그러나 "사실의 세계에 뛰어들어 사실을 그리기만 하면 위대한 문학작품을 산출할 수 있"는 것은 아니다. 김환태는 "인간의 가장 근원적인 인간성에 뿌리를 박은 생활 사실"[14]을 그릴 때 비로소 '위대한 문학'이 나올 수 있다고 강조한다. 여기서 '근원적인 인간성'이란 김동리가 말한 '구경적 생'과 같은 것으로 인간의 존재론적 본질을 뜻한다고 할 수 있다. 그러므로 진정한 작가는 무의미하거나 일시적인 의미밖에는 없는 생활 사실은 극력 피하고 인간의 존재론적 본질이 함축된 생활 사실을 꿰뚫어볼 수 있는 '응시력'을 갖추어야 한다고 김환태는 주장한다. 김환태는 이러한 응시력을 획득하려면 사상의 밑받침이 있어야 한다고 말한다. 이러한 주장 역시 「순수시비」와는 다른 면모인데, 다만 이때의 사상이란 추상적이고 개념적인 사상이 아니라 추상화되기 이전의 '산 사상', 즉 생활로부터 우러나온 사상을 의미한다. 왜냐하면 생활이란 끊임없이 변화하고 생성되는 생명체와 같아서 고정화된 개념적 사상으로는 그것을 온전히 담아낼 수 없기 때문이다.

「주제의 선택과 응시」가 「순수시비」의 한계를 적지 않게 뛰어넘었음은 분명하다. 문학과 생활 사실의 관계, 문학과 사상의 관계에 대한 진일보한 사유를 발견할 수 있다는 점에서 그러하다. 특히 문학에서의 사상이 생활로부터 우러나온 '산 사상'이어야 한다는 명제는 사상의 관념성과 추상성으로 인해 생활과 괴리된 문학을 다수 산출했던 프로문학에 대한 적확한 비판이라 할 수 있다. 하지만 '근원적 인간성'이 현실을 초월해 존재하는 어떤 것이라는 인식 자체는 이 글에서도 여전하다. 이는 김환태가 「문학의 순수성」에서 제시했던 문학의 자율성론, 다시 말해 현실로부터 절대적으로 자유로운 예술의 자기목적성이라는 예술지상주의적 구상이 전혀 변하지 않았음을 의미한다. 이 점에서 「순수시비」와

14 김환태, 「사실의 선택과 응시」, 『문장』, 1940.3, 153쪽.

「주제의 선택과 응시」는 동일선상에 놓여 있다. 김환태는 「여는 예술지상주의자」에서 자신이 예술지상주의자임을 자랑스럽게 밝힌 바 있다. 그 에세이에서 김환태는 예술지상주의의 요체가 자기목적성임을 적시했다. 「순수시비」의 사실 회피론이나 「주제의 선택과 응시」의 근원적 인간성론은 바로 이 자기목적성의 구체적 함의인 셈이다.

현실로부터의 절대적 자유로서의 자기목적성은 한편으로는 예술을 체제의 바깥에 위치시킴으로써 체제에 포섭되지 않도록 해주지만, 다른 한편으로는 사회와 역사에 대한 무관심을 조장함으로써 체제의 유지를 도와준다. 사실 회피론이나 근원적 인간성론 역시 동일한 딜레마를 보여준다. 요컨대 사실 회피론과 근원적 인간성론은 예술을 현실로부터 격리시킴으로써 파시즘과의 거리두기를 가능하게 해준 동시에 파시즘 체제에 대한 비판적 개입을 원천봉쇄한 것이다.

이에 반해 이원조가 「순수는 무엇인가」에서 말한 인간성은 명백히 사회적이고 역사적인 인간을 가리킨다. 이원조는 김환태가 인간성의 탐구와 표현의 노력을 공히 얘기하고 있지만, 실상은 표현 문제만 중시할 뿐 인간성의 탐구에는 무관심하다고 생각한다. 이태준, 박태원, 정지용이 인간성의 탐구가 부족함에도 불구하고 창조적 표현을 위한 노력이 강렬해 수준 높은 작품을 창출할 수 있었다는 김환태의 해석에서 그러한 경향성이 잘 드러난다는 것이다. 이러한 이원조의 생각은 인간성에 대한 시각이 김환태와 근본적으로 다른 것과 밀접히 관련되어 있다. 말하자면 김환태가 생각하는 인간성의 본질이 존재론적이고 초월적인 것이라면, 이원조의 그것은 사회적이고 역사적인 것이다. 그런 만큼 인간의 사회성과 역사성을 파악하기 위해 사상과 주의(主義)를 공부하는 것은 결과의 성패에 관계없이 작가로서 당연히 해야 할 일이 된다. 똑같은 논리로 "사상이나 주의로 더불어 절연해야 순수한 것"이라는 김환태의 주장은 인간성의 본질인 사회성과 역사성을 궁구(窮究)하지 않겠다는 말이기 때문에 이원조로서는 도저히 받아들일 수 없는 것이었다. 순수란 '모든 주의와 사실을 거부하는 것'이라는 김환태의 사실 회피론에 이원조가 날카롭게 반발하는 것도 그래서이다.

이원조가 등단 초기부터 일관되게 역사의식과 시대정신을 강조했음은 앞 장에서 지적한 바 있다. 이원조의 이러한 입론은 순수문학 논쟁 후에도 여전하다. 가령 「30년대를 검토한다」에서는 역사의식과 시대정신을 상실한 신세대 문학을 '문학주의', 즉 예술지상주의라고 강력하게 공박하면서 "정치로부터 유리된" 문학은 "결코 건전한 문학이 될 수 없"[15]다고 단언한다. 참다운 문학정신이란 김환태의 견해와는 반대로 "역사적 혹은 시대적 의식이 밑바치지 못하면 확고히 수립되지 못하는 것"이기 때문이다. 그러므로 향후 한국문학은 시대와 문학 사이에는 아무런 간격도 없다는 사실에 대한 깨달음에 바탕해 어떻게 하면 시대정신을 '문학의 혈육'으로 주체화할지를 고민해야 한다고 이원조는 주문한다.

몇 달 뒤에 발표된 「문학의 영원성과 시사성」은 역사의식과 시대정신이 중요한 까닭을 좀더 자세하게 해명한다. 이 글에서 이원조는 문학의 영원성이란 '시대적 생명'을 의미하며, 그것은 '시대적 이상'에 기초해서만 획득될 수 있다고 주장한다. 시대적 이상을 갖추고 있어야 미래에 대한 통찰이 가능하고, 미래에 대한 통찰이 담긴 문학만이 다음 세

15 이원조, 「30년대를 검토한다」, 앞의 책, 393쪽.

대로까지 이월될 수 있기 때문이다. 그런 점에서 문학의 영원성은 시대정신과 긴밀한 관계를 맺고 있는 셈이다. 흥미로운 것은 이원조가 영원성을 시사성과 연결시키고 있다는 점이다. 시사성이란 '사실'과 비슷한 의미로 볼 수 있거니와 이원조는 시사성을 "시대의 촉각"이라고 정의한다. 말하자면 시사성 혹은 사실 속에 시대의 본질을 암시하는 무언가가 내재해 있다는 것이다. 따라서 시사성은 "결코 일상적인 트리비알리즘을 말하는 것이 아니라 항상 그 시대적 동향의 징후나 전초(前哨)로 나타나는 것"이다. 그런 만큼 시사성에 주목하지 않으면 "결코 그 시대의 동향을 정확하게 파악할 수 없"으며, 당연히 작품 역시 이월가치, 곧 영원성을 성취할 수 없게 된다.[16] 시사성에 대한 이원조의 이해방식은 사실을 회피하거나 현실을 초월할 때 근원적 인간성을 포착할 수 있다는 김환태의 견해와 선명하게 대비된다.

파시즘에 대한 이원조의 입장은 그 연장선에서 제시된다. 인간성의 파악이 역사성과 사회성의 맥락에서만 가능하고 역사성과 사회성은 시사성, 곧 일상생활과 분리불가능하게 연결되어 있다면, 문학은 파시즘이라는 시대적 동향을 회피할 수 없다. 파시즘을 외면하는 한 일상생활 속에서 시대의 징후를 읽어내고 그를 통해 인간의 사회성과 역사성을 투시하는 것이 불가능하기 때문이다. 이원조는 이미 「신인론」에서부터 "급각도로 전변(轉變)하는 모든 사회현상"이라는 말로 파시즘에 대한 경계심을 은밀히 노정한 바 있으며, 「문화옹호 작가회의 재음미」에서는 제2회 문화옹호 국제작가회의를 소개하는 방식으로 자유와 문화

16 이원조, 「문학의 영원성과 시사성」, 『인문평론』, 1940.8, 10쪽.

를 억압하는 파시즘에 대한 저항의지를 보다 분명하게 표명했다. 포즈론과 교양론이 파시즘에 맞서 지성의 비판능력을 되살리기 위한 방책으로 제기되었음은 잘 알려진 일이다. 이처럼 이원조는 파시즘에 대한 비판적 시각과 저항의지를 지속적으로 피력하는데, 그것은 파시즘이라는 시대적 사실과의 '길항'을 통해서만 인간성의 문학적 규명이 가능하다고 생각했기 때문일 것이다.

물론 「문화의 이념」(1940.7) 같은 글이나 『국민문학』 좌담회에서 식민 파시즘과 타협하려는 태도를 내비치기도 하지만, 그러한 태도는 부분적·일시적이었고, 전체적으로 이원조는 일제 파시즘에 대해 비판적이고 저항적인 시각을 견지했던 것으로 보인다. 그리고 그의 반파시즘적 저항성은 「순수는 무엇인가」에서 보여준, 인간의 사회성과 역사성에 대한 지극한 관심과 무관하지 않다고 할 수 있다.

4. 이식성을 바라보는 두 시각

순수문학 논쟁에 숨어 있는 중요한 쟁점 가운데 하나가 이식성의 문제이다. 이식성은 한국 근대문학의 원초적 무의식이라 할 수 있을 정도로 지배구조화되어 있다. 그러나 이 문제를 둘러싼 논쟁은 식민지시대에 찾아보기 힘든 것이 사실이다. 임화의 문제제기 이후 이식성에 대한 이런저런 견해들이 제출되긴 했지만, 본격적인 논의와는 거리가 멀었다.

그런데 순수문학 논쟁에서 김환태와 이원조에 의해 우회적인 방식으로 이 문제에 대한 공방이 벌어진 것이다. 두 사람의 입장은 다음과 같다.

> 우리 문단에서는 강렬한 문학정신의 토양이 없이 문학상의 주의의 싹만 이식하였으며, 작가는 문학정신보다 주의를 먼저 가지게 하였다. 그 결과 우리 문단에는 신문학이 수입된 지 불과 30여 년에 실로 많은 주의가 있었으나 그 주의들에서 우리가 기대할 수 있었을 만큼 좋은 작품은 그렇게 많이 있지 못했다.[17]

> 문학하는 것이 인간성의 탐구일진댄 모든 사상을 다 받아들이려다가 아무것도 못 받아들인 것은 방법의 실패일지는 몰라도 그것이 문학적으로 순수하지 않다고 할 이유야 어디 있는가? 더구나 문학하는 사람으로서 제 문학적 세계의 빈곤을 느낄 줄 모르고 아무런 사상적 고민도 없다면 갖바치나 두부장이보다 나을 것이 어디 있는가?[18]

김환태는 이식의 결과 문학정신이 아니라 주의만 갖게 되었고, 그로 말미암아 좋은 작품을 쓰지 못하게 되었다고 진단한다. 한마디로 이식성이 문학적 실패의 주된 원인이라는 것이다. 왜냐하면 잡다한 주의들이 끊임없이 밀려들어오면서 "작가가 한 주의의 진의도 포착하기 전에 새 주의가 제창되었고, 그 새 주의를 제창한 평가가 하룻밤 새에 또 딴 주의를 제시하"는 사태가 반복되었으며, 그러다 보니까 한 주의를 자기 것으로 만들어 탄탄한 문학정신으로 다듬는 것이 불가능했기 때문이

17 김환태, 「순수시비」, 앞의 책, 145~146쪽.

18 이원조, 「순수는 무엇인가」, 앞의 책, 140쪽.

다. 김환태가 신세대 작가들에 호의적인 까닭도 이와 관련이 깊다. 기성 작가들은 새로운 주의들을 이식하는 데 급급해 정작 작품의 형상화에 천착하지 못한 데 비해 신세대 작가들은 "이 땅에서는 창작과 아무런 관련이 없는 비평에 지배되지 않음으로써" '제 개성에서 발아한 확호한 문학적 세계'(김동리)를 건설할 수 있었다는 것이다.

이식성에 대한 김환태의 비판은 임화의 본격소설론을 연상시킨다. 임화는 "한 계단의 소설을 내용으로나 구조로나 완성하기 전에 또 한 조류가 들어와서 교대하고 상쟁하여 일종의 혼류, 병렬, 첩적(疊積)의 상을 정(呈)"[19]함에 따라 조선의 근대소설은 항상 '미완'의 수준에 머무르는 한계를 보여준다고 설명한 바 있다. 물론 임화는 그와 함께 '완성에의 지향'을 강조한다. 말하자면 이식이 한편으로는 무엇 하나 완성하지 못하는 파행을 초래했지만, 다른 한편으로는 본격소설을 향한 강렬한 지향성을 산출하기도 했다는 것이다. 그런 점에서 임화는 이식이라는 문제에 대해 대단히 변증법적인 시각을 가지고 있었다고 할 수 있다. 그에 비하면 김환태는 이식의 한 쪽 측면만을 강조하고 있다는 점에서 일면적이다. 하지만 그러한 일면성에도 불구하고 김환태의 이식성 비판이 한국 근대문학의 근본 문제를 정확하게 지적한 것임에는 틀림없다. 더구나 그가 이식성을 빌미로 토착주의로 나아간 김동리와는 달리 "스스로 제 마음 속에서 길러낸 문학적 세계"를 주문하는 것에서 그친 점도 주목할 만하다. 이식주의가 바람직한 해결책이 아닌 것과 마찬가지로 전도된 오리엔탈리즘으로서의 토착주의 역시 올바른 대안과는 거리가 멀기 때문이다.[20]

---

19 임화, 「본격소설론」, 『문학의 논리』, 학예사, 1940, 370쪽.

20 이에 대한 좀더 자세한 설명으로는 하정일, 「1930년대 후반 문학비평과 이식 논의」, 『탈

식민의 미학』, 소명출판, 2008, 342~347쪽 참조.

다만 신세대 작가들을 이식성에서 자유롭다고 볼 수 있는지는 여전히 문제이다. 김환태는 신세대 작가들이 "무슨 문학 상의 주의에서 배운 것이 아니라 스스로 제 마음 속에서 길러낸 문학적 세계"를 가지고 있다고 평가한다. 하지만 이에 대한 구체적인 검토를 김환태는 보여주지 않는다. 그로 인해 김환태가 이식성의 극복이라는 문제를 표현 차원에서만 바라보고 있는 것은 아닌지라는 의구심을 지우기 힘들다. 앞에서 살펴보았듯이, 문학적 개성과 관련해 김환태가 지속적으로 강조하는 것이 표현 문제라는 점에서 그러하다.

이원조는 김환태와는 다른 각도에서 이식성의 문제에 접근한다. 이원조 역시 이식이라는 현상을 인정하지만, 그와 동시에 그가 주목하는 것이 이식의 내적 필연성이다. 말하자면 인간성에 대한 깊은 탐구를 위해 불가피하게 사상과 주의를 이식하게 되었다는 것이다. 이원조가 거듭 주장했듯이, 사상이란 인간의 사회성과 역사성을 투시할 수 있도록 해주는 인식론적 거점이다. 따라서 결과적으로는 실패였다 하더라도 사상의 이식은 필연적이었다는 것이 이원조의 입장이다. 이원조가 "모든 사상을 다 받아들이려다가 아무것도 못 받아들인 것은 방법의 실패일진 몰라도" 문학적으로는 오히려 순수한 것이라고 말할 수 있었던 것도 그래서거니와 실패라는 결과만 문제 삼아 사상이나 주의와 절연(絶緣)하라는 주장에 대해 그러한 태도는 갖바치나 두부장이 같은 장인보다 못한 것이라고 격렬하게 비판하는 것도 마찬가지 이유에서이다. 같은 맥락에서 이원조는 신세대 작가들이 김환태가 말하는 이유 때문에 순수한 것이라면 "신인보다 더 경멸해야 할 것은 없을 것"이라고까지 극언하는데, 이원조의 입장에서는 사상이나 주의와 절연해서는 인간성에 대한 탐구가 불가능한 일이기 때문이다. 이를 통해 우리는 사상과 주의의 이식을 자연스러운 현상으로 여기는 이원조의 시각을 확인할 수 있다.

이식이라는 문제를 바라보는 이원조의 시각은 불문학도로서 갖게 된 세계주의의 발현으로 보인다. 그런 점에서 그것은 이식을 영향이나 교류와 같은 것으로 이해한 김기림의 시각과 비슷하다고 할 수 있다.[21] 상식적으로 생각하자면, 인간성의 탐구를 위해 선진 사상을 받아들이는 것 자체는 하등 문제 될 것이 없다. 김동리는 그러한 입장을 사대주의라고 매도했지만, 그렇게 따지자면 근대문학을 하는 것부터 사대주의가 된다. 근대문학이란 것 자체가 서구로부터 들여온 것이기 때문이다. 문제는 자기의식의 유무일 터이다. 요컨대 나의 삶과 현실을 규명하려는 분명한 자기의식에 입각해 외래 사상을 수용하느냐 아니면 그 반대냐가 문제의 핵심인 것이다. 이원조에게는 그러한 자기의식이 부족해 보이는 것이 사실이다. 왜 그 사상을 수용해야 하는가 할 때의 그 '왜'에 대한 고민을 찾아보기 힘들다는 점에서 그러하다. 가령 "1930년대의 우리 문학을 돌아보면 비록 그것이 한 개 풍조였든 공식이었든 그때는 탐구의 정신이 있었고 성취의 정신이 있었다"[22]는 언급만 보더라도 이식 문제에 대한 이원조의 시각이 무척 단순하다는 것을 재확인할 수 있다. 왜냐하면 '풍조와 공식'이 '탐구와 성취의 수준'에 심각한 제약 요인으로 작용했기 때문이다. 따라서 중요한 것은 그 풍조와 공식에 대해 '왜'라는 질

---

21 이에 대한 좀더 자세한 설명으로는 하정일, 앞의 글, 338~342쪽 참조.

22 이원조, 「시대적 자각과 반성」, 『조광』, 1937.9, 54쪽.

문을 던지는 일이다. 이원조에게는 바로 그 질문이 결여되어 있다. 그런 점에서 이원조는 주체화되지 못한 풍조, 현실의 검증을 거치지 못한 공식이 한국 근대문학의 질곡이 되었다는 점을 제대로 인식하지 못했다고 할 수 있다. 만약 이원조 식으로 생각한다면, 1930년대 후반에 대대적으로 진행되었던 한국문학의 자기반성은 전혀 불필요한 일이 된다. 이식 덕분에 '탐구와 성취'가 있었고 '새 것을 찾는 기백과 넓이를 구하는 노력'도 있었는데, 자기반성이 무슨 필요가 있겠는가.

이러한 단순 논리는 이식을 영향이나 교류와 동일시하는 세계주의와 밀접히 관련되어 있다고 할 수 있다. 요컨대 이원조의 세계주의는 1930년대의 한국문학을 '풍조와 공식'을 '이식'한 덕분에 '탐구와 성취'가 있었다는 식으로 단순화함으로써 한국 근대문학의 특수성에 대한 복합적 사고를 가로막아버린 것이다.

5. 논쟁 이후

논쟁 이후 김환태와 이원조의 삶은 극명하게 갈라진다. 병 때문이었을 수도 있고 총동원체제에 대한 예술지상주의자로서의 거부감 때문이었을 수도 있지만, 김환태는 얼마후부터 칩거와 침묵 속에 침잠해 있다가 요절한다. 이원조는 일제 말기를 아슬아슬하게 줄타기하다가 해방과 함께 민족문학운동에 투신했고, 그후 월북과 전쟁 속에서도 자신의 문학적 신념을 지키다 결국 숙청의 비운을 맞는다.

요절이든 숙청이든, 분명한 것은 두 문학비평가가 자신들의 문학적 일관성을 삶 속에서 지켜냈다는 사실이다. 물론 일제 말기 이들의 행적은 아직도 불투명한 상태이다. 가령 이원조의 「비평정신의 상실과 논리의 획득」(1939)이나 「문화의 이념」 같은 글에서 우리는 파시즘의 무소불위의 위력 앞에 선 한 지식인의 무력감과 동요를 발견할 수 있다. 특히 「문화의 이념」은 "우리가 문화인으로서의 자각을 가진다는 것은 총후국민의 의무의 하나가 아닐 수 없을 것"이라고 말하면서 "무력의 승리를 밑받치는 문화적 승리"를 주장하는 데까지 나아간다. 이 정도의 언급을 문제 삼아 친일이나 협력을 단정할 수는 없지만, 일제 말기의 이원조에게서 동요의 징후가 나타나고 있다는 것만은 분명하게 확인할 수 있다. 김환태의 침묵 역시 여러 가지 해석을 가능하게 한다. 항용 침묵이란 내면적 저항과 묵시적 순응을 동시에 함축하고 있는 법이다. 그 중 어느 쪽이냐는 텍스트에 대한 면밀한 분석과 당시 행적에 대한 치밀한 검증을 통해 판정할 수 있다. 하지만 침묵과 절필의 시기에는 일반적으로 텍스트는 부재하고 행적은 불분명한 것이 다반사이기 때문에 정확한 판단이 어려울 수밖에 없는 것이 사실이다. 침묵과 절필을 곧장 내면적 저항과 연결시키기 어려운 이유이다. 하지만 이들이 적어도 협력에의 의향을 명시적이고 일관되게 표명하지 않은 것만은 틀림없다. 그런 점에서 이들의 삶은 일제 말기에 훼절하고 만 유진오나 해방 이후 문단 정치에 적극 뛰어든 김동리와 일관성의 측면에서 뚜렷하게 대비된다. 그리고 그 차이가 갖는 의미는 심중하다.